U0964149

应用型高等院校精品系列教材

国际金融

（第二版）

主　编　刘　红　李平女
副主编　储伶丽　田文苗
主　审　张建昌　毛　青
参　编　许素青　吕晓燕

对外经济贸易大学出版社
中国·北京

图书在版编目（CIP）数据

国际金融 / 刘红，李平女主编. --2 版. --北京：对外经济贸易大学出版社，2024. 6. --（应用型高等院校精品系列教材）. --ISBN 978-7-5663-2608-9

Ⅰ. F831

中国国家版本馆 CIP 数据核字第 2024QM9277 号

国际金融（第二版）

刘　红　李平女　**主编**

责任编辑：陈培风

出版发行：对外经济贸易大学出版社	邮政编码：100029
社　　址：北京市朝阳区惠新东街 10 号	邮购电话：010－64492338
网　　址：www.uibep.com	发行部电话：010－64492342
资源网址：www.uibepresources.com	E-mail：uibep@126.com

成品尺寸：185mm×260mm	印　　刷：北京市泰锐印刷有限责任公司
印　　张：20.25	版　　次：2024 年 6 月北京第 2 版
字　　数：468 千字	印　　次：2024 年 6 月第 1 次印刷
ISBN 978-7-5663-2608-9	定　　价：59.00 元

前　言

2016年1月出版了《国际金融》第一版，转眼时光飞逝，加之近年来国际金融领域发展迅速，典型金融案例层出不穷，该是做新一版修订工作的时候了。在国际金融教学团队的努力和金融相关专业的大力支持下，新版教材终于成稿，很快可以和广大热爱国际金融的读者们见面了。

党的二十大报告提出要“深化金融体制改革”，“加强和完善现代金融监管，强化金融稳定保障体系。”金融全球化进程的推进对高等院校的教学产生了巨大影响。国际金融不仅是各大学经济金融类专业普遍开设的重要课程，也是学生们深受欢迎的课程之一。但是，不同院系开设的国际金融课程以及各种版本的国际金融教材在框架安排和具体内容上却是百花齐放、百家争鸣。

“国际金融”课程作为高等院校经管类各专业的基础课程，不但重视金融理论教学，而且也重视实务操作。本书修订既保持了前版教材的优点，即用通俗易懂的语言介绍理论知识和基本原理，又将国际金融的原理融入中国实践中，力图为学生提供一本具有中国视角和中国特色的国际金融教材。本书拥有一系列优秀品质：

（1）体现学科前沿成果。反映理论和实践发展的最前沿，讨论和思考国际金融领域当前和未来最重要的问题。国际金融具有“事件随时发生、业务每天更新、理论动态发展”的特点。本教材不仅立足于系统介绍国际金融基本知识和基本原理，更注重激发学生对相关理论、实务和政策的研究兴趣，特别是其中的“中国故事”。

（2）突出本土性和实用性。立足中国视角、强调中国国情和国际金融基本原理的具体应用。书中举例、习题、分析问题等尽可能地从中国国情出发，帮助学生既学习原理也了解国情。引导学生思考实际中的问题，培养学生的分析能力和研究能力，探讨现实可行的解决方法。国际金融的课程内容必须与时俱进，紧密结合国际金融领域新近发生的重大事件，以突出国际金融教学中调研分析的特色。全书大量使用图表、例题、专栏、拓展阅读等灵活形式，深入浅出讲解国际金融原理、分析国际金融事件，利用“学习目标”“本章导入”“知识链接”“拓展阅读”“本章小结”“重要概念”“思考与练习题”“本章讨论题”等多种栏目明确教学和复习重点。

（3）加强课程思政教育。每章增加了“课程思政案例”，让学生领会我国国际金融与开放经济政策的相关成果和进展，用中国的现实发展诠释国际金融理论和原理，做到理论联系实际，力求做到传授知识、能力培养和价值引导的三位一体的有机融合。

本教材篇幅适中，主要适用于高等院校国际金融、国际经济与贸易等相关专业的学生，也可作为企事业单位相关人员在职培训的教材。

本书由刘红、李平女担任主编，刘红负责全书的统稿工作。具体章节分工如下：刘红编写第一、二、三、四、六、九、十二章，李平女编写第四、五、十章，储伶丽编写第八章，许素青编写第七章，田文苗编写第十一章，吕晓燕编写第十三章。本书的主审工作由张建昌、毛青负责，储伶丽负责全书的校对工作。

在本教材撰写过程中，我们吸收引用了许多学者的学术观点，对外经济贸易大学出版社的编辑也付出了辛勤的劳动，在此一并致以衷心的感谢。书中难免有错误和纰漏，恳请专家、读者批评指正。

刘　红

2024 年 5 月

目　录

国际金融理论篇

国际金融实务篇

国际金融理论篇

第一章

外汇与汇率

学习目标

- 熟悉外汇的概念及特征，掌握外汇的种类及作用
- 理解汇率的含义、标价方法及分类
- 掌握决定汇率的基础
- 掌握影响汇率变动的因素
- 掌握汇率变动对经济产生的影响

本章导入

有一个墨西哥的小牧童，每天都在墨西哥和美国边境上放牧。有一天，小牧童的妈妈给了他 1 个比索当作零花钱。他发现，货币兑换情况是这样的：在墨西哥，1 美元可以兑换墨西哥比索 90 分，而在美国，1 个墨西哥比索可以兑换美国货币 90 美分。于是，有一天，牧童先在墨西哥小酒吧要了一杯啤酒，价格是墨西哥比索 10 分，他付款 1 比索，找回 1 美元（价值是 90 分比索），喝完啤酒后，他跨过边境进了一家美国酒吧，又要了一杯啤酒，价格是 10 美分，他用刚才找回的 1 美元付账，找回 1 个墨西哥比索（在美国值 90 美分）。他重复使用此方法，全程愉快地喝啤酒，而最后手中依然有 1 个比索。

试问：

1. 真正付账的是谁？
2. 这种情况长时间持续需要什么样的条件？
3. 这种情况对美国和墨西哥的国内经济会产生什么样的影响？

第一节　外汇概述

随着全球经济一体化进程的不断推进，国际交往活动日益增多，国际贸易和金融服务的范围逐渐扩大，国际间货币兑换愈加频繁，外汇在国际金融市场中扮演的角色显得尤为重要。

一、外汇的含义

外汇（foreign exchange）是国际汇兑的简称，有动态和静态两种不同的形式。

（一）动态外汇的含义

动态外汇是指为清偿国际间债权债务关系而产生的将一种货币兑换成另外一种货币的金融活动。它强调外汇兑换的过程是动态意义上的外汇，也是外汇概念的渊源。这种兑换由外汇银行办理，通过银行间的往来账户划拨资金而完成。

（二）静态外汇的含义

静态外汇是指为清偿国际间债权债务关系而使用的工具或手段，有广义的外汇和狭义的外汇之分。

广义的外汇是指一切以外币表示的，可以用于国际支付和国际结算的金融资产。国际货币基金组织（International Monetary Fund，IMF）对外汇的解释是：外汇是货币行政当局（中央银行、货币机构、外汇平准基金组织及财政部）以银行存款、财政部库券、长短期政府债券等形式所保存的，在国际收支逆差时使用的债权。

知识链接

《中华人民共和国外汇管理条例》（2008 年 8 月 5 日公布并施行）第三条规定，外汇是指下列以外币表示的可以用作国际清偿的支付手段和资产：（一）外币现钞，包括纸币、铸币；（二）外币支付凭证或者支付工具，包括票据、银行存款凭证、银行卡等；（三）外币有价证券，包括债券、股票等；（四）特别提款权；（五）其他外汇资产。

狭义的外汇是指以外币表示的可直接用于国际结算的支付手段，具体包括以外币表示的汇票、支票、本票和以银行存款形式存在的外汇。其中，以银行存款形式存在的外汇是狭义外汇的主要形式。

人们通常说的外汇指的就是狭义的静态外汇。

二、外汇的特征

任何国家的货币都代表着一定的购买力。目前世界上有 170 余种货币，但并非所有货币都能充当外汇，截至 2023 年年底，约有五十多种货币实现了自由兑换，成为外汇。能够作为国际支付手段的自由外汇必须具备以下三个基本特征。

（一）国际性

外汇是以外国货币表示的金融资产，可以用于国际间债券债务关系的清偿。在这里应注意三点：一，任何以外币计价的实物资产、无形资产都不属于外汇。二，以本币表示的信用工具、支付手段、有价证券等都不能充当外汇。例如，美元虽然被广泛用于国际结算、借贷、投资，但对于美国来说，美元就不是外汇，而是本币。三，这里所称的“国家”不是政治、主权意义的概念，而是一个经济概念，指的是“经济体”。香港、澳门是我国的两个特别行政区，中国人民银行未向这两地派出机构，而由特别行政区政府及其有关机构制定和执行其货币政策，因此，对于我国内地来说，港元、澳门元均被视为外汇。

（二）可偿付性

可偿付性是指外汇可以作为支付手段能在国外得到普遍认可，同时可被对方无条件接受和使用。可偿付性能够保证外汇持有者拥有外汇发行主体产品和服务的要求权，空头支票、被银行拒付的汇票等不能得到偿付的，都不能被视为外汇。

（三）自由兑换性

外汇的自由兑换性是指一种外汇可以不受限制地自由兑换成其他外汇或以外币表示的支付手段。自由兑换性是外汇的基本特征。一国货币能够自由兑换成其他国家的货币，意味着其持有人通过货币兑换可以取得对该国产品和服务的购买力。当今国际金融市场上，美元、日元、英镑、加拿大元、澳大利亚元等都是可以自由兑换的货币，而人民币、朝鲜币、缅甸元等货币还不能自由兑换成其他国家的货币。

由此可见，外币与外汇的概念是不同的，外汇的内涵要比外币丰富得多。满足以上基本特征的货币才能成为外汇。世界上常用的一些国家或地区的货币符号如表 1－1 所示。

表 1－1　　常用的国家或地区的货币及符号

国家或地区	货币名称	货币符号	国际习惯表示法
中国	人民币	CNY	RMB ¥
美国	美元	USD	US $
欧洲货币联盟	欧元	EUR	€
英国	英镑	GBP	£
日本	日元	JPY	J ¥
加拿大	加拿大元	CAD	CAN $
瑞士	瑞士法郎	CHF	SF
澳大利亚	澳大利亚元	AUD	A $
新加坡	新加坡元	SGD	S $
马来西亚	马来西亚林吉特	MYR	M $
瑞典	瑞典克朗	SEK	SKR
中国香港	港元	HKD	HK $
中国澳门	澳门元	MOP	PAT.P.

三、外汇的分类

按照不同划分方式，可以将外汇分为多种类型。

（一）按照外汇管制程度的不同进行划分

按照外汇管制程度的不同，可以将外汇分为自由外汇和记账外汇。

自由外汇，是指可以向任何国家自由支付、结算，或者在国际外汇市场上可以自由地兑换其他国家货币的外汇。世界上虽然有几十个国家宣布其货币可自由兑换，但鉴于发行主体在世界经济发展中的地位，真正能在国际上被广泛使用和接受的只有美元、欧元、日元、英镑等少数货币。自由外汇在国际经济活动中被广泛使用，因此也被各国作为储备资产。

记账外汇，也称为双边外汇、清算外汇、协定外汇，是在协定贸易和支付协定下，签约双方约定计价和记账的货币。它实际上是一种记账单位，只记在指定银行的账户上，不能自由兑换成他国货币，也不能用于对第三国支付，因此被称为记账外汇。

（二）按照外汇来源和用途的不同进行划分

按照外汇来源与用途的不同，可以将外汇分为贸易外汇和非贸易外汇。

贸易外汇，是指由有形商品进出口而产生的外汇收入和支出，即由于商品流通所引起的外汇收支。

非贸易外汇，是指来源于或用于非贸易交易而产生的外汇收入和支出，包括科学技术、文化交流、侨民汇款、交通、海关、邮电、港口、广告宣传、银行、保险、旅游等方面的收入和支出的外汇。

（三）按照交割期限的不同进行划分

按照交割期限的不同，可以将外汇分为即期外汇和远期外汇。

即期外汇，也称为现汇，是指外汇交易成交后，在两个营业日内办理交割的外汇。

远期外汇，也称为期汇，是外汇交易成交后，无须即时交割，而是在合同中约定在未来的某个日期办理交割的外汇。远期外汇交易的交割期限可以短到一周，长达一年以上，最为常见的是 1—6 个月。

（四）按照外汇形态的不同进行划分

按照外汇形态的不同，可以将外汇分为外币现钞和外币现汇。

外币现钞，是指外国钞票、铸币。现钞主要由境外携入。

外币现汇，是指实体在货币发行国本土银行的存款账户中的自由外汇。现汇主要由国外汇入，或由境外携入、寄入的外币票据，经银行托收、受托后存入。各种外汇的标的物一般只有转化为货币发行国本土的银行存款账户中的存款货币，即现汇后，才能进行实际上的国际结算。外国钞票不一定都是外汇。外国钞票是否成为外汇，首先要看它能否自由兑换，或者说这种钞票能否重新回流到其他国家，而且可以不受限制地存入某一商业银行的普通账户上，当需要时可以任意转账，才能称之为外汇。

（五）按照持有者的身份不同进行划分

按照持有者的身份不同，可以将外汇分为官方外汇和私人外汇。

官方外汇，是指政府机构或国际组织持有的外汇。政府机构持有的外汇构成各国国际储备的主要部分。

私人外汇，是指企业或个人持有的外汇。

四、外汇的作用

随着国际贸易的飞速发展，各国之间的商品或服务交易、国际投资、国际融资等活动则会引起大量的外汇收支，所以，外汇在国际经济交往中发挥着非常重要的作用。

（一）外汇实现了购买力的国际转移

由于各国的货币制度不同，一国货币不能在其他国家内流通，不同国家间的购买力无法转移。而国际债权债务关系发生在不同的国家之间，用什么来充当国际债务清偿手段就成了问题。过去一般以黄金作为清偿手段，而外汇的出现解决了这一难题，通过国际汇兑把一国购买力转换成另一国的购买力，使货币在国际间的流通变为现实，也为商品的国际交换提供可能，促进各国的经济发展和经济交往。

（二）外汇增加了国际储备手段

在外汇出现之前，各国曾长期以黄金等贵金属作为国际储备的主要手段。外汇充当计价和结算手段后，不仅极大地便利了国际支付，而且增加了国际储备的手段。一国外汇储备资产持有得越多，它的国际清偿能力就越强，抵御金融风险、化解金融危机的能力就越强。与黄金相比，外汇的保管成本相对较低，且其流动性较好，并能给持有主体带来利息收益。

（三）外汇促进了国际贸易的发展

外汇是国际债权债务清偿的工具或手段，使用这种结算工具，既可以减少运输黄金或现钞的费用，防范金融风险，又可以加速资金周转，特别是本票、汇票等各种外汇信用工具的使用，使得国际间的支付结算更加安全、迅速和便利，从而促进了国际贸易的发展。

（四）外汇加速了资本在国际间的流动

世界各国的经济发展很不平衡，资金分布存在余缺现象，客观上存在着调剂的必要性。资金短缺的发展中国家特别需要外汇资金来促进其经济增长，而发达国家一般拥有大量的闲置资金，需要投资渠道和场景，外汇使资本的国际化成为可能。发达国家可以依托跨国公司等将其资本进行国际化的投资，支持发展中国家的经济建设，促进世界经济的均衡发展和世界经济一体化的进程。

第二节　汇率概述

外汇作为一种货币资产，和其他商品一样具有价值，因此，外汇本身也可以进行交易，其交易价格就是汇率。

一、汇率的含义

汇率（foreign exchange rate），又称汇价、外汇牌价或外汇行市，是指两种不同货币之间兑换或折算的比率或比价，也可以说是以一种货币表示的另一种货币的价格。外汇作为一种特殊商品，可以在国际金融市场上兑换或买卖，而汇率就是这种特殊商品的价格。在国际汇兑中，不同的货币之间可以相互表示对方的价格，既可以用本币来表示外币的价格，也可以用外币来表示本币的价格。

一般来说，汇率通常表示到小数点后第四位，如 7.342 7。小数点后的第四位称为“个数点”，“点”就是汇价点，相当于万分之一，即：1 点＝0.000 1，依此类推，小数点后的第三位称为“十点”，小数点后的第二位称为“百点”，小数点后的第一位称为“千点”。假如，美元兑人民币的汇率下降了 18 点，即 1 美元兑换的人民币数量减少了 0.001 8 元人民币。反之，假如美元兑人民币的汇率上升了 25 点，即 1 美元兑换的人民币数量增加了 0.002 5 元人民币。

二、汇率的标价方法

要想确定两种不同货币之间的比价，首先要确定用哪种货币作为标准货币，哪种货币作为标价货币。选取的标准不同，就产生了不同的标价方法。

（一）直接标价法

直接标价法（direct quotation）又称应付标价法，是用一定单位的外国货币作为标准（如 1、100、10 000 等）来计算可折合成多少单位的本国货币。目前世界上绝大多数国家都采用直接标价法，我国人民币对外币的汇率也采用这种标价方法。例如，2024 年 1 月 30 日，国家外汇管理局公布的人民币外汇汇率为：

100 美元＝710.55 元人民币
100 欧元＝771.50 元人民币
100 港元＝90.95 元人民币

在直接标价法下，外币的数额不变，本币的数额随着外币币值的变化而变化。如果一定单位的外币兑换的本币数额增多，说明外币的币值上升，本币的币值下降，称为外汇汇率上升，本币汇率下跌；反之，如果一定单位的外币兑换的本币数额减少，称为外汇汇率下跌，本币汇率上升。因此，在直接标价法下，本币币值与本币数额呈反方向变动。

例 1－1：我国人民币市场汇率为：

月初：USD100＝CNY719.97

月末：USD100＝CNY703.86

说明美元币值下跌，人民币币值上升。

例 1－2：东京外汇市场汇率为：

年初：USD1＝JPY147.89

年末：USD1＝JPY148.75

说明美元币值上升，日元币值下跌。

（二）间接标价法

间接标价法（indirect quotation）又称应收标价法，是指用一定单位的本国货币作为标准（如 1、100、10 000 等）来计算可折合为多少单位的外国货币，例如，2024 年 1 月 10

日纽约外汇市场的外汇收盘价为：

100 美元＝14 621.22 日元
100 美元＝782.35 港元

在间接标价法下，等式左边本国货币的数额保持不变，始终为一定单位，等式右边外币的数额随着本币币值的变化而变化。如果一定单位的本币兑换的外币数额减少，说明本币币值下降，外币币值上升，称为本币汇率下跌，外汇汇率上升；反之，如果一定单位的本币换得的外币数量增多，说明本币的币值上升，外汇币值下降，称为本币汇率上升，外汇汇率下跌。因此，在间接标价法下，本币币值与外币数额呈同方向变动。

例 1－3：伦敦外汇市场汇率为：

月初：GBP1＝EUR1.175 0

月末：GBP1＝EUR1.171 2

说明欧元币值上升，英镑币值下跌。

世界上采用间接标价法的国家主要是英国、美国等为代表的少数几个国家。英国是资本主义发展最早的国家，英镑是最早被广泛使用的国际结算货币，按照长期外汇市场上形成的习惯，伦敦外汇市场一直采用间接标价法。第二次世界大战以后，美国的经济实力迅速增强，美元逐渐成为国际结算的主要货币，自 1978 年 9 月 1 日开始，纽约外汇市场开始采用间接标价法，以美元为标准货币，发布美元与其他货币之间的比价，但美元对英镑的汇率报价仍采用直接标价法。

（三）美元标价法

对于某个国家或某个外汇市场来说，本币以外的其他各种货币之间的比价无法用直接标价法或间接标价法来判断。在外汇交易中，非本国货币之间的汇价往往是以一个国家的主要货币或关键货币为标准的。尤其是第二次世界大战以后，美元成为世界主要货币，各国外汇市场上均公布以美元为标准的汇价，这种标价情况被称为“美元标价法”（US dollar quotation）。在美元标价法下，各国均以一定单位的美元作为标准来计算应该兑换多少单位的其他货币。如果需要计算美元以外的两种货币的比价，必须通过各自与美元的比价进行套算。

三、汇率的种类

在国际汇兑和外汇交易中，经常会涉及不同类型的汇率。按照不同的划角度，可以将汇率分为以下几种类型。

（一）买入汇率、卖出汇率、中间汇率和现钞汇率

从银行买卖外汇的角度划分，汇率可分为买入汇率、卖出汇率、中间汇率和现钞汇率。

1. 买入汇率

买入汇率（buying rate）又称买入价，是指银行买进外汇时使用的汇率。它表示银行买入一定数量的外汇需要支付多少本国货币。在直接标价法下，数值小的价格表示买入价；在间接标价法下，数值大的价格表示买入价。

2. 卖出汇率

卖出汇率（selling rate）又称卖出价，是指银行卖出外汇时使用的汇率。它表示银行卖出一定数量的外汇能够收到多少本国货币。在直接标价法下，数值大的价格表示卖出价；在间接标价法下，数值小的价格表示卖出价。

需要注意的是：第一，买入价和卖出价均是从银行买卖外汇的角度讲的，而非从客户的角度。银行买入外汇和客户卖出外汇采用的是买入汇率，银行卖出外汇和客户买入外汇采用的是卖出汇率。第二，买卖的对象是外汇。例如，在东京外汇市场上，银行买卖的是日元以外的其他货币。

在不同的标价法下，买入价和卖出价的位置是不一样的。

在直接标价法下，前面的数字代表外汇的买入价，后面的数字代表外汇的卖出价，即"前买后卖"。

例 1－4：2023 年 12 月 26 日，中国银行的外汇牌价为：

USD100＝CNY713.21 / 716.05

买入价 卖出价

（银行买入美元价） （银行卖出美元价）

在间接标价法下，前面的数字代表外汇的卖出价，后面的数字代表外汇的买入价，即"前卖后买"。

例 1－5：2023 年 12 月 26 日，伦敦外汇市场的外汇牌价为：

GBP1＝USD1.242 1 / 1.250 8

卖出价 买入价

（银行卖出美元价） （银行买入美元价）

银行从事外汇的买卖，其目的是获取利润。买入汇率和卖出汇率之间的差额一般为1‰～5‰，目前我国商业银行买卖外汇的收益为 5‰左右。银行通过贱买贵卖，赚取买卖差价。一般外汇市场越发达，买卖差价就越小。在外汇市场上，银行通常采用双向报价法，即同时报出买入价和卖出价。

3. 中间汇率

中间汇率（middle rate）又称中间价，是银行买入价和卖出价的算数平均值，即（买入价＋卖出价）/2。中间汇率一般不挂牌公布，常用来衡量某种货币汇率变化的趋势和幅度。各种媒体报道或经济分析种使用的汇率均是中间汇率。

4. 现钞汇率

现钞汇率（bank notes rate）又称为现钞买卖价，分为现钞买入汇率和现钞卖出汇率，指是银行买入或卖出外币现钞时使用的汇率。一般情况下，各国都不允许他国货币在境内流通，外币现金的持有者只有将外币兑换成本币才能使用。因此，一般各国都规定现钞买入汇率。现钞买入汇率一般低于其现汇买入汇率的 2%～3%，因为外币现钞需要运送到发行国或能流通的地区，这就需要花费一定的运费、保险费及邮程期间垫付的利息，这些费用最终由客户承担。而外币现钞的卖出价和外汇的卖出价相同，因为银行卖出现钞不需要承担相应的费用。一般来说，现钞买入价低于现汇买入价，现钞卖出价等于现汇卖出价。以下四种汇率示例见表 1－2 所示。

表 1－2　　2023 年 12 月 26 日中国银行人民币外汇牌价一览表

交易币种	交易单位	现钞买入价	现汇买入价	现汇卖出价	中间价
美元	100	713.05	713.21	716.05	709.65
澳大利亚元	100	484.88	485.37	488.63	484.02
加拿大元	100	536.80	537.35	540.95	536.37
欧元	100	779.50	785.43	792.97	783.35
英镑	100	904.43	905.36	911.43	903.24
港币	100	91.30	91.32	91.66	90.86

资料来源：中国银行官方网站。

（二）基本汇率和套算汇率

按照汇率的计算方法的不同划分，可分为基本汇率和套算汇率。

1. 基本汇率

基本汇率（basic rate）也称基准汇率，是指本国货币与基准货币（往往是关键货币）之间的汇率。所谓关键货币，是指在国际贸易、国际结算中使用最多的货币。由于美元是国际经济支付或国际结算中使用较多的货币，所以各国普遍把美元作为制定汇率的关键货币。所以多数国家将其货币与美元的汇率作为基本汇率。

2. 套算汇率

套算汇率（cross rate）又称交叉汇率，是根据基本汇率套算出本币与非关键货币之间的比率。

例 1－6：某外汇市场上，人民币兑美元的汇率为：USD100＝CNY714.33

美元兑日元的汇率为：USD100＝JPY14 988.31

由此套算出日元兑人民币的汇率为：JPY100＝CNY4.77

（三）即期汇率和远期汇率

按照外汇买卖的交割期限不同，可以将汇率分为即期汇率和远期汇率。

1. 即期汇率

即期汇率（spot rate）也称为现汇汇率，是指交易双方达成外汇买卖协议后，在两个工作日以内办理交割的汇率。外汇市场和官方外汇牌价中公布的汇率均为即期汇率。在外汇交易市场上，即期汇率的报价均采用双向报价法，即同时报出买入价和卖出价。例如：2024 年 1 月 10 日，中国银行报出澳元对人民币的汇率为：AUD/CNY＝4.789 5/4.821 6。

2. 远期汇率

远期汇率（forward rate）也称为期汇汇率，是外汇交易双方达成买卖协议，约定在未来某一时间进行交割所使用的汇率。

远期汇率是以即期汇率为基础形成的，但二者往往又有一定价差。其价差称为汇水。当远期汇率高于即期汇率时，称外汇升水；当远期汇率低于即期汇率时，称外汇贴水；两者相等时，称为平价。外汇升、贴水主要受利率差异、供求关系、汇率预期等因素的影响。另外，远期汇率是未来交割时所使用的汇率，与交割时的市场汇率不同，前者是事先约定的远期汇率，后者是未来市场上的即期汇率。

在直接标价法下，

远期汇率＝即期汇率±升（贴）水

例 1－7：在巴黎外汇市场上，美元即期汇率为 USD1＝EUR0.689 2，3 个月的美元升水 500 点，6 个月的美元贴水 450 点。计算 3 个月期和 6 个月期的美元汇率。

3 个月期美元汇率为：

USD1＝EUR（0.689 2＋0.050 0）＝EUR0.739 2

6 个月期美元汇率为：

USD1＝EUR（0.689 2－0.045 0）＝EUR0.644 2

在间接标价法下，

远期汇率＝即期汇率±贴（升）水

例 1－8：在伦敦外汇市场上，美元即期汇率为 GBP1＝USD1.632 3，1 月期的美元升水 300 点，3 月期的美元贴水 400 点。计算 1 个月期和 3 个月期的美元汇率。

1 个月期美元汇率为：

GBP1＝USD（1.632 3－0.030 0）＝USD1.602 3

3 个月期美元汇率为：

GBP1＝USD（1.632 3＋0.040 0）＝USD1.672 3

由于大多数国家的外汇市场的远期汇率不是直接报出的，而是报出远期差价，因此，要想得到远期汇率，需要根据即期汇率和远期差价计算出远期汇率。

知识链接

远期汇率的报价方法通常有两种：

（1）直接报价法。直截了当地报出远期交易的汇率。这种方法既可以采用直接标价法，也可以采用间接标价法。它的优点是可以使人们对远期汇率一目了然，缺点是不能显示远期汇率与即期汇率之间的关系。这种报价方法适用于银行之间的远期外汇买卖。

（2）点数报价法。是指以即期汇率和升水、贴水的点数报出远期汇率的方法。点数报价法需直接报出远期汇水的点数。远期汇水，是指远期汇率与即期汇率的差额。若远期汇率大于即期汇率，那么这一差额称为升水，表示远期外汇比即期外汇贵。若远期汇率小于即期汇率，那么这一差额称为贴水，表示远期外汇比即期外汇便宜。若远期汇率与即期汇率相等，那么就称为平价。这种报价方法是银行间外汇报价法，通过即期汇率加减升贴水，可以计算出远期汇率。

（四）电汇汇率、信汇汇率与票汇汇率

按照外汇资金划拨时使用支付工具的不同，可以将汇率分为电汇汇率、信汇汇率与票汇汇率。

1. 电汇汇率

电汇汇率（telegraphic transfer rate，T/T Rate）也称为电汇价，是指以电汇方式买卖外汇时所使用的汇率。电汇是银行卖出外汇后，立即用电信（电报、电传等）方式通知国外分行或代理行支付款项给收款人。采用电汇方式时，外汇付出迅速，银行不占用客户汇款资金，能减少客户的汇率风险，加之国际电讯费用较高，因此电汇汇率比汇率高。此外，它是外汇市场中计算其他汇率的基础，银行公布的汇率一般是指电汇汇率。

2. 信汇汇率

信汇汇率（mail transfer rate，M/T Rate）也称信汇价，是指银行以信汇方式买卖外汇时所使用的汇率。信汇是银行卖出的外汇时，开具付款委托书，并以信函方式通知国外分行或代理行付款给收款人的汇款方式。使用信汇方式划拨外汇资金所需邮程长，银行可以占用客户的资金，所以信汇汇率比电汇汇率低，其差额大约等于邮程利息。信汇汇率主要用于中国香港地区和东南亚地区，其他地区较少使用。

3. 票汇汇率

票汇汇率（demand draft rate，D/D Rate）也称票汇价，是指银行以票汇方式买卖外汇时使用的汇率。票汇是银行卖出外汇时需开立一张由其海外分支行或代理行付款的汇票交给汇款人，由汇款人自带或寄往国外收款人取款的汇款方式。采用票汇方式，从汇票开出到付款会有较长的时间，银行可以在这段时期内占用客户资金，因此，票汇汇率低于电汇汇率。

（五）开盘汇率和收盘汇率

按照银行营业时间，可将汇率分为开盘汇率和收盘汇率。

1. 开盘汇率

开盘汇率（opening rate）又称开盘价，是经营外汇业务的银行在每一个营业日开始时报出的汇率，包括外汇买入价和卖出价。

2. 收盘汇率

收盘汇率（closing rate）也称收盘价，是外汇银行在一个营业日交易终了时使用的汇率，也包括外汇买入价和卖出价。由于收盘价是经过当天交易双方的竞争而形成的，所以具有较强的代表性。媒体所报道的外汇市场的汇率，如未作特殊说明，均指收盘价。

（六）名义汇率和实际汇率

按照汇率的测算方法，可以将汇率分为名义汇率、实际汇率和有效汇率。

1. 名义汇率

名义汇率（nominal exchange rate）是通常所说的汇率。官方公布的汇率或外汇银行报

出的汇率就是名义汇率，它可能是官方指定，也可能是由市场决定。名义汇率没有剔除掉通货膨胀的因素。

2. 实际汇率

实际汇率（real exchange rate）是指名义汇率当经两国价格水平调整后的汇率。名义汇率 e 与实际汇率 R 之间的关系为：

$$R=e\times P_f/P$$

其中，P_f 和 P 分别代表外国和本国的有关价格指数，R 和 e 都是直接标价法下的汇率。

（七）固定汇率和浮动汇率

按照汇率制度的不同，可将汇率分为固定汇率和浮动汇率。

1. 固定汇率

固定汇率（fixed exchange rate）是指本国货币与其他国家货币之间维持一个固定比率，汇率波动幅度被限定在一定范围内，货币当局有义务维持汇率的相对稳定性。固定汇率是在金本位制度下和布雷顿森林体系下通行的汇率制度。固定汇率制下，中央银行有义务干预本国汇率，使其在规定的幅度内波动。

2. 浮动汇率

浮动汇率（floating exchange rate）是指本国货币与其他国家之间的汇率由外汇市场供求关系决定，可以自由浮动，一般在汇率出现过度波动时货币当局才会干预市场。布雷顿森林体系解体后西方国家普遍实行浮动汇率制度。由于各国的具体情况不同，选择汇率的方式也有所不同，所以根据干预程度的不同，浮动可分为自由浮动、管理浮动、单独浮动、联合浮动、盯住浮动等。

自由浮动是指货币当局很少干预外汇市场，汇率随市场供求而变动。管理浮动则是指货币当局通过各种措施和手段对外汇市场进行干预，以使汇率向有利于本国经济发展的方向变化。

在现行的国际货币制度下，大部分国家实行有管理的浮动汇率制度。有管理的浮动汇率是以外汇市场供求为基础的，是浮动的，不是固定的；它与自由浮动汇率的区别在于它受到宏观调控的管理，即货币当局根据外汇市场形成的价格来公布汇率，允许其在规定的浮动幅度内上下浮动。一旦汇率浮动超过规定的幅度，货币当局就会进入市场买卖外汇，维持汇率的合理和相对稳定。

单独浮动是一国货币的汇率自行浮动，其汇率变动与其他货币的汇率无关。联合浮动是在若干国家实行某种经济联合的条件下，对汇率波动所做的内外有别的安排。对内，参加经济联合的几个国家为它们的货币兑换规定中心汇率，彼此间货币汇率的浮动不能超过一定的范围；超过一定范围，参加联合浮动的有关国家的中央银行要进行干预。对外，这几个国家的汇率则统一浮动。

钉住浮动指有些国家由于历史上的原因或其进出口贸易结构的需要，将本国货币的汇率与某一种或几种关键货币挂钩，然后随该货币汇率浮动。

（八）官方汇率和市场汇率

按照外汇管制程度的不同，可分为官方汇率和市场汇率。

1. 官方汇率

官方汇率（official rate）也称法定汇率，是外汇管制较严格的国家授权其外汇管理当局确定并公布的本国货币与其他各种货币之间的外汇牌价。官方汇率一旦公布，则不能频繁变动，这虽然保证了汇率的稳定，但是这种汇率缺乏弹性。

2. 市场汇率

市场汇率（market rate）是外汇管制较松的国家在自由外汇市场上进行外汇交易形成的汇率。在这些国家的外汇市场上，外汇交易不受官方限制，市场汇率受外汇供求关系自发波动，货币当局不规定市场汇率，而只能通过参与市场活动干预外汇汇率，以避免汇率出现大幅度的波动。

（九）贸易汇率和金融汇率

按照外汇资金的使用范围不同，可以分为贸易汇率和金融汇率。

1. 贸易汇率

贸易汇率（commercial rate）是用于进出口贸易及其从属费用时所使用的汇率。通常由一国官方制定并维持其稳定。

2. 金融汇率

金融汇率（financial rate）是用于非贸易往来时所使用的汇率，例如国际资本流动、跨国旅游、劳务输出输入等国际收支结算时使用的汇率。

拓展阅读

三大人民币汇率指数

人民币汇率指数主要有三种表示方法：CFETS 人民币汇率指数、BIS 货币篮子人民币汇率指数和 SDR 货币篮子人民币汇率指数。

CFETS 人民币汇率指数是指参考中国外汇交易中心货币篮子加权计算的人民币有效汇率，由中国外汇交易中心对外发布。指数基期是 2014 年 12 月 31 日，基期指数是 100 点，指数计算方法是几何平均法。截至 2022 年 12 月 30 日，CFETS 人民币汇率指数主要包括美元、日元、欧元等 24 种样本货币，各样本货币的权重是采用考虑转口贸易因素的贸易权重法计算而得的。这表明，CFETS 人民币汇率指数反映的是经常账户的人民币有效汇率及中国进出口的汇率贸易条件。

BIS 货币篮子人民币汇率指数主要是参考 BIS 货币篮子（40 种货币）计算的人民币有效汇率。样本货币权重采用 BIS 货币篮子权重。对于中国外汇交易中心挂牌交易人民币外汇币种，样本货币取价是当日人民币外汇汇率中间价和交易参考价；对于非中国外汇交易中心挂牌交易人民币外汇币种，样本货币取价是根据当日人民币兑美元汇率中间价和该币种兑美元汇率套算形成。指数基期是 2014 年 12 月 31 日，基期指数是 100 点，指数计算方法是几何平均法。

SDR 货币篮子人民币汇率指数主要是参考 SDR 货币篮子计算的人民币有效汇率样本货币（美元、欧元、英镑和日元）的权重根据各样本货币在 SDR 货币篮子的相对权重计算而得。样本货币取价是当日人民币外汇汇率中间价。指数基期是 2014 年 12 月 31 日，基期指数是 100 点，指数计算方法是几何平均法。

长期以来，市场观察人民币汇率的视角主要是看人民币对美元的双边汇率，但由于汇率浮动旨在调节多个贸易伙伴的贸易和投资，因此仅观察人民币对美元的双边汇率并不能全面反映贸易品的国际币价。也就是说，人民币汇率不应仅以美元作为参考，也要参考一篮子货币。汇率指数作为一种加权平均汇率，主要用来综合计算一国货币对一篮子外国货币加权平均汇率的变动，能够更全面地反映一国货币的价值变化。

参考一篮子货币与参考单一货币相比，不仅能反映一国产品和服务的综合竞争力，而且能发挥汇率调节进出口、投资及国际收支的作用。

中国外汇交易中心计算的 2013 年 1 月 20 日 CFETS 人民币汇率指数为 99.76，按周跌 0.59%；BIS 货币篮子人民币汇率指数是 104.89，按周跌 0.72%；SDR 货币篮子人民币汇率指数报 97.76，按周跌 0.70%。随着防疫政策和房地产调控措施的优化，中国经济加速重启，国内外普遍看好中国经济复苏前景，也看好人民币资产投资价值，这是2023年促使人民币汇率走势逆转的有利条件。

第三节　汇率的决定与变动

外汇作为一种特殊的商品，其价格（即汇率）也会随着市场供求关系的变化而变化。那么，汇率是如何决定的？哪些因素会影响汇率的变动？反之，汇率的变动又会对经济产生哪些影响呢？这是本节要阐述的内容。

一、决定汇率的基础

在不同的货币制度下，各国货币所代表的价值量是不同的，货币之间的汇率便具有不同的决定基础。

（一）金本位制下决定汇率的基础

金本位制度是以黄金作为本位货币的货币制度，包括金币本位制度、金块本位制度和金汇兑本位制度。

1. 金币本位制阶段

金币本位制下，各国货币均以黄金作为衡量价值的标准。流通中的货币是以一定重量和成色的黄金铸造而成的金币，两国货币的含金量之比即铸币平价（Mint Par）成为决定两国货币汇率的基础。

铸币平价决定的汇率相对比较稳定，市场汇率是随着外汇供求关系的变化围绕着铸币平价上下波动的。当某种货币供不应求时，其汇率会上涨，超过铸币平价；当某种货币供大于求时，其汇率会下跌，低于铸币平价。但因供求关系变化引发的外汇市场汇率变化并不是无限制的上涨和下跌，而是以铸币平价为中心，以一定波动幅度为界限的，这个界限就是黄金输送点（Gold Transport Point）。

具体来说，一方面，当外汇市场上的汇率上涨达到或超过某一界限时，本国债务人用本币购买外汇的成本超过直接运送黄金支付的成本，从而引起黄金输出，这一汇率上限就是“黄金输出点”（Gold Export Point）；另一方面，当外汇市场上汇率下跌达到或低于某一界限时，本国债权人用外汇兑换的本币所得会少于用外汇在国外购买黄金再运输回国内的所得，从而引起黄金输入，这一汇率下限就是“黄金输入点”（Gold Import Point）。汇率最高不会超过黄金输出点，即铸币平价加两国之间运送黄金的费用；汇率最低不会低于黄金输入点，即铸币平价减两国之间运送黄金的费用。黄金输出点和黄金输入点共同构成了金本位制下汇率波动的上下限。超过或低于这一界限，就会引起黄金的输出或输入。其汇率波动如图 1－1 所示，即汇率的波动范围在黄金输出点 B 和黄金输入点 C 之间变动。

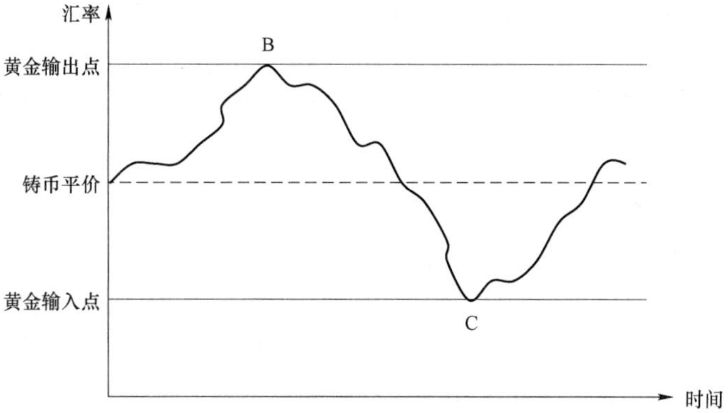

图 1－1 金币本位制下汇率的波动图

在金币本位制下，由于黄金输送点的存在，外汇市场上汇率波动总是被限制在一定范围内，最高不超过黄金输出点，最低不低于黄金输入点。也就是说，由供求关系导致的外汇市场汇率波动是有限度的，汇率制度相对比较稳定。

2. 金块本位制和金汇兑本位制阶段

金块本位制和金汇兑本位制下，汇率的决定基础是黄金平价。第一次世界大战后，许多国家开始实行蜕化了的金本位制，即金块本位制和金汇兑本位制。在这两种货币制度下，国家用法律规定货币的含金量，货币的发行以黄金或外汇作为准备金，并允许在一定限额以上才可以兑换外汇和黄金，各国货币的价值由法律所规定的含金量来决定。两国货币所代表的含金量之比就称为“金平价”（gold parity）。

（二）纸币本位制下决定汇率的基础

纸币制度是在金本位制度崩溃之后产生的一种货币制度。纸币作为价值符号，是金属货币的代替物，继金属货币退出流通之后，执行流通手段和支付手段的职能。这种职能是各国政府以法令形式赋予它并保证其实施的。

在布雷顿森林体系下，国际货币体系形成了以美元为中心货币的固定汇率制度。各国货币的价值通过黄金或美元来表示，市场上流通纸币，但各国政府都规定了纸币的含金量。两国货币的含金量之比“金平价”是决定两国货币汇率的基础。但是，由于纸币不能自由兑换黄金，黄金也不能自由输出、输入，黄金输送点也不复存在，对汇率波动的客观限制也随之消失了。

在浮动汇率制度下，纸币与黄金正式脱钩，各国不再规定纸币的含金量，纸币发行不受黄金准备金的限制。确定货币之间的比价是以其所代表的实际价值——各国货币的购买力为依据。两国货币的购买力之比称为“购买力平价”，它是决定两国货币汇率的基础。货币的购买力是用能表现通货膨胀程度的物价指数来计算的。由于货币的购买力实际上是物价水平的倒数，所以，当一国物价指数上升时，其通货膨胀水平就提高，该国货币购买力则相应下降，它在国际市场上的汇率也会相应下跌；反之，该国货币购买力就提高，它在国际市场上的汇率也会相应上升。在浮动汇率制度下，许多因素会引发汇率变化，因此，汇率波动呈现无规则态势，涨跌幅度亦不受限制。

二、影响汇率变动的主要因素

一国货币的汇率变动受到很多因素的影响，既包括经济因素，也包括政治因素和心理因素等。

（一）国际收支状况

国际收支是指由于一国商品、劳务的进出口以及资本的流入流出引起的收支活动。一国国际收支综合反映了该国的对外经济活动状况。国际收支失衡直接影响到外汇供求关系的平衡，引起本币汇率的变动，如图 1-2 所示。图 1-2 中，横轴表示外汇数量 Q，纵轴表示外汇汇率 e，曲线 S 表示外汇供给曲线，曲线 D 表示外汇需求曲线。图 1-2（a）中，当外汇供给曲线由 S_0 增加到 S_1 时，外汇汇率由 e_0 下降至 e_1，表示外汇贬值，本币升值。图 1-2（b）中，当外汇需求曲线由 D_0 增加到 D_1 时，外汇汇率由 e_0 上升至 e_1，表示外汇升值，本币贬值。

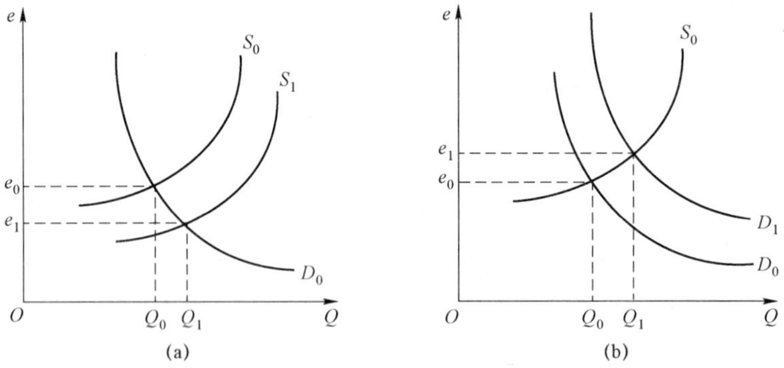

图 1-2　外汇供求与汇率变动图

当一国国际收支出现顺差，即外汇资金流入大于外汇资金流出，意味着该国对外债权相对增加，从而对外汇的需求相对减少，导致本币汇率上升，外汇汇率下跌。反之，当一国国际收支出现逆差，即出口额小于进口额，外汇资金流出大于外汇资金流入时，意味着国际市场对该国货币的需求下降，从而对外汇的需求相对增加，导致本币汇率下跌，外汇汇率上升。

当然，国际收支状况并非一定影响到汇率，这取决于国际收支差额的性质。短期的、临时性的、小规模的国际收支差额，可能易被国际资金流动、政府干预或其他因素抵消，但长期的、大规模的国际收支逆差容易造成本币贬值和外汇升值。

（二）通货膨胀率差异

当一国货币的发行量超过了实际商品流通所需要的货币量时，就会引起通货膨胀。一国发生通货膨胀时，该国货币所代表的价值量就会减少，国内物价总水平上升，实际购买力随之下降。通常认为，一国通货膨胀率超过另一国家通货膨胀率时，该国货币的对外价值就会减少，本币贬值，反之，则本币升值。一般来说，通货膨胀可以通过两种途径影响汇率。

1. 通过商品和服务贸易影响汇率

假如一国发生通货膨胀，则该国出口商品和服务的国际价格会提高，这将削弱本国商品和服务在国际市场上的竞争能力，引起出口减少、进口增加，从而对外汇市场上的供求关系产生影响，导致该国货币汇率下跌，外汇汇率上涨；反之亦然。

2. 通过国际资本流动影响汇率

假如一国发生通货膨胀，则该国的实际利率会降低，这将引起资本外流，外汇市场上的外汇供给会减少，导致外汇汇率上升、本币汇率下跌；反之亦然。

通货膨胀对汇率的影响一般要经过一段时间才能显露出来。但这种影响一旦起作用，其延续时间会比较长，甚至可能要持续若干年。

（三）经济增长速度差异

一国经济增长速度对汇率会产生长期影响。经济增长速度差异对一国货币汇率的影响是多方面的且较复杂。一国经济增长速度相对于其他国家来说较高，其国民收入增加相对也较快，这会使该国增加对外国商品和劳务的需求，结果外汇供不应求，导致本币汇率趋于下跌。假如一国经济是以出口为导向的，经济增长是为了生产更多的出口商品，在这种情形下，经济增长速度的加快就可以使出口的增长弥补进口的增加，而不会导致本币汇率下跌。同样，如果国外的投资者把该国经济增长率较快看成是资本收益率较高的反应，在这种情形下，就可能会产生对该国的资本的净流入，以抵消经常项目的逆差。这时，该国货币汇率也可能不会下跌，反而甚至出现上升的趋势。

一般来说，一国经济增长速度相对较快，该国货币升值趋势会较明显。

（四）相对利率水平

利率是资金的价格，其变动会直接影响一国的资金流入和流出。在相关国家之间的资本流动都不受限制的情况下，若一国利率水平高于其他国家，就会吸引资金流入本国，从而增加对本币的需求，则该国货币汇率上升；反之，若一国利率水平低于其他国家，会引起短期资本外流，从而对本国货币需求减少，导致本或货币汇率下跌。

需要强调的是，在考察利率变动对汇率的影响时，同时要考虑通货膨胀率的影响。如果本国利率上升的幅度低于外国利率上升幅度，或幅度低于国内通货膨胀的幅度，则不能导致本国货币升值。

（五）预期因素

心理预期也会影响汇率的波动。在外汇市场上，交易者买卖某种货币，与他们对各种货币汇率走势的心理预期有相当密切的联系。当市场上预期某种货币汇率要下跌时，持有者为避免损失则会抛出该种货币，造成该种货币汇率下跌的事实；反之，当人们预期某种货币汇率会上升时，则会大量买进该种货币，带来该货币的需求增加，使其汇率上涨。由于心理预期具有从众性、投机性和分散性的特点，因而容易加剧汇率的短期波动。

（六）中央银行干预政策

在浮动汇率制下，汇率波动会更加频繁，各国中央银行都尽力协调各国间的货币和汇率政策，通过影响外汇市场的供求关系来稳定本国货币的汇率。各国政府采取的干预形式主要有：直接在外汇市场买进或卖出外汇，引导本国货币汇率的变动；调整国内的货币政策，通过引导利率的变动影响汇率；与其他国家联合，共同直接干预或通过政策协调进行间接干预。当然，这些干预只能在短期内对汇率变动产生影响，无法从根本上改变汇率的长期趋势。

（七）政治因素和突发事件

政治和突发因素包括政治冲突、军事冲突、选举和政权更迭、恐怖袭击、经济制裁和自然灾害等。如果这些现象发生，必然会导致外汇市场汇率大幅度变动。例如，2022 年的俄乌军事冲突对全球外汇市场产生了重大影响。此外，一国领导人的不当政治言论、中央银行重要官员的任免或调离、一些偶然事件也会对汇率造成短期的影响。

三、汇率变动对经济的影响

一国货币汇率的变动受众多因素的影响，反过来，汇率的变动也会对一国的贸易收支、国内经济、外汇储备、资本流动和国际经济环境产生重大的影响。

（一）汇率变动对一国国际收支的影响

从理论上来说，本国货币若贬值，以外币表示的出口商品的价格则会下降，以本币表示的进口商品的价格上升，此时有利于本国商品的出口，但不利于外国商品的进口，一般情况下会改善贸易收支。但实际上，贸易状况的改善最终取决于两个因素，第一个因素是由贬值引起的进出口商品的单位价格的变化；第二个因素是由进出口单价引起的进出口商品数量的变化。马歇尔—勒纳条件（Marshall-Lerner Condition）研究的是：在什么情况下贬值才能导致贸易收支的改善。现举例说明，我们假定中国为本国，美国为外国，人民币汇价从\$1/7 贬值到\$1/8，因此引起出口商品美元单价和出口数量变化的一组数据请见表 1－3 所示。

表 1－3　　不同弹性条件下贬值对收入（美元）的影响

	出口商品的国内单价	汇价	出口商品的美元单价	出口数量	出口的外币（美元）收入	价格变动率（%）	出口数量变动率（%）
0	7	\$1/7	\$1	10 000	\$10 000	—	—
1	7	\$1/8	\$0.875	11 000	\$9 625	14.29%	10%
2	7	\$1/8	\$0.875	12 000	\$10 500	14.29%	20%

从表 1－3 可以看出，在第一种情况下，人民币从$1/7 贬值到$1/8，折成美元的出口商品单价相应地从 1 美元下降到 0.875 美元。由于价格下降，我们假定出口数量从 10 000 增加到 11 000，但是，出口的美元收入没有增加，反而从 10 000 美元下降到 9 625 美元。只有在第二种情况下，出口数量从 10 000 增加到 12 000 时，出口的美元收入才从 10 000 美元增加到 10 500 美元。这个例子说明，当出口数量的变动率小于贬值引起的价格变动率时（出口需求弹性小于 1，第一种情况），出口的美元总收入不能增加；只有当出口数量的变动率大于贬值引起的价格变动率时（出口需求弹性大于 1，第二种情况），出口的美元总收入才能增加。

马歇尔—勒纳条件是指：货币贬值后，只有出口商品的需求弹性 E_X 和进口商品的需求弹性 E_M 之和大于 1，贸易收支才能改善，即贬值取得成功的必要条件是

$$E_X + E_M > 1$$

在实际生活中，当汇率变化时，进出口的实际变动情况还取决于供给对价格的反应程度。即使在马歇尔—勒纳条件成立的情况下，贬值也不能马上改善贸易收支。相反，货币贬值后的头一段时间，贸易收支反而可能会恶化。

为什么贬值对贸易收支的有利影响要经过一段时滞后才能反映出来呢？这是因为，第一，在贬值之前已签订的贸易协议仍然必须按原来的数量和价格执行。贬值后，凡以外币定价的进口，折成本币后的支付将增加；凡以本币定价的出口，折成外汇的收入将减少。换言之，贬值前已签订但在贬值后执行的贸易协议下，出口数量不能增加以冲抵出口外币价格的下降，进口数量不能减少以冲抵进口价格的上升。于是，贸易收支趋向恶化。第二，即使在贬值后签订的贸易协议，出口增长仍然要受认识、决策、资源、生产周期等的影响。至于进口方面，进口商有可能会认为现在的贬值是以后进一步贬值的前奏，从而加速订货。

在短期内，由于上述种种原因，贬值之后有可能首先使贸易收支恶化。过一段时间以后，待出口供给（这是主要的）和进口需求作了相应的调整后，贸易收支才慢慢开始改善。出口供给的调整时间，一般被认为需要半年到一年的时间。整个过程用曲线描述出来，成字母 J 形。故在马歇尔—勒纳条件成立的情况下，贬值对贸易收支的时滞效应，被称为 J 曲线效应（见图 1－3）。

在 J 曲线图中，$Bt_2 > At_1$ 表示贬值后贸易收支首先恶化，逆差扩大，然后，随着时间推移，再经过 C 点和 D 点得到改善。

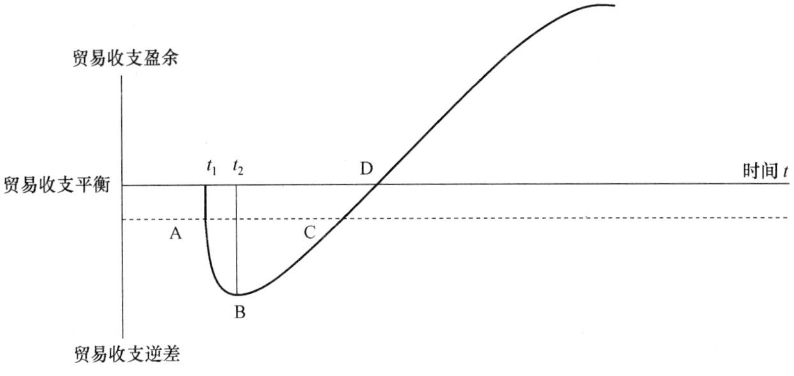

图 1－3　J 曲线效应

（二）汇率变动对国内经济的影响

一国货币汇率的变动会对国内物价、利率水平、国民收入和就业等国内经济变量产生一系列的影响。下面以本币贬值为例来分析。

1. 汇率变动对国内物价的影响

汇率的变动对国内经济的最直接影响体现为国内物价的变动，即本币币值的变动会引起物价水平的变化。

从出口的角度来看，本币贬值有利于扩大出口，增加外汇收入，这使得本国货币供给增加造成物价上涨；同时，由于本币贬值，对国内商品的出口需求增加，国内生产力在短期内还来不及调整，这会加剧国内供需矛盾，造成物价上涨，容易引发国内的通货膨胀。

从进口的角度看，本币贬值会使以本币表示的进口商品的价格提高，这会带动国内同类商品价格的攀升。如果进口商品为原材料、生产技术、生产设备等生产资料，则会带动生产成本的上升，进而推动最终产品价格提升，引起其他商品的价格普遍上涨，最终诱发国内的通货膨胀。

从货币存量来看，本币贬值刺激出口，会改善贸易收支，增加一国的外汇储备，为稳定汇率，该国中央银行会干预外汇市场，投放相应价值的本币，在无其他对冲操作的情况下，会带来通货膨胀的压力。

2. 汇率变动对国内利率的影响

汇率变动会通过改变货币供应量和资本流动两条途径影响国内利率水平。

首先，本币贬值会扩大货币供应量，促使利率水平下降。本币贬值会刺激出口，外汇收入增加，为保持稳定的汇率，中央银行会增加本币的投放，货币供应量会增加，导致利率水平会下降。同时，本币贬值会抑制进口，使外汇支出减少，货币回笼也会减少。

其次，本币贬值会引发资本外流，短期内促使利率水平上升。若一国货币贬值，人们则往往会产生汇率会继续下降的预期，从而引起短期资本外逃。这样，国内资本供给减少，会促使利率上升。但是，当利率下降到一定程度时，人们预期利率会反弹，则可能导致短期资本流入，国内资本供给增加，利率下降。

所以，本币贬值究竟是降低一国利率还是提高，要视各国的具体情况而言。

3. 汇率变动对国民收入和就业的影响

若本币贬值，有利于促进本国商品和服务的出口而不利于进口。如果国内生产能力未被充分利用，则会刺激国内生产规模的扩大，带动国内其他行业生产的发展，从而推动就业水平的提高，增加国民收入。同时，本币贬值会使进口减少，导致对进口产品的需求转向国内的同类产品，使生产进口替代品的部门和企业的收益增加，从而引起资源在国内各部门的重新配置，而这一系列的变化将会使该国的国民收入总额增加。如果一国的货币汇率上升，则会导致就业水平降低，该国国民收入则会减少。

（三）汇率变动对外汇储备的影响

外汇储备是一国国际储备的主要组成部分。汇率变动会影响外汇储备的数量和结构。

汇率变动会通过影响贸易收支、非贸易收支及资本与金融账户，引起外汇储备数量的增减。一般来说，一国货币汇率的稳定有利于该国对外贸易的发展，同时，会吸引外资流入，从而促进外汇储备增加。反之，一国货币汇率的不稳定会造成对外贸易减少和资本外流，使得外汇储备减少。

20 世纪 70 年代以后，各国外汇储备呈现出多元化的趋势，由美元、日元、英镑、欧元等货币共同组成，储备货币汇率的变动会直接影响到一国外汇储备的价值。在多元化储备体系下，汇率变动对储备货币币值的影响较为复杂，有可能引起外汇市场汇率较大的波动，但因储备货币中升值、贬值货币的幅度不同，外汇储备的总价值量变动也较复杂。有时虽然多种货币汇率下跌，但占比重较大的储备货币币值上升，外汇储备总价值也能保持稳定或略有上升。因此，分析汇率的变动对储备的影响要从多个方面进行。

首先，应明确构成一国外汇储备的币种结构，这些货币在外汇市场上的汇率变化往往是不相同的，它们会分别对外汇储备产生影响进而构成外汇储备资产。其次，汇率的变动会改变外汇储备资产的结构。有升值趋势的外汇在储备资产中的比重不断增加，汇率逐渐下降的外汇在储备资产中的比重会不断降低。

（四）汇率变动对国际资本流动的影响

汇率变动对资本流动影响的程度取决于人们对汇率进一步变动的心理预期。它对长期资本和短期资本的影响是不同的。

短期资本对汇率的变动反应较为敏锐、迅速。当一国货币汇率下跌，或者预期汇率会下跌时，货币持有者为了避免可能遭受的损失而抛售该货币，转而持有升值趋势的货币，引起资本外流。反之，当一国货币汇率上升时，则会引起资本流入本国。国际游资的持有者也希望各国货币汇率、利率频繁波动，这样他们才容易寻找到投机机会。

若随着时间的推移，本国货币的汇率下跌到一定水平，等量的外资可以兑换到更多的本币，因而带来更多收益时，长期资本流入会增加。若本币汇率下跌过低，投资者预期汇率将反弹，则会纷纷将资本调回国内。因此，从长期来看，汇率的上下波动可能会部分地相互抵消，对长期资本流动的影响较小。

（五）汇率变动对国际经济环境的影响

在浮动汇率制下，各国货币汇率频繁地、不规则地变动，不仅给各国的国内经济、对外贸易造成了深刻影响，亦有可能影响各国之间的经济关系，甚至影响到整个国际金融市场。

1. 汇率变动加深各国争夺销售市场的斗争，影响国际贸易的健康发展

如果一国为了扩大出口、改善贸易逆差而采取让本币贬值的政策，则会使与之相竞争的国家货币相对升值、出口竞争力下降，导致其贸易收支恶化。如果是以外汇倾销为目的的本币贬值，必然会引起对方国家或其他利益相关国家的反抗甚至报复，这些国家会直接地或隐蔽地抵制贬值国商品的输入，甚至爆发贸易战或汇率战。国际上经常会出现货币竞相贬值以促进本国商品出口的现象，由此造成的国与国之间的利益分歧和矛盾也层出不穷，这必然更加深了国际经济关系的复杂化。

2. 汇率变动影响各储备货币的地位，促进储备货币多元化的形成

由于某些储备货币发行国的国际收支恶化，其货币的汇率下跌，影响了其国际地位。而有些国家则相反，其货币在国际领域的地位和作用日益加强，进而促进了国际储备货币

多元化的形成。

3. 汇率变动加剧国际金融市场的动荡和投机，促进国际金融业务的不断创新

由于汇率的变动，外汇市场上的投机交易愈加频繁，造成了国际金融市场的动荡和混乱。同时，由于外汇的起伏不定加剧了国际贸易和国际金融运作中的风险，进一步促使了期货与期权交易、货币互换交易、欧洲票据等衍生金融工具的出现，使国际金融业务不断创新。

四、汇率变动对经济影响的制约条件

汇率变动虽然对对外贸易、国际收支、利率水平和外汇储备均会产生影响，但影响的程度各不相同，这取决于货币可兑换性、国家开放程度、金融市场完善程度以及政府的干预程度。

1. 货币的可兑换性

一国货币的可兑换性越强，它在国际货币体系中的地位就越重要，在国际支付和结算中使用就越频繁，它的汇率变动对该国经济、资本流动的影响就越大。反之，货币缺乏可兑换性的国家，汇率变动对其经济、资本流动的影响就越小。

2. 国家的开放程度

一国对外开放的程度越高，其对外往来就越频繁，国际交往产生的价值就越大，外汇流动规模就越大，汇率变动对该国经济影响的程度也就越大。

3. 出口商品的结构

出口商品构成包括初级品和工业制成品。一国出口商品中工业制成品占的比重越大，初级品比重越小，说明一国的贸易结构越好，越有利于汇率的稳定，对国内经济的影响越小。

4. 金融市场的完善程度

一国金融市场越成熟，其国际化的程度就越高，汇率变动对该国经济影响也就越大。

5. 政府的干预程度

一国政府对本国经济运行的干预程度越大，其市场运行的机制越容易改变，汇率变动对其影响就越复杂。

6. 外汇管制的状况

一国实行外汇管制的程度越大，汇率变动对外汇收支和资本流动影响则越小，对国内经济、收入和就业影响也越小。

拓展阅读

2022 年外汇市场跌宕起伏的一年

2022 年出现汇率剧烈震荡的当属俄罗斯卢布的汇率。在俄乌军事冲突引发的制裁与反制裁的金融战或货币战中，经历了过山车般的跌宕起伏。先是从 1 美元兑 75 卢布狂泻至 1 美元兑 150 卢布，一度创下了历史新低；此后，又一路反弹。根据莫斯科证券交易所的数据，2022 年 6 月 28 日，卢布兑美元的汇率为 47.75：1，为自 2015 年 5 月以来的最高点。

出现汇率剧烈波动的不止卢布，全球外汇市场都经历了剧烈震荡的一年，主要货币汇率在日内波动逾千点的景象更是多次上演，颠覆了汇率波动在 10 个基点的正常规律。从影响汇率的因素看，主要是全球迅猛加息、地缘政治格局的不断变化等因素给外汇市场带来的巨大冲击。

一、全球通货膨胀高企，加息迅猛

2022 年，全球加息潮汹涌，货币政策紧缩之快历史罕见。在这一年，全球主要央行以至少 20 年来最快的速度和最大的规模进行加息，为高通货膨胀降温，见表 1－4。

表 1－4　　2022 年 11 月部分国家或地区通胀率

国家或地区	CPI 数值（消费者物价指数）
美国	7.1%
欧洲	10.1%
英国	10.7%
加拿大	6.8%
日本	3.7%
中国	1.6%

根据国际清算银行的统计，全球 38 家央行共加息 210 次。路透数据显示，在 2022 年的 12 个月中，监管 10 种交投最活跃货币的中央银行共加息 54 次，紧缩幅度达 2 700 个基点。美国联邦储备体系（以下简称美联储）、欧洲中央银行、英国央行、澳洲央行、挪威央行、加拿大央行和瑞士央行在 2022 年将其指标利率累计提高了 300 个基点以上。最核心的原因是美国为了应对通货膨胀的恶化而不断加息，但这种做法却让全球金融遭到了不少的挑战——多国不得不跟随加息，甚至提前加息来阻挡来自美国的“收割机器”，于是我们看到了一波又一波加息。

例如，从 2022 年 3 月开始，美联储在 2022 年共计加息 7 次，累计加息 425 个基点，最终将联邦基金利率目标区间上调到 4.25%至 4.50%，达到自 2008 年国际金融危机以来的最高水平。受此影响，新兴市场央行在 2022 年加息了 93 次，总共加息 7 425 个基点，几乎是 2021 年加息 2 745 个基点的三倍。

二、地缘政治格局的不断变化

2022 年，地缘政治格局的重大变化是发生了俄乌军事冲突。2 月 24 日，俄罗斯进入乌克兰这一天，宣告俄乌军事冲突正式开始。在当天，卢布兑美元的汇率为 85 卢布兑换 1 美元。受俄乌局势升级等多方面因素影响，2 月 28 日，卢布汇率快速贬值。据美国有线电视新闻网（CNN）报道，美国东部时间 28 日凌晨 2:30（北京时间 2 月 28 日 15:30），卢布兑美元汇率跌至 109 卢布兑 1 美元，5 天内贬值 28%。随着欧美对俄罗斯高达 6 000 多项制裁的落地，卢布兑美元在 3 月份最低跌至 1 美元兑 150 卢布，创下历史新低，在全球货币中表现垫底。2022 年初至 3 月，卢布兑美元的贬值幅度一度达到近 85%；随着俄罗斯被迫采取外汇管制等一系列措施（包括 2 月 28 日俄罗斯央行将基准利率提升 1 050 个基点至

20%，以及俄罗斯普京签发总统令要求48国和地区使用卢布或者黄金购买天然气、粮食、石油、化肥等资源）后，在2022年3月底，汇率市场应声而涨，卢布兑美元最高甚至达到75卢布即可兑换1美元。2022年6月28日，卢布兑美元汇率为47.75：1，为自2015年5月以来的最高点。

资料来源：根据文献资料整理。

课程思政案例

人民币汇率韧性

Choice数据显示，2022年，人民币兑美元汇率最高触及6.304 8，最低下探至7.328 0，最大波幅超过10 000个基点。2022年，人民币汇率日内波动逾千点的景象也是多次上演。但是，除了“高波动”外，人民币汇率韧性凸显，并以“有序而平稳的双向波动”应对内外部扰动。在这一过程中，人民币汇率趋向均衡合理，同时汇率市场化程度进一步提高。

其实，自2018年以来，中国外汇市场经历了多次人民币汇率急跌的挑战和资本流向逆转的冲击。2015年“8・11”汇改之初，中国遭遇了高强度的跨境资本流动冲击，经历了资本外流、储备下降、汇率贬值。2017年，人民币汇率止跌回升。此后，中国人民银行基本退出了外汇市场常态化干预，回归汇率政策中性，而中国外汇市场的韧性日益彰显。人民币汇率双向浮动、弹性增强，调节国际收支的自动稳定器作用更加明显，能够及时有效地释放外部压力。时任中国人民银行副行长、国家外汇管理局局长潘功胜在2022金融街论坛年会上说，与前两次美元升值时期相比，自2021年以来，人民币汇率对美元指数波动的敏感性降低。从全球范围看，与主要发达和新兴市场货币相比，人民币的贬值幅度处于平均水平，跨境资金流动虽有波动，但总体平稳有序。

究其原因，根据影响汇率的主要因素，我们可以归纳如下：

（1）国内经济韧性足。近年来，虽然中国经济存在下行压力，但主要反映了中国经济从高速增长步入中高速增长新常态，也就是中国经济进入了高质量发展新阶段，为增强人民币汇率韧性提供了经济基础。国内经济的韧性增加，使得我国经常项目与直接投资合计的基础国际收支持续出现大量顺差，对外资依赖较小，这又增厚了我国抵御短期资本外流的“防火墙”。例如，2022年2月—5月，在证券投资项下代客涉外收付逆差较大的情况下，银行代客涉外收付总体依然顺差。主要是因为同期货物贸易和直接投资项下涉外收付顺差合计达1 877亿美元，从而完全对冲了证券投资向下的净流出。

（2）经济金融体量大，这意味着中国经济金融体系具有较强的抗风险能力。以债券市场为例，截至2021年底，境外持有境内人民币债券余额40 905亿元。较2015年底增加4.44倍，但相对于排名世界第二的中国债券市场而言，占比不过3.05%。同期仅上升了1.49个百分点。其结果是，2022年2月—5月，外资连续减持境内人民币国债、政策性金融债、银行同业存单，却没有影响境内债券市场的运行，相关债券品种的利率稳中趋降。

（3）政府的市场信誉增加。在“8・11”汇改初期，中国遭遇了有管理浮动汇率“中间解”的市场透明度和政策公信力问题。通过在2016年引入中间价报价机制和2017年5

月底在报价机制中引入逆周期调节因子，我国先后创造性地解决了透明度和公信力问题。2017 年，我国实现了汇改的成功逆袭，逆转了市场单边汇率预期，重塑了汇率政策公信力。此外，中国人民银行基本退出外汇市场常态化干预，不论汇率涨跌，都没有引入新的资本外汇管理措施，而是在加强市场沟通的基础上，通过短暂或重启（调整）逆周期因子、远期购汇外汇风险准备、跨境投融资宏观审慎系数等措施，有效管理和调控了汇率预期，防止外汇市场出现顺周期“羊群”效应。

人民币汇率的韧性增加和市场化改革成果得到了国际社会的认可。2022 年 5 月中旬，国际货币基金组织（IMF）执董会完成了 5 年一次的特别提款权（SDR）定值审查。执董会一致决定，维持现有的 SDR 篮子货币构成不变，即仍由美元、欧元、人民币、日元和英镑构成，并将人民币权重由 10.92%上调至 12.28%，将美元权重由 41.73%上调至 44.38%，同时，将欧元、日元、英镑权重分别由 30.93%、8.33%和 8.09%下调至 29.31%、7.59%和 7.44%，人民币权重仍保持第三位。新的 SDR 货币篮子在 2022 年 8 月 1 日正式生效，并于 2027 年开展下一次 SDR 定值审查。

资料来源：管涛. 汇改以来，中国外汇市场韧性明显增强［J］. 中国外汇，2022（7）.

本章小结

1. 外汇是国际汇兑的简称，有静态外汇和动态外汇之分。从不同角度可以将外汇划分为不同的种类。

2. 外汇具有三个基本特征：国际性、可偿付性、自由兑换性。

3. 外汇在国际经济交往中发挥着重要的作用：实现了购买力的国际转移、增加了国际储备手段、促进了国际贸易的发展、加速了资本在国际间的流动、繁荣了世界经济。

4. 汇率是指两种不同货币之间兑换或折算的比价。

5. 汇率有三种标价方法：直接标价法、间接标价法、美元标价法。按照不同的角度，可以将汇率分为不同种类。

重要概念

外汇　汇率　直接标价法　间接标价法　即期汇率　远期汇率　买入汇率　卖出汇率

思考与练习题

1. 影响汇率变动的主要因素有哪些？

2. 汇率的变动会给经济带来哪些影响？

3. 已知：USD1＝CHF1.186 0/70，1 个月远期 37/28，GBP1＝USD2.040 3/10，1 个月远期 18/26，求：英镑兑瑞士法郎 1 个月远期汇率是多少？

4. 已知 GBP1＝USD1.451 0/1.457 0，USD1＝JPY110.10/110.60。试计算英镑兑日元的

套算汇率。

5. 已知 USD1 = EUR0.810 0/0.811 0，USD1 = JPY110.10/110.20。试计算欧元兑日元的汇率。

案例分析

搜集自 2005 年以来人民币汇率变动的数据，分析人民币汇率波动给中国经济带来了哪些影响？

思考与练习题答案：

1. 略。
2. 略。
3. 3.045 6。
4. 159.755 1/161.144 2。
5. 135.758 3/136.049 3。

第二章

汇率决定理论及汇率制度

学习目标

- 掌握购买力平价理论的主要内容及局限性
- 掌握利率平价理论的主要内容及运用
- 了解国际借贷说、国际收支说、资产市场说的主要思想
- 熟悉固定汇率制和浮动汇率制的概念
- 掌握固定汇率和浮动汇率的特征及优缺点

本章导入

汇率是变化无常的，但它有没有什么规律可循？学习汇率决定理论有助于我们找到影响均衡汇率的要素，并用来预测汇率的变化趋势。汇率决定理论研究汇率由哪些因素决定以及汇率的变动受到哪些因素的影响，是国际金融理论的核心内容之一。传统的汇率决定理论主要包括国际收支说、购买力平价理论、利率平价理论、资产市场说、国际借贷说等。

第一节　汇率决定理论

汇率是不同货币之间兑换的比率，其在经济运行中起着非常重要的作用，它的变动受各国物价水平、利率水平、国际收支及相关政策等的影响。这些因素相互之间如何影响，又有哪些因素决定汇率水平呢？这就是汇率决定理论要研究和解决的问题。

汇率理论是国际金融理论体系的核心内容，至今仍是国际金融关注和研究的重点领域之一。古典的汇率决定理论主要有购买力平价理论和利率平价理论，也包括早期的国际借贷说、国际收支说等。现代汇率理论是 20 世纪 70 年代以后发展起来的汇率决定资产市场说。下面将阐述这些理论。

一、购买力平价理论

购买力平价理论（Theory of Purchasing Power Parity，PPP）是汇率决定理论中最具影响和最有争议的理论之一。该理论于 1922 年由瑞典经济学家卡塞尔（G. Cassel）正式提出，

并在《1914 年以后的货币和外汇》一书中加以完整阐述。其基本思想是：货币的价值在于其购买力，不同货币之间的兑换比例取决于其购买力之比。

下面从“一价定律”开始，分别介绍绝对购买力平价和相对购买力平价。

1. 一价定律

假设不同地区的同种商品是同质的，均为可贸易商品，且不存在价格粘性。那么，当同种可贸易商品在不同地区的价格不同时，会引发地区间低买高卖的套利活动，从而使得地区间的价格趋于一致。这种可贸易商品在不同地区的价格应该是一致的关系称为“一价定律”（Law of One Price）。

由此推广到不同国家之间，则需考虑汇率和外贸管制等因素。如果不考虑交易成本等因素，则以同一货币衡量的不同国家的某种可贸易商品的价格应该是一致的，即为开放条件下的“一价定律”。用公式表示为

$$P_i = eP_i^*$$

其中，e 为直接标价的汇率，P_i 为本国某可贸易产品的价格，P_i^*为外国某可贸易产品的价格，在固定汇率制度下，套利活动会引起两国物价水平的调整；而在浮动汇率制度下，套利活动带来的外汇市场供求变化将迅速引起汇率的调整，从而实现两国价格的均衡。

2. 主要内容

（1）绝对购买力平价

两国物价水平之比即为两国货币的汇率。它说明某一时点上汇率的决定因素。

设 P_a 为 a 国的物价水平，P_b 为 b 国的物价水平，R 为 a 国直接标价法下的汇率，则：

$$R = P_a / P_b$$

绝对购买力平价以一价定律为前提，认为自由贸易将使各国的任何产品的价格相等。

（2）相对购买力平价

当期汇率等于基期汇率乘以两国通货膨胀之比。说明某一时期汇率变动的原因在于两国物价水平的相对变动。

设 R_1、R_0 为当期汇率和基期汇率；P_{a1}、P_{a0} 为 a 国的当期物价水平和基期物价水平；P_{b1}、P_{b0} 为 b 国的当期物价水平和基期物价水平，则：

$$R_1 = R_0 \times \frac{P_{a1}/P_{a0}}{P_{b1}/P_{b0}}$$

例 2－1： 如果汉堡包在美国的价格是 2.00 美元一个，而在英国是 1.00 英镑一个，那么根据购买力平价理论，汇率一定是 2 美元每英镑。如果市场汇率是 1.7 美元每英镑，那么英镑就被称为低估通货，而美元则被称为高估通货。此理论假设这两种货币将最终向 2∶1 的关系变化。

3. 绝对购买力平价与相对购买力平价的关系

绝对购买力平价将价格水平与汇率水平联系起来，而相对购买力平价将价格变动与汇率变动联系起来。也就是说，绝对购买力平价说明了某一点上汇率的变动，而相对购买力

平价说明了某一段时间内汇率的变动规律。此外，绝对购买力平价在计算两国物价水平时，要求所参照的产品篮子及权重都相同，而相对购买力平价没有这个限制。

通常来说，绝对购买力平价成立，相对购买力平价一定成立；但是，相对购买力平价成立，绝对购买力平价不一定成立。例如，基期和报告期的汇率都等于绝对购买力平价的二分之一，此时，相对购买力平价成立，但绝对购买力平价不成立。

4. 购买力平价理论的评价

（1）购买力平价理论的贡献

第一，购买力平价理论从货币的基本特性——交易媒介功能的视角分析了货币交换的问题，不仅符合逻辑，而且易于理解。

第二，购买力平价理论从货币的基本功能——购买力出发，利用简单的数学表达式，描述了汇率与物价水平之间的关系，经过多年的发展完善，已成为经济学家和政府部门计算均衡汇率的常用方法。

第三，购买力平价理论揭示了汇率变动的长期原因，它通常被作为汇率的长期均衡标准应用于其他汇率理论的分析之中。研究表明，购买力平价理论对长期汇率均衡变动趋势的预测能力更好，短期内的汇率变化会因各种原因偏离购买力平价理论。

（2）购买力平价理论的局限性

第一，理论假设在现实中难以实现。现实中，由于受贸易障碍、信息成本、交易成本等因素的影响，可贸易产品是异质的，一价定律难以成立，因而汇率也很难通过商品套购机制满足购买力平价理论。

第二，该理论只考虑了可贸易商品，未考虑服务等不可贸易商品，而服务恰恰可以有非常显著的价值差距的空间。

第三，忽略了决定汇率水平的许多实际因素。汇率变化是一种货币现象，货币数量决定购买力大小，这意味着该理论忽视了生产率变化、消费者偏好、贸易管制措施的变动等因素对汇率的影响。

第四，未考虑资本流动对汇率产生的影响。国际资本的流动会对汇率产生冲击，这是一个不能忽视的问题。

二、利率平价理论

1889 年，德国经济学家沃尔塞·洛茨第一个研究了利息差额与远期汇率的关系，其后由凯恩斯于 1923 年在《货币改革论》一书中提出了古典利率平价理论。利率平价理论（Interest Rate Parity Theory）是一种通过比较两国短期利率差异，从而揭示两国货币远期汇率的理论，也被称为远期汇率理论。

利率平价理论认为，两国之间的即期汇率与远期汇率的关系与两国利率有密切的关系。该理论的主要出发点是，投资者投资于国内所得到的短期利率收益应该与按即期汇率兑换成外汇在国外投资，并按远期汇率换回本币所得到的短期投资收益相等。一旦出现由于两国汇率之差引起的投资收益的差异，投资者就会进行套利活动，其结果是使远期汇率固定在某一特定的均衡水平。

1. 主要内容

（1）利率高的货币远期贴水，利率低的货币远期升水。

（2）升（贴）水率约等于两国的利差。

例 2－2：设 A 国的 3 个月短期利率为 I_a，B 国的 3 个月短期利率为 I_b，两国即期汇率为 R_o，远期汇率为 R_t。某投资者拥有 A 国货币金额 P_a 作为投资对象，他既可以将 P_a 存放入 A 国银行，3 个月后的收入为 $P_a(1+I_a)$；也可以按即期汇率将 P_a 兑换成 B 国货币，存入 B 国银行，其收入为 $P_a(1+I_b)/R_o$；再按远期汇率折成 A 国货币，那么从 B 国投资取得的 A 国货币收入应为 $P_aR_t(1+I_b)/R_o$。根据利率平价理论，这两种投资收益应该相等，即 $P_a(1+I_a)=P_aR_t(1+I_b)/R_o$，由此推导出 $R_t-R_o=R_o(I_a-I_b)/(1+I_b)$，即 $I_a-I_b=(R_t-R_o)/R_o+(R_t-R_o)I_b/R_o$，由于$(R_t-R_o)I_b/R_o$是很小的数字，可以忽略不计，则得 $I_a-I_b=(R_t-R_o)/R_o$，即升（贴）水率约等于两国的利差。若 $I_a>I_b$，则远期外汇汇率升水，若 $I_a<I_b$，则远期外汇汇率贴水。

2. 利率平价理论的评价

（1）利率平价理论的贡献

第一，利率平价理论把汇率的决定因素扩展到金融市场领域，反映了货币因素在国际金融领域内日益重要的作用。

第二，从资本流动的角度揭示了汇率与利率之间的密切关系以及汇率的形成机制。它描述的利率和汇率的关系为中央银行干预提供了有效的途径，即如果存在一个发达的、有效的市场，中央银行就可以在货币市场上利用利率，特别是短期利率的变动对汇率进行调节。与此同时，该理论解释了远期汇率长期偏离利率平价的原因，对外汇市场的实际操作、预测远期汇率的变动趋势及制定和调整汇率政策都具有重要意义。

（2）利率平价理论的局限性

利率平价理论并非一个完善的汇率决定理论，主要局限在于：

第一，利率平价理论的假设条件在现实中很难实现。利率平价理论忽视了交易成本和资本流动障碍，并假定套利资本的规模是无限的，这显然不符合现实。

第二，利率平价理论只是描述了汇率与利率之间的关系，并未表明到底是利率平价决定汇率变动还是汇率变动决定利率平价，因而无法判断此理论是汇率决定理论，还是利率决定理论。

三、其他汇率理论简介

1. 国际借贷说

1861 年，英国学者葛逊（G.L.Goschen）在其出版的《外汇理论》中指出，汇率决定于外汇的供给与需求，而外汇的供给与需求又是由国际借贷引起的，该理论被称为国际借贷说（Theory of International Indebtedness）。

由于商品进出口、证券买卖、利润与捐赠的收付、旅游收支等都会引起外汇的流动，但只有进入收支阶段的外汇才会影响外汇的供求关系。当一国的外汇收入大于外汇支出，即国际收支顺差时，外汇的供给大于需求，因而外汇汇率下降，本币汇率上升；

反之，则本币汇率下降。当外汇供给与需求相等时，汇率处于均衡状态。通常将进入支出阶段的外汇支出称为流动债务，进入收入阶段的外汇收入称为流动债权。

可见，国际借贷说实际上就是汇率的供求决定论。但该理论并未说明影响外汇供求的具体因素，这就限制了这一理论的应用价值。

2. 国际收支说

国际收支说以国际借贷说为基础，利用凯恩斯宏观经济模型说明影响国际收支的主要因素及其汇率的影响，是国际收支说的现代形式。

该理论认为，外汇汇率是由外汇供求决定的，而外汇供求又取决于国际收支，尤其是经常账户收支。汇率的变动会使外汇市场供求达到均衡，从而使国际收支始终处于平衡状态。因此，凡是影响国际收支的因素都会引起汇率的变动。

假定汇率完全自由浮动，其基本公式为

$$E=E(Y, Y_f, P, P_f, i, i_f, E_e)$$

其中，Y 和 Y_f 分别代表国内和国外的国民收入水平，P 和 P_f 分别代表国内和国外的物价水平，i 和 i_f 分别代表国内和国外的利率水平，E_e 代表人们对汇率变化的预期。

3. 资产市场说

20 世纪 70 年代以后，各工业国家纷纷实施浮动汇率制，国际资本流动规模也越来越大，而且，外汇汇率经常大幅度变动，且经常不能反映各国国际收支的流向，传统的国际收支分析法无法解释汇率变动的原因。一些经济学家发现人们的资产选择行为与汇率的变化关系密切。所谓资产选择，是指投资者调整其有价证券和货币资产，从而选择一种收益和风险对比的最佳组合。资产市场说认为各国货币的比价决定于各种外币资产的增减，各种外币资产的增减是由于投资者调整其外币资产的比例关系造成的，这种调整往往引起资金在国际间的大量流动，对汇率产生很大影响。

资产市场说为浮动汇率制下的汇率波动异常提供了一个新的解释，但是，其前提条件是国际金融市场需要十分发达，短期资本移动对利差变动敏感，资本管制和外汇管制比较宽松，各国普遍实行自由浮动汇率制度，这些条件在现实环境中是很难满足的。

第二节　汇率制度

汇率制度（exchange rate arrangement）也称汇率安排，是指一国货币当局对本国货币汇率变动的基本方式所作的一系列安排和规定。按照汇率变动的幅度，可分为固定汇率制度和浮动汇率制度。

一、固定汇率制度

（一）固定汇率制度的概念

固定汇率（fixed exchange rate）是指两国货币的比价基本固定，其波动幅度不能超过规定界限的一种汇率制度。当汇率的波动幅度超过限度时，货币当局有义务进行干预。历史上出现过金本位制度下的固定汇率制和布雷顿森林体系下的固定汇率制两种形式。在金本位制度下，汇率波动的界限是黄金输送点。布雷顿森林体系下，汇率的波动幅度不能超过其金平价（两国货币含金量之比）的上下 1%（后来扩大到 2.25%）。

（二）固定汇率制度的优缺点

1. 固定汇率制度的优点

（1）实行固定汇率制度，便于从事国际贸易、国际借贷与国际投资的经济主体进行成本和利润的核算。

（2）固定汇率制度可约束各国过度扩张的财政与货币行为。央行会借助公开市场业务干预外汇市场，将汇率维持在一个相对固定的水平。

（3）汇率稳定有助于抑制外汇投机活动的发生，有利于国际金融市场的稳定。

2. 固定汇率制度的缺点

（1）实行固定汇率制度使汇率失去了调节国际收支的杠杆作用。

（2）调节国际收支时，不能同时兼顾内外均衡。固定汇率不能有效地调节国际收支时，就需要采取紧缩性或扩张性财政政策，这会使国内经济出现不平衡，或失业增加，或通货膨胀严重。

（3）当国际收支恶化时，市场干预仍不能平抑汇价，该国有可能最后采取货币法定贬值的措施，容易引起国际汇率制度的动荡和混乱。

（三）中央银行维持货币汇率的措施

1. 贴现政策

当本币汇率上涨，又超过波动上限趋势时，则该国可以降低再贴现率和再贷款率等基准利率，增加本币供应，抑制汇率上涨；反之，则采取反向措施。

2. 动用外汇储备

当本币汇率下跌超过了波动下限时，货币当局就在市场上出售其外汇储备，收购本币，以平抑本币汇率下跌；反之，则向外汇市场抛售本币，收购外汇，以降低本币汇率。

3. 外汇管制

一国外汇储备规模有限，一旦遇到本币汇率波动剧烈，又无力向市场大量投放外汇，可以直接限制外汇支出或举借外债等管制措施。

4. 货币的法定贬值或升值

当一国的国际收支出现巨额逆差或顺差，本币汇率波动严重超过了界限，采取以上手段仍不能稳定汇率时，该国政府就实行货币法定贬值或升值。

二、浮动汇率制度

浮动汇率（floating exchange rate）是指一国货币当局不规定汇率波动的界限，汇率是随外汇市场供求关系的变化而自发形成的一种汇率制度。这种汇率制度下，货币当局没有维持汇率波动界限的义务。当外汇的供给大于需求时，外汇汇率上涨，本币汇率下跌；反之，当外汇的供给小于需求时，外汇汇率下跌，本币汇率上涨。

（一）浮动汇率制度的种类

1. 按政府是否对市场汇率进行干预划分

按政府是否对市场汇率进行干预划分，可分为自由浮动和管理浮动。

（1）自由浮动

自由浮动（free floating）又称清洁浮动（clean floating），是指货币当局不采取任何干预措施，汇率完全随外汇市场供求变化而波动。

然而，完全的自由浮动汇率是不存在的。在现实中，各国政府为了本国的经济利益，在其本币汇率波动幅度较大时，会直接或间接地干预外汇市场，以稳定本币的汇率，而不会任由本币汇率完全听任市场决定。

（2）管理浮动

管理浮动（managed floating）又称肮脏浮动（dirty floating）。当本币汇率波动影响到本国经济发展时，政府会采取各种措施加以干预，使其汇率沿着有利于本国经济发展的方向变动，这就是管理浮动汇率制。

2. 按照汇率浮动的形式划分

按照汇率浮动的形式划分，可分为单独浮动、联合浮动、钉住汇率制、弹性汇率制和联系汇率制。

（1）单独浮动，是指一国货币不与任何外国货币保持固定联系，其汇率根据外汇市场的供求变化而自动调整的汇率体系，如美元、英镑、日元等货币都属于单独浮动。单独浮动能较好地反映一国外汇供求状况及货币关系的变化。

（2）联合浮动，是指国家集团在成员国之间实行固定汇率制，对非成员国则实行同升或同降的浮动汇率制。如 1973 年 4 月，欧洲货币体系对其成员国（法、德、意、比、荷、卢）货币之间实行固定汇率制，并规定波动的界限为货币平价的±1.125%，但对其他国家的货币实行联合浮动。其目的是在集团内部创造一个稳定的汇率环境，减少汇率风险，并促进集团内部经济贸易的发展，同时可以形成一支相对强大的货币干预力量。

（3）钉住汇率制，是指一国货币当局将本国货币同某一外国货币或一篮子货币保持固定比价，本币汇率随钉住货币的汇率波动而同向波动的汇率体系。目前，大部分发展中国家实行这种汇率制度。

（4）弹性汇率制，是国际货币基金组织对钉住汇率之外的各种汇率安排的统称。在该制度条件下，汇率主要由市场供给和需求决定，政府不设定及维持某种特定的汇率，有时也称作浮动汇率制。

（5）联系汇率制，是一种独特的汇率体系，是结合了固定汇率制和浮动汇率制特征的双重汇率安排。该制度将本币与某种特定外币的汇率固定下来，并严格按照既定兑换比例，使货币发行量对外汇存储量联动。我国香港于 1983 年 10 月 17 日起成功实行了联系汇率制度。

（二）浮动汇率制度的优缺点

1. 浮动汇率制度的优点

（1）在国际收支失衡不是非常严重的情况下，浮动汇率制度能发挥其调节国际收支的经济杠杆作用。

（2）只要国际收支失衡不是特别严重，就没有必要调整财政、货币政策，也就不会造成以牺牲内部均衡来换取外部均衡的问题。

（3）采取浮动汇率制度可以减少对外汇储备的需要，并可使逆差国避免外汇储备的流失。

2. 浮动汇率制度的缺点

（1）在浮动汇率制度下，从事国际贸易、国际信贷和国际投资的经济主体面临较大的外汇风险，难以核算成本和利润。

（2）实行浮动汇率制度为外汇投机提供了土壤和条件，助长了国际金融市场的投机活动。

（3）对于一些经济规模较小、对外依存度较高的经济体，如新加坡、我国香港等，实行浮动汇率制度则需要保持较高的外汇储备，以备不时之需。

三、人民币汇率制度及货币自由兑换

（一）人民币汇率制度

人民币汇率是我国货币人民币对外币的比价，是其对外价值的体现。现行的人民币汇率制度是 1994 年外汇体制重大改革以来确立的，是以市场供求为基础，参考一篮子货币进行调节、有管理的浮动汇率。其中，人民币兑美元、欧元、英镑等 24 种挂牌货币的汇率可在中国外汇交易中心进行直接交易而形成；人民币与港元及其他未挂牌货币之间的汇率，通过人民币兑美元汇率中间价与国际外汇市场汇率套算形成。

人民币汇率每天通过中国经营外汇业务的银行挂牌公布，具体分为现汇买入价、现钞买入价、现汇卖出价、现钞卖出价与中间价。国家外汇管理局（简称外管局）每日会公布部分外币的中间价，作为市场汇率的基准价格，而对于没有外管局公布的货币基准价，中国银行会折算出中行折算价作为中间价的参考。银行买入外汇用现汇买入价。由于外币现场买卖过程中包含运送、保管、保险等费用，因此银行现钞买入价一律低于现汇买入价。对于部分币种，现钞卖出价与现汇卖出价是相等的。

（二）人民币汇率改革历程

人民币汇率自中华人民共和国成立起出现，经历了多次重大改革，形成了目前单一的、有管理的浮动汇率制度。现行人民币汇率制度自建立以来，按照主动性、可控性、建立性的原则，朝着市场化目标持续推进改革与完善人民币汇率改革，坚持以我为主，有序推进，不断推动更好的发挥市场供求作用，增强人民币汇率弹性，保持其在合理、均衡水平上的基本稳定。以下是 1994 年以来人民币汇率制度的几次重大改革。

1. 1994 年汇率并轨改革

1994 年 1 月 1 日，我国外汇管理体制进行了重大改革，实行了汇率并轨和银行结汇受汇制，实现了人民币在经常项目下的有条件可兑换，建立了银行间外汇交易市场，改进了汇率形成机制。1996 年 12 月，又实现了人民币经常项目下的完全可兑换。

新的外汇体制下，人民币汇率由过去的双轨制变为单一汇率，即由过去的官方汇率和外汇调剂市场汇率并存，改为以市场为基础的有管理的单一浮动汇率，取消$1＝¥5.80 的官方汇率，实行$1＝¥8.70 为起点的浮动汇率。这一汇率制度的特点：由国际收支状况决定的外汇市场供求关系将是决定汇率的主要依据，中国人民银行根据银行间外汇调剂市场前一天的汇价，决定人民币兑美元的基础汇率；并通过人民币兑美元汇率和国际市场各种可自由兑换汇率的货币的汇率，套算人民币对其他各种可自由兑换货币的汇率。汇率浮动幅度不是固定的，中国人民银行将根据国家各个时期的经济政策不定期的进行调整，各外汇指定银行在经营外汇业务中，应根据中国人民银行的调整而调整。同时，中国人民银行将主要运用货币政策、外汇政策等经济手段调节外汇供求，保持人民币汇率相对稳定。

2. 2005 年汇率形成机制改革

为建立和完善我国社会主义市场经济体制，充分发挥市场在资源配置中的基础作用，建立健全以市场供求为基础的、合理的浮动汇率制度，自 2005 年 7 月 21 日起，我国开始实行以市场供求为基础，参考一篮子货币进行调节、有管理的浮动汇率制度。人民币汇率不再盯住单一美元，形成更富弹性的人民币汇率机制。中国人民银行于每个工作日闭市后公布当日银行间外汇市场美元等交易货币兑人民币汇率的收盘价，作为下一个工作日该货币兑换人民币交易的中间价格。自 2007 年 5 月 21 日起，银行间即期外汇市场人民币兑美元交易价浮动幅度由 3‰扩大至 5‰，即每日银行间即期外汇市场人民币兑美元的交易价可在中国外汇交易中心对外公布的当日人民币兑美元汇率中间价上下 5‰的幅度内浮动。

此次改革后，人民币兑美元汇率的基本走势是在不断升值的。从升值幅度看，2005 年 7 月—2006 年 5 月，人民币兑美元汇率水平处在较为平稳的升值阶段，但一直维持在 8 以上。到了 2006 年 6 月中旬之后，人民币兑美元汇率进入 7 时代。2006 年 7 月—2008 年，人民币兑美元汇率呈现出明显的加速升值态势。截至 2008 年 4 月，人民币兑美元汇率中间价为 7.002，人民币兑美元累计升值已逾 16%。

随着 2008 年国际金融危机爆发，世界主要货币的贬值情况普遍比较严重。为了应对当时的形势，我国在原定制度下收窄了人民币汇率的波动幅度，以期保持人民币汇率的基本稳定。

随着全球经济逐步复苏，我国对外经济形势得到改善。2010 年 6 月 19 日，中国人民银行表示，将进一步推进人民币汇率形成机制改革，增强人民币汇率弹性。进一步推进人民币汇率形成机制改革，重在坚持以市场供求为基础参考一篮子货币进行调节，同时继续按照已公布的外汇市场汇率浮动区间（5‰），对人民币汇率浮动进行动态管理和调节。2012 年 4 月 16 日起，人民币兑美元汇率日变动幅度扩大到中间价±1%；2014 年 3 月 17 日起，进一步扩大到中间价降价±2%，汇率弹性不断增强。人民币对美元汇率重新回到了人民币平稳升值的轨道。截至 2018 年 8 月，美元对人民币汇率中间价接近 6.1 关口，累计升值率逾 35%。

2005 年—2015 年这一阶段的汇率制度改革，推动形成和完善了人民币汇率市场机制，有利于部分外向型企业的生产结构调整。但是也要注意到，在这个过程中，中国经济也正经历着史无前例的考验：2007 年初以来，食品价格快速上涨，全球能源价格不断攀升，由人民币升值预期推动的流动性过剩逐渐显现，以及房地产市场价格高涨和股票市场起伏变动，都对中国货币当局提出了新的挑战。

3. 2015 年“8.11”汇改

2015 年 8 月 11 日，中国人民银行宣布完善人民币汇率中间价形成机制，规定做市商在每日银行间外汇市场开盘前，参考上一日银行间外汇市场收盘汇率，综合考虑外汇供求情况以及国际主要货币汇率变化，向中国外汇交易中心提供中间价报价，并且将当日中间价较上一交易日贬值约 2%，以缩小在岸交易价与离岸交易价价差。旧的中间价中政府干预程度大，而新的中间价基本由市场自发形成。此项改革有利于提高人民币汇率中间价的市场化程度及其基准性，中间价更透明、更接近市场汇率。8 月 11 日当天，人民币汇率收市上调 1.86%，开启了人民币兑美元贬值态势，直至 2016 年 12 月，人民币兑美元一路贬值，汇率突破 6.9 关口。

2015 年 12 月 11 日，中国外汇交易中心发布人民币汇率指数，加大了参考一篮子货币的力度，以更好的保持人民币对一篮子货币汇率基本稳定，初步形成了“收盘价+一篮子货币汇率变化”的人民币对美元汇率中间价形成机制。2017 年 5 月 26 日，为了适度对冲市场情绪的顺周期波动，外汇市场自律机制核心成员基于市场化原则，将人民币对美元汇率中间价报价模型调整为“收盘价+一篮子货币汇率变化+逆周期因子”。中国人民银行在《2017 年第二季度货币政策执行报告》中进一步声明，逆周期因子的引入不会改变外汇供求的趋势和方向，只是适当对冲了外汇供求中的非理性因素，在尊重市场的前提下，促进市场行为更加理性。2018 年 1 月，随着跨境资本流动和外汇供求趋于平衡，人民币兑美元汇率中间价报价行陆续将“逆周期因子”调整至中性。当年 8 月，受美元指数走强和中美贸易摩擦等因素影响，外汇市场出现了一些顺周期行为，于是报价行陆续重启“逆周期因子”，以适度对冲贬值方向的顺周期情绪。2020 年以来，外汇市场运行平稳，国际收支趋于平稳，人民币汇率以市场供求为基础双向浮动、弹性增强，到 10 月底，部分报价行陆续将“逆周期因子”再次淡出使用。

拓展阅读

新发展格局下的人民币汇率政策取向

新发展格局下中国经济金融面临着新的环境。以国内大循环为主体、国内国际双循环相互促进的新发展格局要求人民币汇率必须发挥好形成和畅通双循环的作用。要实现这一目标，合意的人民币汇率政策就必须考虑以下两个目标，目标 1：保持货币政策一定的独立性，助力形成以国内大循环为主体的内部需求；目标 2：稳定和提升对外贸易和金融关系，助力形成相互促进的双循环新发展格局。

对于目标 1 来说，方案就是坚持推进汇率价格形成的市场化机制。2020 年 10 月 27 日开始，央行陆续主动将人民币兑美元中间价报价模型中的逆周期因子淡出使用，允许人民币汇率有更大的弹性，提高人民币汇率中间价报价的透明度、基准性和有效性。汇率制度的进一步国际化、市场化改革，需要资本账户的开放作为支撑，可以考虑按照名义开放和实际开放的差异来提高实际开放度，稳健推进资本账户开放。汇率更大弹性，也就意味着央行货币政策更少受到外部资金流入的影响，外汇市场自我出清机制增强，提高央行货币政策的自主性。

对于目标2来说，方案就是人民币汇率要在贸易汇率与金融汇率之间保持平衡。在浮动汇率之下区分贸易汇率、金融汇率是理解非主导性国际货币的汇率制度选择及其调整的基础。前者是一篮子贸易伙伴贸易权重加权的汇率，主要涉及出口竞争力；后者是涉及跨境贸易和投资货币结算的汇率，主要是和美元的双边汇率（金融汇率），涉及跨境资金的流动和跨国资产价值的变化。人民币汇率制度十几年的市场化改革进程都是围绕着平衡人民币金融汇率的稳定性和贸易汇率的稳定性来展开的。当然，CFETS指数编制中美元占比逐步下降，一方面反映了中美贸易在中国对外贸易中权重的下降，另一方面也突出了人民币金融汇率的变动可能允许有更大的浮动区间，这也体现了中国经济金融发展到今天的自信。因为要维持一篮子货币贸易汇率的相对稳定性，美元权重的下降也意味着可能需要有更大浮动空间，才能满足人民币贸易汇率定价稳定的现实要求。

（三）货币自由兑换

1. 货币自由兑换的概念与分类

货币的自由兑换，是指在外汇市场上能自由地用本国货币购买（兑换）某种外国货币，或用某种外汇货币购买（兑换）本国货币。在现实生活中，大多数国家对上述自由兑换行为进行了一定的限制，从而形成了不同含义的货币自由兑换。

按产生货币兑换需要的国家间经济交易的性质划分，货币自由兑换可以分为经常账户下的自由兑换和资本与金融账户下的自由兑换两种。

经常账户下的自由兑换是指对经常账户外汇支付和转移的汇兑实行无限制的兑换。《国际货币基金组织章程》第八条的第二、三、四款规定，凡是能对经常性支付不加限制、不实行歧视性货币措施或多重汇率、能够兑付外国持有的经常性交易中所取得的本国货币的国家，该国货币就是可自由兑换货币。

资本与金融账户下的自由兑换是指对资本流入和流出的兑换均无限制。在第二次世界大战的初期，各国都对资金流动实施了严格的控制。随着经济的发展，一些发达国家取消了对资本与金融账户的管制，国际资金流动迅速带来了金融市场的全球一体化。在1997年举行的中国香港年会上，国际货币基金组织确定了将以推动各国实行资本与金融账户下的自由兑换为今后的目标。

一国货币要实现完全自由兑换，一般来说要经历经常项目的有条件兑换、经常项目自由兑换、经常项目自由兑换加上资本与金融项目的有条件兑换、经常项目自由兑换加上资本与金融项目自由兑换四个阶段。

2. 货币自由兑换的条件

一国货币要成功地实现自由兑换，应具备以下四个条件。

（1）健康的宏观经济状况

货币自由兑换后，商品与资本的跨国流动会对宏观经济形成各种形式的冲击。这就要求宏观经济不仅在自由兑换前保持稳定，还应具有自由兑换后能应对各种冲击的能力。一国宏观经济是否健康，可以从以下三个方面考察。

第一，稳定的宏观经济形势。在宏观经济的运行中，既没有严重通货膨胀等经济过热现象，也不存在大量失业等经济萧条问题。政府的财政赤字处于可控制的范围内，金融领域不存在银行巨额不良资产、乱集资等混乱现象。

第二，有效的市场机制。市场的价格能够充分反映真实供求状况，不存在扭曲因素，能对市场上各种因素的变动作出灵敏的、及时的反应。能与国际市场上的价格状况保持一致，不会产生过大差异，因为市场参与者是理性的。

第三，成熟的宏观调控能力。在货币自由兑换的进程中及实现后，政府必须能娴熟地运用各种宏观政策工具对经济进行调控，有效地应付各种复杂的局面。

（2）健全的微观经济主体

宏观经济状况以微观经济主体的状况为前提，而且从长远看取决于后者。一国的微观经济主体主要是企业（包括金融企业），在一国实现货币自由兑换后，企业将面临非常激烈的来自国外同类企业的竞争，他们的生存与发展状况直接决定了货币自由兑换的可行性。

（3）合理的经济结构和国际收支的可维持性

货币自由兑换后，政府很难直接控制国家间的经济交易，国际收支的可维持性就格外突出。因此，要求实现外汇收支的大体平衡，防止资本外逃，同时，政府具有充足的国际融资能力或国际储备以维持外汇市场的稳定。

（4）恰当的汇率制度与汇率水平

汇率水平恰当不仅是货币自由兑换的前提，也是货币自由兑换后保持汇率稳定的重要条件。在货币自由兑换的条件下，汇率的高估和低估极易引起投机，从而破坏宏观经济和金融市场的稳定，所以，在资本可以自由流动时，选择具有更多浮动汇率特征的汇率制度较为合适。

总体来说，一国货币的自由兑换特别是资本与金融账户下的自由兑换与该国的经济发展水平有直接的联系，货币自由兑换是各国共同努力的方向。

拓展阅读

全球加息与汇率波动

根据利率平价理论，汇率波动受两国利差的影响，这一理论机制在 2022 年得到了明显的验证。

如前所述，2022 年全球加息潮汹涌，货币政策紧缩之快历史罕见。在这一年，全球主要央行以至少 20 年来最快的速度和最大的规模进行加息，为高通货膨胀降温。

根据国际清算银行的统计，全球 38 家央行共加息 210 次。路透数据显示，在 2022 年的 12 个月中，监管 10 种交投最活跃货币的中央银行共加息 54 次，紧缩幅度达 2 700 个基点。美联储、欧洲中央银行、英国央行、澳洲央行、挪威央行、加拿大央行和瑞士央行在 2022 年将其指标利率累计提高了 300 个基点以上。

以美国为例，从 2022 年 3 月开始，美联储在 2022 年共计加息 7 次，累计加息 425 个基点，最终将联邦基金利率目标区间上调到 4.25%至 4.50%，达到自 2008 年国际金融危机以来的最高水平。受此影响，新兴市场央行在 2022 年加息了 93 次，总共加息 7 425 个基点，几乎是 2021 年加息 2 745 个基点的 3 倍。

根据利率平价理论，一国利率上升，将导致该国即期汇率上升。以日本为例，2022 年 12 月 20 日，日本央行公布了利率决议。正如外界所料，日本央行依旧维持宽松的货币政策，将基准利率维持在 –0.1%，并把收益率曲线控制目标定在 0%左右。与此同时，日本央行也放宽了 10 年期国债收益率波动区间，宣布将收益率目标区间上限上调至 0.5%左右，高于此前 0.25%的上限。日元利率实际上升。消息一出，日元兑美元一路暴涨，短线上扬近 60 点，涨至 1 美元兑 133 日元。截至当天下午 8 点，日元兑美元汇率继续走高，涨至 1 美元兑 132.5 日元，创下自 2022 年 8 月以来的新高。

美联储更是利用美元为世界货币的优势，大幅提高美元利率：美元利率从 2022 年 3 月的 0～0.25%，到当年 11 月，通过 6 次疯狂加息，利率上涨到 3.75%～4%，严重扰乱了全球外汇市场。美元的大幅加息让美元指数从 95.59 上涨到 114.8，并使人民币兑美元汇率出现大幅贬值，从 1 美元兑 6.36 元人民币下跌到 1 美元兑 7.37 元人民币。与此同时，全球主要货币兑美元也出现大幅贬值。

其实，美联储充分利用美元为世界货币的地位，让美元对全球主要货币升值，从而大幅增强了美元的购买力，并通过美元升值将美国国内的恶性通货膨胀转嫁给全球。

课程思政案例

人民币资产对全球投资者保持较高吸引力

近年来，中国经济占全球经济的份额连年提升。人民币资产对全球投资者保持较高的吸引力。2012 年，我国 GDP 占全球的比重为 11.3%；2021 年，我国经济总量占世界经济的比重达 18.5%。随着我国实际经济影响力的提升，人民币金融资产配置占全球金融资产配置的比例明显低于中国经济在全球经济中的份额。因此，人民币金融资产在全球金融资产配置中的比例还有很大的跃升空间。

境外投资者投资境内人民币资产的渠道主要包括：

（1）合格境外机构投资者（QFII）、人民币合格境外机构投资者（RQFII）。QFII、RQFII 的可投资产品众多，最初包括交易所股票、债券与权证、证券投资基金、股指期货；2013 年 3 月扩大至银行间固定收益产品；2019 年 1 月扩大至新三板、股票、债券回购、私募投资基金、金融期货、商品期货、期权等，并允许参与证券交易所融资融券交易。2019 年 9 月 16 日，国家外汇管理局宣布，经国务院批准，决定取消合格境外机构投资者和人民币合格境外机构投资者的投资额度限制。

（2）三类机构运用人民币投资银行间债券市场。2010 年，中国银人民银行发布通知，允许三类机构（境外中央银行或货币当局，香港、澳门地区人民币业务清算行，跨境贸易人民币结算境外参加银行）投资银行间债券市场。

（3）银行间债券市场直接投资（CIBM-Direct）。2016 年 2 月，《中国人民银行关于进一步做好境外机构投资者投资银行间债券市场有关事宜的公告》（中国人民银行公告［216］第 3 号）允许符合条件的境外机构投资者直接进入银行间债券市场（CIBM），且没有投资额度限制。

（4）陆股通。2014 年 11 月，沪港通开通；2016 年 12 月，深港通开通。两者通过上交所、深交所与香港联交所的连接，接受两地的交易所投资者下达的买卖订单，并将订单传递到对方的交易所平台上以执行交易。由于两地交易所和结算公司直接互联，为机构投资者和券商省去了 QFII 业务中一系列的行政资格认定及审批，同时放开了对个人的投资限制。

（5）债券通。2017 年 6 月 21 日，中国人民银行发布《内地与香港债券市场互联互通合作管理暂行办法》，债券通开始筹备上线。债券通是指境内外投资者通过香港与内地债券市场基础设施机构连接，买卖两个市场交易债券的机制安排。“北向通”，即中国香港及其他国家与地区的境外投资者，经由香港与内地基础设施机构之间在交易、托管、结算等方面互联互通的机制安排，投资于内地银行间债券市场。“北向通”于 2017 年 7 月 3 日上线试运行。

2022 年 6 月 30 日，国际货币基金组织发布的官方外汇储备货币构成数据显示，截至 2022 年第一度末，人民币在全球外汇储备中的占比达到了 2.88%，比 2021 年第四季度末提升 0.09 个百分点，再创新记录。2022 年 6 月 25 日，国际清算银行宣布与中国央行共同制定了人民币流动性安排，旨在通过一个新的储备资金池计划向中央银行提供流动性，未来参与该安排的中央银行可以在市场波动时寻求资金支持。这是国际上首个多边性质的人民币流动性安排。各方实缴资金不低于 150 亿人民币或等值美元。在有流动性需求时，参加方除可提取其出资部分外，也可凭合格抵押品从储备池中借入短期资金。

2022 年 9 月 23 日，中国人民银行发布的《2022 年人民币国际化报告》显示，我国金融市场开放持续推进，人民币资产对全球投资者保持较高吸引力。截至 2021 年底，境外主体持有境内人民币股票、债券、贷款及存款等金融资产金额合计为 10.83 万亿元，同比增长 20.5%。

资料来源：作者根据相关资料整理。

本 章 小 结

1. 一价定律是指在无贸易成本和无贸易壁垒的自由竞争市场上，同质产品在不同的国家出售，按同一货币表示的价格是相等的。

2. 购买力平价理论认为两国货币的交换比率是由它们之间的购买力对比决定的。

3. 利率平价理论认为，两国之间的即期汇率与远期汇率的关系与两国利率有密切的关系。利率高的货币远期贴水，利率低的货币远期升水；升（贴）水率约等于两国的利差。

4. 汇率制度是指一国货币当局对本国货币汇率变动的基本方式所作的一系列安排和规定。按照汇率变动的幅度，可分为固定汇率制度和浮动汇率制度。

5. 固定汇率（fixed exchange rate）是指两国货币的比价基本固定，其波动幅度不能超过规定界限的一种汇率制度。

6. 浮动汇率（floating exchange rate）是指一国货币当局不规定汇率波动的界限，汇率是随外汇市场供求关系的变化而自发形成的一种汇率制度。

重 要 概 念

购买力平价理论　利率平价理论　资产市场说　国际收支说　浮动汇率制度　固定汇率制度　人民币汇率制度

思考与练习题

1. 简述购买力平价理论的主要思想和局限性。
2. 简述利率平价理论购的主要思想和局限性。
3. 简述固定汇率制度的优缺点。
4. 简述浮动汇率制度的优缺点。

案 例 分 析

收集资料，对人民币汇率是否满足购买力平价理论、利率平价理论进行检验。

思考与练习题答案：

1. 略。
2. 略。
3. 略。
4. 略。

第三章

国际收支

学习目标

- 掌握国际收支的含义
- 了解国际收支平衡表的编制方法及编制原则
- 掌握国际收支平衡表的结构和内容
- 熟悉国际收支失衡的类型及原因
- 掌握国际收支失衡的调节原则及措施

本章导入

全球经济失衡是近年来世界经济的重要特征之一，主要是指美国与以中国为代表的发展中国家之间经常账户的不均衡状态。经济相对不发达的发展中国家长期存在贸易顺差，而发达国家长期存在贸易逆差，形成了前者向后者持续输出实物和资本的脆弱循环。全球经济失衡很容易在各国之间引发冲突和矛盾。长期的经常账户顺差一度成为国际上指责中国货币操纵的重要把柄，也是引发中美贸易战的原因之一。

为全面反映国际收支状况，各国都要编制国际收支平衡表。从一国的国际收支表中，我们可以了解到该国的对外贸易、产业结构、外债结构和储备结构等重要信息。比如，美国的国际收支平衡表中留学生费用收入比重较大，东南亚各国的国际收支平衡表中旅游收入比重较大。因此，有人说，国际收支平衡表是一国国际经济活动的指示器。

那么，什么是国际收支？如何编制国际收支平衡表呢？什么是经常账户顺差或逆差？为什么会出现国际收支失衡？如何进行国际收支调节？本章将带你寻找这些问题的答案。

第一节　国际收支概述

在日常生活当中，我们经常会消费来自法国、美国或其他国家的商品。我国企业生产的产品也会出口到韩国、日本或欧洲地区，还有国与国之间的其他经济往来，这些行为便构成了国际经济往来。国际收支反映了一国与其他国家间的产品、资本和劳动力等要素的国际流动状况。

一、国际收支的概念

国际收支（international balance of payment）是指在一定时期内一个国家（地区）的居民与另一个国家（地区）的居民之间因政治、经济、文化往来所产生的全部经济交易的总和。

伴随着国际贸易往来的发展，国际收支的内涵也在不断变化和发展中。

1. 狭义的国际收支

在 17 世纪初期，欧洲重商主义盛行，各国的经济往来主要是有形商品贸易。这时的国际收支指的是贸易收支，相应的理论研究也只是考虑制定对外贸易政策、分析和记载国际货币财富积累。这时简单地把国际收支解释为一个国家的对外贸易收支。

国际金本位制崩溃以后至第二次世界大战以前，由于大规模的短期资本流动和巨额的战争赔款问题，国际收支还增加了对资本流动及涉及外汇收支项目的研究。这时的国际收支是指一个国家（地区）在一定时期的外汇收支，即凡涉及外汇收支的各种交易都属于国际收支范畴。

2. 广义的国际收支

第二次世界大战之后，对外贸易迅速发展，国际间各种政治、经济、文化密切往来，国际经济关系更加广泛，狭义的国际收支概念已不再适用，逐渐形成了广义的国际收支概念。这时指一个国际（地区）一定时期内发生在居民和非居民之间的全部经济交易的系统记录。这个概念比狭义概念更加广泛，其主要变化是：

（1）除了有形商品贸易（visible trade）收支以外，增加了服务贸易等无形贸易收支。

（2）除贸易外，国际借贷（international indebtedness）和国际投资（international investment）迅速发展，对国际贸易以至对各国与世界经济都产生重大而深远的影响。

（3）增加了政治、文化等非经济贸易交往所引起的货币收支。

（4）增加了单方面的货币转移收支（international unilateral transfers）、无偿捐赠、援助和侨汇等。

（5）除了这一特定时期内已到期并必须结清的现金收付，还包括了已经发生但需要跨年度结清的债权债务，如易货贸易、补偿贸易等比较复杂的国际经济交往。

二、国际收支的内涵

（一）国际收支是一个流量概念

流量和存量是国民经济核算体系中记录经济信息的两种基本形式。流量是按一定时期测算的量，反映一定时期内经济价值的产生、转换、交换、转移或消失，它涉及机构单位的资产和负债的数量、构成或价值的变化；存量是指在一定时点上测算的量，如某一时点的资产和负债的状况或持有的资产和负债。国际收支记载的是流量数据，是按一定时期测算的量，即一国（地区）在一定时期内发生的全部国际经济交易发生情况的累计数额。这里所说的“一定时期”即为报告期，可以是 1 年，也可以是 1 个季度或 1 个月，通常以 1 年为报告期。

具体而言，当国际间发生了债权债务关系，就需要在一定时期内进行清算，一国（地区）对其他各国的国际结算所引起的货币收支就构成了该国的国际收支。国际收支即一国（地区）在一定时期内发生的所有对外经济交易的总和。国际债权债务在一定时期内必须进行清算和结算，该过程定会涉及国际货币收支问题，债权国须在收入货币后了结债权关系，而债务国要用支付货币来清偿债务，这便构成了国际收支问题。所以国际收支是表示一个国家（地区）在一定时期对外货币收支的综合情况，它是一个流量概念。

（二）国际收支反映的内容是经济交易

所谓经济交易，是指经济价值从一个经济实体向另一个经济实体的转移。从内容上看，经济交易有五种类型：金融资产与商品劳务之间的交换（如以外汇购买商品或劳务）；商品与商品及商品与劳务之间的交换（以货易货交易）；金融资产之间的交换（如以美元购买美国国债）；无偿、单项的商品劳务转移（跨国捐赠实物）；无偿、单项的金融资产转移（跨国转移金融资产）。

前三种经济交易，是一方向另一方提供一定数量的经济价值，且对方得到价值相等的回报的交易行为，其实质是交换。后两种经济交易则是一方向另一方提供了经济价值，而并没有得到补偿与回报，其实质是无偿转移。这五种国际经济交易中，外汇收支的经济交易和没有外汇收支的经济交易都包含在其中，如易货贸易、清算协定下的记账贸易等。因此，第二次世界大战后的国际收支概念不再以收支（现金）为基础，而是以交易为基础的广义国际收支概念。

（三）国际收支记载内容的性质

国际收支记载的经济交易必须是该国居民与非居民之间发生的经济交易。在国际收支的统计中，居民是指一个国家经济领土内具有一定经济利益的经济单位。而经济领土一般包括一个国家的地理领土、领空、领海和邻近水域大陆架（享有或声称享有捕捞和海底开采管辖权的大陆架和专属经济区）以及该国在世界其他地方的飞地（飞地是明确划分的地区，如大使馆、领事馆、军事基地、科学站、信息或移民办事处、援助机构等已经所在国政府同意由本国政府拥有或租用，用于外交、军事、科学或其他目的）。由此可知，一国驻外使馆人员是本国居民所在国的非居民，而联合国等国际组织不属于任何国家或地区的居民。

判定一项交易是否属于国际收支范围的依据为交易双方的一方是不是该国的居民，而不是交易双方的国籍和国界。

因此，作为“居民”，应当这样理解：

1. 居民是指在一国（地区）居住或营业的自然人或法人。

2. 身在国外而不代表政府的任何个人，依据其经济利益中心或长期居住地确定其居民身份。

3. 法人组织是其注册国（或地区）的居民。

4. 一国官方外交使节、驻外军事人员，不论在国外时间长短都属派出国的居民、所在国的非居民。

5. 国际机构诸如联合国、国际货币基金组织等对所有国家来说都是非居民。

第二节　国际收支平衡表

国际收支平衡表，又称国际收支账户，是指一国对其一定时期（一年、半年、一个季度、一个月）内所发生的经济交易，根据交易的特性和经济分析的需要，分类设置科目和账户，并按复式簿记的原理进行系统记录的统计报表。它集中体现了该国国际收支的具体构成和全貌。国际收支平衡表是对一国国际经济交易系统的货币记录，是反映一国对外经济发展、偿债能力等的重要依据，也是各国在开放经济条件下制定宏观经济政策的重要依据。

一、国际收支平衡表编制原则

（1）复式簿记原则。指任何一笔国际经济交易都应在借贷双方同时反映。复式记账法是常用的会计报表编制方法，其特征主要概括为两点：一是会计科目划分为借方和贷方。借方科目为资金占用类科目，反映对外支付的情况；贷方科目为资金来源类科目，反映接受付款情况。会计记录时借记用“－”表示，贷记用“＋”表示。二是每一笔交易需要同时记录在相应科目的借方和贷方，而且这两个记录的金额相同、方向相反。任何借记内容均反映国内居民对国外支付的交易，任何贷记内容均反映国内居民接受国外支付的交易。

例 3－1：某企业向美国出口价值 200 万美元的服装，进口商将款项汇入出口企业指定的银行账户。对这一国际交易活动应做如下记录：

本国企业的外汇账户余额增加，属借记项目：

借：资本金融账户—金融账户—其他投资—货币和存款　　　　200 万美元

本国企业出口创汇，属贷记项目：

贷：商品出口　　　　200 万美元

例 3－2：中国游客去加拿大旅游，支付 1 万美元食宿等费用。中国游客用在本国商业银行的外汇存款进行支付。

中国游客去国外旅游，相当于进口国外旅游服务，属于引起我国对外支付外汇的交易，计入服务账户的借方；中国游客用本国银行的外汇存款支付，引起中国金融机构对外负债的增加，计入金融账户的贷方。

借：经常账户—货物和服务—服务—旅游　　　　1 万美元

贷：资本与金融账户—金融账户—其他投资—货币与存款　　　　1 万美元

例 3－3：中国政府动用官方储备 50 万美元向缅甸提供无偿援助，同时提供了相当于 40 万美元的食品与药物援助。

该笔交易首先引起中国官方储备的减少，计入储备资产的贷方；提供相当于 40 万美元的物品，推断为出口增加，计入货物的贷方。这两笔交易都属于中国政府对外国政府的无偿援助，计入经常转移的借方。

借：经常账户—经常转移—政府间转移　　　　90 万美元

贷：资本与金融账户—金融账户—储备资产　　50 万美元

　　经常账户—货物和服务—货物出口　　40 万美元

根据《国际收支手册》（第六版），国家外汇管理局编制国际收支平衡表时的做法是：经常账户、资本账户采用全额方式记录贷方和借方发生额，金融账户采用净额方式记录资产、负债的净变动。但是，金融账户没有使用第六版的符号，仍使用第五版的符号，即金融资产净增加用负值表示，净减少用正值表示；负债净增加用正值表示，净减少用负值表示。

（2）权责发生制原则。指交易的记录时间应以所有权转移为标准，这同样也是基本的会计原则。如一般商品在货物通过海关边境时记录，对外金融资产负债交易在交易主体进行会计账务处理时记录。

但受数据源所限，部分交易采用收付实现制记录。如服务贸易、二次收入的部分项目采用了国际交易报告系统采集数据，其为收付实现制数据。

（3）市场价格原则。指按照交易的市场价格记录。在可以得到市场价格的情况下，国际收支交易按市场价格对交易定值，贷款和存款等债务工具按账面价值定值。

货物进口和出口均按离岸价格定值。来自海关的进口数据是到岸价格数据。国家外汇管理局采用定期更新的运费和保费调整系数对海关进口数据进行调整。

（4）单一记账货币原则。指所有记账单位要折合为同一种货币。记账货币可以是本国货币，也可以是其他国家货币。比如，美国国际收支平衡表的记账货币是美元（本国货币），我国国际收支平衡表的记账货币长期以来也是美元（外国货币）。2010 年以后，国家外汇管理局同时也编制以人民币为记账货币的国际收支平衡表，2016 年开始还向公众提供以特别提款权为记账货币的版本。

拓展阅读

2023 年中国的国际收支

据外汇管理局网站消息，2023 年，我国国际收支保持基本平衡。其中，经常账户顺差 2 642 亿美元，顺差规模与同期国内生产总值之比为 1.5%，继续处于合理均衡区间；跨境资本流动趋稳向好，来华投资总体保持净流入格局。

一是货物贸易顺差规模为历年次高。2023 年，我国国际收支口径的货物贸易顺差 6 080 亿美元，仅次于 2022 年顺差规模。其中，货物贸易出口 31 796 亿美元，进口 25 716 亿美元，均处于历史较高水平。

二是服务贸易运行更加均衡。2023 年，我国服务贸易逆差 2 294 亿美元，呈现有序向疫情前水平恢复态势。一方面，旅行、运输仍为服务贸易的主要逆差项目，其中，赴境外留学和旅行支出规模已恢复至 2019 年的近八成；另一方面，服务贸易顺差项目保持增长，其中，咨询、广告等其他商业服务顺差较 2019 年增长 96%。

三是来华投资总体呈现净流入态势。其中，外商股权性质直接投资全年净流入 621 亿美元，四季度净流入规模环比明显提升。经初步测算，全年来华证券投资亦呈现净流入，四季度净流入规模达到近两年高位，9 月至 12 月外资连续净增持境内债券累计逾 600 亿美元。

二、国际收支平衡表的结构和内容

国际收支内容非常广泛，各国大都根据各自的不同需要和具体情况来编制，因此，各国国际收支平衡表的内容也有很大差异，但其主要结构是基本一致的，见表 3－1。通过对国际收支平衡表的主要内容进行深入分析，有助于我们准确把握开放经济的宏观情况，为制定宏观经济和金融政策提供重要依据。

表 3－1 **中国国际收支平衡表** 单位：亿美元

行次	项目名称	2000 年	2010 年	2015 年	2020 年	2021 年
1	1. 经常账户	204	2 378	2 930	2 488	3 173
2	1. A 货物和服务	288	2 230	3 579	3 586	4 628
3	1.A.a 货物	299	2 381	5 762	5 111	5 627
4	1.A.b 服务	－11	－151	－2 183	－1 525	－999
5	1. B 初次收入	－147	－259	－522	－1 182	－1 620
6	1. C 二次收入	63	407	－126	85	165
7	2. 资本和金融账户	－86	－1 849	－912	－901	－1 499
8	2.1 资本账户	0	46	3	－1	1
9	2.2 金融账户	－86	－1 895	－915	－900	－1 500
10	2.2.1 非储备性金融账户	20	2 822	－4 345	－611	382
11	2.2.2 储备资产	－106	－4 717	3 429	－289	－1 882
12	3. 净误差与遗漏	－118	－529	－2 018	－1 588	－1 674

注：数值采用四舍五入规则，数据合计项目与各分项之和略有出入，余下各表类似。

数据来源：国家外汇管理局。

国际货币基金组织公布的《国际收支手册》（第六版）规定，国际收支平衡表包括经常账户、资本与基金账户和误差与遗漏三个一级账户。

（一）经常账户

经常账户（current account）又称经常项目，是指居民与非居民之间经常发生的经济交易内容。该账户在一国的国际收支中占最基本、最重要的地位。它反映了一国与其他国家之间实际资源的转移，也表现了一国的创汇能力，影响和制约着其他账户的变化。经常账户包三个二级账户：货物和服务账户、初次收入账户和二次收入账户。

1. 货物和服务账户

货物和服务账户记录居民与非居民之间货物和服务的交换活动。

（1）货物账户

货物账户记录有形物品或产品的进出口交易。货物（goods）包括一般商品、用于加工的货物、货物修理、各种运输工具在港口购买的货物及非货币黄金。由于输出或输入的商品是看得见、摸得着的实物，因此货物又称有形贸易。

货物对一国国际收支的经常项目乃至整个国际收支都起着举足轻重的作用。按国际货币基金组织规定，进出口商品价格均应按离岸价格（FOB）计算，但各国掌握并不一致。在海关统计中，习惯以离岸价格计算出口商品价格，而以到岸价格（CIF）计算进口商品价格，大多数国家在国际贸易中也习惯如此。因此，在国际收支平衡表中记录进口商品的支出时，应把到岸价格的运费、保险费等一切抵岸之前的费用予以扣除，换算成离岸价格，并把运费、保险费等国外发生的费用分别列入劳务收支项目中。

（2）服务账户

服务账户记录服务的输入和输出，它同国际进出口商品一样是价值的交换行为，但它不像商品交换那样看得见、摸得着，因此劳务又称无形贸易。

服务项目主要包括加工服务、维护和维修服务、运输服务、旅游服务、通信服务、建筑服务、保险服务、金融服务、电子计算机和信息等方面的服务，专有权（专利、版权、商标、制作方法、经销权等）的使用费和特许权使用费，其他商业服务，个人、文化和娱乐服务以及别处未提及的政府服务。需要注意的是，按《国际收支手册》（第五版）的标准，加工贸易统计在货物贸易项目下。在《国际收支手册》（第六版）中，加工贸易被定义为不涉及所有权转移的贸易，在加工者与所有者之间不计入一般产品交易，而是计入服务贸易项下。

2. 初次收入账户

初次收入账户（primary income account）记录居民与非居民机构单位之间的初次收入流量。初次收入是指机构单位因其对生产过程所作的贡献或向其他机构单位提供金融资产和出租自然资源而获得的回报。因此，初次收入包括雇员报酬、投资收益和其他初次收入三类：

（1）雇员报酬是向生产过程投入劳务的收入。当雇主与雇员为不同国家的居民时，双方因雇佣关系而产生的工资、薪金和福利收支，包括雇主代表雇员支付的社保基金、私人保险、年金和退休金等被视为雇员报酬。雇员报酬主要记录由边境工人和季节工人获得的劳务收入。

（2）投资收益是指居民与非居民之间因提供金融资产而获得的回报，包括股本收入（股息和准公司收益提取、再投资收益）和债权收入（利息）。需要注意的是，对金融衍生品和雇员认股权的所有权不记入投资收益，资本损益也不作为投资收益记录，所有由交易引起的资本损益都记录在金融账户中。

（3）其他初次收入包括将自然资源让渡给另一主体使用而获得的租金收入，以及跨境产品和生产的征税与补贴。其中租金是指使用土地提炼矿藏和其他地下资产，以及捕鱼、林业和放牧而收到或支付的款项。

3. 二次收入账户

二次收入账户（secondary income account）记录居民与非居民之间的经常转移。转移是一个机构单位向另一个机构单位提供货物、服务、金融资产或其他非生产资产而无相应经济价值物品回报的交易。按照转移的载体不同，可视为现金转移和实物转移。现金转移包括一个机构单位向另一个机构单位支付货币或可转让存款而无任何回报，实物转移包括非现金类货物或者资产所有权的转移或服务的提供，而未获得具有相应经济价值物品的回报。按照转移的性质不同，转移可分为资本转移和经常转移。

资本转移是指资产（非现金或存货）的所有权在居民和非居民之间的转移；或者是一方或双方获得或处置资产（非现金或存货）的转移，或者是债权人为债务人减免货物的转移。资本转移涉及提供在未来很长一段时间内发生作用的资本资产，或者涉及影响金融资产某当事方资产存量（或以影响其资产存量为目的）的转移。

资本转移的特征主要表现为：不影响交易双方的当期国民可支配总收入，影响的是交易双方的经济存量，不直接涉及生产和消费过程。而经常转移的特征主要表现为影响交易双方的当期国民可支配总收入和消费水平，影响交易双方的经济流量，减少捐赠方的收入和消费能力，增加接受方的收入和消费能力；其交易对象是立即被消费者或者在转移完成后即将被消费的实际资源。

经常转移记入经常账户，表明其在各经济体收入分配过程中的作用。资本转移记入资本账户。

经常转移分为个人转移和其他经常转移。其中，个人转移包括居民住户向非居民住户提供的或从其那里获取的所有现金或实物的经常转移，包括居民与非居民之间的礼赠、嫁妆、继承、赡养费等项目及在国外停留时间至少超过一年的工人、外国的居民向我国的汇款（侨汇）。其他经常转移包括对所得和财富等征收的经常性税收、社保缴款、社会福利、非寿险和非标准化担保的净保费、非寿险索赔和标准化担保下的偿付要求、经常性国际合作及其他。对于现金转移，捐赠方记录货币或存款的减少并记录应付转移，接受方记录货币或存款的增加，并记录应收转移。对于以实物免费提供货物或服务，捐赠方记录货物或服务的出口和应付转移，接受方记录货物或服务的进口和应收转移。根据惯例，住户之间进行的与彩票和其他博彩类型有关的经常转移，记入个人转移。

（二）资本和金融账户

资本和金融账户（capital and financial account）是对资产所有权在国际间流动行为进行记载的账户，反映国际资本的流动。它包括资本账户和金融账户两个二级账户。

1. 资本账户

资本账户（capital account）反映的是资产在居民与非居民之间的转移。资产从居民向非居民转移，会增加或减少居民对非居民的债权；资产从非居民向居民转移，则会增加或减少居民对非居民的债务。因此，这个账户表明本国在两个时点之间的时期内资产与负债的增减变化。

资本账户包括资本转移和非生产、非金融资产的买卖。非生产、非金融资产主要包括以下几项自然资源及相关的权利，如土地、矿产权、林业权、水资源、渔业权、大气、空间和电磁光谱；契约、租约和许可，以及营销资产或商誉，如品牌、报刊名称、商标、标志和域名等。非生产非金融资产的取得或处置计入资本账户。例如，本国在国外购买的用于建设驻外使领馆的土地的交易，以及居民与非居民之间的品牌、商标、契约、租约和许可等的所有权转让交易，都属于资本账户。然而，非生产、非金融资产的租金收入记录在经常账户的初次收入子账户中。与非生产非金融资产相对应的是生产资产和金融资产。生产资产如固定资产、存货和贵重物品等的所有权交易情况记入经常账户的货物和服务账户。无论这些货物和服务是用于资本性还是经常性的目的，金融资产如股权类工具、债权类工具和其他金融资产与负债，货币、黄金、金融衍生品与雇员认股权的变动计入金融账户。金融资产的投资收益，如利息、股息、留存收益记录在经常账户的初次收入子账户中。

资本转移是指资产（非现金或存货）的所有权在居民和非居民之间的转移；或者是一方或双方获得或处置资产（非现金或存货）的转移，或者是债权人为债务人减免债务的转移，包括政府和私人转移、债务豁免等。

需要注意的是，资本账户记录的是无形资产所有权的转让或出售，而经常账户记录的是针对无形资产使用权进行的国际交易。

特别的，债务豁免需要与债务注销相区分，只有前者才作为资本转移交易处理。债务豁免根据债务双方的协议产生，具有转让利益的意图，而债务注销则是债权人单方面确认无法回收账款，是债权人出于被迫或者债务人无力偿还而采取的单方面行为，其实质是资本损失（capital loss），不反映在国际收支平衡表中。债务减免不大可能发生于商业实体之间。商业实体之间更常见的是债务注销。

资本账户差额表示资本转移和非生产、非金融资产的贷方合计减去借方合计。

2. 金融账户

金融账户（financial account）记录一个经济体对外资产和负债所有权变更的所有交易，它反映的是居民和非居民之间投资与借贷的增减变化。金融账户与经常账户不同，由于资产交易的发生总额常常缺乏充分数据，再加上交易总额对国际收支分析并不很重要，因此金融账户的各个项目并不按借贷方总额来记录，而是按净额来记入相应的借方或贷方。按照投资类型和功能可分为直接投资、证券投资、金融衍生品和雇员认股权、其他投资和储备资产五个子账户。

（1）直接投资。当一个经济体的居民投资者通过投资对另一个经济体的居民企业实施了管理、控制或重要影响时，便产生了直接投资关系。控制或重要影响既可以直接实现（即拥有通过拥有股权获得对一个企业的表决权），又可以间接实现（即通过在另一个对该企业具有表决权的企业中拥有表决权）。因此，实现控制或重要影响的两种方式为：一是直接的投资关系，是指投资者拥有股权，并且这种股权使其在直接投资企业中享有10%或以上的表决权。如果投资者在直接投资企业中拥有50%以上的表决权，则认为存在控制。如果投资者在直接投资企业中拥有10%～50%的表决权，则认为存在重要影响。二是间接的投资关系，是指投者在直接投资企业中拥有表决权，而该直接投资企业又在另一个（或一些）企业中拥有表决权。这里说明一下，之所以直接投资属于金融账户范畴，是因为境内投资者持有的是境外被投资企业的股权，这与证券投资中的股权投资无本质区别，只是直接投资通常持股比例较高，意在影响或控制企业的生产经营活动。对外直接投资属于金融资产范畴，外来直接投资则属于对外金融负债范畴。

（2）证券投资。证券投资是指没有被列入直接投资或储备资产的、有关债务或股本证券的跨境交易和头寸，记录有关债务或股本证券的跨境交易。例如，居民在境外资本市场上发行股票或申购（买入）境外投资基金份额，非居民卖出境内股票或中长期债券等。特别的，如果投资基金的份额或单位（即有投资基金发行的份额或单位）有证券作为证明，并且不是储备资产或直接投资，应列入证券投资。尽管在交易所交易的金融衍生品属于可流通工具，但不列入证券投资，而是被列入了单独的类别。与其他证券投资不同，投资基金中的未分配证券投资收益推定为应付给所有者的款项，然后重新投入该投资基金，在收益再投资的金融账户分录中，投资基金收益计入经账账户的“初次收入”账户。

（3）金融衍生品（储备资产除外）和雇员认股权。金融衍生品合约是一种金融工具，该金融工具与另一个特定的金融工具、指标或产品挂钩，通过这种挂钩，可以在金融市场上对特定金融风险本身进行交易，包括期货、期权和互换等。例如，居民与非居民之间因新签约期权交易收取或支付期权费、平仓未到期金融衍生工具发生的收支、追加保证金收支以及金融衍生工具到期履约引起的收支等都计入金融衍生品分录。雇员认股权作为一种报酬形式，是向公司雇员提供的，授予雇员可以在约定时期内，以约定价格购买一定数量雇主股票的权利。它是一种特殊的期权，发行期权的公司可能是雇员所在的经济体制外另一个经济体的居民（如用人单位是期权所涉及公司的一个分支机构或子公司）。一方面，雇员认股权的定价行为与金融衍生品的定价行为类似，另一方面，他们具有不同目的（即雇员认股权是为了鼓励雇员为提升公司的价值作贡献，而不是交易风险）。如果授予的雇员认股权可以不受限制地在金融市场上交易，即可列为金融衍生品。

（4）其他投资。其他投资账户记录未包括在直接投资、证券投资或储备资产的金融资产与负债交易，包括以下子账户：① 其他股权；② 货币与存款；③ 贷款；④ 保险和养老金；⑤ 贸易信贷；⑥ 其他应收账款和应付账款；⑦ 特别提款权的分配（负债），因为国际货币基金组织向基金组织成员分配的特别提款权构成各成员的负债，其对应分录为储备资产下的特别提款权。贸易信贷是指居民与非居民之间在进出口贸易过程中，由于资金支付时间与货物所有权发生转移的时间不一致而在买卖双方之间形成的债权与债务。例如，本国出口商提供给外国进口商的贸易信贷或出口应收款，外国出口商提供给本国进口商的贸易信贷和进口应付款。

（5）储备资产。储备资产账户记录货币当局可以随时动用并控制的外资资产，包括货币、黄金持有的特别提款权、在国际货币基金组织的储备头寸或其他储备。外汇储备作为储备资产的重要构成之一，由货币和存款、证券、金融衍生工具和其他债权构成。储备资产的相关内容详见第八章。总的来说，金融账户反映了一国对外金融资产和金融负债的变化，同时表明了经常账户和资本账户差额是如何获得资金或支出资金的。金融账户的资产方表明本国居民对外国居民求偿权的变化，金融账户的负债方表明外国居民对本国居民求偿权的变化。

（三）误差与遗漏账户

误差与遗漏账户（errors and omissions account）是由于统计技术和其他一些原因使国际收支平衡表借贷双方总额无法平衡而人为设置的轧平借贷差额的一个账户。

理论上讲，国际收支平衡表的复式簿记原理保证了借方总额和贷方总额的相等，但在实际记录过程中，由于记录时间的不同、账户资料来源不一，还有一些人为和技术原因（企业虚报材料、不能完全准确记录居民与非居民之间的一切交易活动）等因素，可能导致借方总额与贷方总额的不同而出现误差。因此，国际收支平衡表中需要设立误差与遗漏这一项目来人为轧平国际收支平衡表。

第三节　国际收支平衡表的分析

编制国际收支平衡表的目的是集中、系统地从经济、金融角度分析本国对外交往的全面情况，为审视、制定或调整经济、金融方针政策和相应的措施提供有关依据。具体分析时，应首先分析各种差额，然后分析各项目的状况和彼此间的平衡。

一、国际收支平衡表中的差额

国际收支平衡表在实际编制中往往会出现一系列差额。国际收支差额分为国际收支顺差与国际收支逆差。国际收支顺差是指一个国家或地区在一定时期内（通常为一年）其国际收入总额大于国际支出总额的现象。反之，国际收支逆差是指一个国家或地区在一定时期内（通常为一年）其国际收入总额小于国际支出总额的现象。国际收支差额包括贸易收支差额、经常账户差额、资本与金融账户差额等。

（一）贸易收支差额

贸易收支差额指有形商品进、出口的差额。

$$NX=X-M$$

式中，NX 为净出口，X，M 分别为本国的出口额、进口额。

这一差额反映了一个国家实际资源的转让能力和经济发展的水平。

（二）经常账户差额

经常账户差额指经常账户中三个分项收支差额之和。

$$CAB=NX+BPI+BSI$$

其中，

CAB＝经常账户差额
BPI＝初次收入差额
BSI＝二次收入差额（经常转移净额）

对于大多数发展中国家来说，这一差额状况对其国际收支的实际差额影响很大，因此，在分析一国国际收支状况时，人们特别注意分析其经常账户的差额情况。但是，对于发达国家来说，由于其对外直接投资和资金信贷比较大，因此，经常差额对于发展中国家和对发达国家的影响并不一样。

（三）资本与金融账户差额

如果不考虑误差与遗漏，经常账户和资本与金融账户必然相等，但符号相反。也就是说，只要经常项目是顺差，那么资本与金融账户必然是逆差。经常账户的顺差越大，资本与金融账户的逆差越大。

$$CAB = -(KAB + NFB)$$

其中，

KAB＝资本账户分录差额
NFA＝金融账户分录差额

一般来说，资本市场开放程度越高，资本与金融账户差额在国际收支平衡表中的占比就越高。另一方面，资本与金融账户和经常账户之间具有融资关系。如前所述，按照复式记账原理，经常账户中的实际资源流动和资本与金融账户中资产所有权的流动是同一个问题的两个方面。在不考虑误差与遗漏的情况下，经常账户的余额必然对应着资本与金融账户的方向相反但数量相等的余额。因此，资本与金融账户的余额可以反映出一国经常账户的状况和融资能力。

（四）基本差额

基本差额（basic balance）是指经常账户加上长期资本账户（包括直接融资、证券投资与其他投资账户中偿还期限在 1 年以上的相应金融资产）所形成的余额。

基本差额＝经常账户差额＋长期资本流入－长期资本流出

基本差额统计了一国国际收支平衡表中相对稳定的部分，反映了一国国际收支差额的长期趋势。相对于短期资本来说，长期资本是一种比较稳定的资本流动，反映一国在国际经济往来中的地位和实力。因此，如果一国国际收支的基本差额为顺差，即使其综合账户差额暂时为逆差，但从长期看，该国仍具有较强的国际经济实力。

（五）综合账户差额

综合账户差额（overall balance）是指经常账户和资本与金融账户中的资本转移、直接投资、证券投资、金融衍生品和雇员认股权、其他投资账户所构成的余额，即将国际收支账户中的储备资产剔除后的余额。

综合账户差额＝经常账户差额＋资本与金融账户差额（除储备资产之外）－储备资产差额

综合账户差额的意义在于衡量国际收支对一国储备资产造成的压力。当综合账户差额为顺差或逆差时，就要通过增加或减少储备资产来平衡。

用储备资产平衡国际收支，也正是针对这一差额。

二、对国际收支平衡表的分析

国际收支是经济分析的主要工具，一国的国际收支记录了其与世界各国的经济金融往来的全部情况，也反映了该国的对外经济特点及变动对国际金融的影响。

（一）分析的意义

国际收支平衡表集中反映了一国对外经济活动的基本情况，体现了该国的对外金融实力和经济地位，因此分析国际收支平衡表具有重要意义：一是及时全面掌握本国国际收支的差额变动情况，以便于分析原因，研究对策，防止出现根本性不平衡；二是分析和预测资本国际流向的变化；三是分析和预测国际金融市场利率和主要国际货币汇率的变动趋势；四是分析和预测主要国家和与本国关系密切的国家由于其国际收支的变动而引起的对外经济、贸易、金融政策动向；五是以上分析作为制定日后各项政策以及经济和对外交往发展规划的重要依据，力求实现总供给与总需求的新平衡，自如应对国际环境的变化。

（二）分析的目的

1. 判断国际收支状况

国际收支差额为零时，我们称国际收支平衡；当国际收支差额为正时，我们称之为国际收支顺差；当这一差额为负时，称之为国际收支逆差。其中，后两者统称为“国际收支不平衡”或“国际收支失衡”。

2. 分析国际收支失衡的原因

国际收支平衡表反映了一国或地区一定时期对外资金流向和流量的变化。通过对国际收支各项目的分析，为国家或地区制定正确的对内对外经济金融政策提供依据。

3. 制定经济政策参考

通过分析国际收支平衡表，可以掌握其国际储备资产增减变动的情况，以此为依据制定本国或本地区的国际储备的合理水平；通过分析他国或地区编制的国际收支平衡表，根据其国际收支储备资产变动的情况，能够确定其对经济政策和金融政策的走向，以及汇率变动的趋势。

4. 预测本国或本地区经济发展趋势

通过分析与比较各国或地区的国际收支平衡表，就可以在了解他国不同经济实力的同时，了解本国或本地区在世界经济一体化中的地位，这对预测世界经济发展趋势并制定相应对策起到了重要作用。

（三）分析的方法

1. 静态分析

静态分析是对一个国家或地区某一时期国际收支平衡表的分析，包括对表中各个项目的逐一分析和联系不同项目的横向分析。具体说，通过分析平衡表中各个项目差额的形成原因、不同项目间的相互关系及其对国际收支总差额的影响，找出国际收支总差额的形成原因。

2. 动态分析

动态分析也称纵向分析，是指将一国或地区若干连续或不连续时期的国际收支平衡表并列在一起，以发展的眼光来分析国际收支的各个项目及总体的收支及差额的变化，分析其发展是否正常、均衡以及差距所在，从而研究进一步均衡、有效地发展国内（地区）经济和国际经济交往的措施。

3. 比较分析

比较分析也称横向分析，即比较分析本国或地区国际收支平衡表的全面或某些项目与其他经济体国际收支平衡表的对应部分，比较异同及分析其原因，以便借鉴他国或地区经验教训，较为可靠地判断货币汇率及国际投资等政策的发展趋势，及早研究和采取有效对策。

第四节　国际收支的失衡与调节

基于以上编制方法形成的国际收支平衡表最终总是平衡的，但只是会计意义上的平衡。现实中一国或地区国际收支经常是不平衡的。

一、国际经济交易的分类

为有效判断一国或地区国际收支是否平衡，通常把国际经济交易划分为两类。

（一）自主性交易

自主性交易（autonomous transaction）也称事前交易，是指经济实体或个人出于自身某种经济动机而自主进行的交易。它体现各经济实体或居民个人的意愿，不代表政府意志或以政府意志为转移，因而具有自发性和分散性的特点。经常项目和长期资本项目以及延期付款、贸易信贷等原因引起的部分短期资本项目所代表的经济交易均为自主性交易。

（二）调节性交易

调节性交易或补偿性交易（accommodating transaction or compensatory transaction）也称事后交易，是在自主性交易各项目发生缺口时，一国或地区货币当局为调节国际收支差额、弥补这个缺口而进行的交易。这种交易体现了政府意志，具有集中性和被动性。官方储备项目和部分短期资本项目所代表的交易活动属于调节性交易。

二、国际收支失衡的原因和类型

导致国际收支不平衡的原因多种多样的，有经济因素，也有非经济因素；有货币因素，也有非货币因素；有来自内部的，也有来自外部的。具体可分为以下几种。

（一）周期性失衡（cyclical disequilibrium）

受经济发展周期性的影响，一国经济会周而复始地经历繁荣、衰退、萧条、复苏四个阶段。在不同阶段，经济发展状况和国民收入的不同变化对国际收支状况都会产生不同的影响。从经常项目来看，当一国的经济处在繁荣和扩张阶段时，国内就业机会增加，国民收入提高，社会总需求旺盛，如果国内无法满足消费需求，进口就会增加，因此国际收支可能出现逆差；相反，当一国经济处于衰退和萧条期时，社会总需求下降，进口需求也相应下降，国际收支可能出现顺差。从资本流动来看，经济繁荣时期，投资前景看好，资本流入增加，国际收支可能出现顺差；萧条时期，投资前景黯淡，资本流出增加，国际收支可能出现逆差。

（二）结构性失衡（structural disequilibrium）

结构性失衡指一个国家经济结构不能适应国际分工和国际经济结构变化，从而引起贸易收支变动，导致国际收支失衡。国际经济结构指的是世界各国因经济条件（地理环境、自然环境、劳动力数量及品质、技术程度）不同，各自生产出口相对有利的商品与劳务，形成自己的经济产业结构。由于世界科技的日益进步、各国经济发展的不平衡和消费倾向的不断变化而造成的国际市场对商品、劳务的供给与需求关系发生变动时，原来的平衡就会被打破。如果一国的经济结构不能很快地适应这种变化而随之作必要的调整，那么它的国际收支就可能不平衡。

（三）货币性失衡（monetary disequilibrium）

货币性失衡指一国货币价值变动引起国内物价水平变化，进而导致国际收支的失衡。换言之，这种失衡主要是由通货膨胀或通货紧缩引起的。在汇率水平一定的情况下，当一国物价水平持续上涨高于其他国家时，就会抑制该国商品出口而鼓励进口，这样，经常项目收支便会恶化甚至出现逆差；反之，则会出现顺差。另一方面，由于利率变化将影响资本的流入和流出，也会影响该国的资本账户，使得资本账户顺差或者逆差。

（四）收入性失衡（income disequilibrium）

收入性失衡指经济条件的变化引起国民收入变动，使得一国的进出口贸易发生变动，从而造成国际收支的失衡。一般来说，当一国国民收入增加时，会引起需求扩大、贸易和非贸易支出增加，进而造成国际收支逆差；反之，如果一国的国民收入减少，国内需求下降，引起物价下跌，则出口增加、贸易和非贸易支出减少，使逆差逐步减少，甚至出现顺差。

（五）临时性失衡（temporary disequilibrium）

临时性失衡也叫偶然性失衡，指由短期的、非确定的或偶然性的因素（国际政治、经济事变、严重的自然灾害等）引起的国际收支失衡。如 2005 年的印度洋海啸，致使印度洋沿岸地区和国家的旅游业遭受严重打击，旅游外汇收入锐减，导致其国际收支失衡。不过，这种国际收支失衡程度一般较轻，持续时间不长，带有可逆性。

总之，导致国际收支失衡的因素很多，有客观的，也有主观的；有政治和社会的，也有经济发展阶段性的；有内部的，也有外部的；有宏观的，也有微观的。各种因素混合，使国际收支不平衡的原因变得非常复杂，因此必须找出主要原因，施以正确的调节政策。

三、国际收支失衡对经济的影响

国际收支失衡是经常发生的。一国国际收支的失衡表现为收支顺差与逆差两种情况。巨额、持续的国际收支逆差或顺差不仅影响到一国对外经济的发展，而且会通过各种机制对国内经济的稳定和发展产生影响，如可能影响到国内的经济增长、通货膨胀，甚至还影响到就业。因此，国际收支的失衡既能破坏外部平衡，也迟早会破坏内部平衡。

（一）国际收支逆差的影响

如果一国长期存在着严重的国际收支逆差，则会对该国经济发展产生如下影响。

1. 抑制民族经济发展

一国国际收支出现逆差，意味着国内收入减少，本国的外汇储备必然下降，因而会影响本国经济发展所需的生产资料的进口。

如果一国国际收支出现逆差是由于贸易收支逆差所导致的，出口企业规模缩小，从而导致失业增加和国民收入下降，进而影响本国经济的增长；如果国际收支逆差是由于经常项目逆差所引起的，那么必然导致与出口有关的部门就业机会减少，引起一国经济下滑；如果国际收支逆差是由于资本项目逆差所导致的，那么意味着大量资本外流，国内资金供应紧张，推动利率水平上升，导致失业增加，经济下滑。

2. 不利于对外经济往来

持续、巨额的国际收支逆差会造成外汇短缺，一般会引起外汇升值，使该国货币贬值。如果该国货币当局不愿意出现本币贬值，就必然耗费国际储备进行干预，即抛出外币和买进本国货币。这样，一方面会消耗外汇储备，甚至会造成外汇储备的枯竭，从而严重削弱其对外支付能力，会对其在国际上的信誉造成损害；另一方面则会形成国内的货币紧缩，促使利率水平上升，影响本国的经济，从而导致失业的增加和国民收入增长率的相对下降。

如果该国货币当局任由汇率自由浮动，则本币汇率大幅度下跌会削弱该国货币在国际上的地位，造成金融市场的动荡。长期巨额的国际收支逆差还会造成大量的对外负债，使该国的出口创汇收入主要用于偿债付息，影响该国必要的生产资料的进口，从而影响经济的增长。

（二）国际收支顺差的影响

一国出现的国际收支顺差的消极影响不像逆差影响那么明显。一国国际收支顺差可以增加外汇储备，提高其对外支付能力，也会成为政府追逐的经济目标之一，但是如果一国长期出现巨额的国际收支顺差，也会给经济发展带来消极影响。

1. 可能带来本币持续升值

国际收支顺差会使外汇的供给增加，外汇汇率下跌，本币升值。一旦本币升值，将会抑制出口鼓励进口，最终加重国内的失业。

2. 导致通货膨胀

持续顺差会增加外汇供给，致使外汇汇率下跌。货币当局将会大量地抛售本币购进外汇，本国货币投放市场太多，会导致该国外汇储备增加，但同时也会在国内货币市场上造成本国货币供应增长的局面，可能使物价上升，引发通货膨胀。

3. 不利于对外经济的发展

一国国际收支发生顺差，意味着他国国际收支出现逆差，因此会加剧国际之间的摩擦。例如，近几年我国对美国“双顺差”，中国每年都会派贸易团带着上百亿美元的进口订单到美国，目的就是希望减少两国间的贸易摩擦。

4. 不利于国内经济的发展

若一国的国际收支顺差是由于出口过多造成的，那么国内可供使用的资源就会相应减少，因此对本国经济的发展会产生负面影响。另外，资源型发展中国家的顺差使资本大量输出会导致资源的掠夺性开发，对经济发展造成隐患。

一国的国际收支不平衡持续时间越长，顺差或逆差的额度越大，它的不利影响就越大。尽管国际收支顺差和逆差都会产生种种不利影响，相对而言，逆差产生的影响更为明显，因为它造成的后果更为严重，如国内经济的萎缩、失业的大量增加和外汇储备的枯竭，因此，各国都更注重对逆差采取调节措施。对顺差的调节虽然不如对逆差的调节紧迫，但从长期来看，不论顺差还是逆差都需要进行调节。

四、国际收支失衡的调节原则

一旦国际收支失衡超过某种限度，国家就必须进行必要的调节。在选择调节手段时，应注意遵循以下原则。

（一）按国际收支失衡的类型选择调节方式

只有针对不同类型的失衡选择不同的调节方式，才能“对症下药”，以求以最小的成本实现预期的目标。若周期性失衡差额不大，可随着周期的变化，顺逆差相互抵消，自求平衡；若差额较大，则可考虑动用国际储备或借用国际短期贷款来弥补外汇缺口，或扩大对外投资、借贷或进口，以降低顺差。若是货币性失衡，则应考虑调整利率和汇率，以调节资金流出入规模和商品进出口规模。针对结构性失衡，还应考虑通过贷款利率、税率以及其他行政方法，加速产业结构调整。针对收入性失衡，除了大力采取多方面措施扩大出口、控制进口外，更要加速出口替代的进展，以争取优惠贸易条件。国际收支失衡原因往往是多方面的，因此调节时，也应考虑多种措施协调配合，单靠某一措施往往不易奏效。

（二）调节国际收支失衡应考虑国内平衡

国内经济平衡并适应世界经济发展是维持国际收支平衡的基础。国内平衡主要指在充分就业的基础上，控制通货膨胀，保持物价稳定，促进经济增长。国际收支失衡调节后，若考虑不周，其措施可能会损害国内平衡。例如，若为了扩大出口、限制进口和增长外汇储备，只是简单采取本币对外贬值，不考虑改善本国进出口商品的结构、本国主要进出口商品的供求弹性，以及本币对外贬值和预期外汇储备增加将引起外汇占款渠道货币发行量增加，势必影响国内平衡。

（三）选择调节方式应注意外界反措施

各国对本国国际收支失衡的调节首先应当从本国利益出发，其结果可能会损害他国利益，造成他国收支的失衡，从而导致他国采取反措施，激化两国间的矛盾。因此，在选择调节方式时，一般应采用预期阻力较小且能平衡本国国际收支的措施。

五、国际收支失衡的一般调节措施

持续性的巨额顺差和逆差都会给一国对内和对外经济带来不利影响，调节国际收支成为一国政府的一个重要问题。在调节国际收支失衡时，既应按失衡的类型选择调节方式，又要兼顾国内平衡，还应注意国外的反措施。

（一）国际收支的自动调节机制

指由国际收支失衡所引起的国内经济变量的变动对国际收支的反作用机制，这种机制能使国际收支失衡得到自动恢复，或者至少使失衡在一定程度上得到缓和。当然，国际收支的自动调节机制有其自身严格的作用背景，即只有在纯粹的自由经济中才能产生自动调节的效果，才能使国际收支自发地由失衡走向平衡。

1. 国际金本位制下的国际收支自动调节机制

国际金本位制是以黄金为国际本位货币的制度，它大约形成于1880年年末，结束于第一次世界大战爆发之时，是世界上最早出现的国际货币制度。金本位制可分为金币本位制、金块本位制和金汇兑本位制。其中金币本位制是最典型的金本位制。在国际金币本位制中，由于黄金作为本位货币可以自由流通、自由兑换、自由铸造、自由输出入等，使得在金币本位制中，一个国家的国际收支可通过物价的涨落和现金（即黄金）的输出入自动恢复平衡。因此，国际收支失衡这种自动调节的机制就是“物价现金流动机制”（price specie flow mechanism）。

自动调节国际收支的具体过程如下：一国的国际收支如果出现逆差，则迫使本国货币汇率下跌至黄金输出点，黄金外流。黄金外流导致本国银行准备金降低，从而迫使货币流通量减少，物价下跌。而物价下跌提高了本国商品在国际市场上的竞争力，削弱了外国商品在本国市场的竞争力，改善了本国的贸易条件，出口增加，进口减少，于是国际收支渐趋平衡。反之亦然。

2. 纸币本位的固定汇率制下国际收支自动调节机制

在纸币流通条件下，虽然黄金流动对于国际收支的平衡发挥的作用已经不复存在，但国际收支的自动调节机制仍然可以通过价格、汇率、利率、收入等经济变量发挥作用。

（1）价格机制

当一国的国际收支出现顺差时，会导致国内货币市场货币供给增多，容易引起国内信用膨胀、利率下降、投资与消费相应上升、国内需求量增加，使本国物价与出口商品价格随之上升，从而减弱了本国出口商品的国际竞争能力，出口减少、进口增加，国际收支顺差逐步减少直至平衡。当出现国际收支逆差时，导致国内市场货币供给量下降，从而会引起社会总需求萎缩，必会带来物价水平的回落，使本国出口产品具有相对价格优势，促使出口增加和进口减少，有利于国际收支逆差的调整。

（2）利率机制

当一国国际收支发生逆差时，为了稳定汇率，必然减少外汇储备量，使货币供给量下降，该国货币市场货币存量减少，银根趋紧，利率上升。利率上升表明本国金融资产收益率的上升，从而对本国金融资产的需求相对上升，对外国金融资产的需求随之下降。这些均导致本国资产停止外流，同时外国资本流入本国以谋求较高利润。因此，国际收支逆差由于金融项目日趋好转从而走向平衡，即改善了资本账户收支，使国际收支逆差得以调整。当一国国际收支发生顺差时，该国货币市场货币存量增加，银根松动，利率水平逐渐下降。利率水平的下降导致资本外流增加，从而使得顺差逐渐减少，国际收支趋于平衡。

（3）汇率机制

当一国国际收支出现顺差时，本国货币市场上外汇供给大于外汇需求，外汇供大于求导致外币贬值（即本币升值），本国出口商品以外币表示的国际市场价格上涨，进口商品价格下跌，因此出口减少、进口增加，贸易顺差改善，国际收支趋向平衡。当一国国际收支出现逆差时，本国货币市场上外汇供给小于外汇需求，外币升值本币贬值，出口商品的外币表示价格下降，进口商品价格上升，出口增加，进口减少，贸易逆差得到改善，国际收支状况趋向平衡。

（4）收入机制

收入机制是指国际收支逆差时，一方面，国民收入水平会下降，国民收入下降会引起社会总需求的下降，进口需求下降，贸易收支得到改善。国民收入下降也会使对外劳务和金融资产的需求都有不同程度的下降，改善经常项目收入和资本与金融账户收支，从而使国际收支状况得到改善。另一方面，当一国出现国际收支逆差时，政府必须动用外汇储备来予以弥补，从而使得本国货币供给量减少，引起社会总需求的萎缩，其中包括对进口商品的需求，从而进口的外汇支出就会下降，有利于国际收支逆差的消除。

（二）国际收支失衡的政策调节

由于国际收支不平衡不能完全依赖经济体系的自动调节来恢复，因此，各国货币当局一般会主动采取适当的政策和措施来平衡国际收支。这样不仅能够及时采取措施避免外部过度失衡的状况，而且有利于国际收支均衡目标的实现。世界各国为改变国际收支不平衡的状况采取的各种各样的政策和措施归纳起来有：外汇缓冲政策、财政政策、货币政策、汇率政策、直接管制以及国际经济合作。

1. 外汇缓冲政策

外汇缓冲政策指运用官方储备的变动或临时向外筹措资金，来消除国际收支的短期性失衡。外汇缓冲政策一般的做法是建立外汇平准基金，该基金保持一定数量的黄金、外汇储备和本国货币。

当一国国际收支逆差时，外汇供给不足，中央银行动用本国外汇储备，在外汇市场上用外币购买本币，使外汇供给加大，目的是消除国际收支不平衡所形成的外汇供求缺口；反之，当一国国际收支顺差时，外汇供给过大，中央银行在外汇市场用本币购买外币，使外汇供给减少，目的是消除国际收支不平衡所形成的超额的外汇供求。

通过这一政策来融通一次性或季节性的国际收支赤字，是一种既简单又有益的做法。它能使本币汇率免受暂时性失衡所造成的无谓波动，有利于本国经济的内部均衡和外部平衡。特别是第二次世界大战后建立的负有帮助成员国解决短期国际收支支付困难义务的机构——国际货币基金组织，为各国政府实施外汇缓冲政策提供了便利。

实施外汇缓冲政策仅能解决国际收支的短期性逆差，并不能解决那些巨额的、长期的国际收支逆差。这是因为一国的官方储备是有限的，如果完全依靠外汇缓冲政策，将可能使该国外汇储备枯竭。如果该国向国外借款来填补外汇储备的不足，又会大量增加外债，反而加剧国际收支的逆差。当面临长期的巨额国际收支逆差时，一国政府通常将采取其他调整政策。但在调整期间，适当地运用这一政策作为辅助手段，放慢调整速度，就可以为调整创造宽松的环境，使国内经济避免因过于猛烈的调整所带来的巨大波动。当那些长期性国际收支赤字出现时，调整政策的实施是不可避免。

2. 财政政策

一国政府根据国际收支逆差或顺差采取不同的财政政策，当一国出现国际收支逆差或顺差时，要有针对性地采取不同的财政政策。财政政策的调节手段主要有支出政策与税收政策两种，是指通过财政开支的增减和税率的高低来实现国际收支调节。

一国政府在平衡国际收支失衡时，不仅要考虑国际收支状况，同时还要考虑国内的经济情况，否则，国际收支得以改善，却造成国内经济的混乱而得不偿失。一国国际收支逆差时，应采取紧缩性的财政政策，即减少财政支出或提高税率，具体表现为政府抑制公共支出和私人支出及社会总需求，使进口减少，国际收支趋于平衡；一国国际收支顺差时，应采取扩张性的财政政策，即扩大政府支出或降低税率，具体表现为增大公共支出和私人支出及社会总需求，使进口增加，国际收支趋于平衡。但此时国内经济可能出现通货膨胀，这时扩张性的财政政策会因货币供给加大从而加剧通货膨胀。因此，务必对国内经济加以综合考虑。

3. 货币政策

调节国际收支的货币政策（金融政策）主要手段是调节再贴现率、调节存款准备金率以及公开市场业务的操作等。

（1）调整再贴现率

指中央银行通过改变其对商业银行等金融机构持有的未到期票据进行再贴现时所取利息计算的比率——再贴现率，来影响金融市场利息率的政策。这是各国政府通过其中央银行对本国经济进行干预的主要手段之一。中央银行提高或降低贴现率会影响各商业银行及其他金融机构贷款利率的提高或降低，从而达到使经济“萎缩”或“膨胀”的政策目的。

（2）调节存款准备金率

存款准备金是商业银行等金融机构每吸纳一笔存款要依法按一定比率向中央银行缴存的款项，目的是保证存户提现和中央银行控制货币量的流量。通过提高或降低准备金比率，缩小或扩大商业银行贷放资金的规模大小，从而影响国内总需求和国际收支。当一国国际收支逆差时，提高存款准备金比率可以缩减商业银行等金融机构的贷款资金规模，因此货币的流量减少，社会总需求下降，从而进口减少，国际收支逆差缓解；反之，当一国国际收支顺差时，降低存款准备金比率。

（3）公开市场操作

货币当局可实行公开市场业务，即中央银行在公开市场抛售有价证券，从而减少市场货币流通量，使商业银行信用收缩、利率提高，吸引外资流入，从而减少直至消除国际收支逆差。当国际收支发生逆差时，应买进外汇，提高外汇汇率，扩大出口，抑制进口。反之，当国际收支发生顺差时，应卖出外汇来降低外汇汇率，扩大进口，抑制出口。因此，在浮动汇率制度下，国家通过公开市场业务，人为地使本国货币币值上浮或下跌，可以达到平衡国际收支的目的。

采取财政和货币政策有助于扭转国际收支的失衡，但也有明显的局限性，因为它往往同国内经济目标发生冲突。例如，为消除国际收支逆差，而实行紧缩性的财政金融政策，会导致经济增长放慢甚至出现负增长，使失业率上升；当为消除国际收支顺差，而实行扩张性财政金融政策时，又会加快物价上涨，导致通货膨胀。因此，两种调节政策必须合理配合，才能达到预期效果。

4. 汇率政策

汇率政策就是在国际收支失衡时，官方宣布汇率升值或贬值，以实现国际收支平衡。在固定汇率制度下，当国际收支出现严重逆差时，实行货币法定贬值。本币贬值，以外币表示的本国出口商品价格降低，调高了本国出口商品的竞争力，增加出口。同时，以本币表示的进口商品价格升高，进口减少，从而改善国际收支。

当然，运用汇率调整也是有缺陷的。因为一国货币对外贬值，可以达到促进国内收入和就业增加、改善国际收支的目的。但同时，也相当于另一国的货币要升值，从而对国际收支起相反作用。这会引起对方报复，引发货币战。同时，汇率的调整在国际上是受到一定限制的。国际货币基金组织认为，只有在各会员国国际收支失衡时才允许调整汇率。若汇率保持不变，要维持平衡就必须实施紧缩的财政政策，从而造成国内失业加剧，国内经济失衡；若要实现充分就业，就要实施扩张性财政政策，从而进一步使国际收支恶化。此时，当国内均衡和国际均衡发生矛盾时，国际货币组织才允许会员国调整其汇率。

5. 直接管制

直接管制指政府通过发布行政命令，对国际经济贸易进行行政干预，以使国际收支达到平衡。直接管制包括金融管制、财政管制和贸易管制。

金融管制是从外汇方面限制国际经济贸易，如对出口结汇、进口换汇进行的外汇管制。财政管制包括关税与出口信贷、出口补贴等“奖出限入”的政策。如对出口免关税，对进口收取高额关税，等等。贸易管制是直接对进出口进行限制，是直接管制的重要内容，其主要措施包括以下几个方面：

（1）对商品输入实行进口许可证和进口配额制。进口许可证制是指进口商品必须向有关机构提出申请，经批准取得进口许可证后，才能进口某种商品；进口配额制是指有关政府在一定时期规定进口数量，按地区或进口商品的种类分配给本国的进口商或外国的出口商。

（2）对某些商品输出实行出口许可证制度。出口许可证制度只有在下列情况下使用：一是某些商品关系国计民生，国内需求较多，且价格供给弹性较小，若过多出口对国内经济会产生不良影响；二是某些商品国内供给丰富，而且是国外市场的主要供给者，但国外市场狭窄，需求弹性较小，若过多出口会导致厂商竞相降价，故规定必须经过批准并取得许可证后方准出口。

（3）其他奖出限入手段的运用。例如，对进口商品提高关税和信贷利率；对出口商品则由政府发给出口补贴，给予免税、退税优惠，降低出口信贷利率等。

实施直接管制的好处在于措施有力，见效快，能按照本国的不同需要，对进出口贸易和资本流动给予区别对待。但是，直接管制的弊病很大，它并不能真正解决国际收支平衡的问题，只是将显性国际收支逆差变为隐性国际收支逆差，一旦取消管制，国际收支逆差仍会重新出现。

此外，直接管制可能导致黑市猖獗，对经济产生不利影响，使资金的流动受到阻碍。

贸易管制也会造成保护落后、限制资源合理配置的弊病。直接管制还会促使官僚主义、行贿受贿现象的发生，在国际上还会影响到与之相联系的国家的经济利益，而有可能招致贸易伙伴的报复管制，容易造成贸易伙伴国的“报复”，而且，它是非市场化的措施，会扭曲价格体系。

6. 国际经济合作

国际经济是相互关联的，每个国家都会为平衡国际收支采取各种对策，但一国的顺差往往是另一国的逆差，各自在单方面采取行动会损害他国的利益，而使国际贸易困难重重。因此，有必要加强国际经济合作，从而在解决国际收支不平衡问题的同时，又不至于造成国际经济秩序混乱。所以国际经济合作是解决这一问题的途径，即推行区域经济一体化，加强区域内各种经济政策的协调；完善、加强国际货币基金组织等国际金融组织的职能和作用，帮助各成员国消除国际收支不平衡；完善、加强世界贸易组织的职能和作用，加强各国外贸政策的协调，提倡贸易自由化，消除贸易壁垒；加强各国金融信贷方面的合作。

（三）中国国际收支及调节措施

近年来，中国国际收支持续顺差，外汇储备连续较快增长，表现出来的国际收支不平衡的矛盾较为突出。

1. 我国国际收支失衡的结构特征

我国国际收支呈现波浪式的上升趋势，一般变化周期为 3 年—4 年，且变化随着时间的推移而延长，除个别年份资本和金融项目出现逆差以外，其他年份经常项目、资本和金融账户多年顺差，储备资产持续增加；国际收支顺差规模持续扩大，储备资产快速增长；资本和金融账户顺差成为国际收支顺差的主要来源；国际收支平衡表中净误差与遗漏数额过大，且资本项目顺差始终大于经常项目顺差。

2. 我国国际收支出现双顺差的原因

为了满足国内经济发展和加大对外经济联系的需要，我国行使了一系列有利的政策措施，同时促进了双顺差国际收支结构的形成，主要有以下几个方面的措施。

（1）外汇管理体制改革

1994 年我国实现了汇率并轨，人民币汇率由银行间外汇市场决定，同时外汇留成上缴制度被取缔，实现了人民币经常项目下的可自由兑换，这些为以后经常账户连年顺差奠定了重要的基础。

（2）出口鼓励政策

除了传统的出口退税、出口信贷和信用保险的出口支持政策外，鼓励出口是我国发展对外经贸关系中实施的一贯政策，在加入世贸组织后政府各部门推出了一系列改革措施促进贸易便利化，这些措施使我国出口空间得以扩大。

（3）积极引进外资的政策

尤其是 1992 年后我国加大引进外资的力度，外国直接投资额大幅度提高。外国直接投资是我国资本金融账户顺差的主要来源。

3. 双顺差带来的影响

（1）双顺差的好处

双顺差结构总体上体现了一种良好的国际收支状况。双顺差可以体现出我国日益增强的国际经济竞争力、逐渐扩大的对外开放程度和显著提高的国际经济地位，是国内经济持续快速健康发展的直接反映。

双顺差也有利于我国经济的持续增长。资本净流入和贸易出口的持续扩大，特别是外资的净流入，对于保持既定的经济增长目标起了重要作用。在国内资金资源不足且配置效率不高的情形下，引进外商直接投资和借入外债有效缓解了我国经济增长和资金紧张之间的矛盾。另外，双顺差直接促进了国际外汇储备的增长。

（2）双顺差的弊端

长年持续的双顺差也属于国际收支不平衡的表现，其对国民经济也产生了不利的影响。

双顺差带来的一个问题是对人民币汇率的影响。持续扩大的国际收支顺差，使得外汇市场上人民币供小于求，人民币升值的压力不断加大。同时，在人民币升值预期的基础上又会引起外国资金对人民币需求的增加，加大了维持我国的汇率稳定的难度。

双顺差带来的另一问题是通货膨胀。中央银行持有大量的外汇储备，构成了大量的人民币外汇占款，再通过货币乘数效应增加了流通中的货币供给，进而带来通货膨胀的压力。

持有外汇储备的成本增加。双顺差在带来巨额累积的外汇储备的同时，也增加了持有的风险和机会成本，过度外汇储备的积累表现出经济资源缺乏优化配置。

4. 中国国际收支不平衡的解决措施

我国国际收支顺差的主要原因是贸易差额和外国直接投资带来的金融账户差额，并且因此形成的巨额外汇储备给我国的货币升值、汇率政策调节带来了巨大的压力。应当从以下三个方面采取措施。

（1）引进外资有利于产业结构调整

目前我国引进的外资大多数用于以加工制造为主的初级产业，尤其是粗放型居多。这样不仅消耗资源、污染环境，而且不利于我国的可持续发展，因此，在招商引资中要增加限制性条款，提高政策门槛，选择那些有利于我国产业结构调整的产业和外资。

（2）稳步推进人民币资本项目可兑换

放宽中外资跨国公司对外汇资金运作的限制，对跨国公司售付汇管理进行有效改革，便利向境外进行外汇支付；实施境外投资外汇管理改革试点，逐步拓展资本流出渠道，减少行政审批，支持各类有比较优势的企业到境外投资；完善外汇资本流动监测预警体系，加强对资本流入和流出的全程监控，防范国际投机资本的冲击。

（3）鼓励对外投资企业的构建和壮大

整合企业资源，壮大企业实力，在现有的国有大中型企业的基础上，通过规范化的合并和联合科研等手段组成跨国公司，进行有效跨国生产经营；构筑对外投资企业的外向型发展战略，注重开创型管理人员的培养。

拓展阅读

21世纪最初10年：美国的量化宽松货币政策与其国际收支逆差

过去10年，西方一些政客和学者在各种场合无端指责人民币汇率，其中屡屡被提及的就是人民币汇率低估造成美国国际收支逆差和失业，他们还把人民币问题和全球经济失衡联系起来，煽动其他国家一起施压，其目的无非是把自己的问题变成别人的问题，为自己的经济政策失败寻找替罪羊。

一、美国国际收支失衡与汇率无关

影响国际收支的因素有很多，汇率只是其中之一，在某些情况下甚至不是主要因素。进入21世纪，美国的贸易和经常项目账户逆差呈现扩大趋态势，大多数年份的贸易逆差和经常账户逆差超过GDP的4%。2002年—2007年，美元持续贬值，美元兑主要国家货币的贬值幅度达到32.7%，然而美国的贸易逆差却从2001年的3 618亿美元增至2007年的6 967亿美元，其中GDP的比重也从3.52%增至4.97%，而经常账户的整体状况也大体如此，连美元大幅度贬值都没有解决。美国国际升值逆差问题，如果说靠人民币升值来解决，那就更是无稽之谈了。另一个事实是，从2000年到2010年，有6年时间美国国际收支的变化与美元汇率变动的实际对应状况同理论上的关系是背离的，其中有4年是美元贬值伴随着美国国际收支恶化。另外2年是美元升值伴随着国际收支改善，这说明美国国际收支逆差的根源不在于汇率，更不在于人民币汇率，而是美国经济结构和经济政策的结果。

二、量化宽松货币政策是美国国际收支逆差的原因之一

根据国际收支货币论的观点，一国国际收支失衡其实是其货币市场失衡的表现。国际收支逆差表现为国内货币供给量的过度放大，顺差则表现为一国国内货币供给的不足。根据这一理论，国际经济学家特里芬强调了美国货币政策对美国国际收支的影响。他认为，在非均衡的国际货币体系下，美国的国际收支主要是由供给因素决定的。美国货币供给的过度增长导致其对国际产品和金融资产的过度需求，形成了美国的国际收支逆差；与此同时，为了保持经济繁荣和避免经济衰退，美国也不断降低利率来刺激消费和投资，因为利率降低会减少储蓄并增加消费，同时，利率降低相当于减少了投资成本，刺激了投资增加。研究发现，美国的利率普遍低于世界上其他主要金融市场的基准利率。美国政府通过不断降低利率来刺激消费和投资，造成国内的吸收大于产出，最终只能通过国际贸易的逆差来满足国内的需求。因此，美国宽松的货币政策是其国际收支逆差的一个根本性原因。

课程思政案例

资本账户开放的中国经验：渐进式与选择性开放战略

我国经济金融市场化改革的核心内容之一就是人民币资本账户的开放。自1996年开始实施人民币经常账户可兑换后，我国资本账户的开放程度一直循序渐进，只是资本账户开放的程度随实际的国内外经济发展趋势有所不同，我国资本账户采取了渐进式、选择性的开放战略。

我国资本账户可兑换改革，也就是对资本管制政策进行改革开始于21世纪初。实际上，资本账户是国际收支平衡表中资本与金融账户的简称。在国际收支交易中，我国资本与金融账户主要是金融账户，包括直接投资、证券投资等。因此，对我国资本账户开放的推进也主要集中在这两个领域。

在直接投资领域，首先，自2002年起，我国简化了外商直接投资项目的审批手续，简化了外商投资项下资本金结汇管理，取消了外商对部分开放行业的境内企业的并购限制，以及允许外资对国内上市公司进行战略投资等；其次，2011 年 1 月 19 日，为深化外汇管理体制改革、简化行政审批程序、促进投资贸易便利化，国家外汇管理局决定改进直接投资外汇管理方式，取消和调整部分直接投资外汇管理行政许可项目。

在证券投资领域，首先，引入合格境外机构投资者（QFII）（2002 年）和合格境内机构投资者（QDII）（2006 年），在一定程度上放宽了保险、基金、银行等金融机构从事境外证券投资和代客理财等方面的限制。其次，允许三类外资银行进入银行间债券市场（2010 年），推出人民币合格境外机构投资者（RQFII）（2013 年）和人民币合格境内机构投资者（RQDII）（2014 年），并于 2019 年 9 月取消了 QFII/RQFII 的投资额度限制。与此同时，RQFII 试点国家和地区限制也一并取消。此外，实施熊猫债券（2005 年）、沪港通（2014 年）、深港通（2016 年）、债券通（2017 年）和跨境理财通（2021 年）等诸多创新安排，使我国的证券投资双向开放程度有了较大的提升和进展。

在其他投资领域，尽管我国对境内机构借用中长期国际商业贷款仍然实行计划管理，但对于举借短期（1 年以下，含 1 年）国际商业贷款早已实行余额管理，该余额由国家外汇管理局核定。另外，在 2014 年，我国主管部门还放松了对跨境担保业务的限制，取消了内保外贷业务的数量限制。

归纳起来，我国资本账户开放的具体途径可以概括为，货币市场优先于资本市场，资本的流入优先于流出，机构投资者优先于个体投资者，一级市场优先于次级市场，直接投资优先于证券、股票投资，债券类产品优先于金融衍生类产品。此外，我国还采取在自贸区实行人民币资本项目可兑换的方式，同时遵循由局部到整体的战略布局，采用稳中求进的策略，推进人民币资本项目开放进程。根据 2018 年 IMF 出版的年报，我国将资本项目贸易的分类标准做了规范。按照 IMF 的标准，人民币资本项目实现部分或全部可交易的项目共达 37 项，而可交易的资本项目总共仅为 40 项。

因此，我国一直采取较为谨慎和严格的态度对待跨国资本，特别是证券投资类与金融项目开放类的大额跨境流动资金。实践证明，我国走出了一条符合中国国情的、正确的资本账户开放道路，对于抵御国际金融风险传递发挥了重要的屏障作用。

资料来源：作者整理。

本章小结

1. 国际收支有广义和狭义之分。广义的国际收支是指一个国家（地区）一定时期内发生在居民和非居民之间的全部经济交易的系统记录。

2. 国际货币基金组织公布的《国际收支手册》（第六版）规定，国际收支平衡表包括经常账户、资本与基金账户和误差与遗漏三个一级账户。

3. 国际收支差额包括贸易收支差额、经常账户差额、资本与金融账户差额等。

4. 国际收支失衡是指由自主性交易引起的，其失衡类型主要有周期性失衡、结构性失衡、货币性失衡、收入性失衡、偶然性失衡。

5. 国际收支失衡的调节除通过自身的价格机制、利率机制、汇率机制和收入机制以外，还有一些政府调节的手段：财政政策、货币政策、汇率政策、外汇缓冲政策、直接管制以及国际经济合作等。

重 要 概 念

国际收支　国际收支平衡表　顺差　逆差　贸易收支差额　经常账户差额　资本与金融账户差额　基本差额　综合账户差额　自主性交易　调节性交易　货币性失衡　收入性失衡　结构性失衡

思考与练习题

1. 简述国际收支的内涵。
2. 简述国际收支平衡表的内容。
3. 简述国际收支失衡的原因和类型。
4. 简述国际收支失衡的自动调节机制。
5. 简述政府调节国际收支失衡的措施。

案 例 分 析

2008 年的美国金融危机使我国的国际收支结构出现了较大调整，我国是如何调整的？并分析调整的原因。

思考与练习题答案：

1. 略。
2. 略。
3. 略。
4. 略。

国际金融实务篇

第四章

外汇交易

学习目标

- 了解外汇交易与外汇市场的基本概念
- 熟悉外汇市场的构成
- 熟悉外汇市场报价
- 掌握主要的外汇交易方式及其基本原理
- 具有在外汇市场上进行外汇交易操作的基本能力

本章导入

一家广东省内贸易公司向美国出口产品，收到货款 100 万美元。该公司需将货款兑换为人民币用于中国国内支出。同时，公司需从美国进口原材料，将于 3 个月后支付 100 万美元的货款。此时，这家贸易公司是持有美元，短缺人民币资金，若当时的美元兑人民币为 6.10，公司以 6.10 的价格将 100 万美元换成了 610 万元人民币，3 个月后需要美元时，公司还要去购汇（用人民币换回美元用于支付）。这样，公司在做两笔结售汇交易的同时，承担着汇率风险。如果 3 个月后人民币贬值为 6.15，公司就必须用 615 万元人民币换回 100 万美元，产生了 5 万元人民币的损失。在某银行开办掉期业务后，这家公司可以采取以下措施来对冲风险：先做一笔 3 个月美元兑人民币掉期外汇买卖：即期卖出 100 万美元买入相应的人民币，同时约定 3 个月后卖出人民币买入 100 万美元。假设美元 3 个月年利率为 3%，人民币 3 个月年利率为 1.7%，某银行利用利率评价理论加之风险预期再加之金融产品风险等级得出的掉期点数为 −450，则客户换回美元的成本就固定为 6.055。如此，公司解决了流动资金短缺的问题，还达到了固定换汇成本和规避汇率风险的目的。

第一节　外汇交易概述

一、外汇交易的概念

外汇交易（foreign exchange transaction），也称外汇买卖或外币兑换，是指交易主体为满足经济或其他活动的需要，以一种货币兑换成另一种货币的行为，也是以外币表示的支付手段和金融工具的买卖活动。

外汇市场（foreign exchange market）是进行货币买卖、兑换的市场，是由外汇需求者、外汇供给者、外汇买卖中介机构共同构成的外汇买卖场所或网络。狭义的外汇市场是指银行间的外汇交易，包括同一市场各银行间的外汇交易、不同市场各银行间的外汇交易、中央银行与外汇银行之间以及各国中央银行之间的外汇交易活动。广义的外汇市场是指由各国中央银行、外汇银行、外汇经纪人及客户组成的外汇买卖、经营活动的总和，包括上述批发市场以及银行同企业、个人之间外汇买卖的零售市场。

二、外汇交易的参与者

外汇市场的参与者主要包括各国的中央银行、商业银行、外汇经纪人、自营商与大型跨国企业以及居民个人等一般客户。其中外汇机构的交易频繁，交易金额巨大，每笔交易均在几百万美元，甚至千万美元以上。外汇交易的参与者，按其交易的目的，可以划分为投资者和投机者两类。

（一）中央银行

中央银行（central bank）是外汇市场中最重要的官方参与者。中央银行参与外汇交易的目的是干预和管理外汇市场，控制本币汇率水平。当外汇市场上货币汇率剧烈波动时，中央银行就通过买入或卖出外汇来干预市场，以稳定本币汇率。在干预无效、外汇市场爆发货币危机时，还往往暂时关闭外汇市场，暂停各种外汇交易。

（二）商业银行

又称外汇银行（foreign exchange bank），指经外汇局批准经营结汇和售汇业务的商业银行，是外汇市场上最重要的参与者，承担着大部分外汇交易，在外汇交易过程中充当着重要角色。许多外汇银行拥有遍布全球的机构网络，承担着绝大部分的跨国资金调拨、借贷以及国际收支结算等多种任务，因而它们在外汇交易中发挥着核心作用。在外汇市场上，外汇银行的主要交易包括两个方面：一是受客户委托从事外汇买卖，其目的是获取代理佣金或交易手续费；二是以自己的账户直接进行外汇交易，以调整自己的外汇头寸，其目的是减少外汇头寸可能遭受的风险，以及获得买卖外汇的差价收入。

在美国，十几家设在纽约以及几十家设在别的主要城市的大型商业银行实际上充当着做市商（market maker）的角色。由于他们经常在外汇市场上大规模地进行各种货币的买卖，使得外汇市场得以形成并顺利运转，而且外汇银行所进行的外汇交易额占外汇交易总量的绝大部分，因此，以外汇银行为主体的外汇供求，已成为决定外汇市场汇率的主要力量。

（三）外汇经纪人

外汇经纪人（broker）是指介于外汇银行之间或外汇银行与顾客之间，充当外汇买卖的中介人。外汇经纪人一般只是通过提供咨询、信息、买卖代理及其他服务而赚取一定比例的佣金，而不直接为自己买卖外汇，但必须具备熟悉外汇市场、买卖技术和市场汇率行情的专业条件，以及本身拥有相当的资历及良好的信誉，并经金融管理当局的批准。伦敦外汇市场最早实施外汇经纪人制度，随后，这种制度也被其他国家的外汇市场所采用。由于外汇经纪人与外汇买卖活动无直接利害关系，从事外汇交易的银行才会对外汇经纪人的诚实与公正给予高度的信任。尽管与证券市场的经纪人相比，外汇经纪人的业务量很小，但对大部分中小参与者来说，外汇经纪人所起到的中介作用是相当重要的。

拓展阅读

什么是做市商?

又称造市商，指当出现外汇临时性的供给和需求不平衡时，一些银行随时准备在相互之间进行外汇交易，不考虑本身外汇头寸的状况，保证市场的连续性，这些交易并不一定是银行自身的实际需要。从这个意义上说，这些银行相互之间创造了外汇市场，被称作做市商。

2023 年—2024 年银行间外汇市场做市商名单

序号	做市商名称
1	中国工商银行股份有限公司
2	中国农业银行股份有限公司
3	中国银行股份有限公司
4	中国建设银行股份有限公司
5	交通银行股份有限公司
6	国家开发银行
7	中信银行股份有限公司
8	招商银行股份有限公司
9	华夏银行股份有限公司
10	中国光大银行股份有限公司
11	平安银行股份有限公司
12	广发银行股份有限公司
13	兴业银行股份有限公司
14	上海浦东发展银行股份有限公司
15	中国民生银行股份有限公司
16	浙商银行股份有限公司
17	上海银行股份有限公司
18	南京银行股份有限公司

续表

序号	做市商名称
19	宁波银行股份有限公司
20	渣打银行（中国）有限公司
21	汇丰银行（中国）有限公司
22	花旗银行（中国）有限公司
23	法国巴黎银行（中国）有限公司
24	华侨永亨银行（中国）有限公司
25	摩根大通银行（中国）有限公司

资料来源：国家外汇管理局 CFETSFX。

注：根据《银行间外汇市场做市商指引》（汇发〔2021〕1 号），外汇局对银行间外汇市场做市商进行评估，每两年对做市商名单进行更新。

（四）一般客户

一般客户是外汇的最初供给者和需求者，是外汇市场产生的基础。外汇市场中的一般客户主要有以下两种。

1. 需要进行外汇买卖的企业和公司

一般是大型企业或跨国公司，如青岛海尔集团将冰箱出口到美国，收到的是美元，需要兑换成人民币来进行国内采购，它可以在结算日凭出口合同和出口单据按照当日的外汇牌价把收到的美元存款（一般外汇交易的都是各种货币的活期存款）卖给本国的外汇银行，银行会把相应的人民币款项转入海尔的账户之中。

在我国，这是一种结汇过程。银行与具有法人资格的企业和公司之间的外汇交易，往往采取转账结算的方法。除了进出口贸易的公司企业需要买卖外汇以外，跨国公司也需要进行外汇买卖。随着国际经济快速、全方位发展，跨国公司已经成为外汇市场的主要顾客，它们不但在经营的过程中需要进行大量的由于进出口而产生的外汇结算，而且一些对外直接投资项目也需要进行外汇买卖。另外，一些资产管理机构为了资产的保值和增值也常常参与外汇交易，属于这一范畴的企业和公司有航运公司、保险公司、外汇投机者等。

2. 需要进行外汇交易的居民个人

我国《个人外汇管理办法实施细则》中第二条规定，对个人结汇和境内个人购汇实行年度总额管理。年度总额分别为每人每年等值 5 万美元。国家外汇管理局可根据国际收支状况，对年度总额进行调整。个人年度总额内的结汇和购汇，凭本人有效身份证件在银行办理；超过年度总额的，经常项目项下按本细则第十条、第十一条、第十二条办理，资本项目项下按本细则“资本项目个人外汇管理”有关规定办理。个人购汇申请书见知识链接。

知识链接

个人购汇申请书

根据《中华人民共和国外汇管理条例》（国务院令第532号）、《个人外汇管理办法》（中国人民银行令〔2006〕第3号）等规定，个人购汇实行年度便利化额度管理，应当具有真实、合法的交易基础，如实申报购汇信息。

一、依据法律法规，境内个人办理购汇业务时：

1.不得虚假申报个人购汇信息；

2.不得提供不实的证明材料；

3.不得出借本人便利化额度协助他人购汇；

4.不得借用他人便利化额度实施分拆购汇；

5.不得用于境外买房、证券投资、购买人寿保险和投资性返还分红类保险等尚未开放的资本项目；

6.不得参与洗钱、赌博、逃税、地下钱庄交易等违法违规活动。

二、外汇管理机关依法对个人外汇业务进行监督检查。对于存在违规行为的个人，外汇管理机关依法列入**"关注名单"管理。"关注名单"内个人列入"关注名单"的当年及之后连续2年不享有个人便利化额度。**对于违反规定办理个人购汇业务的，外汇管理机关将依据《中华人民共和国外汇管理条例》等予以行政处罚，同时依法移送反洗钱调查，相关信息依法纳入个人征信记录。

三、个人购汇基本信息：

购汇人姓名__________ 购汇人身份证件号码__________

购汇币种/金额__________

代理人姓名__________ 代理人身份证件号码__________

四、购汇用途（勾选）

□因私旅游	□境外留学	□公务及商务出国	□探亲
□境外就医	□海外购物	□非投资类保险	□咨询服务
□职工报酬和赡家款	□专有权利使用费和特许费	□投资收益	□运输
□境内外汇储蓄存款	□购买境内外汇理财产品		

□其他（简要说明购汇用途）

____

本人已知晓上述内容，保证申报信息真实有效，愿意配合金融机构进行真实性、合规性审核，愿意配合外汇管理机关调查和监督检查，并承担相应法律责任。

本人或代理人签字：

日期：

三、外汇交易的三个层次

从外汇交易者的角度，可将外汇交易划分为三个层次：顾客和外汇银行之间的交易、银行间的同业交易以及外汇银行与中央银行之间的交易。而根据市场参与者的性质不同，外汇市场通常被划分为外汇零售市场和外汇批发市场两个层次。

（一）顾客和外汇银行之间的外汇交易

顾客和外汇银行之间的外汇交易形成外汇零售市场，指的是银行与企业、银行与个人客户之间进行柜台式外汇买卖所形成的市场，这是一个分布广泛的分散市场；如进出口商，作为外汇最初供应者和最后需求者，多表现为本外币之间的买卖、偿付外债利息、国际旅游、留学、国际保险或运费等。外汇银行和客户进行外汇交易则是为了赚取外汇买卖中的汇率差价。

（二）银行间的外汇交易

银行间的外汇交易形成外汇批发市场，指的是商业银行等金融机构之间进行外汇买卖所形成的市场，也是中国外汇交易中心组织运营的电子化交易平台。由于商业银行之间进行的外汇交易具有金额大、汇率买卖差价小的特点，所以称之为外汇批发市场，或银行间外汇市场。外汇批发市场也称为狭义外汇市场，一般人们所说的外汇市场多指狭义外汇市场。

外汇批发市场主要特点是交易规模大。外汇批发市场主要采取整数批发交易，有最小交易金额的限制（例如，在欧洲，美元买卖最低交易量是 100 万美元），交易量巨大，所以交易成本较低，买卖差价较小。外汇批发市场是外汇市场的主流，其交易占外汇交易总额的 90%以上，我们一般在新闻报道中提到的外汇市场通常是指银行间外汇市场。

银行在与客户之间进行外汇买卖中会产生买卖差额，形成外汇头寸的盈缺。由于汇率实时变化，银行保留外汇头寸敞口存在很大汇率风险。因此，银行要抛出多余头寸，补进短缺头寸，于是形成了银行间的外汇批发市场。细分之下，外汇批发市场又可划分为两个层次，一是商业银行同业间的外汇交易市场，即商业银行为弥补与客户交易产生的买卖差额、回避汇率波动风险、调整自身外汇资金余缺而形成的市场；二是中央银行与商业银行之间的外汇交易市场。

（三）外汇银行与中央银行之间的外汇交易

这种外汇交易指中央银行为干预外汇市场所进行的和外汇银行之间的交易，其目的在于干预、调控和管理外汇市场。当本国货币面临较强劲的升值压力时，中央银行为避免汇率波动对国内经济和对外贸易带来不利影响，必然会进入外汇市场抛售本币收购外汇，由此买入的外汇便可以用于补充一国的国际储备；当本国货币面临巨大贬值压力时，为维持汇率的稳定，该国中央银行也可以在外汇市场上抛售外汇购进本币，抛售的外汇构成了一国国际储备的减少。因此，中央银行可以通过参与外汇市场交易把汇率稳定在某一期望的水平上。

四、外汇交易的目的

（一）国际贸易结算的需要

国际贸易结算是外汇交易的最初动因。出口商要将其出口所获外汇（若计价货币不是本币）兑换成本币，用于扩大再生产；进口商要用本币购买进口商品所需的外汇，以支付进口货款。外汇交易实现了购买力的国际转移，使资金以最有效的方式在国际间兑换和汇付。外汇市场提供了一种国际转移机制，使货币购买力通过货币兑换从一国转移到另一国。

（二）规避汇率风险的需要

国际贸易中，进出口商从签约到实际收付款项需要一定的时间。在此期间，进出口双方要承担计价货币和本币汇率变动的风险。进出口商利用外汇市场中的远期外汇买卖业务和外汇掉期业务，可有效地避免或减少因汇率变动带来的风险，从而促进国际贸易的发展。

（三）国际投资的需要

一国投资者要投资外国市场，就需要将其持有的本币转换为东道国货币。这些投资者要汇回投资收益或撤回投资，则要把东道国货币兑换成本币。而外汇市场则为此提供了兑换条件，解决了持有资金的货币与投资资金的货币不一致的矛盾。

（四）金融投机的需要

外汇市场汇率频繁变化，可能给外汇投机者或带来盈利或造成损失。他们通过预测不同外汇市场的汇率变化，争取贱买贵卖以投机获利。

（五）中央银行干预外汇市场的需要

本币汇率剧烈变动可能影响国家的经济发展。当本币汇率变动可能脱离政府的目标区间时，政府就将动用本币或外汇直接进入外汇市场进行交易，以调整本币与外汇的供求关系，稳定本币汇率，保护本国经济的发展。

五、外汇交易的工具

目前，外汇交易大都在无形市场中完成。促成外汇交易的工具主要有电话、电传、路透社交易系统、德励财经资讯系统和 SWIFT 系统。

银行同业间的交易和银行与客户间的交易有许多是通过电话来进行的。为保障银行自身安全，避免成交后的纠纷，多数银行都安装语音记录器，将交易谈话准确地记录在磁带上，以备查核。交易员可通过电传机呼叫其他银行交易室，请求报价和交易。随着卫星通讯技术的发展，因电传获价速度较慢，已逐渐被电话和路透社交易系统所替代。

路透社（Reuters）交易系统是路透社提供交易员使用的通讯工具。路透系统由路透通讯社创立，总部设在伦敦，路透社拥有的信息收集网络联系着全球 5 000 家银行和金融机构，200 多家交易所，24 小时不停地由总部发出各种经济信息和金融信息，客户可以随时获得从外汇、债券到期货、股票、能源在内的各金融市场的实时行情。路透系统的产品覆盖了从信息到分析、交易、风险管理的整个金融运作过程。路透社通过有关部门连接用户的终端机，其操作十分简便，交易员启动机器后，输入自己的终端密码，便可与参加该系统的数千家银行取得联系。输入对方银行代号（如中国银行代号为 BCDD），叫通后即可询价或还价。双方交易的全部过程显示在终端机屏幕上，交易完毕通过打印机打印出来，可作为交易合约。外汇交易员能够通过路透社交易系统在终端机获得多项信息，有即时汇率行情、市场趋势、技术图表分析等，便于交易员及时把握机会。

德励财经资讯系统隶属美国道•琼斯公司，于 1969 年创设电子化金融信息市场，并开始以即时同步方式提供全球最新的经济和金融信息：有汇率、利率、黄金、证券和期权等即时同步报价；美联社的全球性新闻服务；1 900 家银行及其他专门金融机构的市场分析等。德励系统提供全球 24 小时金融市场信息服务，以实时系统功能见长，按内容分为报价系统、新闻系统、评论系统、分析系统和交易系统。

环球银行金融电信协会（Society for Worldwide Interbank Financial Telecommunication，SWIFT）作为一家全球性同业合作组织，是世界领先的安全金融报文传送服务机构。Swift为社群提供报文传送平台和通信标准，并在连接、集成、身份识别、数据分析和合规等领域的产品和服务。Swift 的报文传送平台、产品和服务对接了全球超过 11 000 家银行、证券机构、市场基础设施和企业用户，覆盖 200 多个国家和地区。Swift 不为客户持有基金或管理账户，而是帮助全球用户社区通过可靠途径，安全开展通讯并交换标准化金融报文，从而支持全球和本地市场的金融交流，并助力国际贸易和商业活动。Swift 的总部位于比利时，分支机构分布全球，其业务覆盖了几乎所有的金融中心。

拓展阅读

中国外汇交易中心（CHINA FOREIGN EXCHANGE TRADE SYSTEM，CFETS）与路透社于 2007 年 4 月 9 日成功推出新一代外汇交易系统，人民币外汇即期、远期、掉期交易和外币对交易统一在该平台中交易。

1994 年，中国外汇交易中心的成立，结束了以前的市场分割，使全国的外汇交易通过银行结售汇体系纳入银行间外汇市场，保障了外汇资源在全国范围内根据市场情况合理流动，为人民币实行以市场供求为基础的、单一的、有管理的浮动汇率制度奠定了基础。2005 年 7 月，人民币汇率制度改革后，银行间外汇市场逐步推出新的交易产品、交易方式，并引入做市商制度。为配合外汇市场改革措施的出台，实现市场改革目的，中国外汇交易中心于 2005 年底通过全球招标，最终选择路透社作为新一代外汇交易系统的开发公司。经过一年多的合作开发，该系统已于 2007 年 3 月 12 日上线运行外币对交易，并于 2007 年 4 月 9 日上线人民币外汇交易。目前，交易中心为银行间外汇市场、货币市场、债券市场和衍生品市场提供交易系统并组织交易，同时履行市场监测职能，保障市场平稳、健康、高效运行。

长期以来，中国外汇交易中心坚持“多种技术手段、多种交易方式，满足不同层次市场需求”的业务方针，以建设“全球人民币及相关产品交易主平台和定价中心”为目标，为银行间外汇市场、货币市场、债券市场等现货及衍生产品提供发行、交易、交易后处理、信息、基准和培训服务，承担市场交易的日常监测、利率定价自律机制和全国外汇市场自律机制秘书处工作，为中央银行货币政策操作与传导提供支持和服务，受权发布人民币汇率中间价、上海银行间同业拆放利率（Shibor）、贷款市场报价利率（LPR）、人民币参考汇率等。

第二节　传统的外汇交易

外汇交易经历了传统的外汇交易和衍生的外汇交易两个发展阶段。传统的外汇交易主要包括即期外汇交易、远期外汇交易、外汇掉期交易、套汇交易和套利交易。

知识链接

标准期限名称与含义

期限名称	期限全称	含义
TODAY	Today	交易日当天，简称 T
TOM	Tomorrow	交易日后的第 1 个营业日，简称“T+1”
SPOT	Spot	交易日后的第 2 个营业日，简称“T+2”
1D	1 Day	即期起息日后的第 1 个营业日，简称“T+3”
1W	1 Week	1 周
2W	2 Weeks	2 周
3W	3 Weeks	3 周
1M	1 Month	1 个月
2M	2 Months	2 个月
3M	3 Months	3 个月
4M	4 Months	4 个月
5M	5 Months	5 个月
6M	6 Months	6 个月
9M	9 Months	9 个月
1Y	1 Year	1 年
18M	18 Months	18 个月
Ny(n=2, 3, 4, 5, … 10)	n Years	n 年

一、即期外汇交易

（一）即期外汇交易的概念

即期外汇交易（spot exchange transaction），又称现汇交易，指在外汇买卖成交后当日或第 2 个营业日内进行清偿交割的外汇交易方式。即期外汇交易主要是为了满足机构与个人因从事贸易、投资等国际经济活动而产生的外汇供求，是外汇交易的主要组成部分。即期外汇交易采用的汇率被称为即期汇率（spot exchange rate）交割（delivery），即交易双方交换收付货币。若交割日恰逢非银行营业日，则可往后顺延。即期外汇交易是外汇市场中最常见的一种形式。

从表面上看，即期外汇交易似乎是同时收与付，没有风险，但由于各国清算制度和技术上的差异，只能在 1 天后才能知道该笔交易是否已收妥，因此要承担信用风险。此外，由于亚、欧、美三大洲之间各有 6—8 个小时时差，有时遇到交易对方营业时间结束而延长了交割时间，由此产生了信用风险和汇率变动风险。

知识链接

即期外汇交易为什么是2个营业日的宽限期？

即期外汇交易的交割应在交易达成后的2个营业日内完成。这2个营业日的宽限期是从欧洲过去的外汇交易实践中沿袭下来的，因为过去的外汇交易多用票汇、信汇的方式进行，耗时较长，在欧洲大陆两个外汇市场之间完成交割手续一般需要2个营业日。而目前外汇市场的现汇交易虽然多采用电话、电报、电传等现代通讯手段完成，虽然交易时间大为缩短，但由于习惯原因仍沿用交易后2个营业日内交割的做法。

若交易双方达成协议，以快于2天的交割速度完成交易，则其成交的汇率将和正常交割的汇率有所不同，以反映两地的利率差异。计算公式为：

汇率差异＝正常交割的即期汇率×两种货币利率差异÷360×提前天数

（二）即期外汇交易的交割类型

1. 即日交割

即日交割（value to day 或 VALTOD）是指成交当日进行交割。在香港外汇市场用美元兑换港元的交易采取即日交割形式。

2. 翌日交割

翌日交割（value to tomorrow 或 VALTOM）是指成交后第1个营业日进行交割。

3. 第2个工作日交割

第2个工作日交割（value spot 或 VALSP）是指成交后第2个营业日进行交割，是设计的即期外汇买卖。

（三）即期外汇交易的基本程序

1. 自报家门（introduction）

询价者首先必须说明自己的单位名称，以便让报价者知道交易对方是谁，并决定交易对策。

2. 询价（asking）

询价内容一般包括交易货币、起息日和交易金额。

3. 报价（quotation）

一般只报汇率的最后两位数，并同时报出买入价和卖出价。

4. 成交（done）

询价银行首先表示买入或卖出的金额，然后由报价银行承诺。

5. 证实（confirmation）

交易双方互相证实买入或卖出的汇率、金额、交割日期以及资金结算。

（四）即期外汇交易的交易惯例

1. 采用美元报价

即期外汇交易的汇率是即期汇率，或称现汇汇率。通常采用以美元为中心的报价方式。

因为美元是世界通用货币，几乎全部的外汇交易价格均采用以某种货币对美元的买进或卖出的形式报出，除非有特殊说明，则美元符号在报价时可以省略。

为使交易迅速顺利地进行，交易各方使用统一的标价方法，即除英镑、澳元、新西兰元和欧元采用间接标价法以外，其他交易货币一律采用直接标价法。

2. 采用双报价

外汇指定银行发布的即期汇率由两个价格组成，即银行在报出价格时要同时报出买入价（bid price）和卖出价（offer price），即双价制。买入价是银行愿意以此价格买入标的货币的汇率，卖出价是银行愿意以此价格卖出标的货币的汇率，买入价与卖出价之间的价差为中介银行的盈利。在一般报价中，无论什么货币，银行一般均报出前小后大的一组价格。例如纽约市场 2024 年 1 月 7 日的汇价为：USD1＝JPY149.88（买入价）/149.92（卖出价）。

3. 只报汇价的最后两位数

在外汇交易的实际操作中，外汇交易员为了节省时间，只报汇率的最后两位数，能让熟悉行情的对方明白就可以了。例如：汇率 USD1＝JPY149.88/149.92，就报 88/92。

知识链接

基点与点数报价法

基点（Basis point，Pips）也称 BP，常用于价差或者汇率变动幅度计量，通常为汇率最小变动单位。按市场惯例，外汇汇率的标价通常由 5 位有效数字组成，从右边向左边数过去，第一位称为“×个基点”，它是汇率变动的最小单位；第二位称为“× 十个基点”，依此类推。1 个基点的数值通常为 0.000 1，但 USD/JPY 和 EUR/JPY 为 0.01。

汇率的有效数字是 5 位。例如：

USD/JPY 149.10/20

USD/CHF 0.873 8/89

USD/HKD 7.818 4/228

AUD/USD 0.652 3/51

从报价行的角度看，斜线左边是买入价，右边是卖出价。上述美元兑日元的报价中，表示报价者愿意以 149.10 的汇价买进美元，卖出日元；同时愿意以 149.20 卖出美元，买入日元。再比如 AUD/USD 的报价表示报价者愿意以 0.652 3 的汇价买入澳元，卖出美元；同时以 0.655 1 汇价卖出澳元，买进美元。

通常银行之间的报价只报后两位数字。如前例 USD/JPY，银行只报 10/20，其他数字一概省略。例如，美元兑日元从 149.10 变为 149.00，就是美元跌了 10 个（基）点，再如美元兑港币由 7.818 4 变为 7.828 4，就是美元升了 100 个点。

（五）即期外汇交割的方式

1. 电汇

电汇（telegraphic transfer），简称 T/T，是指外汇买卖成交后用电报、电传通知对方银行将外汇交易金额收付记账。在即期外汇交易中，采用最多的是此种交割方式。

2. 信汇

信汇（mail transfer），简称 M/T，是指外汇买卖成交后，用信函方式通知对方银行将交易金额收付记账。

3. 票汇

票汇（demand draft），简称 D/D，是指外汇买卖成交后，用开立汇票、本票、支票进行交割的方式。

（六）即期外汇交易的计算

1. 货币兑换

例 4－1：2023 年 3 月 5 日，我国香港 M 公司收到一笔金额为 100 万美元的出口货款，要求其开户银行兑换成港元存入其港元存款账户。若当日汇率为 USD/HKD＝7.758 8/90，则 M 公司港元存款账户金额增加了多少？

解：M 公司要求银行把 100 万美元兑换成港元，即 M 公司卖出 100 万美元，银行买入 100 万美元，应采用买入价。因而 M 公司港元存款账户会增加港元金额为：

100 万×7.758 8＝775.88 万（港元）

例 4－2：2024 年 5 月 10 日，王先生夫妇和 15 岁女儿一家三口拟去香港旅游，用人民币兑换 2 500 美元现钞，当日外汇牌价如下：

USD100＝CNY721.35/723.85（钞买价 716.37）

2024 年 5 月 15 日王先生一家旅游回来，还剩 500 美元，于 5 月 20 日在外汇银行兑换成人民币，当日外汇牌价如下：

USD100＝CNY722.41/724.91（钞买价 717.42）

要求：

（1）计算王先生一家出境前兑换美元需支付的人民币金额。

（2）计算王先生一家旅游回来后，用 500 美元兑换的人民币金额。

解：（1）王先生一家三口向外汇银行兑换 2 500 美元，即从外汇银行买入 2 500 美元现钞，外汇银行卖出 2 500 美元给程先生，应采用钞卖价，与卖出价（汇卖价）相同。因此，王先生需向外汇银行支付人民币

2 500×723.85÷100＝18 096.25（元）

（2）王先生一家旅游回来后，用 500 美元现钞向外汇银行兑换人民币。银行采用现钞买入价，则王先生可兑换的人民币金额为

500×717.42÷100＝3 587.1（元）

2. 套算汇率

当两种货币无直接兑换比率，而必须通过第三种货币间接计算而得知的兑换率，称为

套算汇率，也称为交叉汇率。

汇率套算的方法主要有对应相乘法和交叉相除法。其中对应相乘法是指将两个汇率的买入价乘以买入价，卖出价乘以卖出价，此方法适用于美元同时充当基础货币和报价货币时；交叉相除法是指将两个汇率的买入价和卖出价相除，此方法适用于美元均作为基础货币或均作为报价货币的情况。

（1）美元均为基础货币时，用交叉相除法

处于基础货币位置上的、原来给定的含有该基础货币的汇率为分母，原来给定的含有标价货币的汇率为分子，交叉的是分母。

例4－3：已知 CAD/USD＝0.795 0/0.795 3

GBP/USD＝1.287 0/1.288 0

计算 GBP/CAD 的汇率。

解：GBP 的买入汇率为 1.287 0÷0.795 3＝1.618 2

GBP 的卖出汇率为 1.288 0÷0.795 0＝1.620 1

即英镑兑加元的汇率为：GBP/CAD＝1.618 2/1.620 1

（2）美元在一种货币汇率中是基础货币，在另一种货币汇率中是标价货币时，用垂直相乘法（两边相乘）。

例4－4：已知 USD/JPY＝149.68/149.98

GBP/USD＝1.208 3/1.211 3

计算 GBP/JPY 的汇率。

解：GBP 的买入汇率为 149.68×1.208 3＝180.86

GBP 的卖出汇率为 149.98×1.211 3＝181.67

即英镑兑日元的汇率为：GBP/JPY＝180.86/181.67

知识链接

外汇交易小常识

近年来，外汇逐渐成为继股票和债券之后的又一投资热点。通过买卖外汇，投资者既可以赚取汇率差价，也可以将手头上的一种外币转换成利率更高的另一种外币，借此获得更高的利息收入。

实盘外汇买卖。就是买卖外汇时，自己有多少钱买多少“货”，不能透支。这与信用交易是相对的。我国目前只允许实盘买卖。

货币兑换。买卖的货币一般为可自由兑换的货币。银行开办外汇买卖业务时，已事先确定好货币兑货币的种类，如美元兑日元、英镑兑美元、美元兑港元等。您必须按照事先确定的种类兑换。

交易手段。投资者可以到银行柜台交易，也可以通过电话交易，还可以通过个人理财终端进行自助式交易。通常，如果进行柜面交易，只需将个人身份证件、外汇现金、存折或存单交柜面服务人员即可办理。如果进行电话交易或自助交易，则要带上相同资料，到银行网点办理电话交易和自助交易的开户手续后，才可进行交易。

交易方式。投资者可以选择市价交易，即根据银行当前的报价立即成交。也可以选择委托交易，预先设定交易价格，并将交易指令留给银行，一旦报价达到预定水平，银行立即根据指令成交。货币之间的兑换汇率往往变化频繁，委托交易可以帮助投资者抓住有利时机，不过，这种交易方式只适用于电话交易和自助交易。

二、远期外汇交易

远期外汇交易（forward exchange transaction）又称期汇交易，是指买卖双方就货币交易种类、汇率、数额以及交割期限等达成书面协议一段时间后，再按双方预先约定交易的货币数额和汇价进行清算交割的一种外汇交易方式。

远期外汇交易的交割期限通常多于 2 个营业日但不超过 1 年，实际期限从远期外汇合约达成日加 2 个营业日起算。根据成交时与交割日之间的间隔，远期外汇交易一般有 1 月期、2 月期、3 月期、6 月期、1 年期等数种。使用最多的是 3 月期的远期外汇交易。例如：某 3 个月远期外汇合约订立于 1 月 1 日，则交割期限从 1 月 3 日起算，交割日为 4 月 3 日。如果该月无此日，则以该月最后营业日为交割日。如果上例中的合约订立于 3 月 29 日，则交割期限自 3 月 31 日起算，交割日应为 6 月 31 日，但因该月没有 31 日，则以 6 月 30 日为交割日。

我国所开展的远期外汇交易，最短为 7 天，最长为 4 个月，分 9 个档次，从 1999 年 4 月 1 日起，将远期结售汇业务期限种类由 9 个增加到 13 个，最长期限由 4 个月增至 6 个月；我国远期外汇交易币种主要包括美元、日元、英镑、欧元、瑞士法郎、澳大利亚元等。

（一）远期外汇交易的作用

1. 利用远期外汇交易进行套期保值

套期保值是指买进或卖出一笔相当于外币远期负债或资产的外汇，使这笔负债或资产免受汇率变动影响，从而达到保值目的。例如，对于进口商而言，在签订进口合同时就买进相当于货款价值、交割期为付款日的外汇，这样在付款日不管汇率如何变动，都不会影响到进口商的进口成本；对于出口商而言，在签订出口合同时，就卖出相当于价款数量、交割期为收款日的外汇，这样在收款日不管汇率如何变动，都不会影响到出口商的出口利润。对于实行强制结售汇的国家，进出口商经常参与以套期保值为目的的远期外汇买卖。

2. 远期外汇交易可以用来调整银行的外汇头寸

进出口商进行远期外汇交易转嫁风险的同时，就是银行承担风险的开始。外汇银行之所以有风险，是因为它在与客户进行了多笔交易后，会产生一天的外汇“综合持有额”或总头寸。银行总是处于现汇或期汇的超买或超卖的地位，因为银行有外汇敞口头寸，所以承担着汇率变动风险。为避免这种风险，银行对不同期限、不同货币头寸余缺要利用远期外汇市场进行抛补（买卖），以求外汇头寸平衡。

3. 利用远期外汇市场进行外汇投机

这种投机行为是指外汇市场的参与者不是从实际需要外汇出发而单纯为赚取外汇买卖差价进行的交易。能够利用远期外汇市场进行投机的前提是要有远期汇率的波动。

外汇投机既可在现汇市场上进行，也可在远期外汇市场上进行。两者的区别在于：在现汇市场上投机，必须立即进行交割，投机者手中必须有足额的本币资金或外汇资金。在期汇市场上投机，由于成交时不立即进行交割，因而在该市场上投机，在成交时不必有足额的外汇或本币资金。

（二）远期外汇交易的特点

1. 远期外汇交易属于无形市场交易

远期外汇交易是银行通过电话、电传等通讯工具与其他银行、外汇经纪人和客户之间进行的交易。

2. 远期外汇合约内容无通用设计的限制

在远期外汇合约中，汇率、货币种类、交易金额、交割日期等内容因时因地而异，由买卖双方自行决定，无通用设计的限制。远期外汇合约期限，一般是按月而非按天计算的。例如，2023 年 3 月 31 日，签订了一份期限为 1 个月的远期外汇合约，其交割日应为 4 月 30 日，假如这一天是节假日，就向前移到营业日。在少数情况下，有的客户由于某种特殊需要，也可以同银行签订特殊日期或带零头日期（78 天和 227 天等）的远期外汇合约，这类合约也叫零星交易（odd date 或 broken date transaction）。

3. 远期外汇交易是无限制的公开活动

任何人都可以参加，买卖双方可以直接进行交易，也可通过经纪人进行交易。

4. 远期外汇交易主要在银行之间进行

个人和小公司参与远期外汇交易的机会较少，买卖的价格由银行报出，并且交易中没有共同的清算机构，交易的盈亏在规定的交割日结算。

5. 远期外汇没有交纳保证金的规定

远期外汇交易除银行有时对小客户收一部分保证金外，没有交纳保证金的规定。绝大多数交易不需要交纳保证金，款项交收全凭信用，所以有一定风险。

（三）远期外汇交易的类型

1. 定期远期外汇交易

定期远期外汇交易即固定交割日期的远期外汇交易，买卖双方按照事先规定的交割时间，到期办理交割。

2. 择期交易

择期交易即交割日期不确定的远期外汇交易，买卖双方可以在约定期限内的任何一个营业日办理交割。分为部分择期和完全择期两种。部分择期是由买卖双方约定一交割期限，在这一期限内由客户任意选择一个营业日作为交割日。完全择期是指客户可以选择从双方成交后的第 3 个营业日起至远期合约的到期日止的任何一个营业日作为交割日。

（四）远期汇率与利率之间的关系

远期汇率与有关货币的利率有密切关系，因为远期外汇交易在成交和实际交割之间存在时间差，而货币的时间价值通常是以利息表示的，因此远期汇率必须考虑这段时间的利息。在远期外汇交易实务中，远期汇率与即期汇率往往是不一致的，存在着升、贴水。出现升、贴水的原因是相交换的两种货币的同期同业拆放利率不同，而且利率高的货币会贴水、利率低的货币会升水，外汇市场供需状况的改变是其原因。因为高利率货币能带来较高利息收益，所以市场上对其现汇需求量大。然而，利率偏高有下降可能，套利者必然在远期外汇市场抛出该种货币，即在买入高利率货币现汇的同时，卖出相同期限、相同金额的期汇，使该种货币的远期货币供给增多，这样就导致高利率货币贴水；而低利率货币带来的利息收益低，所以市场对其现汇需求量小，即期汇率低。同样道理，利率低就有上升的可能性，必然刺激期汇需求量的增加，所以该货币远期汇率会升水。远期汇率的升、贴水在实务中用下述公式表示：

升（贴）水=即期汇率×（A 货币利率－B 货币利率）×天数÷360

上述公式也可写为：

升（贴）水=即期汇率×两地利差×月数÷12

例如，伦敦货币市场年利率为 3.5%，而纽约为 2%，伦敦外汇市场美元即期汇率是 1 英镑＝1.259 9 美元，则 3 个月美元升水为：1.259 9×（3.5%－2%）×3÷12＝0.004 7，即升水 47 个点，则 3 个月远期汇率为：1 英镑＝1.255 2 美元（1.259 9－0.004 7＝1.255 2）。由此可见，远期汇率的升、贴水是以即期汇率为本金、以两种货币利差为利率、从成交到交割日这段时间内所产生的利息。

在正常情况下，高利率货币汇率贴水，低利率货币汇率升水。但如果出现大规模的外汇投机活动，往往会使远期汇率和即期汇率的差异完全脱离两地利率水平的差异，甚至同货币市场上的利率毫无关系。

（五）远期外汇交易的报价

1. 定期远期外汇交易的报价

（1）直接报价。即外汇牌价上直接报出远期外汇的买入价和卖出价。日本和瑞士外汇市场均采取这种报价方式。这种报价方法适用于银行与客户之间的远期外汇买卖。

（2）差价报价。即外汇银行只公布即期汇率而不直接公布远期汇率，远期汇率是在即期汇率基础上用升、贴水表示。

远期差价通常以点数来表示。由于汇率的标价方法不同，按远期差价计算远期汇率的方法也不同。在直接标价法下，由于单位外币折合本币的数量越大，表示外汇越贵；单位货币折合本币的数量越少，表示外汇越便宜，所以当远期差价为升水时，即期汇率加升水就是远期汇率；当远期差价为贴水时，即期汇率减贴水就是远期汇率。因此，在直接标价法下，

远期汇率＝即期汇率＋升水
远期汇率＝即期汇率－贴水

在间接标价法下，由于单位本币兑换外币的数额越大表示外汇汇率越便宜，单位本币兑换数额越小表示外汇越贵。所以，当远期差价为升水时，就要用即期汇率减去升水得出远期外汇汇率；当远期差价为贴水时，就要在即期汇率的基础上加上贴水得出远期外汇汇率。因此，在间接标价法下，

远期汇率＝即期汇率－升水
远期汇率＝即期汇率＋贴水

在实际计算远期汇率时，可以不必考虑汇率的标价方式及升水还是贴水，仅根据升（贴）水的排列即可进行计算。若远期差价以小/大排列，则远期汇率等于即期汇率加上远期差价；若远期差价以大/小排列，则远期汇率等于即期汇率减去远期差价。例如，在伦敦外汇市场：英镑和美元的即期汇率为 1 英镑＝1.259 9/1.262 6 美元，3 个月远期差价为 103/98，则远期汇率为 1 英镑＝1.249 6/1.252 8 美元（即期汇率减去外汇升贴水）。3 个月远期差价如果为 98/103，则远期汇率为 1 英镑=1.269 7/1.272 9 美元（即期汇率加外汇升贴水）。再如，香港外汇市场港元对美元的即期汇率为 1 美元=7.800 0/7.805 0 港元，3 个月的差价为 118/128，则远期汇率为 1 美元=7.811 8/7.817 8 港元（即期汇率加外汇升贴水）；3 个月的远期差价为 128/118，则远期汇率为 1 美元=7.787 2/7.793 2 港元（即期汇率减外汇升贴水）。

2. 择期交易的远期汇率报价

在择期远期外汇交易中，客户拥有选择具体交割日的主动权，银行则处于被动地位，易蒙受汇率变动带来的损失。所以，总的原则是：银行将选择从择期开始到择期结束期间最不利于客户的汇率作为择期交易的汇率。具体来说，就是在卖出的货币贴水时，按可交割的第一天的期限计算，以尽量提高所卖出货币的价格；在卖出的货币升水时，则按可交割的最后一天计算，同样以最高价卖出货币。一方面，这是对银行承担风险的补偿，从另一方面看，这是客户取得交割日主动权应付的代价。

（六）远期汇率的计算

例 4－5：2023 年 5 月 8 日，香港外汇市场上现汇汇率为 USD1＝HKD8.318 5/8.319 5，3 个月远期升水 74/78。

那么美元兑港币 3 个月远期汇率计算如下：

$$
\begin{array}{r}
\text{USD1}=\text{HKD8.318 5/8.319 5}\\
+\qquad \text{0.007 4/0.007 8}\\
\hline
\text{USD1}=\text{HKD8.325 9/8.327 3}
\end{array}
$$

例 4－6：2023 年 10 月 12 日，法兰克福外汇市场上现汇汇率为 USD1＝EUR0.930 0/0.932 0，3 个月远期贴水为 238/233 点，

那么美元兑欧元 3 个月远期汇率计算如下：

$$
\begin{array}{r}
\text{USD1}=\text{EUR0.930 0/0.932 0}\\
-\qquad \text{0.023 8/0.023 3}\\
\hline
\text{USD1}=\text{EUR 0.906 2/0.908 7}
\end{array}
$$

三、掉期外汇交易

（一）掉期外汇交易的概念

掉期外汇交易（swap transaction）是指外汇交易者在外汇市场上买进（或卖出）某种

外汇的同时卖出（或买进）相同金额但期限不同的同种外币的交易活动。

（二）掉期外汇交易的特点

1. 买与卖是有意识地同时进行的。

2. 买与卖的货币种类相同，金额相等。

3. 买与卖交割期限不相同。

（三）掉期外汇交易的种类

掉期外汇交易根据交割日的不同有三种类型。

1. 即期对远期的掉期交易

即期对远期的掉期交易指同时进行即期和远期的同种外汇、相同金额的交易，但两者交易方向相反。即买入某种即期外汇的同时卖出该种远期外汇；反之卖出即期外汇的同时买进与即期交易金额相同、币种相同的远期外汇。这是外汇市场上最常见的掉期交易形式。

2. 即期对即期的掉期交易

即期对即期的掉期交易指成交后第一笔在第一个营业日交割，另一笔在第二个营业日作反方向交割的一种交易。一般用于银行同业之间的隔夜资金拆借。

3. 远期对远期的掉期交易

远期对远期的掉期交易指对不同交割期限的期汇作币种相同、金额相同但交割方向相反的交易。

（四）掉期外汇交易的作用

掉期外汇交易的作用主要表现在以下三个方面：

1. 使保值者能够防范汇率风险

掉期交易具有固定汇率、使银行轧平头寸，消除汇率变动风险的作用。

2. 保证实现投资收益目标

在进行跨国投资时，汇率变动对投资收益产生的影响很大。通过掉期交易可以保障投资目标实现。例如，纽约一家银行存款准备金账户有 84 万美元将闲置 3 个月，决定向英国投资。过程如下：银行首先把美元兑换成英镑现汇进行投资，3 个月后收回英镑，需要把英镑兑换成美元。如果这时英镑汇率下跌而美元汇率上升，该银行的预期投资收益率就会降低。当然，如果汇率出现反向变动，其投资收益率会上升。为了避免投资收益率降低或因美元汇率大幅度上升超过利差而出现投资亏损，该银行在投资时就进行一笔掉期交易，即在买进英镑现汇的同时卖出相同数量的 3 个月的远期英镑。

3. 调整银行资金期限结构

资金期限结构指外汇银行的外汇收付期限上的数量构成。当收与付期限不能相平衡时，通过掉期交易将即期外汇变成远期外汇或将远期外汇掉成即期外汇，使得外汇收付在时间与数量上相一致。例如，银行卖给客户 3 个月远期 100 万英镑，银行立即在同业市场上买进 100 万英镑现汇进行掉期交易。这样，既可以避免英镑升值带来的损失，又能有如数的英镑按期交割。

（五）掉期外汇交易与外汇套期保值交易的区别

1. 掉期交易改变的不是交易者手中持有的外汇金额，而是交易者所持货币的期限。
2. 掉期交易中的买入和卖出必须同时进行。
3. 掉期交易大部分针对同一对手进行。

（六）掉期外汇交易的应用案例

例 4－7：即期对远期的掉期交易

日本 A 公司拟对外投资 1 000 万美元，预期在 6 个月后收回。A 公司预测 6 个月后美元相对于日元贬值，为了保证投资收回，又能避免汇率变动的风险，就作买入即期 1 000 万美元对卖出 6 个月 1 000 万美元的掉期交易。假设当时即期汇率为 USD/JPY=110.16/29，6 个月的远期汇水为 112/98，投资收益率为 7.5%，6 个月后现汇市场汇率为 USD/JPY = 106.23/36。

要求：（1）计算掉期成本。

（2）判断掉期交易能否防范汇率风险。

解：先计算远期汇率：

即期汇率为 USD/JPY = 110.16/29
－112/98
6 个月远期汇率为：USD/JPY = 109.04/31

再计算掉期成本：

① 计算买入 1 000 万美元现汇所支付的日元金额：

1 000 万 × 110.29 = 110 290 万（日元）

② 按照 6 个月的远期汇率 USD/JPY = 109.04，计算届时卖出 6 个月 1 000 万美元应收回的日元金额：

1 000 万 × 109.04 = 109 040 万（日元）

③ 掉期成本 = 110 290 万 – 109 040 万 = 1 250 万（日元）

最后，判断掉期交易能否防范汇率风险。

① 进行掉期交易的情况：

6 个月后收回的投资本金为：1 000 万 × 109.04 = 109 040 万（日元）

7.5%的投资收益为：1 000 万 × 7.5% × 6/12 × 106.23 = 3 983.625 万（日元）

所以投资利润为：（109 040 万 + 3 983.625 万）– 110 290 万 = 2 733.625 万（日元）

② 不进行掉期交易的情况：

1 000 万 ×（1 + 7.5% × 6/12）× 106.23 – 110 290 万 =– 76.375 万（日元）

进行掉期交易比不进行掉期交易多获利：

2 733.625 万 –（– 76.375 万）= 2 810 万（日元）

因此，掉期交易能防范汇率变动的风险。

例 4-8：远期对远期的掉期交易

英国 B 公司 6 个月后有一笔 100 万美元应付款，但 1 个月后又有一笔 100 万美元的应收款。该公司为固定成本，就采用卖出 1 个月期 100 万美元对买入 6 个月期 100 万美元的掉期交易。假设当时即期汇率为 GBP/USD = 1.965 3/1.967 6，1 个月的远期汇水为 20/10，6 个月的远期汇水为 76/63。求掉期成本。

解：1 个月的远期汇水为：

$$\begin{array}{r} 1.965\ 3/1.967\ 6 \\ -0.002\ 0/0.001\ 0 \\ \hline \text{GBP/USD} = 1.963\ 3/1.966\ 6 \end{array}$$

6 个月的远期汇率为：

$$\begin{array}{r} 1.965\ 3/1.967\ 6 \\ -0.007\ 6/0.006\ 3 \\ \hline \text{GBP/USD} = 1.957\ 7/1.960\ 3 \end{array}$$

则掉期成本为：100 万÷1.957 7 – 100 万 ÷ 1.966 6 = 0.231 2 万（美元）

四、套汇交易

（一）套汇交易的概念

由于外汇交易在地域上的广泛性和时间上的延续性，各个外汇市场的外汇供求关系不断变化，并导致汇率的经常上下波动，从而使各个外汇市场也不可避免地会不时出现短暂的汇率差异，这种差异就构成了套汇的前提条件。

套汇交易（arbitrage transaction）又称地点套汇，指利用同一货币在不同外汇市场出现的汇率差异，以低价买入某种货币的同时再以高价卖出，以谋取利润的一种投机性较强的外汇交易方式。套汇交易具有投机性强、交易金额大、用电汇方式进行、套汇者主要是跨国银行或跨国公司等特点。套汇的主要形式有直接套汇与间接套汇两种。

（二）套汇交易的类型

1. 直接套汇

又称两地套汇，是指当两个不同地点外汇市场上某种货币汇率出现差异时，外汇交易者同时在这两个市场买贱卖贵，从中赚取差价利润的交易行为。

2. 间接套汇

又称三地套汇或多角套汇，它是指套汇者利用三个以上不同地点的外汇市场在同一时间内存在的货币汇率差异，同时在这些市场上贱买贵卖，套取汇率差额收益的交易行为。

（三）套汇交易的应用案例

1. 直接套汇

例 4-9：已知：伦敦外汇市场：GBP1 = USD1.215 0/1.216 0

纽约外汇市场：GBP1 = USD1.212 0/1.213 0

某一外汇银行在伦敦外汇市场以英镑购买美元外汇，并将美元外汇汇到纽约，在纽约外汇市场购买英镑外汇，则先前用去的英镑可全部收回，每 1 英镑可以赚取 0.002 0 美元的收益。如套汇 100 万英镑，可赚得 2 000 美元。

2. 间接套汇

间接套汇比直接套汇复杂，投资者在间接套汇时，必须首先判断有无套汇的可能。判断方法有汇价积数判断法和套算比较法两种。

（1）汇价积数判断法。即将三个或更多个外汇市场上的汇率按同一种标价法即直接标价法或间接标价法列出，再把它们依次连乘，如果乘积为 1，说明没有套汇机会；如果不为 1，则有套汇机会。当乘积大于 1 时，汇率连乘的顺序即为套汇的顺序，当乘积小于 1 时，汇率连乘的反向顺序即为套汇的顺序。

（2）套算比较法。即将其中两个汇率进行套算，得出汇率与第三个汇率比较，只要有差异，就意味着存在汇差，可以进行套汇，差异越大，则越有利可图。

例 4－10：

已知：纽约外汇市场：USD1＝EUR0.688 1/0.688 5 ①

巴黎外汇市场：GBP1＝EUR1.323 4/1.323 7 ②

伦敦外汇市场：GBP1＝USD1.977 1/1.977 4 ③

判断方法 1：

0.688 1×(1/1.323 7)×1.977 1＝1.027 8≠1，说明存在套汇机会。

或 0.688 5×(1/1.323 4)×1.977 4＝1.027 8≠1，说明存在套汇机会。

判断方法 2：

将②/①得：1.323 7/0.688 1＝1.923 7≠1.977 4，说明存在套汇机会。

套汇过程：

	套汇者卖出		套汇者买入
纽约外汇市场：	USD1	@ 0.688 1	EUR0.688 1
巴黎外汇市场：	EUR0.688 1	@ 1.323 7	GBP0.688 1/1.323 7＝0.519 8
伦敦外汇市场：	GBP0.519 8	@ 1.977 1	USD0.519 8×1.977 1＝1.027 8

即套汇者投入 USD1，可得 USD1.027 8（未扣除费用），若套汇者以 1 000 万美元套汇，其毛利润为 1 000 万×(1.027 8－1)＝27.8 万（美元）。

五、套利交易

（一）套利交易的概念

套利交易（arbitrage）也称“利息套汇”，指当两个国家短期利率不同时，投资者将资金从低利率国家调往高利率国家，获利后再将资金调回，以赚取利差收益的外汇交易。

（二）套利交易的类型

根据套利交易的同时是否作了一笔掉期交易，可将套利交易分为抵补或抛补套利和不抵补或不抛补套利两种类型。

1. 不抵补套利（uncovered interest arbitrage）

不抵补套利指资金持有者利用两个金融市场上短期利率差，将资金从利率低的国家调往利率高的国家，以赚取利差的一种外汇交易。这种套利形式没有采取保值措施，适用于汇率比较稳定的情况。

2. 抵补套利（covered interest arbitrage）

为避免汇率风险，套利者将远期外汇交易和套利交易结合起来，在进行套利交易的同时进行掉期抛补以防范外汇风险的交易行为。

（三）套利交易的应用案例

例 4－11：设伦敦外汇市场上的英镑与美元的即期汇率为 GBP1＝USD1.973 9/43，1 年期汇水 50/30，伦敦市场利率为 3.5%，而纽约市场利率为 3%。假定一美国商人在伦敦市场买进现汇 200 万英镑，存放伦敦收取利息。同时，为防止汇率变动的风险，卖出 1 年期期汇（假设 1 年后的即期汇率为 GBP1＝USD1.965 0/56）。

要求：（1）计算抵补套利收益。

（2）比较抵补套利和未抵补套利的获利情况。

解：（1）先计算远期汇率为：

$$\begin{array}{r} \text{GBP1}=\text{USD1.973 9/1.974 3} \\ -0.005\ 0/0.003\ 0 \\ \hline \text{GBP1}=\text{USD1.968 9/1.971 3} \end{array}$$

再计算抵补套利收益：

$$\begin{aligned} &200\text{ 万}\times(1+3.5\%)\times1\times1.968\ 9-200\text{ 万}\times1.974\ 3\times(1+3\%)\times1 \\ &=407.562\ 3\text{ 万}-406.705\ 8\text{ 万} \\ &=0.856\ 5\text{ 万（美元）} \end{aligned}$$

（2）未抵补套利收益：

$$\begin{aligned} &200\text{ 万}\times(1+3.5\%)\times1\times1.965\ 0-200\text{ 万}\times1.974\ 3\times(1+3\%)\times1 \\ &=406.755\text{ 万}-406.705\ 8\text{ 万} \\ &=0.049\ 2\text{ 万（美元）} \end{aligned}$$

抵补套利比未抵补套利多获利：

$$\begin{aligned} &0.856\ 5\text{ 万}-0.049\ 2\text{ 万} \\ &=0.807\ 3\text{ 万（美元）} \end{aligned}$$

拓展阅读

炒 外 汇

炒外汇又叫外汇保证金交易，是一种比股市投资更优越的金融投资工具。其投资方向是全球外汇市场。由于汇价每日波动幅度不像股市那么大，若以实盘换汇交易投资的话，回报率小。利用保证金交易来投资，外汇投资人可以运用杠杆原理，以小搏大、双向交易、操作灵活，而且由于是全球性的市场，行情被个人或机构控制的机会很小，所以相对于股市来说更加透明和公平。

在各项投资之中，炒外汇可算是最公平和最吸引人的投资方式之一。炒外汇就是投资者以银行、造市商或经纪商提供的融资来进行外汇交易。一般的融资比例都在20倍以上，即外汇投资者的资金可以放大 20 倍来进行交易。融资的比例越大，客户需要付出的资金也越少，充分利用了以小搏大的杠杆效用。除了资金放大之外，炒外汇另一项最吸引人的特色是可以双向操作，既可以在货币上升时买入获利（做多），也可以在货币下跌时卖出获利（做空），从而不必受到所谓的熊市中无法操作的限制。

外汇保证金交易又称虚盘交易、按金交易，就是投资者用自有资金作为担保，从银行或经纪商处提供的融资放大来进行外汇交易，也就是放大投资者的交易资金。

第三节　衍生的外汇交易

一、外汇期货交易

（一）外汇期货交易的概念

期货（futures）与现货相对，从现货发展而来，指以某种大宗产品如棉花、大豆、石油等及金融资产如股票、债券等为标的的标准化合约。期货交易的目的主要是规避价格风险和获取投机收益。

外汇期货交易（foreign currency futures transaction）是指交易双方在期货交易所内，通过公开竞价买进或卖出在未来某一日期，根据协议价格交割标准数量外汇的合约交易。这种交易实质上就是统一的标准化合约的买卖，并没有真正移交货品。外汇期货合约具体内容主要包括：交易币种、交易单位、报价方法、交易时间、交割月份、最后交易日、交割日或结算日、最小变动价位、交易地点等。

外汇期货交易最早产生于美国。固定汇率制度崩溃后，各国货币汇率经常波动极大地影响了正常的国际贸易和投资活动。对此，1972 年，美国芝加哥商品交易所建立了国际货币市场（International monetary market，IMM），办理外汇期货，后来又陆续增加了其他金融期货交易。目前大部分国际金融中心都开办了外汇期货交易，交易量最大的是国际货币市场和伦敦国际金融期货交易所（London International Financial Future Exchange，LIFFE）。外汇期货现已成为远期外汇市场的重要补充，主要被企业和金融机构用作外币套期保值的工具，并深受投机者青睐。

（二）外汇期货交易和远期外汇交易的区别

外汇期货交易和远期外汇交易实质上都是外汇的远期交易。两种交易的客体都是外汇，其交易原理相同，交易目的也都是防范风险或转移风险，以求保值或投机获利。但在实际交易中两者存在如下区别。

1. 报价更为公开、合理

由于外汇期货在交易所内集中进行，其报价可以经交易所及时对外公开，和私下个别交易的远期外汇合约相比，其价格水平更易为交易各方所了解，也更为公正合理。

2. 交易风险不同

由于交易者实际上是与交易所进行交易，故违约的风险要比远期合约小得多。外汇期货交易买卖双方都以交易所的清算部门为成交对方，交易双方并不知道真正的交易对手是谁，这样不必考虑对方信用是否可靠。而远期外汇交易通常由买卖双方直接联系进行银行之间或银行与客户之间的交易，因此有必要深入了解成交对方的资信以减少风险。

3. 合约标准化程度不同

外汇期货合约是由期货交易所统一制定的严格的标准化合约，除了汇率之外，其他条款都已在合约里确定。而远期外汇交易合约的合约金额、交割期等都由交易双方协商而定，其标准化程度远不及外汇期货合约高。另外，远期外汇价格的波动没有任何限制。

4. 保证金和佣金制度不同

外汇期货交易双方都需向交易所缴纳佣金和保证金。保证金是为了确保在因期货价格发生不利变动而造成的亏损时能及时支付，且每天结算盈亏，获利可以提走，亏损则要按保证金底限补足。远期外汇交易银行之间一般不收保证金和佣金，而只对某些规模不大的非金融机构收取保证金，通过外汇经纪人进行才需支付佣金。

5. 交易灵活性不同

外汇期货市场上的任何变动都会导致保值者或投机者买入或卖出合同，通过买卖对轧来平衡头寸和终止交割义务，以赚取利差或减少亏损，因此外汇期货交易实际交割的不到合同总数的 2%，而远期外汇交易只能轧平头寸，不能终止两笔交易的到期交割义务，到期进行实际交割的比重高达 90%。由于交易的集中化和标准化，故其交易相对容易达成，手续也简便得多。外汇期货的盈利会在当日的保证金账户上反映出来并可以提取，因此不如外汇期货交易灵活。

（三）外汇期货交易的应用

例 4－12：2023 年 3 月 1 日，美国出口商 A 与日本进口商签订 5 000 万日元的出口合同，约定在 6 个月后以日元收款。签订合同时，即期汇率是 USD/JPY＝106.70/80，为防止日元贬值而使出口利润减少，A 商人就在期货市场上以期货价格卖出 4 份 9 个月期的日元期货合同 USD/JPY＝106.23。假设 9 月 1 日美元对日元的即期汇率为 USD/JPY＝107.23/39，9 个月期的日元期货合同价格为 USD/JPY＝107.13，A 商人在期货市场上买入 4 份 9 个月期的日元期货合同，同时在现汇市场上卖出收到的 5 000 万日元出口货款。问：A 商人在外汇期货市场上操作是否起到防范汇率风险的作用。

解：在外汇期货市场上，A 商人进行外汇期货交易的投资收益：

$$4\times1\,250\div106.23-4\times1\,250\div107.13=0.395\,4\text{（万美元）}$$

在现汇市场上，A 商人在 9 月 10 日将收到的 5 000 万日元的出口货款卖出，收到的美元金额为：

5 000÷107.39＝46.559 3（万美元）
计划 5 000 万日元收入：5 000÷106.80＝46.816 5（万美元）
现汇市场上损失：46.816 5－46.559 3＝0.257 2（万美元）

A 商人在期货市场上进行外汇期货交易获得收益 0.395 4 万美元，不仅弥补了汇率风险的损失 0.257 2 万美元，而且还有盈余 0.138 2（0.395 4－0.257 2＝0.138 2）万美元，因此，A 商人进行外汇期货交易起到了防范汇率风险的作用。

二、外汇期权交易

（一）外汇期权交易的概念

期权（options）又称为选择权，是在期货的基础上产生的一种衍生性金融工具。

期权指在未来一定时期可以买卖的权利，是买方向卖方支付一定数量的金额后拥有的在未来一段时间内或未来某一特定日期以事先规定好的价格向卖方购买或出售一定数量的特定标的物的权利，但不承担必须买进或卖出的义务。

外汇期权（currency options），指客户支付一定数额的期权费后，拥有在期权到期日或以前执行或放弃按约定的汇率向银行购入或售出一定数量的货币的权利。外汇期权合约的双方当事人中，期权出售方一般为银行，期权购买方一般为企业。当然银行与银行之间也可以进行外汇期权交易。购买者获得选择的权利，因此要付出一定的代价，即购买期权的费用，又称保险费（premium）。外汇期权交易是一种有效的、低成本的避免汇率变动风险的金融工具，与其他类型的外汇交易相比，外汇期权交易是一种更积极、更灵活的交易手段，既可以避免汇率向不利方向变动时所带来的损失，又可以在汇率向有利方向变动时保留从中牟利的机会，弥补了远期外汇和外汇期货交易的某些弱点。1983 年，外汇期权交易第一次作为交易品种在芝加哥商品交易所的国际货币市场上挂牌上市。此后，外汇期权交易成为外汇风险管理的一种十分有效的方法。

外汇期权交易按买进或卖出可划分为买权（call option）和卖权（put option）。买权是指期权购买方预期汇率将上涨时购买的期权，又称看涨期权。卖权是指期权购买方在合约有效期内按规定汇率出售一定数额外汇的权利，它是期权购买方预期汇率将下跌时购买的期权，又称看跌期权。按照执行期权有效日划分，有欧式期权和美式期权。只有在合约到期日才能执行的期权为欧式期权，而在期权合约有效期内的任何一个营业日都可执行的期权为美式期权。

（二）外汇期权交易的特点

1. 灵活性大

外汇期权合约可执行或放弃。

2. 损失性小

不管汇率如何变动，买方最大损失仅限于保险费。

3. 选择性强

外汇期权交易可选择不同的协定汇率，而远期外汇交易只能选择按照现货汇率以一定的贴水或折扣买卖。

4. 安全性高

外汇期权交易可避免汇率风险。

上述特点使外汇期权交易特别适用于国际贸易中的招标。例如，一家公司投标生产一套供出口的设备，但不能肯定能否中标，就可以购买一项看跌期权。若未中标，就不执行期权合约，仅需付一笔期权费；若中标，看跌期权就保证这家公司能把获得的出口外汇按协定汇率出售，从而避免了汇率发生不利变动的风险。

与远期外汇合约及外汇期货交易相比，利用外汇期权进行保值的优点是，买方可以在有效期内随时进行交易，也可以任意放弃交易的权利，没有义务在到期时必须购入合约规定的外汇。当国际交易者并不能确定未来的外汇收支的可能性、金额、实现日期的时候，采用外汇期权就较为合适，这样做不仅可以减少交易的成本，简化交易的手续，也可以使远期外汇交易更好地符合国际交易的实际需要。外汇期权交易与外汇期货交易、远期外汇交易的比较如表 4－1 所示。

表 4－1　　外汇期权交易、外汇期货交易与远期外汇交易的比较

内容	外汇期权交易	外汇期货交易	远期外汇交易
交易性质	买方有交割权利，卖方有履行合约的义务	买卖双方都有履行合约义务	买卖双方都有履行合约义务
合同规模	标准化	标准化	决定于具体交易
交割日期	合同期限标准化，但可在到期前的任何时间交割	标准化	决定于具体交易
交易方式	在注册的证券交易所以公开拍卖方式进行	在注册的证券交易所以公开拍卖方式进行	买卖双方通过电话、电传等方式直接联系
发行人和保证人	期权清算公司	交易所的清算行	无
参加者	被批准进行期权交易的证券交易所的参加者及一般客户	注册的商品交易所成员及一般客户	主要是银行和公司
保证金	买方只支付期权费，卖方按每日行情支付保证金	有固定数目的原始保证金，每日根据价格变动补足或提取原始保证金。亏损时补足原始保证金，盈利时可提取多于原始保证金的部分	无。但银行对交易对方都保留一定的信用限额

（三）外汇期权交易的应用

例 4－13： 2023 年 5 月 5 日，美国 A 出口公司与英国 B 进口公司签订 50 万英镑的出口合同，约定在 2 个月后收款。签订时即期汇率为 GBP/USD=1.267 3/86，A 公司预测 2 个月后英镑贬值，就买入 7 月期 50 万英镑的看跌期权，协议价格为 GBP/USD＝1.269 3，保险费为 1 000 美元。假设 7 月 5 日即期汇率果然贬值，汇率为 GBP/USD＝1.263 0/44。

要求：比较A公司作与不作外汇期权交易的情况，并说明A公司是否履行合约。

解：(1) A公司若执行外汇期权合约，即按协议价格 GBP/USD = 1.269 3 卖出 50 万英镑，将得到的美元金额为：

$$50 \times 1.269\,3 = 63.465 \text{（万美元）}$$

支付保险费 1 000 美元后获得：

$$63.465 - 0.1 = 63.365 \text{（万美元）}$$

(2) 若不执行外汇期权合约，A 公司则按 7 月 5 日即期汇率卖出 50 万英镑，得到的美元金额为：

$$50 \times 1.263\,0 = 63.15 \text{（万美元）}$$

因此，执行外汇期权合约比不执行外汇期权合约多收益：

$$63.365 - 63.15 = 0.215 \text{（万美元）}$$

A 公司执行外汇期权合约，不仅避免了汇率变动风险，还获得了汇率变动带来的收益，因此，届时要履行合约。

此外，外汇期权交易还具有外汇投机的作用。当投机者预期汇率上涨时，作“多头”投机交易，即购买外汇买权（看涨期权）。相反，预测汇率下跌时，则作“空头”投机交易，即购买外汇卖权（看跌期权）。若预测准确，投机者在现汇市场上作一笔反向交易，买卖的到期日相同，就会获利。若预测失误，投机者就放弃执行期权合约，仅损失期权保险费。

三、互换交易

（一）互换交易的概念

互换交易（swaps）是交易双方按市场行情，通过预约在一定时期内相互交换货币或利率的金融业务，是降低长期资金筹资成本及债务管理中防范利率风险及汇率风险最有效的金融工具之一。第一份互换合约产生于 1981 年，曾被西方金融界誉为 20 世纪 80 年代最重要的金融创新。

（二）互换交易的类型

互换交易有两种主要类型：货币互换（currency swaps）和利率互换（interest rate swaps）。

货币互换是指亦称“货币掉期”“货币调换”。交易双方根据互补的需要，以商定的筹资本金和利率为基础，进行债务或投资的本金交换并结清利息。其中较常见的是固定利率的两种货币的债务互换。这种互换是两个独立的筹资者利用各自在国际金融市场筹资的相对优势，以固定利率筹措到一笔到期日和计息方法相同但币种不同的资金，然后通过中介人签订货币互换协议，调换所借债务的货币种类，按期以对方借进的货币还本付息。货币互换一般以即期汇率为基础，两种互换货币之间存在的利差则由资金借入利率较低者向资金借入利率较高者定期贴补。货币互换交易的基本步骤：① 本金互换。可以是名义上的互换或实际转移，其目的是按不同的货币数额定期支付利息；② 利息互换。交易双方按货币互换合约规定的各自固定利率，以债务本金为基础支付利息；③ 本金再次互换。交易双方在到期日换回原先确定和互换的本金。

利率互换亦称“利率调换”“利率掉期”。交易双方在两笔同种货币、金额相同、期限一样，但付息方法不同的资产或债务之间进行的相互交换利率的活动。它以交易双方协商的本金为计算利息的基础，在同种货币之间进行固定利率与浮动利率、固定利率与固定利率或者浮动利率与浮动利率的互换。在交易中，双方只结清其互换的利率差额，在整个交易过程中，均不发生资金的实际转移。最早的利率互换发生于 1982 年。当时，德意志银行与另外三家银行之间成功地进行了欧洲债券固定利率与伦敦同业拆借利率的互换。从那以后，利率互换的种类日益增多，规模也逐渐增大，现在已发展成为一种重要的分散风险的理财工具。利率互换是在交易双方相互有利的基础上进行的。它可使交易者在不改变其资产和负债基本结构的条件下，实现分散风险、降低融资成本的目的。

（三）互换交易的运用

1. 货币互换的运用

例如：一家美国跨国公司因欧元利率较低而发行一笔为期八年的欧元债券，还本付息必须支付欧元，因此面临着还本付息的汇率风险。为避免风险，该公司通过银行互换中介，与另一家需要将美元债务调换成欧元债务的德国公司做货币互换交易，到期再换回本金。这笔美元与欧元的互换交易具体程序如下：

（1）美国公司按即期汇率以欧元换取德国公司的美元资金，两公司各自获得本币资金，等于各自借了一笔本币债务，而规避了汇率风险。

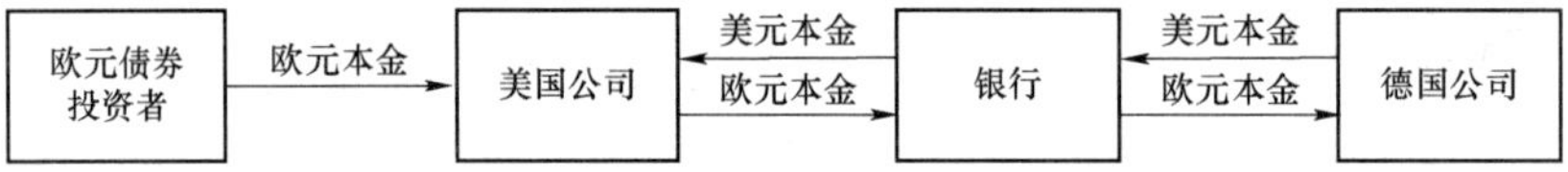

（2）货币互换期间，两公司按固定利率按期以对方借进的货币还本付息。即美国公司向银行支付固定利率的美元利息，并从银行收取相应的固定利率的欧元利息；银行则向德国公司支付固定利率的美元利息，并收取固定利率的欧元利息。

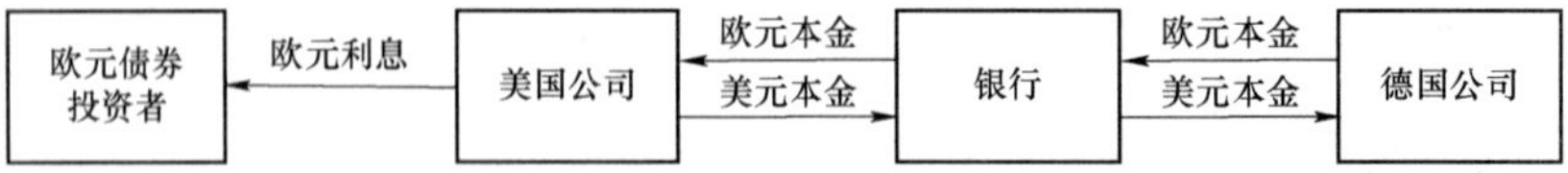

（3）在到期日，美国公司以美元本金从银行换回欧元本金，还给欧元债券的投资者；德国公司以欧元从银行换回美元本金。

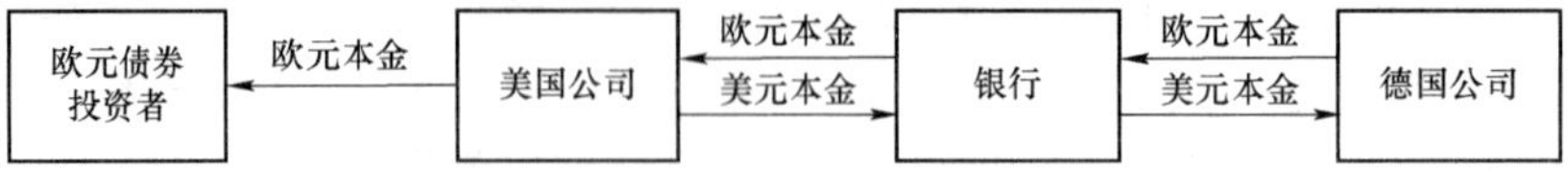

这样双方就圆满完成了一笔货币互换交易。其间，双方实际上在期初和期末进行了两次本金互换。由于签订货币互换协议时已固定互换汇率，从而避免了汇率变动风险。通过货币互换交易，双方均降低了筹资成本。

2. 利率互换的运用

假设 A 和 B 两家公司，A 公司的信用级别高于 B 公司，因此 B 公司在固定利率和浮动利率市场上借款所需支付的利率要比 A 公司高。现在 A、B 两公司都希望借入期限为 5 年的 1 000 万美元，A、B 公司的筹资成本如下：公司 A，固定利率 10.00%，浮动利率 6 个月期 LIBOR＋0.30%；公司 B 固定利率 11.20%，6 个月期 LIBOR＋1.00%。

在固定利率市场B公司比A公司多付1.20%，但在浮动利率市场只比A公司多付0.7%，说明 B 公司在浮动利率市场有比较优势，而 A 公司在固定利率市场有比较优势。现在假如 B 公司想按固定利率借款，而 A 公司想借入与 6 个月期 LIBOR（伦敦同业银行间放款利率）相关的浮动利率资金。由于比较优势的存在将产生可获利润的互换。A 公司可以 10%的利率借入固定利率资金，B 公司以 LIBOR＋1%的利率借入浮动利率资金，然后他们签订一项互换协议，以保证最后 A 公司得到浮动利率资金，B 公司得到固定利率资金。

我们假设 A 与 B 直接接触，A 公司同意向 B 公司支付本金为 1 000 万美元的以 6 个月期 LIBOR 计算的利息，作为回报，B 公司同意向 A 公司支付本金为 1 000 万美元的以 9.95%固定利率计算的利息。考察 A 公司的现金流：1. 支付给外部贷款人年利率为 10%的利息；2. 从 B 得到年利率为 9.95%的利息；3. 向 B 支付 LIBOR 的利息。三项现金流的总结果是 A 只需支付 LIBOR＋0.05%的利息，比它直接到浮动利率市场借款少支付 0.25%的利息。同样 B 公司也有三项现金流：1. 支付给外部借款人年利率为 LIBOR＋1%的利息；2. 从 A 得到 LIBOR 的利息；3. 向 A 支付年利率为 9.95%的利息。

三项现金流的总结果是 B 只需支付 10.95%的利息，比它直接到固定利率市场借款少支付 0.25%的利率。这项互换协议中 A 和 B 每年都少支付 0.25%，因此总收益为每年 0.5%。

知识链接

1981 年，在所罗门兄弟公司的安排下，世界银行和国际商用机器公司（IBM）进行了世界上第一笔货币互换。当时，世界银行希望筹措固定利率的德国马克和的瑞士法郎资金。因为世界银行每年都在这两国市场上筹措资金，当地投资者对再次筹资有过剩感，故利率上升。而世界银行拥有 AAA 级信誉，能从市场上筹措到利率最优惠的美元资金。同时，IBM 需要筹集一笔美元资金，因数额巨大，难以集中在任何一个市场上进行，于是采用多币种筹资方法，运用其自身优势筹集到优惠的德国马克和瑞士法郎资金。在所罗门兄弟公司的安排下，世界银行与 IBM 达成一笔 2.9 亿美元对德国马克和瑞士法郎的互换交易。世界银行用美元支付 IBM 公司所发行的联邦德国马克和瑞士法郎债券的全部未来本金和利息；而 IBM 公司则同意用联邦德国马克和瑞士法郎支付世界银行所发行的美元债券的全部本金和利息。通过互换，世界银行用其新发行的美元债券，以理想的筹资成本，筹集了价值 2.9 亿美元的德国马克和瑞士法郎；IBM 公司则也因美元坚挺而得到了汇兑收益，同时也确定了筹资成本。

此后，国际货币互换市场不断发展，现在已成为国际金融衍生商品市场的重要组成部分。随着市场发展，互换交易已不仅限于由互换对称吻合的交易双方组成交易对子来进行，专门从事互换交易的银行也可将不完全相配的交易双方组成交易对子，交易差额则由自己承担。银行则将各种衍生产品的货币与利率管理综合成一体，通过与其他金融工具组合来进行保值。

四、远期利率协议

（一）远期利率协议的概念

远期利率协议（Forward Rate Agreements，FRA）是20世纪80年代后产生的金融创新品种之一。它是为免受未来利率波动的影响在远期市场（forward market）所签订的协议。远期协议买卖双方（客户与银行或银行之间）商定将来特定时间（指利息起算日）开始一定期限的协议利率，并规定以何种利率为参照利率（通常为伦敦同业拆放利率，LIBOR），到期日，按规定协议利率、期限和本金，由一方当事人向对方支付协议利率与参照利率之间的利息差。协议利率实际上是交易双方锁定将来某一时点借贷一定期限资金的利率。远期利率协议交易具有极大的灵活性、不进行资金的实际借贷、只在结算日发生一次利息差额的支付等特点。远期利率协议是防范将来利率波动的一种预先固定远期利率的金融工具。该协议的买方是名义借款人，希望以此防范利率上升的风险。若选择远期利率协议，在签约时就确定将来某时收到一笔借款的利率，若利率走低，则须以约定利率支付利息。若利率走高，依然需按约定利率支付利息，有效地避免了利率上升而造成的损失而受到保护，但也因此失去利用将来利率下跌带来的好处。远期利率协议的买方出于两种动机使用远期利率协议：为免受利率变动风险对其资产保值，或纯粹为了利率上升而投机。

远期利率协议的卖方是名义贷款人，希望以此防范利率下降风险，出售一笔远期利率协议，就等于发放一笔远期支付的名义贷款而在利息起算日收取利息。若利率下跌，则可受到保护，仍按约定利率收取利息，有效避免了利率下跌造成的损失，但也因此放弃了将来利率可能上涨带来的好处。远期利率协议的卖方出于两种动机使用远期利率协议：为免受利率变动风险对其资产进行保值，纯粹对利率下跌进行投机。

远期利率协议条件下，并没有发生实际借贷行为，因此用“名义”的概念。远期利率协议是通过“结算差额”的方式实现发挥防范利率风险的功能。当远期利率协议到期时，若约定利率高于市场利率，由买方支付差额；反之，则由卖方支付；若没有差异，就不发生任何交易。

（二）远期利率协议的运用

例如：一家美国公司6个月后将有一笔美元收入，计划用其进行9个月期投资。但预计美元利率可能下降，于是决定卖出一份6×9的100万美元的远期利率协议。6个月后，若美元利率真的下降，远期利率协议约定利率与市场利率间的利差，将由远期利率协议的买方（银行）支付给该美国公司，该公司将得到一笔利息收入，恰好弥补了利率波动的损失，保证了3个月后获得稳定的投资收益。

这里的“6×9”表示期限，指6个月对9个月，即从交易日（设为8月15日）起，6个月末（下年2月15日）为起息日，而交易日后的9个月末（下年5月15日）为到期日，协议利率的期限为3个月。它们之间的时间关系表示为：

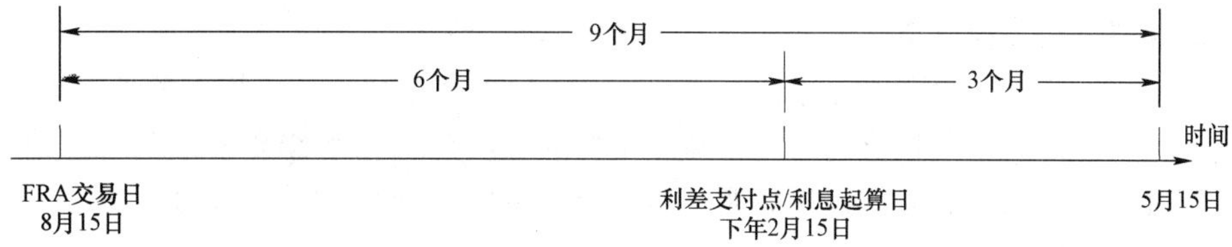

可见，浮动收益资产的投资者可在 FRA 市场上出售 FRA，从而锁定所投资实际资产将来的收益，避免将来利率下跌而减少收益的风险。而筹资者同样可以通过购买 FRA 市场上的 FRA，来锁定将来实际筹资成本，避免将来利率上升而增加筹资成本的风险。

五、无本金交割远期

（一）无本金交割远期的概念

无本金交割远期外汇交易（non-deliverable forward，NDF），又称非交割远期，是一种离岸金融衍生产品。交易双方于未来指定日期，依据事先约定的汇率与到期日即期汇率之差价结算差额，并以双方事先约定的可兑换货币办理结算，而无须交割本金的交易方式。这项业务均在离岸市场进行，交易货币为敞口无法在标准的远期市场交易或远期市场管制严格或因资本流动管制而即期市场存在限制的货币，或上述三种情况并存的货币。

（二）无本金交割远期的产生与发展

产生无本金交割远期的原因是资本管制。当某发展中国家吸收了相当规模的外资，经济持续较快的增长，而资本项目没有完全放松管制，国内外汇市场发展相对滞后，国际资本避险需求只能通过离岸的无本金交割远期交易市场得到满足。跨国公司是这项交易的主要客户。

20 世纪 90 年代初，无本金交割远期产生于拉丁美洲。20 世纪 80 年代初，墨西哥推行贸易自由化和开放资本项目，钉住美元的汇率政策与资本项目开放相冲突。自 1982 年起，墨西哥陷入严重的外债危机，墨西哥比索大幅度贬值。直到 1995 年，墨西哥比索实行浮动汇率制，危机才结束。为规避外汇风险，传统货币经纪商促成银行间无本金交割远期交易，大量投机者认为墨西哥比索会贬值，从而推动了无本金交割远期交易的高涨。随后，无本金交割远期交易迅速发展到亚洲和东欧市场。

1996 年，人民币无本金交割远期交易产生于新加坡。目前，新加坡和我国香港是全球最大的人民币衍生产品市场，其参与者主要是境外大银行和投资机构，主要客户是在我国有大量人民币收入的跨国公司、总部在香港的我国内地企业、一些对冲基金和其他投资者。人民币无本金交割远期业务发展迅速，超过境内远期外汇市场的发展。据国际清算银行等统计，2001 年 4 月，人民币无本金交割远期业务日交易额约为 0.55 亿美元，居当时亚洲五种主要交易货币末位，占交易总额的 7.6%，但在 2006 年，其日交易额增长到 7 亿美元，在当时六种主要交易货币中，仅次于韩元和新台币（中国台湾），约占交易总额的 14%。一些专家认为，该项业务的迅速发展一定程度上影响了人民币汇率水平，并可能影响外汇资金的跨境流动。我国需深化外汇管理体制改革，加快境内外外汇市场建设，稳步推进人民币资本项目下可兑换，最终促使境外人民币无本金交割远期萎缩以至消失。我国国家外汇管理局《2007 年中国国际收支报告》指出：2007 年，“境内远期价格与境外人民币无本金交割远期（NDF）市场报价的价差日益收窄，并数次超越境外 NDF 报价”。这一情况反映了我国境内外汇市场业务的发展有利于压缩境外 NDF 空间，或者说，境外 NDF 业务对境内外汇市场的影响正在逐渐减少。

无本金交割远期具体交割的计算公式为：

到期清算金额 =（签约汇率 − 交易合约到期时非自由兑换货币即期汇率）× 合约金额

某货币的无本金交割远期价与境内该货币远期汇率差距大，说明市场预期该货币远期汇率发生波动可能性大。

无本金交割远期运用于人民币与远期结售汇的比较见表 4－2。

表 4－2　无本金交割远期运用于人民币与远期结售汇的比较

远期产品	交易方	结算货币	交易成本	交割	交易量	是否被监督	所在地点
远期结售汇	主要是境内有真实需求的企业	协议货币	高，要有保证金	实物（货币）	较少	是	境内
无本金交割远期	境外有人民币需求的企业或国际投资者	可兑换货币，主要是美元	比较低	合约汇率与即期汇率之差，不用实物交割	近年来比较大	离岸交易，灰色地带	境外

资料来源：黄学军，孙文静. 自由化背景下 NDF 市场的开放——新兴市场的经验［J］. 国际金融研究，2007，（03）：68－73.

拓展阅读

2015 年—2023 年中国外汇市场交易概况　　单位：亿美元

交易品种 \ 年份	2015	2016	2017	2018	2019	2020	2021	2022	2023
一、即期	**127 366**	**88 354**	**94 894**	**110 647**	**113 561**	**119 430**	**917 456**	**125 924**	**127 366**
银行对客户市场	**39 940**	**29 085**	**30 914**	**34 315**	**34 188**	**35 648**	**272 111**	**42 490**	**39 940**
其中：买入外汇	21 281	15 909	15 840	17 336	17 592	17 493	133 528	21 219	21 281
卖出外汇	18 659	13 177	15 074	16 979	16 595	18 155	138 583	21 270	18 659
银行间外汇市场	**87 425**	**59 269**	**63 980**	**76 332**	**79 374**	**83 782**	**645 345**	**83 434**	**87 425**
二、远期	**6 267**	**3 783**	**4 259**	**5 419**	**3 806**	**5 643**	**60 035**	**10 574**	**6 267**
银行对客户市场	**5 068**	**2 254**	**3 225**	**4 543**	**3 047**	**4 600**	**53 009**	**9 275**	**5 068**

续表

交易品种＼年份	2015	2016	2017	2018	2019	2020	2021	2022	2023
其中：买入外汇	1 518	1 551	1 743	2 413	798	1 547	22 787	4 736	1 518
卖出外汇	3 550	703	1 482	2 130	2 249	3 053	30 222	4 539	3 550
其中：3 个月（含）以下	2 848	895	1 598	2 048	1 474	2 120	28 044	4 732	2 848
3 个月至 1 年（含）	1 852	1 154	1 411	2 144	1 318	2 072	21 044	3 855	1 852
1 年以上	368	205	216	352	255	408	3 921	688	368
银行间外汇市场	**1 200**	**1 529**	**1 034**	**875**	**760**	**1 044**	**7 026**	**1 299**	**1 200**
其中：3 个月（含）以下	825	1 195	726	552	546	819	4 771	892	825
3 个月至 1 年（含）	297	305	270	293	176	173	1 759	302	297
1 年以上	78	28	38	31	37	51	496	105	78
三、外汇和货币掉期	**210 341**	**101 297**	**135 672**	**166 171**	**165 329**	**165 860**	**1 320 551**	**195 086**	**210 341**
银行对客户市场	**3 565**	**1 068**	**1 032**	**1 036**	**1 195**	**2 395**	**8 756**	**1 719**	**3 565**
其中：近端换入外汇	334	331	163	117	165	579	1 835	275	334
近端换出外汇	3 231	736	869	919	1 030	1 816	6 921	1 444	3 231
银行间外汇市场	**206 775**	**100 229**	**134 640**	**165 135**	**164 134**	**163 465**	**1 311 795**	**193 367**	**206 775**
其中：3 个月（含）以下	188 420	88 520	116 566	141 448	141 884	142 473	1 200 643	178 810	188 420
3 个月至 1 年（含）	18 082	11 592	17 935	22 864	21 344	20 339	108 371	14 153	18 082
1 年以上	274	117	137	823	906	653	2 780	404	274
四、期权	**14 507**	**9 550**	**6 021**	**8 474**	**8 500**	**8 412**	**79 839**	**13 417**	**14 507**
银行对客户市场	**4 162**	**2 079**	**2 308**	**2 363**	**2 688**	**2 746**	**22 228**	**4 153**	**4 162**
其中：买入期权	2 326	1 021	1 210	1 146	1 355	1 291	9 421	2 062	2 326
卖出期权	1 836	1 058	1 098	1 217	1 333	1 455	12 806	2 092	1 836
其中：3 个月（含）以下	2 009	668	615	980	1 006	1 218	11 579	2 209	2 009
3 个月至 1 年（含）	1 713	1 196	1 391	1 187	1 442	1 274	8 877	1 657	1 713
1 年以上	439	215	303	196	241	253	1 771	288	439
银行间外汇市场	**10 345**	**7 471**	**3 712**	**6 111**	**5 812**	**5 667**	**57 611**	**9 264**	**10 345**
其中：3 个月（含）以下	6 237	6 998	2 381	4 359	3 779	3 975	37 194	5 072	6 237
3 个月至 1 年（含）	4 079	468	1 324	1 735	2 011	1 682	20 319	4 183	4 079
1 年以上	29	4	7	17	23	9	98	8	29
五、合计	**358 480**	**202 984**	**240 845**	**290 711**	**291 196**	**299 345**	**2 377 881**	**345 001**	**358 480**
其中：银行对客户市场	52 736	34 486	37 480	42 257	41 118	45 389	356 104	57 637	52 736
银行间外汇市场	305 745	168 498	203 365	248 454	250 079	253 957	2 021 777	287 364	305 745

续表

交易品种 \ 年份	2015	2016	2017	2018	2019	2020	2021	2022	2023
其中：即期	127 366	88 354	94 894	110 647	113 561	119 430	917 456	125 924	127 366
远期	6 267	3 783	4 259	5 419	3 806	5 643	60 035	10 574	6 267
外汇和货币掉期	210 341	101 297	135 672	166 171	165 329	165 860	1 320 551	195 086	210 341
期权	14 507	9 550	6 021	8 474	8 500	8 412	79 839	13 417	14 507

注：1. 外汇市场统计口径仅限于人民币对外汇交易，不含外汇之间交易。

2. 银行对客户市场采用客户买卖外汇总额，银行间外汇市场采用单边交易量，均为发生额本金。

3. 银行对客户市场的即期=买入外汇（售汇）+卖出外汇（结汇）（含银行自身结售汇，不含远期结售汇履约），远期=买入外汇（售汇）+卖出外汇（结汇），外汇和货币掉期=近端换入外汇（售汇）+近端换出外汇（结汇），期权＝买入期权＋卖出期权，均采用客户交易方向。

4. 本表计数采用四舍五入原则。

知识链接

外汇买卖小知识

实盘外汇买卖。即买卖外汇时，自己有多少钱买多少“货”，不能透支。这与信用交易是相对的。我国目前只允许实盘买卖。

货币兑换。买卖的货币一般为可自由兑换的货币。银行开办外汇买卖业务时，已事先确定好货币兑货币的种类，如美元兑日元、英镑兑美元、美元兑港元等，即必须按照事先确定的种类兑换。

现钞与现汇。现钞和现汇的兑换价格是不同的，这是由于银行收兑的外币现钞不能在本国流通，需要将其运回发行国，这期间涉及运费、保险费等费用。按照国家外汇管理的有关规定，现钞和现汇是不能转换的；如果转换也是有条件的，只能是一种外币现钞转换成另一种外币现钞，或者是一种外币现汇转换成另一种外币现汇。

交易手段。投资者可以到银行柜台交易，也可以通过电话交易，还可以通过个人理财终端进行自助式交易。通常，如果进行柜面交易，只需将个人身份证件、外汇现金、存折或存单交柜面服务人员即可办理。如果进行电话交易或自助交易，则要带上相同资料，到银行网点办理电话交易和自助交易的开户手续后，才可进行交易。

交易方式。投资者可以选择市价交易，即根据银行当前的报价立即成交。也可以选择委托交易，预先设定交易价格，并将交易指令留给银行，一旦报价达到预定水平，银行立即根据指令成交。货币之间的兑换汇率往往变化频繁，委托交易可以帮助投资者抓住有利时机，不过，这种交易方式只适用于电话交易和自助交易。

课程思政案例

2023年我国外汇市场运行稳中向好

人民日报北京1月15日电，国家外汇管理局15日公布了2023年12月及全年银行结售汇和银行代客涉外收付款数据。国家外汇管理局副局长、新闻发言人王春英就我国外汇收支形势回答了记者的提问。

“外汇管理部门综合施策，坚决维护外汇市场稳定。总的来看，2023年，我国外汇市场运行稳中向好、表现出较强韧性。人民币汇率双向波动，11月以来企稳回升，在合理均衡水平上保持基本稳定，汇率预期总体平稳；国际收支保持基本平衡，外汇储备全年稳定在3.1万亿美元以上。”王春英说。

2023年12月，企业、个人等非银行部门跨境收支顺差141亿美元，四季度以来逐月改善态势进一步巩固。12月结汇率和购汇率均与2023年前11个月的月均水平基本一致。

王春英表示，未来我国外汇市场保持稳健运行具有坚实基础。我国不断巩固和增强经济回升向好态势，随着宏观调控组合政策发力显效，发展内生动力持续增强，外汇市场稳定运行的内部基础更加坚实。同时，我国国际收支结构稳健，外汇市场韧性增强，参与主体更趋成熟，可以更好抵御和应对外部冲击风险。

资料来源：作者整理。

本章小结

外汇交易产生于国际贸易结算的需要，现已发展成为独立的一种资本流动形式，其目的是避免汇率和利率风险以进行保值或者投机。本章在外汇交易基本知识介绍的基础上，将外汇交易分成传统外汇交易和创新外汇交易两大类十种交易方式，并分别进行了阐述和举例说明。综合来看，各种外汇交易方式都有其不同的特点，外汇市场参与者可以根据自己的需要，选择不同的交易方式，达到不同的交易目标。

重要概念

外汇交易　外汇市场　即期外汇交易　远期外汇交易　外汇掉期交易　套汇交易　套利交易　外汇期货交易　外汇期权交易　外汇互换　远期利率协议　无本金交割远期

思考与练习题

1. 远期外汇交易的作用有哪些？
2. 外汇期货交易与远期外汇交易有何区别？

假设某日，某外汇市场外汇行情如下：

纽约市场　　USD1 = EUR 0.916 9

巴黎市场　　GBP1 = EUR 1.150 0

伦敦市场　　GBP1 = USD 1.262 5

判断上述情况有无套汇机会？若有，应如何进行套汇？

本章讨论题

某铝制品出口企业，年出口收汇 5 000 万美元左右，该企业财务部门已建立起基于“风险中性”的汇率风险管理机制。按照汇率“风险中性”原则，该企业部分外汇收入已经锁定远期结汇，部分外汇收入择机结汇。目前，该企业持有 1 000 万美元现汇资金，并打算继续持有，但其境内采购需要使用人民币资金支付。为填补资金缺口，该企业可办理外币质押人民币贷款业务，3 个月期限贷款年化成本约为 3.5%。

为进一步降低融资成本，银行为该企业办理“近结远购”人民币外汇掉期业务，期限 3 个月，锁定近端结汇汇率 6.45，将其自有美元资金兑换成人民币对外支付，同时锁定远端购汇汇率 6.495，到期使用其自有人民币资金以该约定汇率换回美元，掉期折算年化成本 2.8%，低于办理前述外币质押人民币贷款业务的成本 3.5%。

“近结远购”外汇掉期交易，一方面给企业更多空间和时间对美元收汇进行汇率管理，另一方面在满足企业人民币资金周转需求的同时，有效降低人民币融资成本。

思考与练习题答案：

1. 略

2. 有。先在伦敦市场卖出英镑，接着在纽约市场卖出美元，最后在巴黎市场卖出欧元并换回英镑。此时，1 英镑将获益 $1.262\,5 \times 0.916\,9 \div 1.150\,0 = 1.006\,6$ 英镑，即 1 英镑套汇获利 0.006 6 英镑。

第五章

外汇风险管理

学习目标

- 了解外汇风险的构成因素和特征
- 掌握外汇风险的类型及其特点
- 熟知防范和规避外汇风险的主要方法及措施

本章导入

北京奥林匹克饭店曾经是一家三星级涉外宾馆，占地面积 8 500 多平方米，总建筑面积 27 000 多平方米，是国际奥委会在北京唯一正式考察的饭店。1987 年，该饭店在成立初期申请了 50 亿日元的贷款，利率很优惠。放贷时的汇率水平是 1 美元兑换 240 日元左右，而此后不久，日元就开始不断升值，最高时达到 1 美元兑换 80 日元左右。1994 年，人民币汇率也进行调整，从 1 美元兑 5.7 元人民币调到 8.7 元左右。也就是说，人民币对日元的汇率贬值了近 6 倍。奥林匹克饭店的经营收入基本都是用人民币或美元计价，却要用日元还贷，日元的升值令其蒙受了巨大的损失。2003 年，北京奥林匹克饭店作为中国银行的不良资产以 2.25 亿元人民币的价格公开拍卖。

分析：我国交易主体从国际金融市场筹借日元，属于债务人，如果在借款期间日元汇率升值，到还款时就需要花费更多的人民币兑换日元，从而遭受损失；相反，如果日元贬值，归还本息的人民币成本就会减少。但实际上，日元兑美元汇率大幅上升，人民币兑美元汇率下跌，导致人民币兑日元汇率也大幅下跌，因而归还既定量的日元需要支付的人民币或美元增加，从而加重了债务负担，遭受了损失。

第一节　外汇风险概述

一、外汇风险的概念

外汇风险（foreign exchange risk），又称汇率风险，是指在一定时期内，由于国际外汇市场汇率发生变化，造成以外币计价的资产（债权、权益）和负债（债务、义务）带来损益的可能性。

自 1973 年 2 月西方国家实行浮动汇率制度以来，各主要货币的汇率不仅大幅度、频繁地波动，而且它们之间经常出现难以预料的地位转化。由此，在各种涉外经济活动中，外汇风险问题显得更为突出。有关经济主体在其经营活动中，都将外汇风险防范作为经营管理的一个重要方面。

二、外汇风险的构成要素

外汇风险的构成要素包括本币、外币和时间三方面。

涉外企业或跨国企业在其业务经营过程中必然要涉及不同货币相互交换的问题，面临外汇风险。货币兑换次数越多，风险越大；反之，则汇率风险越小。

同时，涉外应收或应付账款时间越长，其间汇率波动可能性越大，汇率风险就越大；反之，汇率风险就越小。

三、外汇风险的类型

（一）外汇交易风险

交易风险（transaction risk），又称交易结算风险，是指在以外币计价的交易活动中，由于该种货币与本国货币的汇率发生变化而引起的应收资产与应付债务价值变化的风险。具体来说，企业与贸易伙伴或金融机构签订各种合约，只要以外币作为计价单位，产生外币计价的合约现金流，就会面临汇率变动引致的交易风险。它是一种流量风险。

由于运用外汇的场合不同，交易风险就会在以下几种不同的情形下出现。

1. 在商品劳务的进口（出口）交易中，如果外汇汇率在支付（或收进）外币货款时较合同签订时上涨（或下跌）了，进口商（出口商）就会付出（或收进）更多（或更少）的本国货币或其他外币。例如，我国某外贸公司从美国进口一批机械设备。合同规定以美元计价结算，货价为 250 万美元，支付日期为 3 个月后。签订合同时，美元的银行卖出价为 USD1＝CNY5.200 0。但 3 个月后，美元的银行卖出价为 USD1＝CNY5.400 0，此时外贸公司要购买 250 万美元，需要支付 1 350 万元人民币，比合同签订时多支付 50 万人民币。

2. 在资本输出（输入）中，如果外汇汇率在外币债权债务清偿时较债权债务关系形成时发生下跌（或上涨），债权人（债务人）就只能收回（付出）相对更少（更多）的本币或其他外币。例如，我国某金融机构在东京发行一笔总额 100 亿日元，期限为 5 年的武士债券，用所筹得的资金来发放 5 年期美元贷款支持国内某大型投资项目。按照当时日元对美元的汇率，USD1＝JPY224.93，该金融机构将 100 亿日元在国际外汇市场上兑换成 4 445.83 万美元。但 5 年期满后，日元对美元的汇率变为 USD1＝JPY120，如果不考虑利息部分，该金融机构要偿还 100 亿日元，就需要 8 333.33 万美元。这较金融机构收回的 4 445.83 万美元贷款本金多支出 3 887.5 万美元。这些额外支付的美元，就是该金融机构因所借外币的汇率上浮而蒙受的损失。

3. 外汇银行在外汇买卖中持有外汇头寸的多头或空头，也会因汇率变动而可能蒙受损失。外汇银行每日都要从事外汇买卖业务，难免出现某些币种的货币买入多于卖出，另一些币种的货币卖出多于买入的情况。此后，一旦持有多头的货币的汇率出现下跌，持有空头的货币的汇率出现上涨，那么，在将来卖出多头、买进空头时，外汇银行就要蒙受少收或多付本币或其他货币的损失。

例如，2023 年 3 月 2 日，伦敦外汇市场上，英镑对加拿大元的收盘汇率为 GBP1=CAD3.084 5/3.085 5。某家加拿大银行按照 GBP1=CHF3.084 5 的英镑买入价从其一客户买入 100 万英镑，同时又按照 GBP1=CAD3.085 5 的英镑卖出价，向另一客户卖出 80 万英镑，从而出现 20 万英镑多头。按照当日收盘时英镑的卖出价，该加拿大银行若卖出 20 万英镑，应当收回 61.71 万加拿大元。然而，翌日外汇市场开市时，英镑对加拿大元的开盘汇率跌至 GBP1=CAD2.976 2/2.977 2，该加拿大元银行按 GBP1=CAD2.977 2 的英镑卖出价将多头的 20 万英镑卖出，只能收回 59.544 万加拿大元，显然要比前日收盘时少收回 2.166 万加拿大元。

拓展阅读

汇率风险管理对上市公司日益重要

统计显示，我国上市公司海外业务收入逐年增加，2013 年至 2020 年增长近 185%。2020 年，我国上市公司海外业务收入合计约 5.39 万亿元，占整体营业收入的 10%。其中，信息技术行业海外业务收入最多，合计约 1.47 万亿元，占行业营业收入的 35%。从汇兑损失看，2020 年，信息技术行业金额最大，可选消费行业次之。A 公司和 B 公司是我国两家工业上市公司，均有大量海外业务收入。A 公司开展了汇率风险套期保值业务，B 公司未开展汇率风险套期保值业务。2020 年财务报表数据显示：A 公司的营业收入是 B 公司的 2 倍，但 B 公司汇兑损失是 A 公司的近 4 倍。A 公司通过套期保值锁定了公司利润；B 公司未开展套期保值，2020 年的汇兑损失导致净利润下降约 3 个百分点。

研究发现，跨国企业的利润波动越低，估值越高。通过汇率风险管理让利润不因汇率波动而大起大落的企业，在投资者估值时可以享受更高的管理溢价，这种收益远超过汇率风险管理的成本。

（二）会计风险

会计风险（accounting risk），又称折算风险（translation risk），是指经济主体对资产负债表进行会计处理中，在将功能货币转换成记账货币时，因汇率变动而呈现账面损失的可能。具体来说，企业先将子公司以外币编制的财务报表，转换成以本企业所在地货币编制的财务报表，再进行合并，由于涉及汇率换算，因此合并报表上的利润会因为汇率变动而产生变化，从而承受会计风险。会计风险是一种存量风险。

每个经济主体经营管理的一项重要内容是进行会计核算，通过编制资产负债表来反映其经营状况。为此，拥有外币资产负债的经济主体就需要将原来以外币度量的各种资产（包括真实资产和金融资产）和负债，按一定的汇率折算成用母国货币表示，以便汇总编制综合的财务报表。在这里，功能货币就是指经济主体在经营活动中流转使用的各种货币；记账货币指经济主体在编制综合财务报表时使用的报告货币，通常也就是母国货币。一旦功能货币与记账货币不一致，在会计上就要作相应的折算。这样，由于功能货币与记账货币之间汇率的变动，资产负债表中某些项目的价值也会发生相应的变动。

例如，我国某公司拥有美元存款 10 万美元。假定年初人民币对美元的汇率为 USD1＝CNY7.150 0，在该公司财务报表中这笔美元存款被折算为 71.5 万元人民币。1 年后，该公司在编制资产负债表时，汇率变为 USD1＝CNY7.100 0，这笔美元存款经折算，就只是 71 万元人民币。在 2 个不同日期的财务报表中，由于美元贬值，同样的 10 万美元存款折算成人民币，结果在账面上价值减少了 5 000 元人民币，这就是会计风险。

拓展阅读

我国某电脑跨国公司在美国有一子公司，2023 年 10 月 15 日，该子公司在当地购入一批零配件，货款为 20 万美元，全部零配件经验收入库。到该年 12 月 31 日会计决算日，这批零配件尚未出库使用。购货时即期汇率为 USD/CNY＝7.150 0，会计决算日即期汇率为 USD/CNY＝7.050 0，下跌幅度为 1.4%。

分析：这批零配件如果按历史汇率可折算为 143 万元人民币，而按现行汇率只能折算为 141 万元人民币，从而产生了 2 万元人民币的账面损失。

（三）经济风险

经济风险（economic risk），又称经营风险（operating risk），是指汇率波动对企业的产品竞争力、盈利能力、偿债能力、跨境并购战略决策等造成的中长期影响，引起企业未来一定期间收益或现金流量减少的一种潜在损失。例如，当人民币升值时，出口型企业的产品竞争力有下滑风险，间接造成企业经营能力下降；相反，当人民币贬值时，进口成本会上升，影响国内销售或以该进口商品为原材料的生产成本。值得注意的是，经济风险定义中的汇率变动仅指意料之外的汇率变动，而不包括意料到的汇率变动。这是因为企业在评测未来的获利状况而进行经营决策时，已经将意料到的汇率变动对未来获利状况的影响考虑进去，这种意料到的影响并不构成一种风险。

对于一个企业来说，经济风险比折算风险和交易风险都更为重要，因为其影响是长期性的，而折算风险和交易风险的影响是一次性的。汇率变化对一国企业资金值的影响见表 5－1。

表 5－1　汇率变化对一国企业资金值的影响

影响公司本币流入的交易	本币升值	本币贬值
国内销售（相对于国内市场上的外国竞争）	减少	增加
以本币计价结算的出口	减少	增加
以外币计价结算的出口	减少	增加
对外投资的利息收入	减少	增加
影响公司本币流出的交易		
以本币计价结算的进口	无影响	无影响
以外币计价结算的进口	减少	增加
对国外借入资金的利息支付	减少	增加

四、外汇暴露

（一）外汇暴露的概念

外汇暴露（foreign exchange risk exposure）是指当事人以外汇计值的资产或负债受汇率变动影响的金额。如某企业只有一笔预期 3 个月收回的货款 100 万美元，而没有其他涉外交易，这 100 万美元就是该企业的外汇暴露。

（二）外汇暴露的种类

1. 敞口头寸

敞口头寸（open position）是指受汇率变动影响的资产或负债的金额。汇率风险敞口主要来源于表内外业务中的货币错配。当在某一时段内，某一币种的多头头寸与空头头寸不一致时，所产生的差额就形成了风险敞口。并非所有以外汇计值的资产或负债都面临汇率风险。若某企业有一笔预期 3 个月后收回的货款，同时还有一笔相同货币同等金额的 3 个月后支付的货款。若未采取任何措施，而美元汇率下跌，则出口收汇的损失将因进口付汇相应得利而对抵。但若上述收汇与付汇期限相同，但金额不同，则实际承担汇率风险的只是收付差额部分，这就是所谓的敞口头寸。

2. 期限缺口

期限缺口（maturity gap）又称非对称缺口（mismatch gap），是指以外汇计值的资产、负债因期限不同而面临的风险。若某企业有一笔 3 个月后收回的货款 100 万美元和一笔 2 个月后支付的货款 100 万美元，则该企业所面临的汇率风险，是第 3 个月里待收的 100 万美元货款的汇率风险。而前 2 个月里，其待收和待付的货币和金额都一样，若发生汇率变动，则由此产生的损失和收益可以对抵。

实务中，交易数量、涉及货币种类及收付期限可能多种多样，这就需要仔细分析和计算。

五、外汇风险管理原则及外汇风险管理过程

外汇风险管理是指外汇资产持有者通过风险识别、风险衡量、风险控制等方法，预防、规避、转移或消除外汇业务经营中的风险，从而减少或避免可能的经济损失，实现在风险一定条件下的收益最大化或收益一定条件下的风险最小化。外汇风险管理包括风险的识别、衡量和控制。外汇风险管理的目标是使风险损失最小、管理成本最小。

（一）外汇风险管理原则

1. 保证宏观经济原则

在处理企业、部门的微观经济利益与国家整体的宏观利益的问题上，企业部门通常是尽可能减少或避免外汇风险损失，而转嫁到银行、保险公司甚至是国家财政上去。在实际业务中，应把两者利益尽可能好地结合起来，共同防范风险损失。

2. 分类防范原则

对于不同类型和不同传递机制的外汇汇率风险，应该采取不同的适用方法来分类防

范，以期奏效，但切忌生搬硬套。对于交易结算风险，应以选好计价结算货币为主要防范方法，辅以其他方法；对于债券投资的汇率风险，应采取各种保值为主的防范方法；对于外汇储备风险，应以储备结构多元化为主，又适时进行外汇抛补。

3. 稳妥防范原则

从实际运用来看，包括使风险消失、使风险转嫁及从风险中避损得利。尤其从风险中避损得利，是人们追求的理想目标。

（二）外汇风险管理的过程

1. 识别风险

企业在对外交易中要了解究竟存在哪些外汇风险，是交易风险、会计风险，还是经济风险。或者了解面临的外汇风险哪一种是主要的，哪一种是次要的；哪一种货币风险较大，哪一种货币风险较小；同时，要了解外汇风险持续时间的长短。

2. 度量风险

综合分析所获得的数据和汇率情况，并将风险暴露头寸和风险损益值进行计算，把握这些汇率风险将达到多大程度，会造成多少损失。汇率风险度量方法可以用直接风险度量方法和间接风险度量方法，根据风险的特点，从各个不同的角度去度量汇率风险，这样才能为规避风险提供更准确的依据。

3. 规避风险

即在识别和衡量的基础上采取措施控制外汇风险，以避免产生较大损失。汇率风险规避方案的确定需要在企业国际贸易汇率风险规避战略的指导下选择。企业应该在科学的风险识别和有效的风险度量的基础上，结合企业自身的性质选择经营业务的规模、范围和发展阶段等企业的经营特色，采取全面规避战略、消极规避战略或是积极规避战略。各种规避战略只有适用条件不同，并没有优劣之分。

第二节　外汇风险管理方法

一、计价货币的选择和搭配

（一）合理选用货币

首先，尽可能选择本币作为计价货币，不涉及货币的兑换，进出口商则没有外汇风险。其次，可选择自由兑换货币作为计价结算货币，便于外汇资金的调拨和运用，一旦出现外汇风险可以立即兑换成另一种有利的货币。

在国际收支中，计价货币有两类：硬货币和软货币。所谓“硬”货币指的是汇率保持稳定且有上浮趋势的货币；而所谓“软”货币，指的是汇率不稳定且有下浮趋势的货币。从汇率因素考虑选用货币的基本原则是：资产业务应尽可能地多选用硬币；负债业务则应尽可能地多选用软币，即“收硬付软”。这里指的是实际汇率，而非名义汇率。因此，实务中应同时考虑有关货币利率、其国内通货膨胀率等因素，才能恰当选择。

拓展阅读

人民币在国际贸易结算货币中的份额出现明显增长趋势

2011 年以来，除美元和欧元之外的其他货币在全球出口结算货币中的份额已出现小幅上升，而在此期间，全球对美国和欧元区国家的出口份额却没有发生明显的变化。它反映了美元和欧元作为媒介货币在全球贸易结算中的使用频率在过去 10 年里已开始减少，意味着全球贸易中有一部分美元和欧元的结算可能已被人民币或其他货币的结算所取代。据中国人民银行统计，2020 年，中国跨境贸易人民币结算金额已占到对外商品和劳务进出口总额的 18.44%；同年，全球贸易中的人民币结算份额也已提高至 2.91%。尽管该份额与美元和欧元等媒介货币相比很低，但较往年已有显著提高。

（二）软硬货币搭配

软硬货币此降彼升，具有负相关性质。进行合理搭配，能够减少汇率风险。交易双方在选择计价货币难以达成共识时，可采用这种折中的方法。机械设备的进出口贸易由于时间长、金额大，也可以采用这种方法。

由于一种结算货币的选择，与货币汇率走势，与他国的协商程度及贸易条件等有关，因此在实际操作当中，必须全面考虑，灵活掌握，真正选好有利币种。鉴于涉外实务中不可能只用一两种货币，以及在一定条件下，强、弱货币地位可能发生转化，可考虑采取适当比例的多种货币组合，将硬、软货币按一定比例搭配组成篮子货币，作为计价结算、借贷或储备货币，以避免使用单一货币的风险。篮子货币硬、软搭配可较好地保持总值的稳定或大致稳定。这样安排大宗交易的计价结算或借贷，可兼顾双方利益，只要货币结构合理，也容易被对方接受。

（三）尽可能减少货币的兑换次数

如在借用外债中，减少或避免货币兑换，使借、用、收、还四个环节始终是一种货币，则避免了汇率风险。同理，凡有外汇收支业务者，尽量做到在一定时间内收、付货币的种类、金额对等，也可以在一定程度上避免汇率风险。

二、平衡抵消法

（一）平衡法

亦称配对法（matching），指交易主体在一笔交易发生时，再进行一笔与该笔交易在货币、金额、收付日期上完全一致，但资金流向相反的交易，使两笔交易面临的汇率变化影响抵消。

平衡法具体包括两种：一是单项平衡法，是指在外汇交易中做到收付币种一致，借、用、收、还币种一致，借以避免或减少风险。二是综合平衡法，是指在交易中使用多种货币，软硬货币结合，多种货币表示头寸并存，将所在单项多头与空头合并，由此使多空两相抵消或在一个时期内各种收付货币基本平衡。该平衡法比单项平衡法更具灵活性，效果也较显著。

（二）组对法

指交易主体通过利用两种资金的流动对冲来抵消或减少风险的方法。它与平衡法相比，其特殊点在于：平衡法是基于同一种货币的对冲，而组对法则是基于两种货币的对冲。组对法比较灵活，也易于运用，但若组对不当反而会产生新的风险。因此，必须注意组对货币的选择。

（三）借款法

指有远期外汇收入的企业通过向银行借入一笔与远期收入相同币种、相同金额和相同期限的贷款而防范外汇风险的方法。其特点在于能够改变外汇风险的时间结构，把未来的外币收入现在就从银行借出来，以供支配，这就消除了时间风险，届时外汇收入进账，正好用于归还银行贷款。不过该法只消除了时间风险，尚存在着外币对本币价值变化的风险。

（四）投资法

指当企业面对未来的一笔外汇支出时，将闲置的资金换成外汇进行投资，待支付外汇的日期来临时，用投资的本息（或利润）付汇。一般投资的市场是短期货币市场，投资的对象为规定到期日的银行定期存款、存单、银行承兑汇票、国库券、商业票据等。这里要注意，投资者如果用本币投资，则仅能消除时间风险；只有把本币换成外币再投资，才能同时消除货币兑换的价值风险。

投资法和借款法都是通过改变外汇风险的时间结构来避险，但两者却各具特点，前者是将未来的支付移到现在，而后者则是将未来的收入移到现在，这是主要的区别。

三、利用国际借贷

（一）出口信贷

指在大型成套设备出口贸易中，出口国银行向本国出口商或外国进口商提供低利贷款，以解决本国出口商资金周转困难或满足外国进口商资金需要的一种融资业务。出口信贷是为了提高本国大型成套机器设备和大型工程项目的出口竞争力，由出口方银行或政府给予补贴或优惠贷款的方法。它包括两种形式：一是卖方信贷（supplier’s credit），即由出口商所在地银行对出口商提供的贷款；二是买方信贷（buyer’s credit），即由出口商所在地银行对外国进口商或进口方的银行提供的融资便利。

出口信贷有四个特点：① 贷款限定用途，只能用于购买出口国的出口商品；② 利率较市场利率为低，利差由政府补贴；③ 属于中长期贷款；④ 出口信贷的发放与信贷保险相结合。

（二）出口押汇

出口押汇（outward bill credit）是指企业（信用证受益人）在向银行提交信用证项下单据议付时，银行（议付行）根据企业的申请，凭企业提交的全套单证相符的单据作为质押进行审核，审核无误后，参照票面金额将款项垫付给企业，然后向开证行寄单索汇，并向企业收取押汇利息和银行费用并保留追索权的一种短期出口融资业务。

出口押汇有以下特点：① 短期垫款，押汇期限一般不超过 180 天，贴现不超过 360 天；② 预扣利息后，将剩余款项给予客户，利息按“融资金额×融资年利率×押汇天数/360”计算；③ 银行保留追索权的垫款，不论何种原因，如无法从国外收汇，客户应及时另筹资金归还垫款。

（三）打包放款

打包放款（packing finance）是指在国际贸易中，银行凭以出口商为受益人的信用证为质押提供的贷款。当出口商在备货过程中资金出现短缺，可利用国外进口商银行开来的信用证作为抵押，向本国银行申请贷款，用以生产、备货、装船。打包放款可在解除备货前资金不足的同时，还具有一定的资金杠杆作用。

（四）福费廷

福费廷（forfeiting）又称包买票据，是指包买商从出口商处无追索地购买已经承兑的、并通常由进口商所在地银行担保的远期汇票或本票，从而提前取得现款的业务。在这种交易中，出口商及时得到货款，并及时地将这笔外汇换成本币。它实际上转嫁了两笔风险：一是把远期汇票卖给金融机构，立即得到现汇，消除了时间风险，且以现汇兑换本币，也消除了价值风险，从而出口商把外汇风险转嫁给了金融机构；二，福费廷是一种卖断行为，是把到期进口商不付款的信用风险也转嫁给了金融机构，这也是福费廷交易与一般贴现的最大区别。

（五）保付代理

出口商在对收汇无把握的情况下往往向保理商做保付代理业务。该种业务结算方式很多，最常见的是贴现方式。由于出口商能够及时地收到大部分货款，与托收结算方式相比，不仅避免了信用风险，还减少了汇率风险。

在以上国际信贷中，出口信贷与福费廷属中长期融资，而保付代理业务则是短期贸易信贷，其特点是：① 不能向出口商行使追索权；② 保理组织提供广泛、综合的服务；③ 保理组织预支货款。

四、运用合同中的保值条款

保值条款是经贸易双方协商，同意在贸易合同中加列分摊未来汇率风险的货币收付条件。在保值条款中交易金额以某种比较稳定的货币或综合货币单位保值，清算时按支付货币对保值货币的当时汇率加以调整。在长期合同中往往采用这类做法。

（一）黄金保值条款

黄金保值条款是指以黄金为参照物确定合同的付款金额。其基本内容是：在合同中明确订约时该种货币的法定含金量或黄金平价。并约定在交货付款时，该法定含金量或黄金平价如有变化，合同价格也必须按比例相应调整。该条款是国际贸易中一种传统的保值方法。从以美元为中心的货币体系瓦解后，各主要国家的货币实行自由浮动汇率并废除黄金官价制后，一国货币的上浮或下浮，往往不是通过调整其黄金平价来实现的，所以黄金条款也就失去了实用价值。

例如，中国出口商需要得到人民币100元，协商规定3个月后用日元支付。初始日期：1元人民币=10日元，1克黄金=1 000日元，即100元人民币=1克黄金=1 000日元。3个月后：日元贬值，1元人民币=20日元，1克黄金=2 000日元。这时，如果不订立保值条款，则1 000日元只能换回50元人民币。如订立保值条款，则无论日元如何贬值，到期必须支付以10克黄金表示的日元，这时，日本商人应付2 000日元，再按1元人民币=20日元，中国商人可得到100元人民币。不过，需要说明的是，黄金保值条款在固定汇率时期流行，目前已经很少使用。

（二）外汇保值条款

外汇保值条款又称外汇保值协定，属于单一外汇保值条款，是指规定以某一特定国家的货币作为合同计值货币或支付货币的保值条款。其特点是仅使用一个国家的货币来避免或减轻汇率风险，因此，其保值作用是十分有限的，而且对双方当事人来说，常常是不平等、不对称的。随着其他保值条款的不断出现，单一外汇保值条款的作用和使用范围日益缩小。

例如，我国某企业从德国进口了一套设备，货款为5 000万欧元。签约时双方商定以欧元计价，美元支付。签约时1美元兑2.20欧元，折合美元约2 270万，半年后付汇时欧元上浮为1美元兑1.80欧元，折合美元约2 780万。如果不采取任何回避汇率风险的对策，则我国企业要损失510万美元。但是由于该企业在与外商签约时加列了外汇保值条款这一防范措施，进口设备的货款从5 000万欧元调整为4 500万欧元。调整过程计算公式为：2×（5 000÷2.20）/（0.454 5+0.555 5）=4 500欧元。我方买进欧元需支付2 500万美元，比签约时需多支付230万美元，损失约10%。德方实收货款4 500万欧元，较原货款少收500万欧元，损失约10%。双方平均分摊了汇率风险带来的损失。

（三）"一篮子"货币保值法

"一篮子"货币是多种货币的组合货币，属于复合外汇保值条款。一篮子货币保值条款实际上是利用多种货币之间的负相关效应来综合抵消或者降低风险。目前"一篮子"货币中使用较多的是特别提款权（SDR），币值较稳定，是理想的保值工具。

目前，国际上在贸易中以特别提款权保值使用的范围日益扩大，特别提款权的存款、放款等在国际贸易中也在广泛使用。例如：有一出口合同，总金额为700万美元，6个月以后付款。为避免美元汇率变动使其中一方遭受损失。买卖双方在合同中规定特别提款权为保值货币，美元、欧元、人民币、日元和英镑占权重分别为41.73%、30.93%、10.92%、8.33%和8.09%。以签订合同时美元与这些货币的汇价为基准。由于美元在结算时相对保值货币贬值了，买方实际向卖方支付的货款高于700万美元。上述黄金、硬货币和一篮子货币都是可供进出口商选择的参照物，无论选择任何参照物，它对本币都应是基本稳定的。

五、调整价格法

调价保值包括加价保值和压价保值等。在国际贸易中出口收硬币，进口付软币是一种理想的选择，但在实际操作中有时只能是“一厢情愿 ”。在某些场合出口不得不收取软币，而进口被迫用硬币。此时就要考虑实行调价避险法，即出口加价和进口压价，借以尽可能减少风险。

调整价格法具体有两种：① 加价保值法。当出口商接受软货币计价时，将汇价损失摊入到出口商品的价格中，以转移汇率风险。② 压价保值法。当进口商接受以硬币付汇时，将汇率损失从进口商品价格中予以剔除，以转嫁汇率风险。

六、对销贸易法

若交易双方互有进出口，可通过洽商达成协议，使互相交付的商品价值相等或大致相等，且同时或相近时间交货，这样，虽然协议以某种货币对交易计值，但若采取上述安排，因为没有或只进行少量货币交付，就可避免或减少汇率风险。这实际上是平衡法中的特例。

七、运用各种外汇交易（见第四章）

八、制定和完善交易制度

为加强管理和规避风险，各家银行总行都规定了各基层经营部门可留下供业务周转的外汇、外钞数量，超过部分应及时上调，不足则应如实反映请求上级拨给。此外，还应及时上报情况，这是为了让总行及时把握全面情况，利用总行人才相对集中和对外联系方便等优势作较透彻的分析，并借助与国际外汇市场联系，通过适当交易和综合运作规避汇率风险。

九、综合管理办法

（一）BSI

1. BSI 的概念

BSI 法，即借款—即期合同—投资法（Borrow-Spot-Investment），是指具有外汇应收账款或应付账款的企业综合使用借款、即期合同与投资来消除外汇风险的方法。

BSI 的具体操作步骤如下：拥有应收账款的出口商，为了防止汇率变动，先借入与应收外汇等值的外币（以此消除时间风险）；同时，通过即期交易把外币兑换成本币（以此消除价值风险）；然后，将本币存入银行或进行投资，以投资收益来贴补借款利息和其他费用。届时应收款到期，就以外汇归还银行贷款。可见，从理论上讲，利用 BSI 法可完全消除外汇风险。

2. BSI 法在应收账款中的运用

为防止应收账款的计价外汇贬值，首先从银行借入与应收外汇等值的外币，借款期限到收汇日，同时通过即期交易把外币兑换成本币，然后将本币存入银行或进行投资，以投资收益来补贴借款利息和其他费用。届时应收账款到期，就以外汇货款归还银行贷款。

3. BSI 法在应付账款中的运用

在签订贸易合同后，进口商先从银行借入购买应付外币所需的本币，同时在即期外汇市场用本币购进未来结算所需的外币，然后将这笔外币投资，投资期限与付款期限相同。付款到期时，企业收回外币投资，并支付货款。

（二）LSI

1. LSI 的概念

LSI 法，即提前收付—即期合同—投资法（Lead-Spot-Investment），是指具有应收账款或应付账款的企业，在征得债务方或债权方的同意后，综合运用提前或延期收付货款、即期外汇合同和投资来消除外汇风险的办法。

具体操作步骤：具有应收外汇账款的公司，在征得债务方同意后，以一定折扣为条件提前收回货款（以此消除时间风险），并通过在即期外汇市场上将外汇兑换成本币（以此消除价值风险），然后将换回的本币进行投资，所获得的收益用以抵补因提前收汇的折扣损失。

2. LSI 法在应收账款中的应用

为防止应收账款的计价外汇贬值，由应收账款企业承诺给予进口商以一定折扣并征得对方同意后，让进口商提前支付货款，以消除时间风险；通过银行签订即期合同，将收取的外币兑换成本币，从而消除价值风险；最后，将换回的本币进行投资，所获得的收益用以抵补因提前收汇造成的折扣损失。

3. LSI 法在应付账款中的应用

为了防止应付账款的计价外汇升值，进口商首先从银行借入与外币金额相同的本币贷款，以消除时间风险；其次，将借入的本币通过即期合同兑换成外币，以消除汇率变动引起的价值风险；最后，用兑换的外币提前支付给出口商，并得到一定数额的折扣，其所获得的折扣可完全或部分抵补借款利息的损失。

课程思政案例

尼克·里森如何搞垮巴林银行

1995 年 2 月 26 日，英国中央银行——英格兰银行突然宣布了一条震惊世界的消息：巴林银行不得继续从事交易活动并将申请资产清理。10 天后，这家拥有 233 年历史的银行以 1 英镑的象征性价格被荷兰国际集团收购。这意味着巴林银行的彻底倒闭。

巴林银行倒闭是一个震惊全球金融市场的重大事件。28 岁的尼克·里森，巴林银行的一名年轻交易员，在未经授权的情况下擅自进行大规模的期货交易，试图通过买卖期货合约的方式获取高额利润。然而，由于市场行情的变化，他的交易开始出现巨大的亏损。

为了掩盖自己的失误，里森继续进行交易，甚至利用巴林银行的其他账户进行欺诈活动。他试图通过制造虚假的账面盈利来掩盖损失，但最终无法挽回银行的损失。巴林银行的倒闭对全球金融市场产生了重大影响，引发了投资者和市场的恐慌。

这个事件不仅暴露了巴林银行内部管理和监管的严重问题，也引发了国际金融市场对风险控制和金融监管的深刻反思。在此之后，许多银行加强了内部管理和监管措施，以防止类似事件的发生。同时，该事件也推动了国际金融监管机构对银行业务的更严格的规范和审查。

总之，巴林银行倒闭案例是一个深刻的教训，它提醒我们金融机构必须重视风险管理和内部控制的重要性。只有通过严格的风险管理和监管措施，才能确保金融市场的稳定和健康发展。

本章小结

外汇风险又称汇率风险，是指在国际经济、贸易、金融等活动中，以外币计价的资产或负债由于外汇汇率的变动，导致其以本币折算的价值变化，从而给外汇交易主体带来损失或收益的可能性。外汇风险的三个构成要素分别是本币、外币和时间。外汇风险具有或然性、不定性和相对性三个特征。

企业、银行、国家都会面临外汇风险，但具体形式又有不同。企业主要面临交易风险、会计风险和经济风险；银行面临的风险主要有外汇买卖风险、外汇信用风险、外汇借贷风险；国家面临的外汇风险主要是外汇储备风险和外债风险。

随着经济全球化步伐的加快，各经济主体的经济金融活动日趋国际化，外汇风险也更加突出，外汇风险管理的技术也得到了进一步的发展。企业防范外汇风险的方法有：在签约时通过选择合同货币、加列合同条款或者调整价格来防范风险；通过远期外汇交易、外汇期货交易、外汇期权交易、掉期交易等外汇交易手段来规避或转嫁风险；提前或错后、平衡与组对、借款与投资、国际借贷法、保险法等其他风险管理方法。企业应根据实际情况选择合适的避险方式。

重要概念

外汇风险　交易风险　会计风险　经济风险

思考与练习题

1. 简述外汇风险的构成要素及相互关系。
2. 简述外汇风险的类型。
3. 进口商在什么情况下会提前付款？在什么情况下会推迟付款？
4. 企业在签订涉外经济合同时，应从哪些方面注意并防范外汇风险？
5. 举例说明企业一旦遇到外汇风险，在金融市场上有哪些避险方法可以选择，并说明其风险防范的原理。

本章讨论题

浙江温州某鞋业集团是我国知名的鞋类企业，除国内业务外还经营鞋类进出口。2023年，其出口业务量已达到 3 000 万美元。该企业出口收入通常以美元结算，从与外商谈判签约到生产发货，再到收汇结算，其间通常需要 4 到 6 个月的时间，有的甚至长达到 1 年。由于长期以来人民币与美元的汇率基本保持固定，因此企业比较忽视外汇风险问题，也没有采取避险措施。2023 年 12 月 21 日，人民币汇率升值 2%，此后汇率持续上升，这次人民币兑美元汇率的上升使得该企业遭受了一笔较大的损失。在此后的交易中，该企业加强了外汇风险的管理，采取远期外汇交易等措施尽可能避免外汇风险。

思考与练习题答案：

1. 略。
2. 略。
3. 略。
4. 略。
5. 略。

第六章

国际金融市场

学习目标

- 了解国际金融市场的概念及形成条件
- 理解国际金融市场的类型及作用
- 掌握国际货币市场、国际资本市场的概念及构成
- 掌握欧洲货币市场的业务及主要作用
- 掌握欧洲债券市场的主要内容
- 熟悉当今国际金融市场出现的新特点

本章导入

国际金融市场的重要性

国际金融市场是国际资金融通的重要场所，也是从事各种国际金融活动的场所。这种活动包括居民与非居民之间或非居民与非居民之间的活动，他们对于国际借贷和国际投资起着非常重要的作用。特别是在20世纪60年代以后，随着欧洲货币市场的发展，离岸金融业务越来越受到投资者的青睐。当前，中国作为全球第二大经济体、第一大贸易国、第二大对外投资国，建设一个与中国经济实力和人民币国际地位相适应的国际金融中心，顺应了经济全球化发展的趋势和客观规律。通过本章学习，可以理解人民币离岸市场产生的背景及发展特征，并认识到国内外双循环发展的重要意义。

第一节　国际金融市场概述

国际金融市场是世界范围内筹集、动员及再分配资本的重要渠道，它是开放经济运行的重要外部环境。当前，由于信息技术与现代化通信工具的迅猛发展，以及各国金融市场的开放，金融的全球化发展速度逐渐加快，并把国际金融市场连为一体，促进了世界经济贸易的发展，但同时也增强了金融动荡与危机在各国市场迅速传递的可能性。国际金融市场已经成为当代国际经济体系的重要组成部分，也是国际金融研究的重要领域。

一、国际金融市场的概念

国际金融市场（international financial market）是指资金在国际间流动或金融产品在国际间进行买卖和交换的场所。它由一切经营国际货币业务的金融机构组成。

国际金融市场有广义的国际金融市场和狭义的国际金融市场之分。广义的国际金融市场是指在国际范围内，进行长短期资金的借贷、外汇与黄金的买卖等国际金融业务活动的场所或领域，不同的国际金融业务活动分别形成了国际资本市场、国际货币市场、外汇市场、黄金市场和金融衍生工具市场；狭义的国际金融市场是指在国际间经营借贷资本、进行国际借贷活动的场所，包括长期或短期资金市场。

国际金融市场包括有形市场和无形市场。有形市场作为国际性金融资产交易的场所，往往是国际性金融机构聚集的城市或地区，也称为国际金融中心，既有传统意义上的国际金融中心，也有新型的离岸金融中心。无形市场由各国经营国际金融业务的机构，如银行、非银行金融机构或跨国公司构成，其交易活动是通过电话、电传、计算机等现代化的通信设施相联系的网络体系来完成的。无形市场在国际金融市场中占有越来越重要的地位。

国际金融市场是随着国际贸易和资本输入、输出的发展，以及生产的国际化而发展起来的，有关国家的政策法令的制定、通信技术手段的日益现代化、国际纸币取代黄金充当世界货币等因素也是推动其迅速发展的动因。国际金融市场的交易不受国界的限制，交易的标的也越来越丰富，可以是各种货币，也可以是金融资产。国际金融市场极为活跃，拥有现代化的服务方式，其市场管理相对宽松，较少受官方干预和限制。

二、国际金融市场与国内金融市场的比较

国际金融市场与国内金融市场既有联系又有区别。

国际金融市场与国内金融市场联系主要在于：

第一，国内金融市场是国际金融市场得以发展的基础，没有国内金融市场的发展，就不可能形成国际金融市场。对于一国的国内金融市场来说，当条件具备时，可以逐步发展或升级为国际金融市场，并以所在地城市名字命名，如伦敦国际金融市场、纽约国际金融市场、东京国际金融市场等。由于这些国际金融市场都是各种国际金融业务集中的地方，因此习惯又把他们称为国际金融中心。

第二，国际金融市场与国内金融市场在本质上是一致的，国内金融市场的货币资金运动与国际金融市场的货币资金运动相互影响。国内金融市场的利率发生变动，将会通过各种方式影响国际金融市场上利率和汇率的变动。国际金融市场上利率和汇率的变动也会影响资本的国际流动，从而影响国内金融市场上利率的变动。

第三，二者在参与主体上存在部分重合。国内金融市场上的某些大型金融机构也是国际金融市场的主要参与者。

但是，国际金融市场与国内金融市场相比具有更多的差异性，这种差异性主要表现在：

第一，运作区域不同。国内金融市场的活动领域局限于一国领土内，市场参与者限于本国居民，而国际金融市场的活动领域超越了国界，其参与者涉及境外居民或多国居民。

第二，业务内容不同。国内金融市场的业务活动一般不用外汇，也不需要通过外汇市

场进行，而国际金融市场的业务活动必然涉及外汇交易，需要通过外汇市场进行。因此，外汇市场是国际金融市场的载体。

第三，管理制度不同。国内金融市场必然受到货币当局的直接干预或间接干预。其市场运行在很大程度上受到行政力量的作用，而国际金融市场所在国对其活动不会采取过多的干预，交易比较自由。

三、国际金融市场的形成条件

国际金融市场的形成和发展与资本主义商品经济的发展是分不开的。在资本主义发展的初期，统一的世界市场开始形成。随着资本主义经济的发展，生产和资本的国际化有所发展，各国之间的经济贸易联系日益加强，越来越多的国家由双边的经济关系发展为多边的经济关系，各国之间的债权债务关系也随之发展起来。各国国内金融市场同国外的联系也随之产生并日益扩大，从而出现了主要或专门从事国际业务的国际金融市场。在 19 世纪中叶以前，虽然西方国家有一些大城市从事国际货币贸易，但是全面集中地开展国际金融业务的国际金融市场—国际金融中心就比较少了。这是因为国际金融中心的形成必须具备以下几个条件。

1. 具备安定的政治环境

稳定的国内政治环境是国际金融市场形成的最基本前提条件。国际金融市场的建立意味着一个连接各国金融交易主体的业务网络的形成。债权人和债务人利益的保障、业务的稳定发展、交易风险和交易费用的降低，都需要一个相对稳定的经济和政治环境。

2. 要有发达的商品经济

对外贸易发达，海运、保险业务能力强，这是一个国家国内金融中心发展成为国际金融中心的经济基础。

3. 要有完备的金融制度和发达的金融体系

国际金融市场的形成需要市场所在国有健全的金融制度和法规建设，以保障金融活动的高效进行。与此同时，国际金融市场形成还需要发达的金融体系，包括稳健经营的金融机构，这样才能保证有足够的实力和能力从事复杂的国际金融业务。

4. 要有良好的通信设施和便利的地理位置

一国或地区要成为国际金融中心，必须有完善的通信设施，并且具有不断吸收和应用高科高新科技的能力，这样才能迅速、准确地保证国际信息的通畅。此外，良好的地理位置容易吸引各种参与者，方便其交易。中国香港之所以成为一个新兴的国际金融中心，一个很重要的因素是其拥有的良好地理位置。

5. 必须具有一支既懂国际金融理论、又懂国际金融业务的专业人员队伍，能够提供高质量、高效率的金融服务。凡是具备了这些条件的地方，就有可能成为国际信贷和国际结算中心，从而成为全面集中地开展了各种国际金融业务的国际金融市场。

从历史来看，英国伦敦是世界上最早具备了上述条件而成为国际金融市场的城市。众所周知，在工业革命的有力推动下，英国的对外贸易急剧增长，从而使英国成为当时世界上头号工业强国和贸易强国，英镑也因此成为资本主义世界国际贸易的主要结算货币。与此同时，英国在政治上也比较稳定。随着国际贸易的进一步发展，信用制度也有了较大发展，国际结算由现金结算向非现金结算演变，汇票、本票、支票等信用工具的使用日益普遍。这样，在英国的商业和金融中心城市—伦敦，产生了国际性非现金结算的中心机构—票据交换所，使伦敦成为货币兑换、票据交换的中心。当时，英国最大的银行—英格兰银行的业务活动也获得了重大发展，并在世界各地广泛建立了业务代理网，从而促进了国际信贷和国际结算的发展。再加上现代化的通信工具在国际金融业务中的应用，伦敦在19世纪中期率先成为具有现代特点的国际金融市场。第一次世界大战爆发后，英国放弃了金本位制。英国在工业生产与国际贸易上的头等强国地位被美国逐步取代，英镑作为主要的国际结算货币和储备货币的地位已经削弱，伦敦作为国际金融市场的地位随之下降，纽约逐渐发展成为世界重要的国际金融市场。

拓展阅读

我国上海金融中心的建设

2009年3月，国家战略层面确立的“加快推进上海国际金融中心建设”一锤定音。按照2020年建成与我国经济实力及人民币国际地位相适应的国际金融中心的蓝图，还剩下五年时间——上海构筑金融国际气象，近乎棋至中盘。

2014年4月3日，从上海市国际金融中心建设工作推进小组工作会议上传出的重磅消息令外界大感兴奋。2014年上海国际金融中心建设重点工作安排建议稿：推出黄金“国际板”和个股期权的详细时间表首度披露，战略新兴产业板、互联网金融集聚区概念胎动，多个金融风险控制机构与交易转让平台正在研究中。不过，多位专家接受《中国经济周刊》采访时都坦言，在中央各种金融政策通盘考量的大前提下，要想让上海这个全国范围内颇有影响的金融中心真正登上国际高峰，依然道阻且长。整个打造国际金融中心的过程必须包括三大功能的发力：第一是跨境的支付清算平台，必须要让利率汇率市场化，必须要靠整个国家银行能力的提升和监管能力的提升；第二大功能就是价值投资，国际金融中心应该要让全球的储蓄户愿意到上海进行投资。目前国内的金融市场建立尚不完全，若开放给国际投资者，会使一部分投资者利用国内金融市场的不健全来投机，容易造成金融危机；第三个应该发力的功能则是人民币计价的金融产品，但由于前两个功能都还没有做好，市场投资欲望不足，所以盘子甚小，不能利用人民币计价的金融产品来影响国际的金融产品。上海自己很想把这三大功能打造完整，但中央得考虑国家整个金融体系改革的阶段性和产业结构的承受能力。

四、国际金融市场的类型

国际金融市场作为各国从事国际金融业务的场所，其性质和功能一直处于不断发展和演变的过程中。在具体分类上，可以从不同的角度将国际金融市场划分为以下类型：

（一）按照国际金融市场产生的历史划分

按照国际金融市场产生的历史，可将国际金融市场分为传统的国际金融市场和新型的国际金融市场。

传统的国际金融市场又称在岸金融市场（onshore market），是指从事市场所在国货币的国际借贷，并受当地市场规则、惯例和政府规章法令约束的金融市场。这种类型的市场主要是由发达国家的国内金融市场逐渐发展到其融资对象不限于本国的企业和机构，所经营的业务扩展到国外，而成为具有国际意义的金融市场。世界上一些主要的国际金融市场，如早期的英国伦敦、两次世界大战前后的美国纽约、第二次世界大战后的东京等都是如此。

新型的国际金融市场又称离岸金融市场（offshore market）或境外货币（external market），是指非居民的境外货币存贷市场。新型的国际金融市场是在传统的国际金融市场基础上形成的，在这个市场里，资金的供应者和需求者不受市场所在国法律、法规和金融条例的限制，不受交易货币的限制，不受国籍的限制，更加方便了国际间的资金融通。

（二）按照市场业务活动不同划分

按照市场业务活动的不同，可将国际金融市场分为国际货币市场、国际资本市场、外汇市场、黄金市场、金融衍生工具市场。

1. 国际货币市场

国际货币市场又称短期资金市场，是国际短期货币金融资产进行交换的场所，融资期限在一年以内。国际货币市场的主要功能是为政府、中央银行、工商企业及个人等参与货币市场交易的各方调节短期资金余缺，解决临时性资金周转困难。

国际货币市场上的交易者信誉较高，同时国际货币市场还具有资金周转速度快、数额巨大、风险小、金融工具流动性强等特征。国际货币市场由许多独立市场构成，主要有同业拆借市场、承兑市场、票据贴现市场、短期政府债券市场、银行短期信贷市场等。国际货币市场的交易工具主要有国库券、大额可转让存款凭证、银行承兑汇票、商业票据和回购协议等。

2. 国际资本市场

国际资本市场是经营期限在一年以上的长期资金及其信用工具的资金借贷场所，亦称为长期资金市场。其主要功能有两点：一是提供一种使资本从剩余部门转移到短缺部门的机制，使资本在国际间进行优化配置；二是为已发行的证券提供充分流动性的二级市场，以保证市场的活力。资本市场提供长期性资金融通，在资金盈余者和短缺者之间架起了桥梁，但其资金价格浮动及投资风险较大。国际资本市场主要由国际信贷市场、国际债券市场和国际股票市场构成。与国际货币市场相比，国际资本市场具有期限较长、资产价格波动较大、投资风险较大等特征。

3. 外汇市场

外汇市场是专门从事外汇买卖的市场。由于各国的货币制度不同，使用的货币不一样，在履行国际间债权债务的结算时，就必须解决各国货币之间的兑换问题，即从事外汇的买卖。

外汇市场包括两类市场：一类是银行之间的市场或批发市场，即外汇银行和外汇银行之间，或外汇银行和外汇经纪商之间的市场；另一类是客户和银行之间的市场或零售市场，即各个公司和投资者之间的市场。外汇市场大多无固定交易场所，属于无形市场，即交易时通过电话、电传等现代通信工具进行。目前，世界各大金融中心的外汇市场已由国际卫星通信网络连成一体，形成昼夜营业的全球性外汇交易体系。

国际间的政治、经济和文化往来等都会产生国际间的支付行为，借助外汇市场可使货币支付和资金转移得以实现，清偿由此产生的债权债务关系，这是进行国际交往的前提。外汇市场通过各种外汇交易活动，可以减少或消除汇率风险，促进国际贸易的发展和国际资本的流动。另外，各国政府还可通过分析外汇市场，判断国际资本流动方向，及时调整宏观政策，稳定国际收支状况。

4. 国际黄金市场

国际黄金市场是世界各国集中进行黄金交易的场所，是国际金融市场的特殊组成部分。纸币出现以前相当长的历史时期内，黄金充当货币的角色，成为国际间的最后支付手段，执行着价值尺度、支付手段、流通手段、储藏手段和世界货币的职能。虽然随着国际金本位制的消亡以及信用货币制度的建立，黄金已退出货币流通领域，但由于黄金市场既是国家调节国际储备资产的重要手段，也是居民调整个人财富储藏形式的一种方式，黄金的保值、清偿功能的现实延续，使黄金在实质上仍然保留货币的作用，黄金市场在不断发展、动荡的国际金融市场上仍然拥有一定的地位。

黄金市场是国际金融市场中最早出现的部分，具有悠久的历史，并经历了很多变迁。黄金市场几乎遍布全世界，目前世界上约有 40 个黄金市场，其中伦敦、苏黎世、纽约、芝加哥和香港五大黄金市场属于国际性的黄金市场。它们在黄金市场上占有重要的地位，控制着全球黄金的流向，主导着黄金的价格走势。

世界各国可以在 24 小时内连续进行黄金买卖。交易者进行黄金买卖一是为了保值，二是为了进行黄金投机。国际黄金市场上金价波动频繁，有人为避免金价波动带来损失，而经常买进或卖出黄金；政局动荡也促使人们把其他资产转换成黄金，以寻求保值。

5. 金融衍生工具市场

金融衍生工具市场是以各种金融衍生工具为交易对象的交易场所，也称派生市场，是相对于商品市场、资本市场、证券市场等基础市场而言的。金融衍生工具市场发展最根本的因素是各国对金融管制的放宽和人们对于金融衍生品的需求。

金融衍生工具市场既包括标准化的交易所，也包括场外交易。交易者进行场内交易要缴纳保证金，交易费用较低，且具有较大流动性。场外交易是指使用电子计算机和现代化通信设备在交易所以外的金融衍生工具市场。

金融衍生工具市场主要由金融期货市场、期权市场、互换市场、远期合约市场等构成。它具有高杠杆性、高风险性、虚拟性等特征。金融衍生工具市场的发展虽然只有短短几十年时间，但却导致了整个金融体系结构性的变革。金融衍生工具市场的产生，不仅提供了新的投资渠道，刺激了金融市场的投资活动，更推动了国际金融市场的一体化进程。金融衍生工具市场犹如一把双刃剑，合理利用便可规避风险，带来高收益；不合理利用则可能带来金融风险，甚至是全球性的金融危机。

五、国际金融市场的作用

国际金融市场作为从事国际货币金融业务活动的领域，它的活动涉及世界各地，其发展不仅推动了资本主义经济国际化的发展，而且促进了货币信用的国际化发展。具体来说，国际金融市场具有以下作用：

1. 促进了生产和资本国际化的发展

第二次世界大战以后，由于资本主义生产和资本国际化的发展，跨国公司所从事的跨国经营活动要求相应的国际金融市场为它服务。国际金融市场的发展，特别是新兴的国际金融市场—欧洲货币市场的产生和发展，为跨国公司在国际上进行资本的频繁调动、资金储存和借贷提供了条件，加速了跨国公司在国际经营中资本的循环与周转，加速了生产和资本的国际化，加强了各国之间的经济联系。

2. 促进了银行业务国际化的发展

银行是国际金融市场的主要参与者和重要组成部分。第二次世界大战以后，随着生产和资本国际化的发展，国际金融市场通过各种业务活动把各国的金融机构结合起来，使世界各地银行业务发展成为国际的银行业务，国际上的一些大商业银行加速向跨国化的方向发展。

3. 使国际金融渠道畅通，为各国经济发展提供了资金

第二次世界大战以后，西欧各国和日本等国为恢复被战争破坏了的国民经济，需要大量的资金。一些新独立的发展中国家为了发展民族经济也需要大量的资金。国际金融市场的存在和发展，通过自己的各项活动汇集了巨额资金，使一些国家能够比较顺利地获得发展经济所需要的资金，从而促进了经济的恢复和发展。

4. 推动了国际贸易的进一步发展

第二次世界大战以后，随着生产和资本国家化的发展，各国之间的经济贸易联系进一步加强，国家间的借贷业务迅速增长，外汇买卖、证券交易迅速发展，使国际金融市场进一步发展。国际金融市场的存在和发展，又使国际贸易双方能够通过它进行外汇买卖、国际结算、资本转移、证券交易等。这样不仅可以消除各自可能遇到的汇率变动的风险，而且为双方融通了资金，促进了国际贸易的进一步发展。

5. 有利于调节国际收支

当一国的国际收支出现不平衡时，不论是顺差还是逆差，都可以利用国际金融市场调节国际收支。顺差的国家可以通过在国际金融市场上发放贷款、购买有价证券或直接投资等方式，使得多余的资金得以利用。而国际收支逆差的国家，则利用国际金融市场贷款的资金来弥补国际收支逆差，从而更能灵活地规划经济发展，也能在更大程度上缓和国际收支失衡的压力。国际金融市场成为平衡世界各国国际收支的重要环节，推动了世界各国经济的正常发展。

6. 有助于重新配置资金，规避风险

国际金融市场的参与主体参与市场的目的有两种：一是筹集资金满足自己的需求；二是为了资金的保值或投机，以最小的代价来获得最大的收益。由于市场参与者对风险的偏好不同，有的不惜冒险力争赚取高收益，有的则是为了寻求资金安全，规避风险。国际金融市场的发展，为不同的投资者和筹资者提供了重新安排资金和规避风险的场所，有助于参与主体在风险与收益此消彼长的情况下，根据自己的偏好，通过选择最佳的资产组合或通过资金的转移达到避免风险的目的。

传统的国际金融市场被冠以“在岸”名称，主要原因在于：

1. 该市场要受到市场所在国法律和金融条例的管理和制约，借贷成本较高。

2. 交易活动是在市场所在国居民和非居民之间进行。

3. 通常只经营所在国货币的信贷业务，本质上是一种资本输出的形式。因此，传统的国际金融市场还称不上真正意义的国际金融市场。

离岸金融市场有如下特点：

1. 交易的货币是市场所在国之外的货币，其种类包括主要的可自由兑换的货币。

2. 市场参与者是市场所在国的非居民，即交易在外国贷款人和外国借款人之间进行。

3. 资金融通业务基本上不受市场所在国及其他国家的政策法规的约束。离岸金融市场是制度和政策推动的产物，它突破了国际金融市场首先必须是国内金融市场的限制，使国际金融市场不再限于少数发达国家的金融市场，而是向全世界范围扩展。这些特点表明，离岸金融市场是国际化的金融市场，是真正意义的国际金融市场。

第二节 国际货币市场

一、国际货币市场的概念及特点

国际货币市场，是指借贷期限为 1 年和 1 年以下的短期资金市场。其参与者主要有商业银行、票据承兑公司、贴现公司、证券交易商、证券经纪商等。

国际货币市场按照交易主体的不同可以分为传统意义上的国际货币市场和现代意义上的国际货币市场（即欧洲货币市场）。传统意义的国际货币市场交易的特点是一方为市场所在地的非居民，另一方为居民。国际货币市场的主要特点如下：

1. 期限短。最短的融资期限只有半天，最长的也不过 1 年。

2. 交易的目的是解决短期资金周转的需要。国际货币市场的资金来源主要是资金所有者暂时闲置的资金，需求者也只是为了弥补流动资金短期内的不足。

3. 金融工具具有较强的货币性。国际货币市场交易的金融工具一般时间短、流动性强、变现性高。

4. 要求严格。交易者要求信誉高，融资数额大，借贷成本低，资金周转快，流量大，风险小。

二、国际货币市场的构成

国际货币市场是国际金融市场的重要组成部分，主要包括国际间的银行短期信贷市场、短期证券市场及票据贴现市场。

（一）银行短期信贷市场

银行短期信贷市场主要包括银行对外国工商企业的信贷市场和银行同业之间的拆借市场。该市场的功能在于解决临时性的短期流动资金不足，调节一定时点上的资金余缺，以平衡资金头寸。

银行短期信贷市场主要包括银行同业拆借市场和银行对非银行客户的短期信贷市场。

1. 银行同业拆借市场是金融机构之间进行短期、临时性头寸调剂的市场。具有以下特点：

（1）交易金额较大。银行间的同业拆借交易以批发形式进行，金额较大。每笔短期借贷的起点为25万美元或50万美元，但一般为100万美元。以英国伦敦同业拆借市场为例，每笔交易数量以25万英镑为最低限额，但超过百万英镑和百万美元的交易也常见。

（2）期限短。最短的融资期限仅仅是隔夜，最长的也不过1年（一般为1天、7天、30天、90天居多），常使用的期限是90天。

（3）方式灵活。借款期限、币种、金额和利率可由借贷双方协商确定，不拘一格，灵活便捷。伦敦银行同业拆借利率是欧洲货币市场上大额资金借款的利率，也是国际金融市场的基准利率。利率水平较低，完全取决于市场的资金供求状况，其他利率一般在此基础上加上一定比率。伦敦同业银行拆借利率有两个价：一个是贷款利率，另一个是存款利率，二者一般相差0.25%～0.5%。例如，花旗银行以LIBOR＝2.5%借入100万美元，贷给客户时加0.5%，贷款利率为3%。

（4）交易手续简便。交易不需担保和抵押，完全凭信誉确定交易，市场参加者多为大银行和机构。这种信贷一般不签订协议，无须缴纳担保品，通过电话或电传就可以完成。

2. 银行对非银行客户的短期信贷市场。是指商业银行为外国政府和外国工商企业提供的短期信贷，这部分贷款在短期信贷市场上不占主要地位。银行在对非银行客户发放短期信贷时多采用浮动利率，原先使用的利率是伦敦银行同业拆借利率加上一个附加利率。

拓展阅读

全球基准贷款利率LIBOR退出历史舞台

根据英国金融行为监管局（FCA）的公告，在2021年12月31日后，所有英镑、欧元、瑞士法郎、日元的伦敦银行同业拆借利率（LIBOR）报价以及一周和一两个月期的美元LIBOR报价全部停止，2023年6月30日后，其余美元LIBOR报价也全部终止，拥有数十年历史的LIBOR退出历史舞台，这一全球金融市场曾经的重要基准利率退出市场，标志全球基准利率迎来多元化时代。

由于自2008年以来爆发的多起报价操纵案，以及LIBOR在稳健性和可靠性等方面存在短板，使其公信力受到质疑，最被诟病的是其形成机制缺乏真实成交基础，LIBOR作为报价利率十分易于操纵，导致其市场公信力急剧下降。近年来，大银行频频爆出操纵市场丑闻。2008年，在国际金融危机前夕，全球多家大型银行为掩藏自己的流动性风险而可以压低LIBOR报价。随后，监管部门对LIBOR操纵案展开调查。2015年5月，美国司法部和美国联邦储备委员会宣布对巴克莱银行、苏格兰皇家银行、花旗银行等六家银行罚款超过58亿美元，以惩罚他们在外汇市场操控、操纵汇率、操纵LIBOR等违法行为。与此同时，主要经济体同业拆借利率相对萎缩，也弱化了LIBOR的产品定价能力。

各国都在积极推进基准利率改革，大多选定无风险基准利率作为新基准利率。美国、英国、欧元区和日本分别选择有担保隔夜融资利率（SOFR）、英镑隔夜平均指数（SONIA）、欧元短期利率（ESTR）和日元无担保隔夜拆借利率（TONA），并积极推进新基准利率的运用。例如，SOFR 是根据美国国债抵押品的隔夜回购利率计算得出的无风险利率，它更能实际反映市场融资利率，它不会像 LIBOR 那么容易被大型金融机构操控。

但是，基于 SOFR 的基准利率转换也给全球金融市场带来了挑战。一是定价权的转移。美元的基准利率从 LIBOR 转换为 SOFR 后，不仅是基准利率从同业拆借利率变更为担保隔夜融资利率，而且是美元的全球定价权将从离岸美元市场转移到美国在岸市场，这将削弱离岸美元市场的地位，并增强美国在按市场对全球美元市场的影响力。二是利用利率期限的局限。USD LIBOR 包括隔夜、1 月期、3 月期、6 月期和 12 月期 5 个品种，而 SOFR 只反映前一天市场无风险的担保隔夜现金融资成本，仅有隔夜一个品种。三是定价机制不同。USD LIBOR 定价主要由伦敦市场大型金融机构主导，而 SOFR 定价主要由美国联邦基金市场和机构间回购市场主导。

中国人民银行于 2020 年 8 月 31 日发布的《参与国际基准利率改革和建券中国基准利率体系》白皮书称，确定中国的基准利率为银行间存款类金融机构以利率债为质押的 7 天期回购利率（DR007）。中国已经发行基于新基准利率的产品，并逐渐实现 LIBOR 到期后的替代。例如，2019 年，中国银行在美国在按市场发行以 SOFR 为基准的债务工具，实现了以 SOFR 定价的票据投资，并在国际离岸债券市场发行以 SOFR 为基准的美元付息债券。2020 年 4 月，中国外汇交易中心即全国银行间同业拆借中心（CFETS）推出新基准利率相关衍生产品，部分银行参与了挂钩 SOFR 等外币利率的货币掉期交易和外币利率互换交易。

资料来源：作者整理。

（二）短期证券市场

短期证券市场也称短期票据市场，主要指以各种短期信用票据的流通为基础，在国际上进行短期证券发行和交易的融资场所。与中长期证券相比，短期证券具有安全性较高、流动性较高、收益率低和偿还期短的特点。短期证券市场上的信用票据种类很多，主要包括以下几种。

1. 国库券

国库券（treasury securities）是政府为筹集季节性需求资金或进行短期经济和金融调控而发放的短期政府债券。当中央政府的年度预算在执行过程中发生赤字时，国库券筹资是一种经常性的弥补手段。它是一种不记名、不附有息票的短期债券，票面只记载本金金额，而不注明利率，而且国库券利率在一般情况下是货币市场各种利率中最低的，这是因为政府信用高于银行信用和商业信用。

国库券期限均在 1 年内，美国的国库券主要有 3 个月、6 个月和 1 年期的，英国国库券主要是 91 天期的。国库券的利率视情况而定，通常以票面金额打折扣的方式和拍卖的方式推销，到期按票面金额偿还。国库券在到期之前，可以在市场上自由流通转让，因此形成了交易量很大的国库券市场。

2. 大额可转让定期存单

大额可转让定期存单（Negotiable Certificate of Deposit, NCD）也称银行定期存款单，

它是可以进行流通转让的定期存款凭证，兼具流动性和收益性的特征。定期存单是一张凭证，表明一个投资者某时间已经在一家银行存入一笔特定数额和期限的资金，可以在到期时向银行按票面金额支取本金并获取利息。

世界上第一张大额可转让定期存单是由美国花旗银行于 1961 年发行的，其目的是稳定存款、扩大资金来源。由于当时市场利率上涨，活期存款无利或利率极低，现行定期储蓄存款亦受联邦条例制约，利率上限受限制，存款纷纷从银行流出，转入收益高的金融工具。大额可转让定期存单利率较高，又可在二级市场上转让，对于吸收存款有较大好处。

在美国，大额可转让定期存单的流通额仅次于国库券，定期存单的期限一般为 1—12 个月，其中 3—6 个月的居多。它到期还本，并按约定利率支付利息，利息率一般高于活期存款，也高于同等期限的国库券。在美国，该存单标准定额为 100 万美元或以上，这种存单不记名，并可在市场上自由流通转让。可转让大额定期存单的主要参与者是货币市场基金、商业银行、政府和其他非金融机构投资者。

大额可转让定期存单的发行方式有两种：一种是批发式，即把发行总额、利率、期限、面额预先公布，投资者可自由认购；二是零售式，即不公开发行，而是以商定的利率，按投资者的需要随时发行。

3. 银行承兑汇票和商业承兑汇票

商业汇票（commercial bill of exchange）是由大型工商企业或金融公司凭借信用签发的无抵押借款凭证，用以在货币市场上筹措短期资金。商业汇票包括银行承兑票据和商业承兑票据。

银行承兑汇票（bank’s acceptance bill）是指在国际贸易中由出口商签发，由银行背书承兑，保证到期付款的票据。在众多的商业票据中，银行承兑汇票的信用程度最高。这种汇票的期限一般为 30 天～180 天，最长可达 270 天，以 90 天为最多。银行承兑汇票在期限前可以到承兑银行贴现，也可以在二级市场上转售，转售时的价格按面值打一定折扣，买价与面额之间的差额是持票人的收益。

银行承兑汇票多产生于国际贸易，一般由进口商国内的银行开出的信用证预先授权。银行承兑汇票的作用在于为汇票成为流通性票据提供信用保证。汇票是列明付款人和收款人的双名票据，经银行作为第三者承兑后则成为三名票据。承兑银行成为主债务人，而付款人则成为第二债务人。实际上，银行承兑汇票相当于对银行开列远期支票。持票人可以在汇票到期时提示付款，也可以在未到期时向银行尤其是承兑银行要求贴现取得现款。银行贴进票据后，可以申请中央银行再贴现，或向其他银行转贴现，一般的做法是直接卖给证券交易商，再由其转卖给其他各类投资者。银行承兑汇票的最重要投资者是外汇银行和非银行金融机构。

商业承兑汇票（commercial acceptance bill）的付款期限最长不超过 6 个月。商业承兑汇票的出票人，为在银行开立存款账户的法人以及其他组织，与付款人具有真实的委托付款关系，具有支付汇票金额的可靠资金来源。

商业承兑汇票和银行承兑汇票既有区别也有联系。商业承兑汇票是购销双方的票据交易行为，是一种商业信用，银行只作为清算中介。而银行承兑汇票是银行的一种信用业务，体现购、销及银行三方的关系，银行既是商业汇票的债务人，同时又是承兑申请人的债权人。银行承兑汇票由银行保证无条件付款，因而有较高的信誉。商业承兑汇票相对于银行承兑汇票，手续方便，可以有效降低手续费支出，融资成本较低。

（三）票据贴现市场

票据贴现市场是指以经营贴现业务为主的短期资金市场。贴现是指持票人以未到期的票据向银行兑换现金，银行按贴现率扣除从贴现日至到期日的利息，到票据到期时再向出票人收款。对持票人来说，贴现是将未到期的票据卖给银行获得流动性资金的行为。

票据贴现市场是由贴现行、商业票据行、商业银行和最后的贷款者——中央银行组成。贴现交易的信用工具除政府国库券、短期债券外，主要是银行承兑汇票和部分商业票据。

票据贴现市场的交易包括票据贴现和再贴现。票据贴现占贴现市场业务的大部分。票据贴现的种类还可以根据票据的不同分为银行票据贴现、商业票据贴现、债券及国库券贴现三种。商业银行或贴现公司将已贴现过未到期的票据到中央银行再次进行贴现换取现金的交易为票据的再贴现业务。再贴现是中央银行控制金融与信用规模的一个重要手段。

贴现业务是西方国家货币市场的一项重要融资活动。美国纽约的贴现市场分为买卖银行承兑票据的贴现和国内商业票据买卖的市场两部分。前者指贴现商与银行间形成承兑汇票的市场；后者指票据商将其为客户贴现票据卖给银行而形成的贴现市场。

我国票据市场目前已初具规模，融资功能不断增强，初步具备了货币政策操作的基础条件，市场交易条件有所改善，票据市场构成体系有所完善，商业票据在中心城市发展迅速。随着票据业务的发展，再贴现逐步成为中央银行支持中小金融机构的重要手段。一些大中型企业办理票据结算和融资业务的积极性有了很大提高。

三、国际货币市场的作用

国际货币市场是国际短期货币金融资产进行交换的场所。在市场中，资金暂时盈余的单位可以与赤字单位相互满足需求：一方面，该市场为短期资金的需求单位提供了从隔夜到一年的各种短期资金；另一方面，一些希望利用暂时闲置的资金获取收益的资金持有人获得了投资的渠道。由于该市场跨越国界，所以可以在世界范围内进行短期资金的合理配置，增强货币资金的使用效率。但是，由于该市场上的资金数额巨大，而且流动性较强，因此，容易对国际金融市场形成猛烈的冲击，故而会引发金融危机。

第三节　国际资本市场

一、国际资本市场的概念

国际资本市场（international capital market）是国际长期资金融通的市场，即借贷经营期限在一年以上的中长期国际资金的市场。市场参与者主要是各国政府、大型国际公司和国际金融机构等。各国政府为开发本国重点建设项目而筹措中长期资金，国际公司筹措中长期资金用于长期投资，国际金融机构在资本市场上筹资补充资金不足。

国际资本市场的业务主要有银行贷款和证券交易两大类。其主要功能是为国际间长期资金的流动提供渠道，将世界各国的闲置资金转化为国际性投资。国际资本市场包括银行中长期信贷市场、国际债券市场和国际股票市场。国际债券市场和国际股票市场统称为国际证券市场，它是国际资本市场的核心内容。

二、国际信贷市场（银行中长期信贷市场）

银行中长期贷款，期限一般为 1 年—5 年或 5 年—10 年，甚至更长。借款方多是世界各国企业、社会团体、政府机构和国际组织，贷款方主要是商业银行。根据商定的贷款条件，借款双方一般都要签订贷款协议，有的贷款还需借方国家主要金融机构和政府担保。如果借款金额大、时间长，贷款方往往需要由几家甚至几十家不同国家的银行组成银行集团，通过其中一家或几家牵头共同向借款人提供贷款。

（一）银行中长期贷款的特点和条件

1. 银行中长期贷款的特点

（1）资金使用比较自由，不受贷款银行限制。

（2）资金供应充分，借取方便。

（3）贷款利率较高，期限相对较短。

2. 银行中长期贷款的条件

银行中长期贷款的条件，是指在中长期贷款协议中规定的借贷双方的权利和义务，主要包括贷款货币的选择、贷款利率、贷款费用、贷款期限与偿还等方面。

（1）贷款货币的选择。对于借款人来说，一般选用软币作为中长期银行信贷所使用的货币较为有利，因为借款人可以从软币汇率的下跌中减轻债务负担。对于贷款银行来说，选用硬币较为有利，因为贷款银行可以从硬币汇率的上浮中获得资本升值的好处。但在国际金融市场上，软币一般利率较高，硬币利率较低，因此，在选择中长期银行信贷所使用的货币时，不仅要考虑各种货币的软硬情况，而且要把利率与汇率结合起来考虑，以便作出正确的选择。

（2）贷款利率。由于中长期贷款期限较长，利率的趋势较难预测，借贷双方都不愿意承担利率变化的风险，因此，通常采用浮动利率，即每三个月或半年根据市场利率的变化进行一次调整。双方确定利率时，大多以伦敦市场银行间同业拆借利率为基础，再加一定的附加利率为计算标准。

（3）贷款费用。贷款费用通常包括承担费、管理费、代理费、杂费等。其中承担费指贷款银行已按贷款协议筹集了资金以备价款方使用，而借款方没有按期使用，使借款资金闲置，因而借款方应该向贷款银行支付的赔偿性费用。管理费是指借款方向贷款银团的牵头银行支付的组织银团贷款的报酬和手续费。通常按每年商定的固定金额给代理行，在整个贷款期限内，每年支付一次。杂费是指贷款的牵头银行与借款方联系协商，完成贷款协议所发生的费用，包括牵头银行的差旅费、律师费及其他费用。

由此看来，在筹措银行中长期贷款时，不能只考虑利率的高低，还应考虑综合成本，即利率加成本费用。

（4）贷款期限与偿还。银行中长期信贷按期限划分，中期一般为 3 年—5 年，长期为 5 年—10 年或 10 年以上。偿还方式多种多样，但一般常用的有三种：一是一次性偿还，即贷款协议签订后，借款方分数次使用，利息定期计收，贷款期满时，一次性偿还本金；二是分期等额偿还，即贷款协议签订时，规定一个宽限期，在宽限期内，借款人无须还本，只是每半年按实际贷款额付息一次，宽限期后，每半年还本付息一次，每次还本金相等；三是逐年分次等额偿还，即没有宽限期，从第一年起，每次等额偿还本金，每半年付息一次。上述三种方法对借款方来说以第一种最为有利，第二种次之，第三种偿债负担最重。

（二）银行中长期贷款的方式

1. 独家银行贷款

独家银行贷款也称双边中长期贷款。它是一国银行对另一国银行、政府、公司提供的贷款。每笔贷款少则几千万美元，多则上亿美元，期限 3 年—5 年。独家银行贷款既可以用于固定资产投资，也可以用于维持正常营运的产销周转。贷款利率属于市场利率，贷款手续比较简便，且无各种限制。

2. 银团贷款

银团贷款也称为辛迪加贷款，是指几家甚至几十家银行共同向某一客户提供贷款，由一家银行做牵头行，若干家银行做管理行，其余银行做参与行。牵头行通常也是管理行，收取牵头费和管理费，并与其他管理行一起承担贷款的管理工作。辛迪加贷款在国际上始于 20 世纪 60 年代，流行于 70 年代，80 年代有了较大的发展。

一般来说，银团贷款的金额大、期限长，贷款条件较优惠，既能保障项目资金的及时到位，又能降低建设单位的融资成本，是重大基础设施或大型工业项目建设融资的主要方式。辛迪加贷款主要是出于追求利息回报，通常由于数额巨大、期限较长（可达 10 年、20 年之久），需要有可靠的担保，且一般由政府担保。

辛迪加贷款的成本较高，利率是在伦敦银行同业拆借利率基础上加一定的附加利率，而且还需承担其他的借款费用。

三、国际债券市场

（一）国际债券的概念与分类

国际债券是指国际金融机构和一国政府、金融机构、企业事业单位，在国际市场上以外国货币为面值发行的债券。国际债券的重要特征，是发行者和投资者属于不同的国家，筹集的资金来源于国外金融市场。

国际债券是在国际证券市场上筹资，发行对象为众多国家的投资者，因此，其资金来源比国内债券要广泛得多，通过发行国际债券，可以使发行人灵活和充分地为其建设项目和其他需要提供资金。国际债券的发行规模一般都较大，发行人进入国际债券市场必须要由国际性的资信评估机构进行债券信用级别评定，只有高信誉的发行人才能顺利地进行筹资。

依发行债券所用货币与发行地点的不同，国际债券可分为外国债券和欧洲债券。

1. 外国债券

外国债券是传统的国际金融市场的业务，是指借款人在其本国以外的某一个国家发行的、以发行地所在国的货币为面值的债券。这种债券的发行人属于一个国家，而债券面值和发行地点则属于另一个国家，必须经发行地金融当局的批准、受其影响并遵守该国的法律和规章制度。

外国债券的发行国可以是发达国家，也可以是发展中国家，但发行国要具有比较稳定的政局，资本市场上要有充足的资本，有比较活跃健全的证券流通市场，这样才有利于债券的发行和销售。

在国际债券市场上，外国债券一般以该国最具特征的标志无命名。比如，外国投资者在美国发行的美元债券称为扬基债券，在日本发行的日本债券称为武士债券，在英国发行的英镑债券称为猛犬债券，在西班牙发行的欧元债券成为斗牛士债券。我国从 2005 年 9 月 28 日开始批准外国金融机构在我国境内发行人民币债券，并命名为熊猫债券。

拓展阅读

熊猫债券的发行

2005 年 10 月，国际金融公司和亚洲开发银行获准在我国银行间债券市场分别发行人民币债券 11.3 亿元和 10 亿元。2022 年 12 月，中国人民银行、国家外汇管理局发布《关于境外机构境内发行债券资金管理有关事宜的通知》被市场称为熊猫债新规。新规规范了境外机构在境内发行债券的资金管理。目前熊猫债券的发行主体包括政府类机构、国际开发机构、金融机构和非金融企业。德意志银行集团于 2023 年 1 月 18 日宣布，已在中国银行间债券市场成功完成“熊猫债新规”后首笔熊猫债券发行，以 3 年期优先票据共筹集 10 亿元人民币。本次发行募集资金金额将用于德意志银行一般公司用途及业务活动和发展。

2. 欧洲债券

欧洲债券是发行人在本国之外的市场上发行的、不以发行所在地国家的货币计值、以其他自由可兑换的货币为面值的债券。如日本公司在法国发行的美元债券则是欧洲债券。

欧洲债券不受任何国家资本市场的限制，免扣缴税。对多国公司集团及第三世界政府而言，欧洲债券是他们筹措资金的重要渠道。

欧洲债券与外国债券的区别在于：对于外国债券来说，资本市场所在国与表示债券的货币的发行国是一致的；对于欧洲债券来说，资本市场所在国与表示债券的货币的发行国是不一致的。外国债券的性质决定了它只能在一个国家发行，欧洲债券则可以同时在多个国家发行。

（二）国际债券市场的结构

国际债券市场是国际债券发行与流通的市场。其中，国际债券的发行市场，即实现债券由发行人流向投资者的市场叫做国际债券一级市场；已发行的国际债券在不同投资者之间买卖形成的市场叫做国际债券二级市场。

国际债券市场主要由发行人、投资者和中介机构三类参与者组成。

1. 发行人

发行国际债券需要很高的资信等级，发行人进入市场的目的是筹集中长期资金，主要有国际金融机构、主权国家政府、跨国公司、银行与非银行金融机构等，大多数来自发达国家。

2. 投资者

在国际债券市场上投资的主要动机是获得高收益，另外，在欧洲债券市场上投资者可以减少甚至逃避税收也是一个重要动机。在国际债券市场上的投资者可以分为个人投资者和机构投资者。在欧洲债券市场上，机构投资者的力量已远远超过个人投资者，主要的机构投资者有国际组织、各国政府、中央银行、养老基金、投资基金、跨国公司和国际性大银行等。早期的欧洲债券投资者主要是小额投资者和选择避税的富有个人，到 20 世纪 80 年代，随着市场的发展，越来越多的机构投资者参与到市场中，如保险公司、养老基金和银行等，个人投资者主要通过银行和其他各种基金管理组织进行投资。

3. 中介机构

中介机构是指债券承销和买卖中介的金融机构，其中债券承销是其主要职能。国外债券的发行一般没有固定的场所，主要由中介机构代理发行。充当中介机构的大多是来自发达国家的信誉卓著的国际性证券机构，包括证券公司、投资银行、商人银行和商业银行的投资银行分支机构。

（三）主要外国债券

伦敦曾经是最大的外国债券市场，但第二次世界大战后，英国实行的外汇管制使英国的外国债券市场一落千丈。苏黎世、纽约、东京和法兰克福是目前的四大外国债券中心。20 世纪 80 年代以来，外国债券市场的一个引人注目的现象是东京外国债券市场的迅猛发展。

1. 扬基债券

扬基债券（Yankee bonds）是外国发行人在美国债券市场发行的美元债券。扬基债券市场多年来是最大的和最主要的外国债券市场。后来被瑞士法郎外国债券超过。1963 年—1974 年间美国政府对美国投资者购买扬基债券的利息超过国内债券的部分征收利息平衡税，提高了外国发行人发行扬基债券的成本，遏制了扬基债券的发展。这种做法有效地封闭了美国证券市场达 10 年之久，直到 1974 年利息平衡税被取消，扬基债券市场才重新活跃起来。

外国借款人要发行扬基债券，必须要按照美国的有关法律法规办理各种手续。

首先，按美国 1993 年《证券法》向纽约的证券交易委员会申请注册登记，主要是以书面报告公布借款用途、自身财务经营状况和风险因素等，用于满足信息披露要求。如果要在纽约证券交易所上市，就必须根据美国 1934 年《证券交易法》申请注册登记。

其次，借款人在得到纽约交易委员会的注册登记批准后，还要采取招标方式委托美国的投资银行机构承销债券。

最后，借款人还要向证券交易委员会申请承保，只有经过后者承保的扬基债券才能发出去。

传统上发行扬基债券都要经权威性债券评级机构（如标准普尔公司或穆迪投资服务公司）进行评级。债券对发行人的信誉要求很高，一般为AAA级。

扬基债券的期限是5年—25年。外国投资者购买扬基债券获得的利息免预扣税，通常每半年付息一次。外国借款人进入扬基债券市场主要是因为美国债券市场是全球最大的债券市场，美国是世界上最主要的投资者基地。扬基债券的承销费用只有0.875%，远低于欧洲债券的2%，但考虑注册登记、承保等其他费用，发行扬基债券的总费用要高于欧洲美元债券。不过，通过发行扬基债券，借款人可以获得较高的信誉等级，便于以较低成本进入其他债券市场。

2. 武士债券

武士债券（Samurai bonds）是外国筹资者在日本发行的日元债券。武士债券对外国筹资者的吸引力在于：日本债券市场是世界上第二大债券市场。

1970年12月，亚洲开发银行在东京发行了60亿日元债券，从而拉开了发行武士债券的序幕。由于严格的市场管制，武士债券发展很慢，仅局限于国际组织和外国政府，直到1979年才出现了第一笔由亚洲开发银行发行的武士债券。早期武士债券的发行者主要是国际机构。1973年—1975年由于受到世界石油价格暴涨的影响，日本国际收支恶化，武士债券的发行相应中断。20世纪80年代以后，日本贸易出现巨额顺差，国内资金充裕，日本放宽了对外国债券发行的限制，武士债券发行量大幅度增加，1996年发行量达到了355亿美元。

武士债券既可以是记名债券形式，也可以是不记名债券形式，并且两种形式可以自由转换。武士债券的利息收入免预扣税，期限为5年—15年。日本大藏省和日本银行对新发行的武士债券的数量有所控制，以避免对国内债券市场产生不利影响。

外国借款人只有向大藏省申请并获批准才能发行武士债券。外国金融机构可以参加武士债券的辛迪加，但主承销商必须是日本的证券公司。外国投资者在一级市场上购买的比例被限制在武士债券新发行额的25%以内，但在二级市场上则没有这一限制。现在外国投资者持有的武士债券在东京证券交易所挂牌上市。

公募发行武士债券必须经过日本的债券评级机构评级。债券评级的结构不仅影响发行人的筹资成本，而且直接影响到债券的发行规模。例如，对于AAA级债券，发行额不受限制；对于AA级债券，限制在300亿日元以内；对于A级债券，限制在200亿日元以内；对于评级在A级以下的，则限制在100亿日元以内。

（四）欧洲债券市场

欧洲债券（Euro bond）是指借款人在国际金融市场上发行的以发行所在国以外的货币为面值的债券，或者说是一国筹资者在某国际债券市场上发行的、以第三国货币为面值的债券。

欧洲债券的特点是债券的发行者、债券面值货币和债券发行地点分属于不同的国家，例如，A国的机构在B国的债券市场上发行以C国货币为面值的债券。欧洲债券的主要发行人是各国政府、大型跨国公司或大型商业银行。它实际上是一种无国籍债券，具有流动性强、不记名、免缴税款、自由灵活等特点，受到发行国和投资者的欢迎。

欧洲债券市场是专门从事欧洲债券的发行和买卖业务的场所，是欧洲货币市场的一个重要组成部分，其主要中心是卢森堡。在地理位置上，除了在欧洲的主体部分外，它还包括位于新加坡的欧洲债券市场和位于巴黎的中东债券市场。这个债券市场兴起于 20 世纪 60 年代，是在西欧各国经济实力增长的基础上发行起来的，在 70 年代中期因为受国际经济形势的影响而迅速发展起来，成为世界上最大的债券市场。

（五）国际债券市场的特点

1. 国际债券市场的容量较大。国际债券市场可以大宗地经常吸纳各地外国债券和欧洲债券，用以满足大量筹资者和投资者的需求。

2. 国际债券市场上的借款方主要集中在发达国家。由于国际债券的发行国需要有充裕的资金、良好的金融环境、完善的证券市场等众多条件，所以国际债券市场大部分在西方发达国家。

四、国际股票市场

（一）国际股票市场的概念及分类

国际股票是指外国企业在本国发行的，以本币或境外货币为面值的，由本国股东所持有的股权凭证。

19 世纪中期，以英国雄厚经济实力为后盾，铁路股票的大量推出，吸引了世界各地的投资者涌入伦敦的股票市场，为国际股票的出现拉开了辉煌的序幕。股票市场国际化是各国股票市场不断发展的一种必然结果。股票的国际化交易始于 20 世纪 20 年代，并在 20 世纪 60 年代伴随着跨国公司的迅速壮大而得到大规模发展。20 世纪 70 年代后期，西方主要国家开始放松对证券市场的种种限制，使各国股票市场上的国际筹资和投资日趋活跃。例如，美国在 1975 年通过了《美国证券法》修正案，鼓励金融业的竞争，这为外国投资者进入美国股票市场打开了大门。1986 年 10 月，英国发生了放松股票市场规则的“大爆炸”（big bang）改革，进一步推动了国际股票市场的发展。与此同时，一些发展中国家为了吸引外资，也纷纷开放本国的股票市场，使股票的国际交易发展更为迅速。2002 年 11 月 5 日，中国证监会颁布了《合格境外机构投资者境内证券投资管理暂行办法》，我国正式开始实施 QFII 制度，中国资本市场开始有条件的向合格境外机构投资者开放。

国际股票市场按照其基本职能可划分为股票发行市场和股票流通市场。

1. 股票发行市场

股票发行市场又称为一级市场，是国际股票发行人发行新股票，投资者购买新股票的场所。股票发行市场的交易借助现代化通信技术进行。一级市场的发行者多为发达国家的大公司和金融机构，国际股票一级市场为股份公司的发展提供了巨额资金，扩大国际社会的投资总额与投资规模，从而对全球的经济发展起到推动作用。

2. 股票流通市场

股票流通市场又称为二级市场，是转让、买卖已发行股票的场所。在这个市场上，股票持有者可以随时变卖手中的股票以获取货币，金融资产有较高的流动性，所以股票流通市场是国际股票市场最活跃的市场，推动着整个国际股票市场的发展。

（二）国际股票市场的发展趋势

1. 全球股市规模不断扩大，新兴股票市场崛起

随着电子计算机与信息网络的迅猛发展，全球股市的规模不断扩大，交易额也逐年上升。尤其是最近几年，通过在国际金融市场上发行国际股票筹措资金，已经成为各大企业融资的重要途径。同时，促使全球股票规模不断扩大的另一个重要原因就是许多新兴的股票市场的崛起。在全球经济一体化的趋势下，众多发展中国家经济发展态势良好，宏观经济比较稳定，为新兴股票市场的形成与发展创造了良好的条件。新兴股票市场的诞生为国际股票市场注入了生机与活力，推动了国际股票市场的发展。

2. 国际股票市场上创新工具与创新技术不断涌现

在各国金融管制逐渐放宽和扩大金融市场份额的背景下，为了更好地满足各类客户的需求，各金融机构纷纷在国际股票市场推出新的金融工具与服务。例如，股票期货、股票期权、可转换股票等，这些金融创新工具一上市就受到了投资者的欢迎。股票创新工具的出现为股票交易增加了灵活性，提供了有力的防范风险的手段。

3. 国际股票市场波动频繁，风险不断增大

在电子计算机与通信技术高度发展的时代，金融衍生工具的不断创新，使国际股票市场进入了一个动荡不安的年代。股票市场日益明显的国际一体化趋势使得国际股票市场联动性很强，很容易出现多米诺骨牌效应。例如 2008 年的美国金融危机，很快波及全世界的金融市场，使全球股市都处于惊涛骇浪之中。缺乏有效的国际统一监管和防范体系也成为国际股票市场的一大隐患。

第四节 离岸金融市场

第二次世界大战之后，科学技术革命的发展大大促进了全球的生产国际化和资本国际化。传统的国际金融市场已经不能适应这种国际化的趋势，因此一个不受各国金融法规管制、资金规模巨大的新型国际金融市场应运而生，即离岸金融市场。

20 世纪 60 年代初，离岸金融市场发展起来。这一市场的主要特点是不受货币发行国国内金融法规的制约，是一个高度国际化的金融市场。在产生之初，离岸金融市场就因其独特的优势，吸引了全球范围内的剩余资本和资金，并从纯粹地理意义上的离岸到境内账户管理上的“离岸”，离岸金融市场不断发展，已成为国际金融市场的主体。

一、离岸金融市场的产生与发展

离岸金融市场（offshore finance market）是指在货币发行国境外进行该国货币存贷的市场，是一种新型的国际金融市场。这种性质的市场最早出现在 20 世纪 50 年代末的伦敦，而后逐渐扩散到世界其他地方。由于最早产生于欧洲，因而早期将这一性质的市场称为欧洲货币市场（Eurocurrency market），后来发展到其他国家，现在一般称为离岸金融市场，如人民币离岸金融市场。

（一）离岸金融市场的起源

离岸金融市场起源于欧洲美元市场。欧洲美元产生的直接原因是东西方冷战和西方主要国家对资本流入的限制；外部原因是美国国际收支逆差导致美元外流和西欧国家限制资本流入；内部原因是欧洲货币市场自身的一些特点；石油美元的出现成为欧洲货币市场迅速发展的“催化剂”。

1. 东西方冷战与英镑危机直接导致了欧洲美元市场的出现

1950 年，朝鲜战争爆发，中国人民志愿军应朝鲜的请求赴朝与朝鲜并肩作战，而后美国政府下令冻结中国在美国银行的所有美元资产。正值冷战时期的苏联和一些东欧国家为了避免自己在美国的美元资产遭到冻结甚至没收，纷纷将存放在美国的美元资产调往海外。

正当这些美元资产寻找出路时，英国伦敦的商业银行敞开了怀抱。1956 年，英法为夺得苏伊士运河的控制权，发动了第二次中东战争。这次战争使英国的国际收支严重恶化，导致英镑危机发生。英国政府为了改善国际收支、稳固英镑的国际地位和恢复国民生产，加强了外汇管制，禁止英国商业银行向英镑区外的居民提供英镑贷款。英国各大商业银行为了逃避外汇管制和维护其在国际金融领域的地位，纷纷转向经营美元业务，开始吸收美元存款并向海外客户贷款。最终，伦敦出现了一个在美国境外大规模经营美元存款和放贷业务的短期资金市场。

2. 美国和一些欧洲国家的金融政策成为欧洲美元市场发展的外部原因

在 1958 年后，美国的国际收支连年出现赤字，美元外流为欧洲货币市场提供了大量的资金。进入 20 世纪 60 年代，美国政府被迫采取强制措施来限制资金外流。这些措施反而促使美国企业与金融机构加强了海外的借贷活动，以规避政府管制，从而推进了境外美元存贷业务的发展与壮大。这些措施包括，1963 年 7 月开征利息平衡税，规定美国居民购买外国政府在美发行债券的利息所得一律要纳税，以限制资金外流；1965 年制定“自愿限制对外贷款指导方针”，要求银行与其他金融机构控制对非居民的贷款数额；1968 年颁布《对外直接投资规则》，限制美国公司的对外直接投资活动。然而，这些限制措施却适得其反，他们促使美国商业银行积极拓展海外分行的欧洲货币业务，以规避政府的金融法令管制。

那么，最早的境外货币为什么出现在欧洲的伦敦，而不是其他地方？这归因于西欧一些国家实行限制资本流入的政策。在 20 世纪 60 年代后，随着美元在国际货币体系中的地位不断下降，联邦德国马克、瑞士法郎、日元等货币日益坚挺，大量国际游资流向这些国家。为了缓解通货膨胀的压力，维持本国货币汇率的稳定，瑞士、联邦德国和日本的货币当局采取了一些措施，对外国居民存入本国的货币进行限制，比如对非居民的存款不付利息甚至倒收利息。这些措施导致流出美国的美元纷纷流向了英国的伦敦。

3. 欧洲美元市场的内在优势成为其迅速发展的内在原因

欧洲美元市场具有不同于传统国际金融市场的特点和优势，比如，不受任何国家国内金融法规的制约，不需要缴纳法定存款准备金，因而存款利率高，贷款成本低，进而吸引了大量的借款者和贷款者。此外，在 1985 年后，西欧国家相互放松了外汇管制，实行了货币自由兑换，从而使借款者和贷款者可以更自由的选择币种，更方便地调拨资金，为欧洲美元市场的营运提供了宽松的市场环境。

4. 石油美元回流为欧洲货币市场提供了大量的资金供给

20 世纪 70 年代的石油价格大幅上涨，1973 年—1979 年发生了两次石油危机，石油输出国获得了大量以美元表示的出口盈余，俗称石油美元（oil-dollar），而石油进口国出现了巨额的国际收支逆差。无论是对石油输入国，还是对于石油输出国来说，甚至是对整个世界经济来说，这种巨额的石油美元都有很大的影响。对于石油输出国来说，由于石油美元收入庞大，而其国内投资市场狭小，不能完全吸纳这么多美元，因而必须以资本输出的方式在国外运用。对于石油进口国来说，由于石油进口支出大幅增加，导致国内经济衰退，并影响了世界贸易的发展。因此，以工业国家为代表的石油进口国大多希望石油美元回流——由石油输出国回流到石油输入国，因而石油美元回流便产生了。

（二）离岸金融市场的发展

20 世纪 80 年代到 90 年代是离岸金融市场快速发展时期。20 世纪 80 年代，由于美国的国际地位受到挑战，为了吸引在国外的美元资产，美国联邦储备委员会与 1981 年 12 月批准成立了国际银行设施（International Banking Facilities，IBFs），即美国境内的银行根据法律可以使用其国内的机构和设备，但要设立单独的账户，向非居民客户提供存款和贷款等金融业务。IBFs 的业务与国内业务是分开的，分属不同账目，但 IBFs 的客户只能是非居民或者是其他的国际银行设施。其特点是：第一，允许美国的银行或在美国境内的银行对外国的存款和借款提供便利，不受中央银行存款准备金的限制，不需要交纳存款准备金，也不需遵守美国联邦保险公司的规定，可以不参加保险；第二，美国各州允许开设 IBFs 的银行交免交州和地方所得税，所以他们在税收上享有优惠；第三，其业务范围受到美国银行和联邦储备银行的限制。通过 IBFs，美国的商业银行在为非居民提供存款、贷款业务方面，可以与美国境外的欧洲美元市场展开有效竞争。

日本在 1985 年 3 月的外汇审议会上，展开了日元国际化的讨论，持有日元国际化观点的参会者提出要创设离岸金融市场。同年 4 月，日本成立了关于东京国际化的专门部会，用于讨论离岸金融市场应具备的形态。9 月，有关部门汇总了离岸金融市场构造的种种意见，通过一系列的基础工作。1986 年 12 月 1 日，作为金融市场国际化的一个重要象征，日本开设了离岸金融市场。是模仿美国的 IBFs 而设的。该离岸金融市场无法定准备金要求和存款保险金要求，没有利息预扣税，不受利率管制，但需要缴纳地方税和印花税。此外，在该离岸金融市场上不能进行债券业务和期货交易。日本离岸金融市场自开设后迅速发展，到 1988 年底的余额已达到 4 142 亿美元，其规模已超过香港、新加坡、纽约，成为仅次于伦敦的世界第二大离岸金融市场。至此，美、欧、日三大经济体都拥有了离岸金融市场，形成了纽约、伦敦和东京三大离岸金融中心三足鼎立的局面。

在 20 世纪 90 年代后，各国纷纷发展离岸金融市场，部分岸金融业务开始由发达国家向发展中国家转移。1998 年亚洲金融危机发生后，随着各国家加强对金融的管制，离岸金融市场的规模进入快速上升期。在 2000 年后，随着金融自由化和经济全球化的进一步发展，主要发达国家货币的国际化水平显著提升，进而使离岸金融市场进入新的发展阶段。

2008 年国际金融危机爆发，致使离岸金融市场的发展受到了空前影响，其市场规模迅速下降。在国际金融危机后，全球金融市场体系逐渐恢复，离岸金融市场开始复苏。据国际清算银行的统计，截至 2013 年底，全球离岸金融市场的规模在 13 万亿美元左右。

（三）离岸金融市场的特点

离岸金融市场具有许多与国内金融市场和传统国际金融市场不同的经营特点。

1. 市场范围广阔，不受地理限制

离岸金融市场是一种超国家或无国籍的资金市场。它既不受所在国法律法规的管制，也不受交易货币发行国金融条例的约束，是由现代化网络联系而成的全球性的统一市场，也有一些地理中心。

2. 交易品种多，规模大

在传统的国际金融市场上，借贷业务中使用的是市场所在国货币，而离岸金融市场交易中使用的货币是那些主要发达国家的可以自由兑换的货币，其种类很多。离岸金融市场的资金来源于各国政府、中央银行和国际清算银行、世界各国的商业银行、跨国公司、石油输出国和国际银团等，资金规模十分庞大，少则几十万美元，多则数亿甚至数十亿美元。

3. 经济环境自由

离岸金融市场不受货币发行国金融、外汇政策的限制，也不受市场所在国的限制，所以经营非常自由，投资者和筹资者可以自由进出，而且贷款条件灵活、贷款期限多样、贷款用途不限。离岸金融市场是一种真正意义上的国际金融市场，不仅符合跨国公司和进出口商的需要，而且也符合许多西方国家和发展中国家的需要。

4. 市场的利率体系独特

离岸金融市场的利率与各发行国国内利率有密切联系，但是不受法定存款准备金限制和存款利率最高额限制。离岸金融市场的利率以伦敦市场的银行同业拆借利率为基础，存款利率略高于货币发行国国内的存款利率，贷款利率略低于货币发行国国内的贷款利率。一般而言，离岸金融市场的存贷款的利差仅在 0.25%～0.5%，这比各国国内市场存贷的利差要小。因此，离岸金融市场的这种利率体系使境外存放款业务有较强的竞争力。

5. 资金调度灵活，手续简便

离岸金融市场是一个无形的市场，由世界各地的参与者构成，这些参与者通过电话、电传以及计算机信息系统相联系，是一个连续的不受时间限制的市场。欧洲货币市场资金周转极快，调度十分灵便，因为这些资金不受任何管辖。在离岸金融市场，借款者在几分钟内就能够筹措到资金。它与西方国家的市场、传统的国际金融市场相比，有很强的竞争力。

二、全球离岸金融中心

离岸金融中心是指具体经营离岸货币业务的地理区域或城市，或者是一国或地区为非居民提供的金融交易市场。

离岸货币又称境外货币，是在货币发行国境外币存入和借贷的各种货币的总称。最早的境外货币是出现在欧洲地区的美元存款，所以将境外货币称为欧洲货币，欧洲美元是最早的欧洲货币。由此可见，欧洲货币并不是欧洲某国中央银行发行的货币，欧洲美元也不是一种特殊的美元。

根据离岸金融业务经营和管理的不同运行机制，可以将离岸金融中心分为五大类，即内外混合型离岸金融中心、内外分离型离岸金融中心、簿记型离岸金融中心、基金型离岸金融中心和收入型离岸金融中心。

（一）内外混合型离岸金融中心

内外混合型离岸金融中心是指离岸金融业务和所在国的国内金融业务不分离的金融中心，又称内外一体化的离岸中心。离岸与在岸混合且监管方式一样，同时资金出入境不受限制。但是，对于从境外流入的资金所产生的利息不征收利息税，外汇资金也不受存款准备金制度的约束。这类离岸金融中心允许非居民在经营离岸金融业务的同时也经营在岸金融业务和国内金融业务，即经营“全面业务”，但是非居民在经营国内金融业务时必须缴纳存款准备金和相关税款，而且金融管理机构严格控制“全面业务”的发放量，因此，非居民经营的在岸金融业务量远小于离岸金融业务量。这类离岸金融中心的典型地区是伦敦和我国香港。

（二）内外分离型离岸金融中心

内外分离型离岸金融中心是指离岸金融业务和所在国的国内金融业务相分离的金融中心。一国管理当局对非居民的金境外资金流入不实行国内的税收和存款准备金制度的限制，但非居民的交易账户与国内账户必须严格分离，禁止非居民经营在案业务。这类离岸金融中心的典型地区是纽约、新加坡、东京和上海。这种离岸金融中心一般是经批准的境内银行通过设立专门离岸账户从事离岸金融业务。在这种情况下，离岸货币的概念突破了特定地理区域的限制，由“境外货币”发展为“治外货币”。

（三）簿记型离岸金融中心

簿记型离岸金融中金又称避税型离岸金融中心，一般没有实际的金融交易活动，只是为离岸机构注册登记提供避税的场所。也就是说，各银行只是在这个地方建立“空壳”分行，名为“分行”，实际上只是银行总行设立的一套独立的账簿或邮箱，它由银行总行直接下发指令进行操作，银行总行可以把利润转移到这里的分行，从而避免银行总行所在地征收的较高所得税。簿记型离岸金融中心大多为岛屿，他们与大陆分离、资源贫乏、制造业非常有限，对经济发展有许多制约因素。为了发展本地经济，这些国家或地区往往提供先进的交通设施和通信设施，富有经验的专业金融人才，并给离岸金融业务提供较为宽松的管理环境和优惠政策。对于跨国投资者的避税活动，离岸金融活动也会提供不同程度的保密措施等。这类离岸金融中心的典型地区是加勒比海的开曼和巴哈马以及百慕大、巴拿马等。

（四）基金型离岸金融中心

基金型离岸金融中心主要吸收国际游资，然后贷放给本地区的资金需求者。以新加坡为中心的亚洲美元市场就属于此类，它的资金来自世界各地，而贷款对象主要是东盟成员或邻近的亚太地区国家。

（五）收入型离岸金融中心

收入型离岸金融中心主要筹集本地区的境外货币，然后贷放给世界各地的资金需求者。比较典型的是亚洲的巴林。该离岸金融中心的重要功能是将中东地区的富裕石油美元收集起来，然后贷给其他地区的资金需求者。

三、离岸金融市场的主要业务

从业务上看，自20世纪60年代以来，伦敦的欧洲美元市场以跨国银行间的大规模贷款为主，股票、债券、金融衍生工具的发行规模比较小。自1977年以来，信贷市场一直占据着离岸金融市场的主体地位，这种趋势在国际金融危机后有所下降，而债券市场的规模开始上升，但发展速度比较缓慢。

（一）离岸货币信贷市场

离岸货币信贷市场按期限可分为离岸货币短期信贷市场和离岸货币中长期信贷市场。

1. 离岸货币短期信贷市场

离岸货币短期信贷市场的主要功能是接受短期外币存款并提供1年或1年以内的短期贷款。欧洲短期借贷市场形成最早，规模最大，其余两个市场都是在短期资金借贷市场发展的基础上衍生形成的。离岸货币短期信贷市场的特点：

（1）期限短。存贷期限最长不超过1年，其中，1天、7天、30天、90天期的最为普遍。

（2）有最小成交额限制，每笔短期资金借贷金额的起点为25万美元，一般为100万美元。由于起点较高，参加该市场者多为大银行和企业机构。

（3）条件灵活，不需签订协议。举债借款期限、币种、金额和交割地点可由借贷双方协商确定，不拘一格。该市场的参加者多为大银行和企业机构，一般不需签订协议，也无须担保，通过电话或电传就可以完成。

（4）存贷利差小。存款利率相对高，放款利率相对低，两者差距一般为0.25%～0.5%。这是因为银行免税和没有存款准备金，成本低，批量大，可做到薄利多贷，因此能保持一定竞争优势和盈利水平。

2. 离岸货币中长期信贷市场

离岸货币中长期信贷市场是在离岸货币短期借贷市场的基础上发展起来的，多指期限在1年以上至10年左右的借贷市场。

离岸货币中长期信贷市场的特点：

（1）签订协议。欧洲中长期贷款期限长、金额大，贷款银行的风险大，借贷双方必须签订贷款协议，有时还需要借款国政府提供担保。

（2）银团贷款。由于中长期贷款金额较大，一家银行无力提供，而且风险大，因此常由数家甚至数十家银行联合向借款人提供贷款，贷款银行共同承担贷款风险，共享利润。

（3）采用浮动利率计息。在贷款期内每3个月或半年根据市场利率的实际情况，随行就市，调整利率。贷款利率在伦敦银行同业拆借利率的基础上，加上一个附加利率。

（4）贷款资金的使用比较自由。借款人可自由安排贷款资金的用途，不受贷款银行的限制，也不附带任何经济或政治条件。

（二）欧洲债券市场

欧洲债券市场是指从事欧洲债券发行和流通的市场。它是在欧洲货币借贷市场的基础上发展起来的。

1. 欧洲债券市场的特点

（1）欧洲债券市场管制较松。该市场有两个独立的国际性管理机构，一个是国际一级市场协会，负责管理所有与一级市场有关的债券发行事务；二是国际二级市场协会，负责管理二级市场的交易。欧洲债券发行一般不需要有任何国家政府的批准，不受各国金融法令的约束，通常为不记名债券。

（2）欧洲债券发行数额大，利率相对较低，期限长。欧洲债券期限大多为 5 年—10 年。传统上采用固定利率方式发行，一般高于银行存款利率，近年来，浮动利率债券的比重不断上升，并出现许多复杂的债券形式。

（3）欧洲债券发行费用较低，利息收入免税。发行不用缴纳注册费用，其利息通常免除所得税或者不预先扣除借款国家的税款，且不记名方式发行适合保密需要，对投资者极具吸引力，也使筹资者能以较低的利息成本筹到资金。

2. 欧洲债券的类型

欧洲债券可按照期限、利率、发行方式等分类。

（1）按发行期限的长短可分为短期债券、中长期债券等。短期债券的期限一般在 2 年以内，中长期债券的期限在 2 年以上。

（2）按利率形式可分为固定利率债券和浮动利率债券

（3）按发行方式可分为公募债券和私募债券。公募债券是指公开发行，面向大众投资者出售，可自由买卖的债券，私募债券是不公开发行，面向少数特定投资者出售的，不能自由买卖的债券。

（三）离岸债券市场

离岸债券是指借款人在本国境外市场发行的、以本国货币为面值的债券。它的特点是：债券发行人和债券面值货币属于同一个国家，发行市场为另外一个国家。简单来说，离岸债券就相当于 A 国发行人在 B 国发行的以 A 国货币计价的债券。例如，离岸人民币债券就是中国的发行人在中国境外发行的人民币计价的债券。

离岸人民币债券于 2007 年债香港产生。国家开发银行发售了首批离岸人民币债券，该债券因为初期的发行规模较小而被称为“点心债券”。自 2009 年以来，在跨境贸易人民币结算的推动下，香港人民币存款量及贸易结算金额均实现了快速扩大，赋予了离岸人民币债券的低成本融资能力。

离岸人民币债券市场从 2010 年 7 月开始进入高速发展阶段。目前，其发债主体由早期的国内政策银行和商业银行扩大至海外金融机构、跨国企业、国际组织和中国内地在港上市的企业。从期限和收益来看，该市场以短期债券为主，多为两年且信用评级为 A 或

AA 的低收益债券。从投资主体来看，基金、保险以及证券经纪人的参与程度不断提高，与批发银行一起形成了多元化的投资结构。

四、离岸金融市场对世界经济的影响

离岸金融市场自产生以来，在国际金融领域中起着十分显著的作用，其影响有消极的，也有积极的。

（一）离岸金融市场的积极作用

1. 离岸金融市场作为国际资本转移的重要渠道，最大限度地解决了国际资金供需矛盾，促进了经济、生产、市场、金融的国际化。离岸金融市场上的银行“存短放长”解决了资金来源与运用的期限矛盾；通过使用国际上几种主要的自由货币，解决了资金来源与运用的币种矛盾，使来自各国的资金供给和需求得以间接地实现跨国转移。

2. 离岸金融市场解决了某些国家国际支付手段不足的困难，在一定程度上缓解了国际收支失衡的问题。由于经济发展的不平衡，一些国家的国际收支出现了较大差额。欧洲货币市场上资金流动速度较快，数额庞大，国际储备盈余的国家和国际储备短缺的国家可以互通有无，进行调剂，使国际收支困难得以缓解。

3. 离岸金融市场推动了世界经济和国际贸易的发展。一些发展中国家，如墨西哥、秘鲁等国，利用欧洲货币资金，大量从西方国家进口生产设备与技术，推动了本国经济的发展。

4. 离岸金融市场促进了全球经济一体化的进程。离岸金融市场为国际间贸易融资提供了便利，为跨国公司、跨国银行提供了更充实的资金来源，对资本国际化起到促进作用。各离岸金融市场通过电信网络相互联系，使市场信息的传播更快捷、更广泛，提高了国际资本在世界范围内的使用效率，促进了国际金融市场的一体化。

（二）离岸金融市场的消极影响

1. 离岸金融市场由于金融管制松弛，因此对国际政治、经济动态的反应异常敏感，巨额的资金在不同金融中心之间，以及不同货币之间频繁地进行套汇套利交易，使大规模的资金在几种货币之间频繁移动，从而导致汇率的剧烈波动，甚至一些银行因此而倒闭破产，引起国际金融市场的动荡。

2. 离岸金融市场在一定程度上削弱了各国国内宏观经济政策的效果。由于离岸金融市场的存在，各主要西方国家的跨国银行、跨国公司及其他机构都可以很方便地在世界范围内取得贷款资金和寻找投放场所，这就使得一国针对国内经济目标所采取的货币政策很难如愿以偿。随着离岸金融市场规模的不断扩大，有些国家的境外货币已占到国内货币总量的很大份额，使其成为国际收支和经济发展的一个隐患。

3. 由于离岸金融市场的借贷活动使一国的闲散资金变成了另一国的货币供应，使市场的信用基础扩大。另外，在离岸金融市场上，大量游资冲击金价、汇率和商品市场，也不可避免地影响到各国的物价水平，导致输入性通货膨胀。通过欧洲货币市场，一国的通货膨胀或经济衰退可能迅速波及其他国家，最终成为世界性的经济衰退。

课程思政案例

为中国经济投下信任票：国际资管机构纷纷申请参与合格境外有限合伙人试点

合格境外有限合伙人（qualified foreign limited partner，QFLP）是指境外机构投资者在通过资格审批和对其外汇资金的监管程序后，将境外资本兑换为人民币资金，投资于国内的 PE（私募股权投资）以及 VC（风险投资）市场。

公开资料显示，截至 2022 年 5 月 5 日，汉领资本、建银国际、鼎辉投资、集富亚洲（二期）4 家机构申请参与上海合格境外有限合伙人试点的申请均已获批。与此同时，多家机构正在计划追加试点额度，扩大中国市场业务规模。例如，海纳华、信旌投资两家 QFLP 试点机构分别追加 0.7 亿美元、5 亿美元投资额度，获准总额度分别达到 7 亿美元、10 亿美元。

自 2010 年上海首次推出 QFLP 试点起，截至 2023 年 1 月底，全国已有 20 多个试点地区，包括上海、北京、天津、重庆、深圳、贵州、福建平潭、珠海、广州、青岛、厦门、苏州、海南、沈阳、济南、广西南宁、河北雄安、无锡、南京、横琴粤澳深度合作区等。尽管 QFLP 没有全国性统一政策，一直以地方试点的方式推进，但 QFLP 已成为外国投资者参与境内股权投资的重要方式之一。

QFLP 试点表明，我国金融行业对外开放的步伐进一步加快。随着试点的推进，多地的 QFLP 试点政策也在不断调整和完善，比如放宽了外商投资准入门槛和投资范围等。随着 QFLP 政策的进一步放宽以及试点地区的增加，一方面，将吸引更多的海外资本在国内投资，为国内资本市场带来更大体量的投资；另一方面，反映出外资机构对于中国资本市场的关注和深度参与的决心。这种决心实际上是源于外资机构预期中国经济长期向好的一种信心，而它们的参与也为中国实体经济和资本市场投下了一张信任票。

资料来源：作者整理。

本 章 小 结

1. 国际金融市场是指资金在国际间流动或金融产品在国际间进行买卖和交换的场所。

2. 国际金融市场作为从事国际货币金融业务活动的领域具有以下作用：促进了生产和资本国际化的发展、促进了银行业务国际化的发展、使国际金融渠道畅通，为各国经济发展提供了资金、推动了国际贸易的进一步发展、有利于调节国际收支、有助于重新配置资金，规避风险。

3. 国际货币市场，是指借贷期限为 1 年和 1 年以下的短期资金市场。

4. 国际货币市场的主要特点有：期限短、交易的目的是为了解决短期资金周转的需要、金融工具具有较强的货币性流动性强、变现性高、融资数额大，借贷成本低，资金周转快等。

5. 国际资本市场是国际长期资金融通的市场，即借贷经营期限在 1 年以上的中长期国际资金的市场。

6. 离岸金融市场，是指能够交易各种境外货币，既不受货币发行国政府法令的管制，又不受市场所在国政府法令管制的金融市场。它具有市场范围广阔，不受地理限制、交易品种多，规模大、经济环境自由、市场的利率体系独特、资金调度灵活，手续简便等特点。

重要概念

国际金融市场　国际货币市场　国际资本市场　欧洲货币市场　离岸金融市场　欧洲货币　外国债券　欧洲债券

思考与练习题

1. 国际金融市场的构成和作用有哪些？
2. 离岸金融市场的作用及特点有哪些？
3. 什么是欧洲债券？它与外国债券有哪些区别？
4. 离岸金融中心有哪些？

本章讨论题

收集相关资料和数据，讨论离岸人民币的发展现状及存在的问题。

思考与练习题答案：

1. 略。
2. 略。
3. 略。
4. 略。

第七章

国际信贷

学习目标

● 掌握出口信贷的基本概念、流程及特点

● 理解项目融资的基本模式和运作程序

● 了解出口保理的程序及风险控制的要点，熟悉国际保理的基本特点，掌握福费廷的业务特点、风险防范

● 了解、熟悉结构性贸易融资的特点及运作

本章导入

2024年，中国银行江苏分行为江苏工业园区内的冠鑫光电公司提供了应收账款质押贷款业务。冠鑫公司主要从事生产和销售薄晶晶体管液晶显示器成品及相关部件，其上下游企业均是强大的垄断企业。其在采购原材料时必须现货付款，而销售产品后，货款回收期较长。随着公司的成长和壮大，应收账款已占公司总资产的45%，公司面临巨大的资金短缺风险。中国银行江苏分行详细了解到冠鑫公司的处境后，果断为其提供了应收账款质押贷款业务，由第三方物流企业为该项目贷款提供信用担保，帮助冠鑫公司解决了资金短缺的问题。

第一节　国际信贷概述

一、国际信贷的概念与特点

（一）国际信贷的概念

国际信贷是一国的银行、其他金融机构、公司企业、政府以及国际金融机构，在国际金融市场上向另一国的银行、其他金融机构、政府、公司企业、国际金融机构等进行资金融通的活动。

（二）国际信贷的特点

1. 贷款金额大，参与的银行多

各国银行法很少允许一家商业银行对同一借款人的贷款数额超过一定比例。国际银团贷款既可以使借款人获得数额巨大的借款，又使银行不至于承担太大风险和违反法律规定。

2. 贷款期限长

大多数国际银团贷款都属于中长期贷款。期限一般为 5 年—10 年。

3. 贷款风险由各贷款银行分担

尽管银团贷款是一个整体，但各贷款行彼此的义务是分开的，并不是连带的，即各贷款行中按各自贷款的比例分别承担贷款风险。

4. 特殊的浮动利率结构

国际银团贷款的贷款期被划分为若干利息期，每一段利息期是一个固定利率，但各利息期之间的利率有差异，于是从整个贷款期来看，利率是浮动的。

二、国际信贷的资金来源、形式与类型

（一）国际信贷的资金来源

1. 传统的资金来源

世界各国工商企业暂时闲置的货币资本是国际信贷最重要的资金来源。此外，各国银行也以存款形式将个人的货币吸收进来，贷放给国内外需要补充资本的借款单位。这是国际信贷资金的一个来源。第二次世界大战后，在国际信贷的资金来源方面出现了一些新现象，除传统的资金来源外，又增加了新的资金来源（或渠道）：主要是国家财政资金、欧洲货币和石油美元。

2. 国家财政资金

以国家财政资金提供国际信贷，可在双边基础上进行，也可在多边基础上进行。多边基础的贷款是指由各种国际金融机构，主要是联合国所属国际金融机构提供的贷款。

3. 欧洲货币

欧洲货币是存放在某国境外银行中的该国货币存款。这些存款最初存在欧洲，统称欧洲货币，其中以欧洲美元为主。经营欧洲货币存贷业务的市场称为欧洲货币市场。该市场现已扩展到全世界，形成一个世界性的货币市场。欧洲货币主要是短期资金，但大量用于中长期信贷，甚至用于资助各种投机活动。因此，它在扩大国际信贷的同时，也加剧了资金风险。它们为业务经营而进行的巨额结算以及为避免外汇风险和追逐利润而开展的套汇套利活动，引起大批资金在各国之间往返流动，对国际资本市场产生重大影响。

4. 石油美元

石油美元（petrodollar）是指石油输出国由于提高石油价格和国际市场原油价格上涨而增加的石油收入，在扣除进口商品、劳务的支出以及本国经济投资支出后剩余的资金。因为它是用美元计价与结算的，故称为石油美元。石油美元除一部分用于增加石油输出国的外汇储备外，其余绝大部分通过各种渠道用于在国外投资和贷款。石油美元投放的渠道

有：各国金融市场、欧洲货币市场、国际金融机构、政府贷款和对外国经济的投资。将石油美元通过国际信贷机制投放到国外，使之流到需要资金的国家，从而促进了国际信贷和国际债券业务规模的迅速扩大，同时也使石油输出国避免了外汇资金的大量积压，为本国带来利息和利润收入，并且对于稳定国际经济联系和国际金融秩序也起着重要作用。

（二）国际信贷的形式

1. 国际商业信用。是指在国际贸易活动中由某国出口商延期付款另一国进口商所提供的信用和类型。

2. 国际银行信用。是指一国商业银行、外贸银行或国际贷款银团在国际金融市场上以货币形态向另一国银行、非银行金融机构、工商企业、政府或国际机构提供的贷款，主要以货币形态来提供，有国际银行和国际银团两种形式。

3. 国际债券信用。是指某国政府、工商企业、银行、非银行金融机构及国际机构为筹措长期巨额货币资金而在国际债券市场发行的以外国货币为面值的债券的信用形式。国际债券分为外国债券和欧洲债券。

4. 政府信用。政府信用是指某国政府利用国家财政资金以条件优惠的贷款向另一国政府提供的信用。

知识链接

外国债券（foreign bond）是指某国举债人通过国外的金融市场发行的以该市场所在国货币为面值的债券，债券面值货币与发行地所在国当地货币之一致。如我国在日本东京发行的以日元为面值的债券。

欧洲债券（euro bond）是指某国举债人通过国外的银行或金融机构在另一个或几个外国的金融市场发行的以欧洲货币（第三国货币）的债券。如日本的某公司通过巴黎的某银行在伦敦和法兰克福同时发行了以美元为面值的债券。债券面值货币与金融市场所在国（发行国）的当地货币不一致。

（三）国际信贷的类型

1. 国际贸易短期信贷。国际贸易短期信贷是与进出口贸易有直接关系的信贷，某国（出口国、进口国、第三国）银行和商品经纪人向各国进出口商提供的短期贷款，或两国进出口商之间相互提供的短期信贷。这种贷款专门用于解决各国进口商在原料、粮食、半制成品、消费品国际贸易中的短期资金需要。贷款大多为短期，利率以市场利率居多，经常变动。国际贸易短期信贷的主要目的是进出口贸易融通资金，促进进出口贸易顺利开展，加速外贸资金周转。

2. 出口信贷。指银行提供的中长期对外贸易信贷，它是一国政府为了支持和扩大本国货物的出口，通过提供信贷担保和给予利息补贴的办法鼓励本国银行对本国出口商和外国进口商或进口方银行提供的中长期信贷融资。这种贷款专门用于解决本国出口商资金周转困难，或满足外国进口商支付从贷款国进口设备、技术和劳务等款项的资金需要，有明确的指定用途，利率一般低于相同条件资金贷方的市场利率，利差由国家财政补贴，贷款期限多为中长期，而且金额大、期限长，具有较高的风险。出口信贷主要有卖方信贷和买方信贷两种方式，其中买方信贷较为流行。出口信贷是促进资本性货物出口的一种手段。

3. 国际银行信贷即国际商业银行信贷，是指一国的某家商业银行，或由一国（多国）的多家商业银行组成的贷款银团，按市场利率向另一国借款人提供的、不限定用途的贷款。这种贷款不与商品采购或特定工程项目相联系，借款人自己决定对借款自己的使用方向，不受贷款银行的限制。贷款期限有短期、中期、长期三种。但借款利率为没有任何优惠的国际金融市场利率，而且多实行浮动利率，并收取较高的贷款费用，因此对借款人来说筹资成本较高。国际银行信贷有独家银行贷款和国际银团贷款两种方式。

4. 国际项目贷款（project finance）也称国际项目融资，国际项目贷款是指由多元贷款人（包括某国或几国银行、政府、国际金融机构等）共同向另一国项目公司提供的贷款，其贷款期限较长，并依靠该工程建设投产后所获得的收益偿还。国际项目贷款是国际上为大型工程建设项目筹措资金的一种方式，主要用于借款国大型的采矿、能源、交通、化工、冶金等工程建设项目，这类工程建设项目所需资金额巨大，主办单位往往难以承担，且风险较大，传统的信贷融资方式难以满足此类项目的资金需要。国际项目融资分为无追索权的项目融资和有限追索权的项目融资，一般采用有限追索权的项目融资。

5. 政府贷款（government loan）是某国政府利用本国财政预算资金向另一国政府提供的长期优惠贷款。其中主要是某些发达国家政府向发展中国家政府提供的贷款，具有双边国际经济援助性质。这种贷款专门用于指定的开发建设项目，专款专用，并有采购限制。贷款期限较长，目前平均为20年—30年，有的甚至长达50年。利率较为优惠，目前平均在1%～3%，大大低于国际金融市场利率。近年来，政府贷款多采用与出口信贷及商业贷款相结合的混合贷款方式。政府贷款有利于促进各国之间经济的合作及世界经济的协调发展。

6. 国际金融机构贷款是国际金融机构向其会员提供的贷款。其中，国际货币基金组织（International Monetary Fund，IMF）向发生国际逆差的会员国提供短期和中期贷款。世界银行（World Bank）和国际开发协会（International Development Association，IDA）则向发展中国家会员提供长期贷款。另外还有亚洲基础设施投资银行、亚洲开发银行、非洲开发银行、泛美开发银行等区域性国际金融机构向其会员提供贷款。国际金融机构贷款对缓解发展中国家的国际收支逆差、支持各国经济合作、推动世界经济发展起着重要的积极作用。

7. 国际租赁信贷。国际租赁（international lease）是指分别处于不同国家或不同法律制度下的出租人与承租人之间的一种租赁融资活动，由某国租赁公司（出租人）将租赁物（主要是设备）在一定期限内租给另一国企业（承租人）使用，承租人则按租赁合同的规定分期支付一定的租金。出租人以收取租金的方式陆续收回全部或部分投资，并保持租赁物所有权；承租人以缴纳租金的方式取得租赁物使用权。国际租赁有金融租赁、经营租赁、维修租赁、衡平租赁、回租租赁等方式。国际租赁信贷既是一种贸易融资方式，也是一种筹资手段，能起到既引进外资，又引进先进技术设备的作用，在许多国家的经济生活中发挥着越来越大的作用。

8. 国际债券融资。国际债券（international bond）是指一国政府或金融机构、企事业单位或国际金融机构在国际金融市场上以外国货币为面值发行的债券。筹资单位通过发行国际债券可以在国际范围内广泛地筹措到巨额长期资金，以满足投资需要。国际债券的期限多为中长期，利息费用水平与同期国际银行信贷大体相同。国际债券对发行人的信誉要求较高，发行前必须对国际债券进行信用评级。国际债券有外国债券和欧洲债券两种，其中欧洲债券较为流行。在国际资本市场日益证券化的趋势下，发行国际债券已成为借款者利用国际金融市场进行融资的重要手段。

三、国际信贷的作用

通过国际信贷，可以促进一国的对外经济发展，当然，也会带来一些融资风险。

首先，国际信贷业务利用、管理得当，将带来以下好处：

1. 促进国际贸易的发展。国际信贷允许借款国引进先进技术和设备，提高产品质量，增强出口商品的竞争力，进而推动出口贸易的增长。

2. 调节国际收支。国际信贷可以帮助借款国改善其国际收支状况，稳定汇率。

3. 有利于发展中国家的经济发展。许多发展中国家由于外汇储备不足，会利用国际信贷来引进必要的资本和技术，促进本国经济的发展。

4. 支持大规模生产活动。国际信贷为发展中国家提供了资金支持，使其能够进行大规模生产活动，加速经济发展。

5. 有利于跨国公司的发展。跨国公司通过国际信贷进行资本和资源的整合，实现全球范围内的生产和经营活动。

然而，在国际信贷业务开展过程中也存在一些风险和约束：

1. 筹资国的财政负担加重。国际信贷业务引发利息支出可能导致债务国利息负担加重，受债权国财政与货币政策变化及国际金融市场动荡的影响，利率风险较大。

2. 可能过度依赖外资。筹资国若借贷规模过大，则易形成对外资依赖性，导致外资对本国经济的控制。

3. 可能引发货币危机和债务危机。若筹资国不能按期偿还大规模的借贷资金，则有可能引发债务危机或货币危机，抑制国内经济发展。

第二节　出口信贷

一、出口信贷的概念

出口信贷（export credit）是一个国家为了支持和扩大本国资本货物出口，增强本国商品的竞争力，通过给予利息补贴并提供信贷担保的方式，鼓励本国银行对本国出口厂商或国外进口厂商（或进口方银行）提供低利率贷款。它是一国的出口厂商利用本国银行的贷款扩大商品出口的一种重要手段，特别是金额较大、期限较长的商品，如成套设备、船舶等。

二、出口信贷的种类

出口信贷按照贷款对象的不同，一般分为卖方信贷和买方信贷。

（一）卖方信贷

1. 卖方信贷的含义及主要内容

卖方信贷（supplier credit）是出口方银行向本国出口厂商（即卖方）提供的低利率贷款。这种贷款协议由出口厂商与出口方银行之间签订。实际上，卖方信贷是出口厂商通过将其货物买卖合同中远期收益的权益抵押给贷款银行，从银行中获取资金融通的过程。

卖方信贷通常用于大型机械及成套设备、船舶等资本品的出口。由于这些商品出口涉及的资金量较大、时间较长，进口厂商一般都要求采用延期付款的方式。出口商为了加速资金周转，往往需要取得银行贷款。出口厂商付给银行利息、费用，有的包括在货价里，有的在货价外另加，但最后都转嫁给进口商承担。因此，卖方信贷是银行直接资助本国出口商向外国进口商提供延期付款，以促进商品出口的一种方式。

2. 卖方信贷的主要步骤流程

在采用卖方信贷的条件下，通常在签订买卖合同之后，进口商先支付货款的10%～20%的定金，作为履约的一种保证金，在分批交货、验收和保证期满时，再支付10%～20%的现汇货款，其余的货款在全部交货后若干年内分期偿还，并付给延期付款期间的利息。出口商把所得款项与利息按贷款协议的规定偿还给本国的贷款银行。所以卖方信贷实际上是出口商从贷款银行取得货款后，再向进口厂商提供延期付款。银行与出口商之间属于银行信用，出口商与进口商之间是一种商业信用。图7－1是卖方信贷的流程图，卖方信贷的具体步骤为：

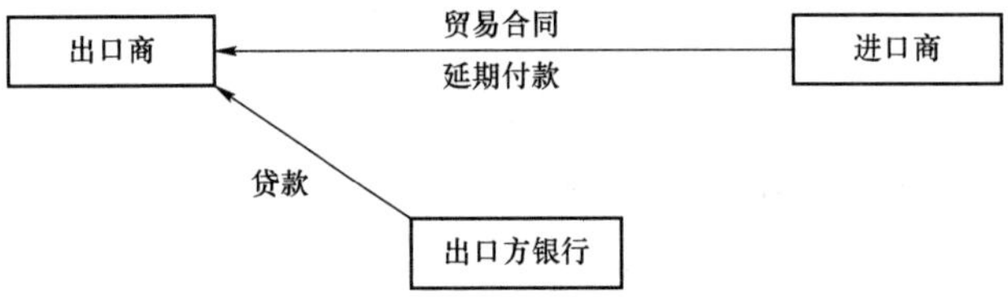

图7－1　卖方信贷流程图

（1）在正式签署货物买卖合同前，出口商必须与贷款银行取得联系，获得银行发放出口信贷的认可。一般情况下，银行在受理和审核项目后，对出口商下达具体要求，如买卖合同必须规定，进口商现在支付比例达到合同金额的10%～20%；分期付款是每半年等额贷款本金和利息偿还一次，即与贷款偿还一致；出口商向保险机构投保出口收汇险，将保险费打入货价，并将保险单收益权转让给出口方银行；进口商延期付款担保机构的资格由贷款银行确定。

（2）出口商与进口商签署货物买卖合同，同意以延期付款方式向进口商出售商品。一般情况下，合同要求进口商在合同生效后，即期付款方式支付货款金额10%～20%的定金作为履约的一种保证金，在分批交货、验收和保证期届满时，再支付10%～15%的现汇货款，其余的贷款在全部交货后若干年内分期偿还，一般为每半年偿付一次，并支付延期付款期间的利息。

（3）出口商在与进口商签订货物买卖合同的同时向保险公司投保出口收汇险，并将保险项下的权益转让给贷款银行。出口商与贷款银行正式签署贷款协议，在协议中，出口商同意将货物买卖合同下的远期收汇权益抵押给贷款银行。

（4）出口商按期收到进口商银行开具的信用证，并收到定金后，出口商开始组织生产，并向贷款银行提款。提款有两种形式：一是在出口商发货交单时，出口商按贷款比例向银行提款，这是比较规范的做法。只有在出口商按期交货才能取得进口商银行开出的本票或汇票，贷款银行根据上述债权凭证才发放贷款。二是出口商取得定金后，根据生产中的资金缺口向贷款银行提款。这种形式对贷款银行风险较大，如果出口商不能按期交货，出口商转让给银行的远期收汇保险单和抵押的远期收汇凭证就失去意义。因此，在这种情况下，贷款银行要求出口商提供出口商品按期交货履约的保证。

（5）进口商在规定的期限内分期偿还剩余货款，并支付延期付款的利息。出口商将收到的货款依照贷款协议偿还给银行。

3. 卖方信贷的利弊

对出口商而言，卖方信贷的支持使其可以向进口商提供延付货款的优惠条件，在一定程度上提高了出口商品的竞争力，利于出口商拓展市场，扩大出口。对进口商来说，卖方信贷使其得到了延付货款的方便，避免了现汇支付的困难，而且进口商无需进行多方面的洽谈，手续比较简便。

但利用卖方信贷时，出口商除按出口信贷利率支付利息外，还须支付承担费、管理费、信贷保险费等诸项费用。这些费用都加入出口商品的价格中从而转嫁给进口商。因此，延期付款的货价一般要高于现汇支付货价 3%～4%，有时甚至达 8%～10%，进口商往往不易掌握进口商品的真实成本。

（二）买方信贷

1. 买方信贷的含义

买方信贷（buyer credit）是在大型机器设备和成套设备贸易中，为了扩大本国设备的出口，出口商银行直接向外国的进口商（即买方）或进口商银行提供的中长期贷款。其基本内容是：直接向进口商提供的信贷一般须由进口商所在国的银行担保，进口商或进口商所在国银行向出口商现汇付款，以后再分期偿还出口商所在国银行本息。其附带条件就是，提供的贷款必须用于购买债权国的商品，因而起到促进商品出口的作用，买方信贷也被称为约束性贷款（tied loan）。

知识链接

对我国而言，出口买方信贷则是指中国出口信贷官方机构为了支持我国机电产品、成套设备、对外工程承包等资本性货物和服务的出口，以提供保险、担保、利率补贴或其他形式，支持银行给予进口商或进口商银行的中长期融资便利。中国出口信用保险公司是中国的出口信贷官方机构。

2. 买方信贷的优势

（1）对进口商有利。进口商可以先取得并使用货物，价款在一段较长的时期内分期支付，同时能享受到低廉的利率。若买方信贷为银行间进行则对进口商更加有利：有关信贷问题由本国的银行出面与出口方面洽谈，其谈判能力要比自己强；同时自己则可以集中精力就贸易的商务、技术问题进行分析、谈判。

（2）有利于出口商。因为买方信贷为即期现汇交易，出口商实现了快速回笼资金的目的。而且买方信贷对出口商来说更加省事：不必再考虑卖方信贷下各种费用的转嫁问题。出口商卖出货物，收回现汇即可。

（3）对银行方面也有利。这方面主要体现在银行间的买方信贷形式上。信贷问题由两个银行洽谈，事务容易处理。另外出口国银行把款项贷给进口国银行，进口国银行有还款义务，这样贷款更加保险。而且进口国银行与进口商在同一国家或地域里，彼此容易沟通和接触，更加了解彼此的资信情况，所以更加降低了贷款风险。

3. 买方信贷的主要步骤流程

在采用买方信贷的条件下，当出口方供款银行直接贷款给外国进口商时，进口商先用本身的资金，以即期付款的方式向出口商缴纳买卖合同金额的10%～20%的定金，其余货款以即期付款的方式将银行提供的贷款付给出口商，然后按照贷款协议所规定的条件，向贷款银行还本付息；当出口方贷款银行贷款给进口方银行时，进口方银行也以即期付款的方式代理进口商应支付的货款，并按贷款协议规定的条件向贷款银行归还贷款和利息等。至于进口商与本国银行的债务关系，则按双方商定的办法在国内结算清偿。买方信贷不仅使出口商可以较快地得到货款和减少风险，而且使进口商对货价以外的费用比较清楚，便于它与出口商进行讨价还价。因此。这种方式比较流行。图 7-2 为买方信贷的步骤和程序。

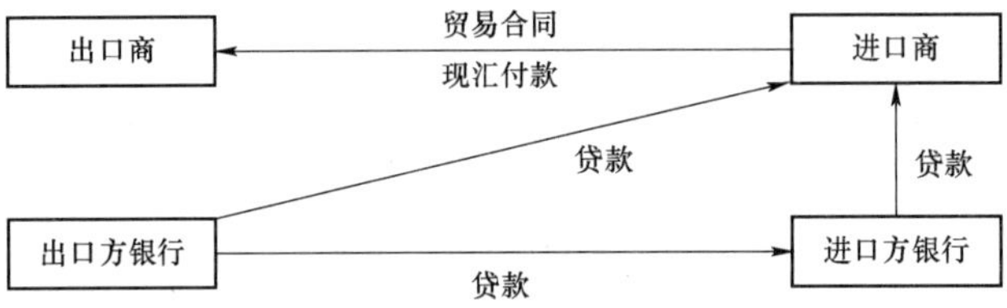

图 7-2　买方信贷流程图

在买方信贷中，如果贷款对象是进口方银行，涉及合同关系就比较复杂，主要包括进口商之间的货物买卖合同、出口方银行与进口方银行之间的贷款协议、出口方银行与出口商之间的出口信贷担保保费支付协议等。保费协议是出口买方信贷担保的前提，出口信贷担保协议是出口信贷的前提。出口信贷的买方信贷基本流程为：

（1）出口商提出买方信贷意向申请，在银行审核项目材料，出具贷款意向，并对商务合同具体付款条件提出要求后，进出口方才进入货物合同签署阶段。

（2）进出口商签署现汇货物买卖合同，并明确进口商将使用出口方银行提供的买方信贷支付货款。合同签订后，进口商先支付货款 15%～20%的定金。

（3）进口商或进口方银行与出口方银行签署贷款协议。

（4）进口商根据出口商的交货情况分批利用出口方银行贷款或进口方银行转贷的资金支付 80%～85%的货款。

（5）进口商根据进口方银行、出口方银行的贷款协议支付本金和利息。

（6）在买方信贷的贷款对象为进口方银行的情形下，进口方银行根据贷款协议向出口方银行支付本金和利息。进口方银行与进口商之间的债权债务关系根据协议在国内进行结算。

（三）买方信贷与卖方信贷的比较

买方信贷和卖方信贷都是出口信贷中普遍采用的方式，其中，以买方信贷采用最多。在买方信贷中，又以出口方银行将款项贷给进口方银行居多。买方信贷与卖方信贷相比也有许多不同之处，主要有如下几点：

1. 借款人不同。买方信贷的借款人是进口商或进口商银行；而卖方信贷的借款人是本国出口商。

2. 信用性质不同。卖方信贷以赊销商品的商业信用为主，银行信用只起补充作用；买方信贷则属于单纯的银行信用。

3. 风险大小不同。由于银行资本比一般企业资本要雄厚得多，抗风险能力强，所以买方信贷要比卖方信贷风险小。

（四）出口信贷的其他形式

1. 混合贷款

混合贷款是指为满足某一项大型设备出口需要，将政府贷款（或赠款）与买方信贷（或卖方信贷）混合在一起发放的融资方式。由于政府贷款（或赠款）利率比一般出口信贷利率更低，甚至没有利息，条件更优惠，更有利于提高贷款国资本货物、技术和劳务等在国际市场的竞争力，促进该国商品的出口。混合贷款带有援助性质，多用于双边合作项目。

混合贷款从混合方式来说，可分为以下两种：

（1）对同一个项目的贷款分别提供一定比例的政府贷款（或赠款）和一定比例的买方信贷（或卖方信贷）。例如，52%的政府贷款和 48%的买方信贷，或者 15%的赠款和 85%的卖方信贷等。政府贷款（或赠款）协议和买方信贷（或卖方信贷）协议分别签署，其形式是两个贷款协议，两种金融条件（两种利率、两种费率、两种贷款期限等）。

（2）对同一个项目分别提供一定比例的政府贷款（或赠款）和一定比例的买方信贷（或卖方信贷），然后根据其各自所占比例及利率计算出一个混合利率，其形式是同一个贷款协议，同一个金融条件（一个利率、一种费率、一种贷款期限等）。

2. 信用安排限额

信用安排限额的主要特点是出口商所在地的银行为了扩大本国一般消费品或基础工程的出口，给予进口商所在地的银行以中期融资便利，并与进口商所在地银行配合，组织较小金额业务的成交。

信用安排限额主要有以下两种形式。

（1）一般用途信用限额，也叫购物篮信用。在这种形式下，出口商所在地银行向进口商所在地银行提供一定的贷款限额，以满足对方许多彼此无直接关系的进口商购买该出口国消费品的资金需要。这些消费品是由出口国众多彼此无直接关系的出口商提供的，出口国银行与进口国银行常常相互配合，促成成交。在双方银行的总信贷限额下，双方银行采取中期贷款的方式，再逐个安排金额较小的信贷合同，给进口商以资金融通，以便向出口商支付，较小的信贷合同偿还期限为 2 年—5 年。

（2）项目信用限额。在这种形式下，出口国银行向进口国银行提供一定贷款限额，以满足进口国厂商购买出口国基础设备或基础工程建设的资金需要。这些设备和工程往往由几个出口商共同负责。项目信用限额与一般信用限额的条件和程序相似，不过借款主要用于购买工程设备。

3. 签订存款协议

出口商所在地银行在进口商银行开立账户，在一定期限之内存放一定金额的存款，并在期满之前要保持约定的最低额度，以供进出口商在出口国购买设备之用，这也是出口信贷的一种形式。

三、出口信贷的主要特点

（1）信贷发放以资本货物出口为基础。出口信贷支持的一般都是金额较大需要资金融通期限较长的商品出口，如成套设备、船舶等。买方信贷中，出口国银行向进口国提供的贷款必须全部或大部分用于购买提供贷款国家的商品。

（2）贷款利率较低。出口信贷利率一般低于资本市场相同条件下的市场利率，利差由政府提供补贴给予补偿，无论贷款机构是政府设立的专门机构，还是普通的商业银行。

（3）出口信贷的贷款金额通常只占合同金额的 85%左右，其余 10%～15%由进口商先行支付。

（4）出口信贷发放与出口信贷保险相结合。由于出口信贷期限较长、金额较大，涉及不同国家的当事人，因此，出口信贷的风险对贷款银行而言远远大于单纯对国内机构发放的贷款。而对于出口信贷，私人保险公司一般不愿意提供保险。在这种情况下，政府为促进出口，设立专门的出口信贷担保机构来承担出口信贷风险。例如，美国的“进出口银行”、日本的“输出入银行”、法国的“对外贸易银行”、中国的“进出口银行”等，除对成套设备、大型交通工具等商品的出口提供国家出口信贷外，还向本国私人银行提供低利率贷款或贷款补贴，以资助其出口信贷业务。

（5）出口信贷是政府促进出口的手段。对出口商而言，出口买方信贷对进口商或进口商银行的融资显得极其便利，无须出口商负债，有利于出口商的收汇安全，加快资金周转。对进口商而言，一方面，出口买方信贷扩大了进口厂商的融资渠道，另一方面，由于出口信贷的融资成本往往低于进口国国内市场融资成本，因此，出口信贷能够有效地降低商品进入国进市场的成本，提升本国商品的竞争力，已成为世界各国普遍选择的重要贸易促进手段。相对于卖方出口信贷，出口买方信贷为进口商提供了更多便利，使出口买方信贷业务成为出口信贷的主要形式，发达国家的出口买方信贷更是占到了出口信贷的 90%以上。

第三节 项目融资

一、项目融资的概念及其特点

（一）项目融资的概念

国内外经济学界对于项目融资的理解大致有广义和狭义两种观点：一种是认为未来建设一个新项目收购一个现有项目或者对已有项目进行债务重组所进行的融资活动都可以被称为项目融资，这就是广义的项目融资。广义的项目融资边界过大而且模糊，存在一个“项目”是有别于其他融资的唯一特征，难以区分为了某个项目而发放的一般贷款与项目融资的差别。总部在英国伦敦的国际著名法律公司 Clifford Chance 编著的《项目融资》一书中对“项目融资”的定义是：“项目融资”用于代表广泛的，但具有一个共同特征的融资方式。该共同特征是，“融资不是主要依赖项目发起人的信贷或所涉及的有形资产”。在项目融资中，提供优先债务的参与方的收益在相当大的程度上依赖于项目本身的效益。因此，他们将其自身利益与项目的可行性，以及潜在不利因素对项目影响的敏感性紧密联系起来。

美国财会标准手册中的定义是：项目融资是指对需要大规模资金的项目采取的金融活动，借款人原则上将项目本身拥有的资金及其收益作为还款资金来源，而且将其项目资产作为抵押条件来处理。该项目事业的主体一般是信用能力通常不作为重要因素来考虑。这是因为其项目主体，或是不具备其他资产的企业，或是项目主体的所有者（母体企业）不能直接追究责任，两者必居其一。另一种认为，项目融资仅指无追索或有限追索的融资，这就是所谓的狭义项目融资。狭义观点认为，项目融资是国内外大型投资项目中采用的一种特殊的融资都需要资金来支持，但并非每个项目的资金筹集方式都是项目融资。实际上只有很少一部分项目融资带来了理论研究和实践应用价值。归根结底，项目融资最突出的特点就是无追索或有限追索。

根据中国银监会《项目融资业务指引》，项目融资是指符合以下特征的贷款：

（1）贷款用途通常是用于建造一个或一组大型生产装置、基础设施、房地产项目或其他项目，包括对在建和已建项目的再融资。

（2）借款人通常是建设、经营该项目或为该项目融资而专门组建的企事业法人，保理主要从事该项目建设、经营或融资的既有企事业法人。

（3）还款资金来源主要依赖该项目产生的销售收入、补贴收入或其他收入，一般不具备其他还款来源。

具体来说，项目融资是指贷款人向特定的工程项目提供贷款协议融资，对于该项目所产生的现金流量享有偿债请求权，并以该项目资产作为附属担保的融资类型。它是一种以项目的未来收益和资产作为偿还贷款的资金来源和安全保障的融资方式。

（二）项目融资的特点

1. 项目导向性

也称排他性。项目融资，顾名思义，以项目为主体安排融资。投资者专门为项目设立一个项目公司，贷款人主要依靠项目本身的经济强度，即项目本身的资产和项目的未来收益，而不是依赖项目的投资者或发起人的资信来安排融资。

2. 有限追索

追索是指在借款人未按期偿还债务时贷款人要求借款人用以抵押资产之外的其他资产偿还债务的权利。作为有限追索的项目融资，贷款人可以在贷款的某个特定阶段对项目借款人实行追索，或者在一个规定的范围为对项目借款人实行追索。除此之外，无论项目出现任何问题，贷款人均不能追索到项目借款人除该项目资产、现金流量以及所承担的义务之外的任何形式的财产。即项目融资方式完全依赖项目未来的经济强度。

3. 风险分担

为了实现项目融资的有限追索，项目的风险需要以某种形式在项目投资者、与项目开发有直接和间接利益关系的其他参与者和贷款银行之间分摊。项目融资的风险分担机制降低了项目发起人、贷款人和其他参与者因某一风险而导致生产经营困难甚至破产的可能性，提高了各方参与项目融资的积极性；同时促使当事人关注项目的建设和运营情况以预防和降低项目风险，提高项目成功的可能性。项目融资将多样化的信用支持分配到项目未来的各个风险点，从而规避和化解不确定项目风险。

4. 非公司负债型融资

项目的债务不反映在项目投资者的资产负债表中，最多这种债务只以某种说明的形式反映在资产负债表的附注中，项目融资不影响项目发起人公司的后续借贷能力，使得项目发起人可以同时进行多个项目而不至于发生筹资困难，提高了融资效率。

5. 信用结构安排灵活多样

成功的项目融资可以将贷款的信用支持分配到与项目有关的各个关键方面，典型的做法主要体现在三个方面：一方面，在工程建设上可以要求工程承包公司提供一个固定价格、固定工期的合同或者“交钥匙”合同要求项目设计者提供工程技术保证等；另一方面，在市场方面上可以要求对项目产品感兴趣的购买者提供一种长期购买合同作为融资的信用支持；还有在原材料和能源供应方面，可以要求供应方在保证供应的同时，在定价上根据项目产品的价格变化设计一定的浮动价格公式，保证项目的最低收益。所有这些做法都可以成为项目融资强有力的信用支持，提高项目的债务承受能力，减少融资对投资者资信和其他资产的依赖程度。

6. 融资成本较高

与传统的融资方式相比较，项目融资存在的一个主要问题是其筹资成本较高，组织是融资所需要的时间较长。项目融资涉及面较广，结构复杂，需要做好大量有关风险分担、税务机构、资产抵押等一系列技术性的工作，筹资文件比一般公司融资往往多出几倍。项目融资的大量前期工作导致融资的成本要比传统融资方式高。融资成本包括融资顾问费、法律费用等融资的前期费用和利息成本两个主要组成部分。由于贷款方承担的风险较高，其要求的利率也必然较高，即项目融资的利息成本一般要高出同等条件公司贷款的0.3%～1.05%，其增加幅度与贷款银行在融资结构中承担的风险以及对项目投资者的追索程度是密切相关的。再加上其他各种费用，使得项目融资整体费用成本较高。

7. 利用税务结构优势，降低融资成本

充分利用税务优势降低融资成本，提高项目的综合收益率和偿债能力是国际上项目融资的一个重要特点。

二、项目融资的主要模式

（一）TOT模式（Transfer－Operate－Transfer）

TOT模式是“移交—经营—移交”的英文缩写，具体是指东道国在与国外投资者签订经营协议后，把已经投产运行的基础设施项目移交给国外投资经营者，凭借该设施在未干若干年内的收益，一次性地从外国投资者手中融得资金，用于建设新的基础设施项目；TOT经营期满后，外国投资者再把该基础设施无偿地移交给东道国。TOT的运作程序相对比较简单，一般包括以下步骤：

1. 东道国项目发起人设立特别用途公司（Special Perpose Company, SPC），发起人将完工项目的所有权和新建项目的所有权均转让给SPC，以确保有专门机构对两个项目的管理、移交、建造负有全责，并对出现的问题加以协调。SPC通常是政府设立或政府参与设立的具有特许权的机构。

2. SPC与外商洽谈以达成移交投产运行项目在未来一定期限内全部或部分经营权的协议，并取得资金。

3. 东道国利用获得资金来建设新项目。

4. 新项目投入运行。

5. 移交经营项目期满后，收回移交的项目。

（二）ABS模式（Asset Backed Securitization）

ABS模式即“资产证券化”的简称。这是近年来出现的一种新的信贷基础设施项目融资方式，其基本形式是以项目资产的未来收益为保证，通过在国内外资本市场发行成本较低的债券进出筹融资。在西方，ABS模式广泛应用于排污、环保、电力、电信等投资规模大、资金回收期长的基础设施和供应事业项目。

ABS融资方式的运作过程主要包括以下几个方面：

1. 信用增级。利用信用增级手段使该组资产获得预期的信用等级。为此，就要调整项目资产现有的财务结构，使项目融资债券达到投资级水平，达到SPC关于承包ABS债券的条件要求。SPC通过提供专业化的信用担保进行信用升级。

2. SPC发行债券。SPC直接在资本市场上发行债券募集资金，或者经过SPC通过信用担保，由其他机构组织债券发行，并将通过发行债券筹集的资金用于项目建设。

3. SPC偿债。由于项目原始收益人已将项目资产的未来现金收入权利让渡给SPC，因此，SPC就能利用项目资产的现金流入量清偿其在国际高等级投资证券市场上所发行债券的本息。

（三）IIF（Infrastructure Investing Fund）

IIF 模式即基础设施产业投资基金模式，其具体流程是，组建基金管理公司，向特定或非特定投资者发放基金单位设立基金，将资金分散投资于不同的基础设施项目上，待所投资项目建成后，通过股权转让实现资本增值，其收益和风险由投资者共享、共担。IIF 模式的优点在于集聚社会上的分散资金用于基础设施项目的建设。

（四）UEC 模式（Using Equipment Contract）

UEC 模式即使用设备协议模式，投资者事先同项目设施使用者签署“设施使用协议”并获付费承诺，然后组建项目公司，项目公司以使用协议作为融资载体来安排融资。其信用保证主要来自于“设施使用协议”中使用者的物体间付费承诺，在具体的融资结构设计中往往把使用协议做成一个实际上的项目债务融资担保或信用增强途径。UEC 模式较适用于资本密集、收益较低但相对稳定的基础设施项目，如石油、天然气管道、港口设施等。

（五）PFI 模式（Private Finance Initiative）

PFI 模式即民间主动融资模式。对于基础设施项目和公用事业项目，政府通过项目招标的方式确定民间投资主体，并授权后者负责项目的融资、建设与运行，作为对该民间投资主体的回报，政府在授权的期间内每年以财政性资金向其支付一定的使用费或租赁费；授权经营期结束时，民间投资主体将该项目无偿转让给政府。PFI 模式主要用于一些不向大众收费的项目，如免费桥梁、隧道等。

（六）URM 模式（User Reimbursement Model）

URM 模式即使用者付费模式，是指政府通过招标的方式选定合适的基础设施项目民间投资主体，同时政府制定合理的收益人收费制度并通过一定的技术手段将上述费用转移支付给项目的民间投资者，作为购买项目服务的资金。

（七）ST 模式（Shadow Tolling）

ST 模式即影子收费模式，是指对于基础设施和公用事业项目，政府通过招标的方式确定民间投资主体，并授权后者负责项目的融资、建设与运营，作为对该民间主体的回报，政府在授权期限内每年以财政性资金或其他形式向其支付一定的补偿费用，补偿其免费为公众提供服务应得的利益；授权经营期结束时，民间投资主体无偿转让项目给政府。

（八）PPP 模式（Private Public Partnership）

PPP 模式即“公共私人合作制”，是指公共部门通过与私人部门建立伙伴关系提供公共产品或服务的一种方法。PPP 包括 BOT、TOT 等多种模式，主要强调合作过程中的风险分担机制和项目的货币价值原则。PPP 模式是在基础设施和公用事业项目建设中发展起来的一种优化的项目融资。

（九）BOT 模式（Build Operate Transfer）

BOT 模式是“建设—经营—转让”的英文缩写，是 20 世纪 80 年代中后期发展起来的一种主要用于公共基础设施建设的项目融资方式。指的是政府或政府授权的公司将拟建设的某个基础设施项目，通过合同约定并授权另一投资企业来融资、投资、建设、经营和维护，该投资企业在协议规定的时期内通过经营来获取收益，并承担风险。政府或政府授权的公司在此期间保留对该项目的监督调控权。协议期满，根据协议由授权的投资企业将该项目转交给政府或政府授权的公司。BOT 模式适用于现在不能盈利而未来却有较好或一定盈利潜力的项目。在 BOT 模式的基础上，又衍生出来的 BOOT、BOO 等相近的模式，这些一般被看做是 BOT 模式的变种。它们之间的区别主要在于投资者有项目产权的完整性程度不同：在 BOT 模式下，投资者在特许期内暂时拥有项目产权，但不完整，投资者参与度比 BOT 模式高，在 BOO 模式下，投资者长期拥有项目完整的产权，近似于永久专营。

知识链接

BOT 的基本形式

通常所说的 BOT 具有以下几种基本形式：

1. 标准 BOT（Build－Operate－Transfer）。即建设—经营—移交。投资财团愿意自己融资建设某项基础设施，并在项目所在国政府授予的特许期内经营该公共设施，以经营收入抵偿建设投资，并获得一定收益，经营期满后将此设施转让给项目所在国政府。

2. BOOT（Build－Own－Operate－Transfer）。即建设—拥有—经营—移交。BOOT 与 BOT 的区别在于：BOOT 在特许期内既拥有经营权，又拥有所有权。此外，BOOT 的特许期要比 BOT 的长一些。

3. BOO（Build－Own－Operate）。即建设—拥有—经营。该方式特许项目公司根据政府的特许权建设并拥有某项基础设施，但最终不将该基础设施移交给项目所在国政府。

除上述 3 种基本形式外，BOT 还有 10 多种演变形式，如 BT 等。所谓 BT，是指政府在项目建成后从民营机构中购回项目（可一次支付也可分期支付）。与政府借贷不同，政府用于购买项目的资金往往是事后支付（可通过财政拨款，但更多的是通过运营项目收费来支付）；民营机构用于项目建设的资金大多来自银行的有限追索权贷款。

近年来，经常与 BOT 相提并论的项目融资模式是 PPP（Public－Private－Partnership）。所谓 PPP（公私合作），是指政府与民营机构（或任何国营/民营/外商法人机构）签订长期合作协议，授权民营机构代替政府建设、运营或管理基础设施（如道路、桥梁、电厂、水厂等）或其他公共服务设施（如医院、学校、监狱、警岗等），并向公众提供公共服务。对民营机构的补偿都是通过授权民营机构在规定的特许期内向项目的使用者收取费用，由此回收项目的投资、经营和维护等成本，并获得合理的回报（即建成项目投入使用所产生的现金流量成为支付经营成本、偿还贷款和提供投资回报等的唯一来源），特许期满后项目将移交回政府（也有不移交的，如 BOO）。

（十）BT 模式（Build Transfer）

BT 模式即“建设—移交”的英文缩写，是 PPP 模式在实际运用中的具体演变，其特点是协议授权的投资者只负责该项目的投融资和建设，项目竣工经验收合格后，即由政府或其政府授权的单位按合同规定赎回。BT 模式主要适用于项目建成后无法直接向公众提供产品并收取费用的情形，所以只能由政府直接向主办人支付该项目的款项，并使该项目服务公众。BT 模式是一种创新的投融资模式，近年来在基础设施和公用事业项目建设中得到广泛应用。

（十一）以“杠杆租赁”为基础的项目融资模式

这是一种以杠杆租赁为基础组织起来的项目融资模式，是指在项目投资者要求和安排下，由杠杆租赁结构中的资产出租人融资购买项目的资产，然后租赁给承租人（项目投资者）的一种融资结构。资产出租人在融资贷款银行的收入以及信用保证主要来自机构中的税务好处、租赁费用、项目的资产以及对项目现金流量的控制，杠杆租赁由于办理比较复杂，一般只适用于大型设备租赁项目，如飞机、轮船、集装箱、输油管道等。

三、项目融资的运作

（一）项目融资的参与者

1. 项目的直接主办人

项目的直接主办人是指直接参与项目投资和项目管理、直接承担项目债务责任和项目风险的法律实体。项目融资中一个普遍的做法是成立一个单一目的项目公司作为项目的直接主办人，而不是由母公司或控股公司，即项目的实际投资者作为项目的直接主办人。

2. 项目的实际投资者

项目的实际投资者可以是单独一家公司，也可以是由多家公司组成的投资财团；可以是私人公司，也可以是政府机构或者是两者的混合体。

3. 项目的贷款银行

商业银行、非商业银行金融机构（如租赁公司、财务公司、某种类型的投资基金等）和一些国家政府的出口信贷机构是项目融资债务资金来源的主要提供者，将其统称为“贷款银行”。承担项目融资贷款责任的银行可以是简单的一两家商业银行，也可以是由十几家银行组成的国际银团。银行参与数目主要是根据贷款的规模和项目的风险（特别是项目所在国的国家风险）两个因素决定的。例如，根据一般的经验，贷款额超过 3 000 万美元以上的项目，至少需要 3 家以上的银行组成国际银团来提供资金。但是，对于一些被认为是高风险的国家，几百万美元的项目贷款也常常需要由多家银行组成国际银团提供。

4. 项目产品的购买者/项目设施的使用者

项目产品的购买者或项目设施的使用者通过与项目公司签订长期购买合同（特别是具有“无论提货与否均需付款”和“提货与付款”性质的合同），保证了项目市场和现金流量，为投资者对项目的贷款提供重要的信用保证。项目产品的购买者作为项目融资的一个参与者，可以直接参加融资谈判，确定项目产品的最小承购数量和价格公式。

5. 项目建设的工程公司/承包公司

信用卓越的工程公司承建项目和较为有利的合同安排可以帮助项目投资者减少在项目建设期间所承担的义务和责任，可以在建设期间就将项目融资安排成为有限追索的形式。

6. 项目设备、能源、原材料供应者

项目设备、原材料生产者为了寻找长期稳定的市场，在一定条件下愿意以长期的优惠价格条件为项目供应能源和原材料。这种安排有助于减少项目初期以及项目经营期间的许多不确定因素，为项目投资者安排项目融资提供了便利条件。

7. 项目融资顾问

融资顾问在项目融资中扮演着一个极为重要的角色，在某种程度上可以说是决定项目融资能否成功的关键。融资顾问通常聘请投资银行、财务公司或商业银行中的项目融资部门来担任。担任融资顾问的推荐包括能够详细地了解项目投资者的目标和具体要求，熟悉项目所在国的政治经济结构，对投资费用有清楚的认识和分析，掌握当前金融市场变化动向和各种新的融资手段，与主要银行和金融机构建有良好的关系，具备丰富的谈判经验和技巧等方面。在项目融资的谈判过程中，融资顾问周旋于各个有关利益主体之间，通过对融资方案的反复设计、分析、比较和谈判，最后形成一个既能在最大程度上保护项目投资者的利益又能为贷款银行接受的融资方案。

8. 有关政府机构

微观方面，政府部门可以为项目的开发提供土地、良好的基础设施、长期稳定的能源供应、某种形式的经营特许权、条件优惠的出口信贷和其他类型的贷款或贷款担保。宏观方面，政府部门可以为项目建设提供一种良好的投资环境，例如，利用批准特殊外汇政策和特殊税务结构等优惠政策降低项目的综合债务成本，提供项目的经济强度和可融资性。

（二）项目融资的框架结构

项目融资由四个基本模块组成：项目的投资结构、项目的融资结构、项目的资金结构和项目的信用保证结构。

1. 项目的投资结构

项目的投资结构，即项目的资产所有权，是指项目的投资者对项目资产权益的法律拥有形式和项目投资者之间（如果项目有超过一个以上的投资者）的法律合作关系。目前，国际上通常为项目融资所采用的投资结构有单一项目子公司、非限制性子公司、代理公司、公司型合资结构、合伙制结构、信托基金结构、非公司合资结构等多种形式。

2. 项目的融资结构

融资结构是项目融资核心部分。一旦项目的投资者在确定投资结构问题上达成一致意见之后，接下来的重要工作就是要设计和选择合适的融资结构以实现投资者在融资方面的目标要求。项目融资通常采用的融资模式包括投资者直接融资、通过单一项目公司融资、利用“设施使用协议”型公司融资、生产贷款、杠杆租赁、BOT 模式等多种方式。

3. 项目的资金结构

项目的资金结构设计用于决定在项目中股本资金、准股本资金和债务资金的形式、相互之间比例关系以及相应的来源。项目融资重点解决的是项目的债务资金问题，然而，在整个结构中也需要数量和适当形式的股本资金和准股本资金作为结构的信用支持。经常为项目融资所采用的债务形式有商业贷款、银团贷款（辛迪加贷款）、商业票据、欧洲债券、政府出口信贷、租赁等。

4. 项目的信用保证结构

对于银行和其他债权人来说，项目融资的安全性来自两个方面：一方面来自项目本身的经济强度；另一方面来自项目之外的各种直接或间接的担保。这些担保可以是由项目的投资者提供的，也可以是由与项目有直接或间接利益关系的其他方面提供的。这些担保可以是直接的财务保证，如完工担保、成本超支担保、不可预见费用担保，也可以是间接的或非财务性的担保，如长期购买项目产品的协议、技术服务协议、以某种定价公式为基础的长期供货协议等。所有这一切担保形式的组合构成了项目的信用保证结构。项目本身的经济强度与信用保证结构相辅相成。项目的经济强度高，信用保证结构就相对简单，条件就相对宽松；反之，就要相对复杂和相对严格。

（三）项目融资的运作程序

一般来说，项目融资的程序大致可以分为投资决策、融资决策、融资结构分析、融资谈判和执行五个阶段。

1. 投资决策阶段

对于任何一个投资项目来说，在决策者下决心之前，都需要经过相当周密的投资分析，这些分析包括宏观经济形势的判断、工业部门的发展以及项目在工业部门中的竞争性分析、项目的可行性研究等内容。一旦作出投资决策，接下来的一个重要工作是确定项目的投资结构，项目的投资结构与将要选择的融资结构和资金来源有着密切的关系。同时，在很多情况下，项目投资决策也是与项目能否融资以及如何融资紧密联系在一起的。投资者在决定项目投资结构时需要考虑的因素很多，其中主要包括项目的产权形式、产品分配形式、决策程序、债务责任、现金流量控制、税务结构和会计处理等方面的内容。

2. 融资决策阶段

在这个阶段，项目投资者将决定采用何种融资方式为项目开发筹集资金。是否采用项目融资取决于投资者对债务责任分担、贷款资金数量、时间、融资费用以及债务会计处理等方面的要求。如果决定选择采用项目融资作为筹资手段，投资者就需要选择和任命融资顾问，开始研究和设计项目的融资结构。

3. 融资结构分析阶段

设计项目融资结构的一个重要步骤是完成对项目风险的分析和评估。项目融资信用结构的基础是由项目本身的经济强度以及与之有关的各个利益主体与项目的契约关系和信用保证所构成。能否采用以及如何设计项目融资结构的关键点之一就是要求项目融资顾问和项目投资者一起对项目有关的风险进行全面的分析和判断，确定项目的债务承受能力和风险，设计出切实可行的融资方案。项目融资结构以及相应资金结构的设计和选择必须全面反映投资者的融资战略要求和考虑。

4. 融资谈判阶段

在初步确定了项目融资方案之后，融资顾问将有选择地向银行或其他投资机构发出参与项目融资的建议书、组织贷款银团、策划债券发行、着手起草有关文件。与银行的谈判中经过很多次的反复，这些反复可能是对相关法律文件进行修改，也可能涉及融资结构或资金来源的调整，甚至可能是对项目的投资结构及相应的法律文件作出修改，来满足债权人的要求。在谈判过程中，强有力的顾问可以帮助加强投资者的谈判地位，保护其利益，并能够灵活、及时地找出问题的解决方法，打破谈判僵局。因此，在谈判阶段，融资顾问的作用是非常重要的。

5. 执行阶段

在正式签署项目融资的法律文件之后，融资的组织安排工作就结束了，项目融资进入执行阶段。在这期间，贷款人通过融资顾问经常性地对项目的进展情况进行监督，根据融资文件的规定，包括参与部分项目的决策、管理和控制项目贷款资金投入和部分现金流量。贷款人的参与可以按项目的进展划分为项目建设期、试生产期和正常运行期三个阶段。

第四节 出口保理

一、出口保理概述

（一）出口保理的概念

出口保理（export factoring）是国际保理的一种。国际保理的全称是国际保付代理业务，在我国大陆称为包销代理，是一种承购应收账款业务，在我国香港地区称为销售保管，在我国台湾地区一般称为应收账款收买业务。由于各个国家所承袭的保理历史渊源以及商业习惯的不同，目前为止，国际贸易和金融界对国际保理的定义尚未统一。最为权威的是国际统一司法协会在 1988 年 5 月通过的《国际保理公约》中对保理的定义：保理是指卖方《供应商、出口商）与保理商之间存在的一种契约关系。根据该契约，卖方（供应商、出口商）将其现在或将来的给予与其买方（债务人）订立的货物销售、服务合同所产生的应收账款转让给保理商，由保理商为其提供以下至少两项服务：贸易融资、销售分账户管理、债款回收、坏账担保和信用销售控制。

一般来说，出口保理是指保理商（通常是银行或银行附属机构）对采用赊销等信用方式出口商品或提供服务的出口商在受让其应收账款的基础上，提供信用担保、贷款催收、销售分类账管理以及贸易融资等金融服务。

（二）保理业务在我国发展的现状

与欧美相比，中国的理行业起步较晚，但伴随着中国经济的快速发展，中国保理行业不断成长壮大，保理业务实现了跨越式发展。据国际保理商联合会（FCI）官方数据统计，2017 年，我国保理业务发生额已超过 3 万亿元人民币，相较于 1995 年不足 1 亿元人民币，增长超过了 1 万倍，已占全球保理业务量的 15.6%。中国保理行业用不到 30 年的时间，从零基础做到实体第一，发展成为一个欣欣向荣的新型产业。与此同时，不断扩大的企业应收账款规模也给中国保理行业的未来发展带来了广阔的空间。中国保理行业将一如既往支持实体经济，并在实体经济发展中发挥“发动机”和“稳定器”的作用。

作为全球第一大保理市场，中国保理行业有以下特点（见下页）：

（1）中国保理业务的总量大，但保理业务量占国内生产总值 GDP 的比例较低。2017 年，中国重返全球保理市场首位，但中国保理业务量占 GDP 的比重仅为 3.8%，保理业务渗透率低于世界范围内 5%的平均水平，这反映出中国保理业务还有较大的发展潜力。同时，保理行业的发展任重而道远。

（2）国内保理的比重较大，国际保理的比重稳步提升。2017 年，中国保理业务量达到 3.16 万亿元人民币，其中国内保理业务量为 2.6 万亿元人民币，市场占比为 82.7%，同期国际保理业务量约合 5 600 亿元人民币，市场占比为 17.7%。国内保理业务在中国保理市场中的比重仍然较大，国际保理业务在 10 年前的占比不足 5%，而今已经超过 17%，其比重正在稳步提升。

（3）银行保理业务与商业保理业务共同发展。银行保理业务在中国保理业务市场中发挥主导作用，而商业保理业务正在发挥越来越重要的作用。2017 年，中国 31 家银行保理商共完成银行保理业务 2.16 万亿元人民币，同比增长 25%，市场占比超过 2/3，占据市场主导地位。在 2012 年后，如雨后春笋般出现的商业保理公司进入了快速发展。2017 年，我国商业保理公司共完成商业保理业务约 1 万亿元人民币。

2021 年，虽然受全球贸易局势持续紧张、新冠疫情反复、金融局势跌宕起伏以及地缘政治局势不明朗等内外因素影响，但我国银行保理业量继 2020 年强势反弹后继续保持增长，在较困难的经济形势中表现出整体向好的态势。中国银行业协会保理专业委员会的统计数据显示，2021 年，保理专业委员会全体成员单位的保理业务量为 3.56 万亿元人民币，同比增长 42.97%，其中国际保理业务量为 481.77 亿美元，同比增长 32.52%，国内保理业务量为 3.25 万亿元人民币，同比增长 44.44%。国内保理业务仍是我国保理市场的主力增长点，在保理业务中的占比达 91.29%。中国服务贸易协会商业保理专业委员会的统计数据显示，2021 年，我国商业保理行业继续保持良好增长态势，全年商业保理业务量约为 2.02 万亿元，同比增速约 34.7%。

二、适用对象

出口保理适用于以赊销（O/A）、承兑交单（D/A）等非信用证结算方式的出口贸易。出口商适宜采用出口保理业务情况如下：

1. 进口商不能或不愿开出信用证，致使出口交易不能达成，限制了出口量的提高；
2. 进口商因出口商不愿提供信用付款方式而转往其他供应商；
3. 准备采用信用付款方式，但对海外进口商的资信和财务能力存有疑虑；
4. 为了更有效地拓展市场，决定在有关的海外市场聘任销售代理，因此而必须提供信用付款方式；
5. 出口商迫切需要营运资金，又不能向银行提供有效的担保或抵质押物；
6. 希望解除账务管理和应收账款追收的烦恼，避免坏账损失。

三、出口保理的程序

1. 出口商向出口保理商申请办理出口保理业务，应提供出口保理商要求的资料。
2. 出口保理商审核同意后，与出口商签订出口保理协议。

3. 出口商将进口商的有关情况及交易资料提交给出口保理商。

4. 出口保理商将资料调整后转送给进口商所在国内的经选定的进口保理商。

5. 进口保理商对进口商的资信进行调查和评估，确定进口商的信用额度，并将调查结果及可提供信用额度的建议通知出口保理商。

6. 出口保理商转通知出口商，如果该进口商资信可靠，则出口保理商对进出口双方间的交易加以确认。

7. 进出口双方签订以保理方式结算的贸易合同。

8. 出口商按合同规定备货装运后，将发票及有关货运单据交给出口保理商。

9. 出口保理商按照出口商的要求，预付其一般不超过 80%的货款或采用买断票据的形式，即按票面金额扣除利息等各项费用后，将货款余额无追索权地付给出口商。

10. 出口保理商随即将发票及单据转寄给进口保理商，后者入账，进行财务管理及负责催收货款。

11. 发票、汇票到期后，进口商按票面金额付款给进口保理商（如果进口商在发票到期日 90 天仍未付款，进口保理商所担保付款）。

12. 进口保理商扣除服务费后将余下货款付给出口保理商。

13. 出口保理商在扣除预付货款、押金、银行转账及其他费用后，将余款交给出口商；如果是买断的，则结账即可。

四、出口保理的特点

1. 融通资金，手续简便

出口商可以获得灵活的贸易融资便利，解决因赊销引起的现金流不足，加速资金周转，及时补充营运资金。

2. 规避风险，提前退税

保理商提供的买方信用担保，即便出口到高风险地区，也可以高枕无忧，不再担心出口收汇风险。而且还可以马上办理结汇和提前核销退税，避免汇率波动风险。

3. 美化报表，减低成本

将未到期的应收账款直接转换为现金收入，降低资产负债率，报表得以美化。保理商负责应收账款的催收和销售分户账管理，不仅省去财务管理的人力和物力，及时了解国外买方的资信状况变化，控制销售风险，更能有助于消除与不同国家买方之间交易的语言、文化和法律方面的障碍。

五、出口保理的风险

国际保理对于出口商有巨大的诱惑力，但是，国际保理业务其自身也有一些不利之处，除了出口商承担的国际保理费用较高之外，出口商还承担了其他的一些风险。出口商获得了进口保理商对进口商的信用额度，并不意味着风险全部消除。因为进口保理商的信用担保只包括因进口商资信原因导致的不付款，以及因国家风险、不可抗力和自然灾害造成的付款风险，而对因贸易纠纷导致的进口商不付款，进口保理商将不负责赔偿。因此，出口商在国际双保理机制下可能面临以下主要风险。

（一）产生贸易纠纷导致进口保理商免责的风险

根据国际保理商联合会（FCL）制定的《国际保理统一规则》，如果因商品数量和质量、服务水平、交货期限等纠纷引起进口商拒付，即使在核定的信用限额内，进口保理商也将免除信用担保责任，问题的关键在于该规则没有对贸易纠纷的认定作出明确规定，导致了国际保理业务潜在的不足，这种不足表现在以下三方面。

首先，没有明确界定提出贸易纠纷的合理原因。贸易纠纷本应该买卖双方间的贸易合同判定出口商是否存在违约，但在实务中，可能出现不管提起贸易纠纷的理由是否合理，只要进口商在规定时间内寻找借口甚至怀疑商品质量存在问题而拒不付款，就可以暂时免除进口保理商在核定信用额度下的赔付责任，使得出口商和出口保理商承担风险。

其次，没有确定进口保理商对贸易纠纷进行审核的责任。《国际保理统一规则》规定：由出口商负责判别进口商所提出的贸易纠纷是否存在，并证明所提出的纠纷不合理。而没有规定进口保理商对贸易纠纷进行审核的责任，可能导致进口商为了拖延甚至拒绝付款而提出假贸易纠纷。

最后，没有明确规定提出贸易纠纷时所需的书面文件。这就可能使进口商提出的贸易纠纷缺乏真凭实据，而仅仅凭借口头说明，进口保理商就轻易认定存在贸易纠纷，免除自己担保付款的责任。

（二）面临进口保理商诚信不足的风险

这种风险主要表现为，当进口商提出贸易纠纷时，进口保理商没有尽力协助贸易纠纷的解决，使出口商蒙受利益受损的风险。根据《国际保理统一规则》规定：出口商和出口保理商负有解决贸易纠纷的首要责任，但进口保理商有责任为解决贸易纠纷提供帮助。如果出口保理商在保理业务欲提起法律诉讼，由于债权已转让，则必须委托进口保理商出面在当地起诉进口商。进口保理商在保理业务中具有特殊的双重身份，既是出口商应收账款的代收人，又是进口商信用的担保人。若进口商有偿付能力，则进口保理商的利益与出口商一致，它会竭尽全力争取自己或出口商胜诉，以便根据判决要求进口商付款，避免或减少损失；若在诉讼前已经获知进口商无偿付能力，进口保理商就有可能站在进口商的一边希望自己或出口商败诉，达到解除赔付责任的目的。

六、出口商的风险防范

在国际双保理业务中，进口保理商是出口保理商选择的，并对出口保理商负责。因此，出口商在前述面临的风险中，最主要面临的是进口商的诚信风险。出口商可以采取下述防范风险的措施。

（一）尽可能充分地了解进口商的诚信问题

出口商对进口商的信任应该建立在对进口商经营作风和诚信的充分了解之上，尤其对于金额较大的交易，应事先委托咨询机构对进口商进行资信调查，以便心中有数，避免与资信不佳的进口商做生意。不能单一地依赖进口保理商核准的信用额度来了解进口商。因为进口保理商做资信调查评估时有可能比较注重进口商的资金实力和未来的现金流，对其经营作风和诚信未必能准确把握。

（二）严格拟定符合国际惯例的买卖合同条款

严格拟定合同条款，使其内容和释义清晰、明确，对防止合同纠纷极其重要。实务中，贸易争议通常是针对货物的规格、质量提出。因此，买卖合同中的品质条款和检验条款极其重要。出口商应争取合同规定进口商提出争议的时间限制，超过规定期限则进口商丧失提出争议的权利。

（三）合同结算方式应采用跟单托收中的承兑交单

在保理业务中，尽管承兑交单（D/A）与赊销（O/A）都适用于保理业务，但在承兑交单条件下，进口商必须首先承兑由进口商开立的远期汇票才能取得货权单据提货，因此将应收账款转化为票据权利。各国票据法均规定汇票承兑人必须到期履行票据权利。如果进口商在票据到期日无论以什么理由拒付，进口保理商都可以向法院提起诉讼。

（四）严格履行买卖合同和保理合同且不超过信用额度发货

国际保理业务中的债权转让以出口商严格履行合同义务（包括买卖合同和保理合同）为前提。如果出口商在交货期限、商品数量、商品质量、价格以及所提交的单据方面与买卖合同不符，进口商必然会提出贸易纠纷，导致进口保理商免除对进口商的信用担保责任。此外，进口保理商在所核准的信用额度内承担信用担保，对超过信用额度的金额，进口保理商尽力履行托收职责，但不负担保责任。如果进口保理商核损的是循环额度，出口商应掌握好出货的节奏，把已发运的货物金额控制在信用额度之内，当前一笔应收账款未收回或出现争议而未能及时解决时，就不要再发运新的一批货物。

（五）注意单据质量和保存

保理项下是商业单据一般由出口商在发货后自行寄给买方，这是保理业务比信用证简便、灵活之处。但出口商仍应注意商业单据的质量，至少保证合同、发票、运输单据、检验证书、装船前要求的其他单据，以及其他履行销售合同的证明等内容完整一致、准确清晰，并与进口保理商核定信用额度时的情况一致。这些证明文件都有可能使出口商在日后处理争议时处于主动地位。

（六）选择信誉卓著、富有经验的出口保理商

首先，信誉卓著的出口保理商可以最大限度地实现国际保理商联合会所倡导的原则，那就是："运用正确的程序，高效运作，以保证高质量的服务；坦诚、谨慎、遵循常识和良好商业道德，在与其他会员、客户的关系处理中显示最大的善意。"

其次，富有经验的出口保理商知道如何选择进口保理商并与之合作。另外，优秀的出口保理商知道如何选择适合保理的业务，及早去除那些易产生争议的产品或服务是避免争议的最好方法。

第五节　福费廷

一、福费廷业务的基本概念及特点

（一）福费廷业务的概念

福费廷业务（Forfaiting）从 1965 年开始在西欧国家推行，也称包买票据，是一种与出口贸易密切相关的贸易融资业务，是国际化大银行长期以来从事的基本贸易融资品种之一。福费廷业务是在延期付款的大型设备贸易中，出口商把经一流银行担保或进口商承兑的、期限在半年以上到 5 年—6 年的远期汇票，无追索权地售予出口商所在地的银行或大金融公司（即包买商），从而提前取得现款，并免除一切风险的资金融通方式。福费廷的债权形式包括：信用证、汇票、本票、投保出口信用险的债权、有付款保函/备用信用证担保的债权、IFC 等国际组织担保的债权及其他可接受的债权工具。

广义上的福费廷是指银行或其他机构无追索权地从债权人（出口商）那里买入由于商品或劳务的出口而产生的应收账款（或称未到期债权）。在大多数情况下，这种债权是以汇票或本票的形式体现的。除非债务人（进口商）信誉卓著，通常这些汇票或本票是要经过银行保付或担保的。从事福费廷业务，出口商放弃对所出售债权的一切权益；而开展福费廷业务的银行也必须放弃对出口商所支付款项的追索权，只要出口商所出售的债权是合格有效的。

狭义上的福费廷商是指从事福费廷业务的银行在远期信用证项下无追索权地买断开证行已承兑的汇票或已承付的单据的业务，以及在托收业务项下买断经债务人的银行保付的已承兑汇票业务。

实际上从笔数和金额来看，狭义上福费廷业务已占福费廷业务的大多数。其他的福费廷业务，如无追索权地买断由非银行机构承兑或保付的汇票或本票的业务，因其风险考虑因素以及操作方式有较大不同，但其基本原理是相同的。

长期以来，出口贴现是中国各家商业银行向客户提供的主要贸易融资服务之一。然而，银行提供的这种传统的出口贴现业务是对出口企业保留追索权的，即当贴现银行未能按期从国外承兑/承付/保付银行处收到应收账款时，将向出口企业追讨贴现款项本息。

相比之下，在福费廷业务中，由于银行对出口企业支付的贴现款项没有追索权（当然前提是企业出让的是合格有效的债权），银行完全承担了与该笔债权有关的商业信用风险、国家风险、汇率风险等所有收汇风险。福费廷业务给出口企业也带来的其他好处包括：获得的银行融资无须占用授信额度，企业可以将节省下来的授信额度用于其他资金需求；银行贴现款项在企业资产负债表上直接体现为现金收入，减少银行贷款和应收账款的金额，改善资产负债比率；银行提供福费廷融资主要关注承兑/承付/保付银行的信誉，无须特别审查出口企业的资信状况和还款能力。与流动资金贷款等相比，手续快捷方便得多；出口企业不再承担资产管理和应收账款回收的工作及费用，从而节约了财务管理费用。

（二）福费廷业务的特点

1. 终局性融资便利

福费廷是一种无追索权的贸易融资，出口方一旦取得融资款项，就不必再对债务人偿债与否负责；同时不占用银行授信额度。

2. 改善现金流量

将远期收款变为当期现金流入，有利于出口方改善财务状况和清偿能力，从而避免资金占压，进一步提高筹资能力。

3. 节约管理费用

出口方不再承担资产管理和应收账款回收的工作和费用，从而大大降低管理费用。

4. 提前办理退税

办理福费廷业务后出口方可立即办理外汇核销及出口退税手续。

5. 规避各类风险

完成福费廷业务之后，出口方不再承担远期收款可能产生的利率、汇率、信用以及国家等方面的风险。

6. 增加贸易机会

出口方能以延期付款的条件促成与进口商的交易，避免了因进口商资金紧缺无法开展贸易的局面。

7. 实现价格转移

可以提前了解包买商的报价并将相应的成本转移到价格中去，从而规避融资成本。

二、福费廷业务的基本程序

1. 签订进出口合同与福费廷合同，同时进口商申请银行担保。

2. 出口商发货，并将单据和汇票寄送给进口商。

3. 进口商将直接承兑的汇票或开立的本票交给银行要求担保。银行同意后，担保函和承兑后的汇票或本票由担保行寄给出口商。

4. 出口商将全套出口单据（物权凭证）交给包买商，并提供进出口合同、营业执照、近期财务报表等材料。

5. 收到开证行有效承兑后，包买商扣除利息及相关费用后贴现票据，无追索权地将款项支付给出口商。

6. 包买商将包买票据经过担保行同意后向进口商提示付款。

7. 进口商付款给担保行，担保行扣除费用后把剩余货款交给包买商。

三、福费廷业务与一般贴现业务的区别

福费廷业务与贴现业务很相似，但它们之间存在着下列区别：

1. 一般的票据贴现业务，如票据到期遭到付款人拒付，银行对出票人和背书人均可行使追索权，要求其付款；而福费廷业务所贴现的票据，银行不能对出票人（出口商）行使追索权。

2. 一般的贴现票据，无须银行为之担保；而办理福费廷业务的票据，则必须有进口方

银行为之担保，并且担保银行还必须为包买商认可。

3. 一般票据贴现手续比较简单，贴现银行只向贴现人预扣贴现息；而福费廷业务的手续就比较复杂，买入票据的包买商除向出口商收取贴现息（贴息率高于一般票据的贴息率）外，还要收取管理费、承担费等。

4. 一般贴现票据为国际、国内贸易往来中的票据，而福费廷业务中的票据则多为与大型成套设备出口相联系的票据。

四、福费廷业务对进出口商的作用

（一）对出口商的作用

福费廷业务对出口商比较有利，主要表现在以下几个方面。

1. 出口商按贸易合同发运货物后，很快就能得到包买商的资金融通，加速了其资金周转，避免了汇率风险。

2. 包买商对出口商的融资没有追索权，出口商将进口商拒付的信用风险转嫁给了银行。

3. 出口商可以转嫁有关费用。办理福费廷业务的银行虽然向出口商收取各项费用，但出口商可以将其转嫁到货价上，由进口商承担。同时进口商把票据卖断给银行，货款托收的费用就由银行来承担了。

（二）对进口商的作用

对进口商而言，利息与所有的费用负担均计算于货价之内，一般货价较高。但利用福费廷业务的手续却较简便，进口商无需办理复杂的融资手续。在福费廷方式下，进口商需寻找担保银行，因此须向担保行交付一定的保费或抵押品。

五、福费廷业务的风险及防范

（一）福费廷业务的风险

1. 利率风险

福费廷业务提供中长期融资，使用固定利率，因此对于经营福费廷业务的银行来说风险较高。在选择期和承担期中，由于利率上升会导致包买商的融资成本上升，对于这种高风险的金融产品如何定价，既可以保证融资的利润与承担的风险相匹配，同时又能使出口商接受，是福费廷业务的核心问题。

2. 承诺风险

出口商与进口商在签订贸易合同之前，按照一般惯例，出口商将向福费廷融资商支付一笔承诺费。但在合同执行期间，如果进口国家的政治、经济情况恶化，融资风险将增加，外资银行若不愿意再以原价格成交，中资金融机构却已向客户作出融资承诺，这必将使其陷入进退两难的境地，无论是终止合同还是提高价格，都将对出口商造成损失。

3. 流动性风险

我国票据贴现市场不成熟，使国内银行在买入出口商远期票据后，无法在二级市场上转让票据，分散风险。由于福费廷业务通常融资时间长、金额大，一旦在各家银行推开后形成一定规模，势必将产生银行资产的流动性问题。

4. 贸易欺诈风险

福费廷业务服务于出口贸易，中资金融机构对出口商给予票据贴现后，放弃追索权，这是福费廷业务的魅力所在，但也容易为不法商人利用来使用贸易欺诈的手段骗取银行的贴现资金。因而，一些外资银行为防止贸易欺诈情况的出现，往往会保留追索权。所以，中资金融机构一定要与客户签订福费廷业务合同，清晰地界定双方的权利和义务及特殊情况下的例外条款，适当地规避有关的业务经营风险。

5. 客户流失到合作方的风险

在目前市场情况下，中资银行目前主要是将承接的客户业务转给外资运作，以自身的客户优势与外资银行的雄厚资金及管理优势相结合，借助外资银行的福费廷专业机构开展福费廷委托代理业务。值得注意的是，在福费廷业务中，真正的融资商是外资银行，国内出口客户的资料将很容易被外资银行获取。如果外资银行不甘心只做福费廷的二级市场业务，而借合作之机，跨过中资金融机构直接参与一级市场业务竞争，与中资金融机构争夺客户资源，这将会使中资金融机构失去一部分优质客户。

（二）福费廷业务风险防范

1. 加强营销宣传，培养专业人才

目前许多进出口企业对福费廷业务缺乏全面和深入的了解，而且福费廷相对于别的融资产品如抵押、贴现等费用较高，这在一定程度上影响福费廷业务开发推广。因此，银行一方面要做好加强营销的工作，让出口商充分意识到福费廷业务的物有所值；另一方面应结合考虑出口企业的承受能力、费用、风险溢价、盈利等因素，参考国外同业数据的同时，从扶持外贸企业推广福费廷业务出发，制定合理的贴现率与费率，根据福费廷业务期限的长短灵活地掌握管理费和承诺费的尺度，使银行和企业都能接受。

福费廷业务实质上是一种综合性国际金融业务，它要求从业人员既精通外语、国际银行业务，又熟知国际商业法律、法规和惯例。因此，要拓展福费廷业务，把业务的经营风险控制在最低点，专业人才的培养是首要的。

2. 健全银行内部经营机制，提高风险评定能力

银行在开办福费廷业务时无追索权地买断票据，虽然有进口的银行担保，但也承担了一定的收汇风险，特别是在票据期限较长的情况下。因此，中资银行的信息调研和风险评定工作还有待进一步改进和加强，以满足从事福费廷业务的包买商必须消息灵通、随时掌握各类信息的要求。目前，我国的中资银行有必要设立专业的市场信息调研部门，对其他国家和地区的政治经济状况、各主要银行的经营情况与资信变化、具体业务的风险程度等进行调查，对每一笔业务的风险作出及时准确的评估，从而对客户的询价作出快速的反应。同时，充分利用外资银行提供的咨询调查服务，了解当地的情况，进行必要的风险控制。

3. 谨慎选择合作伙伴，防止欺诈风险

随着福费廷业务在各地银行的推广，必然会形成规模，在我国资本市场还不发达的情况下，对金额较大的福费廷匹配资金只能通过国际市场来筹措，相对来说筹资成本较高，在这种情况下可考虑寻求与一些信誉高、实力强、贸易融资业务做得比较好的外资银行合

作，签订福费廷融资协议，为中资银行的福费廷业务提供二级包买，使中资银行可根据各自的风险识别、交易经历、投资规模和渗透能力有直接或间接的关系，同样，开办福费廷融资业务的银行在不同地区具有不同的相对优势。因此，国内商业银行应根据我国出口商的出口国家和地区，有针对性地选择不同的外资银行，发挥不同的比较优势，发现合理的价格底线，提高开办此项业务的效益性。

4. 建立严谨的法规体系，以规范业务运作

福费廷业务在欧美等国家已有 40 多年的发展历史，我们应借鉴其立法机制制定出合适我国国情的并与国际接轨的完备的贸易和金融体系，使我国的福费廷业务依法展开，规范运作。福费廷业务中主要使用债权凭证式汇票和本票，但我国 1996 年开始实施的《中华人民共和国票据法》中存在着许多具体问题需要进一步解决，特别是有关外币票据方面的规定甚少。

为保证福费廷业务的健康开展，国内商业银行必须制定详尽、规范、严谨的业务管理规范和基本操作流程，才能真正有效地满足客户的需要，赢得客户的信赖。由于国内商业银行往往要和外资银行合作，这就涉及不但要与外国客户，还要与外资银行签订合作协议，明确三方的法律关系和责任义务，防止在业务操作中出现纠纷和风险。

5. 建立完备的国际化票据市场，增强票据的流动性

福费廷业务由于其独特的融资功能而获得持续的增长，并且逐步由欧洲市场向亚洲市场及全世界发展，形成了一个全球范围内的福费廷交易市场。完备的国际化票据市场可使福费廷业务中买进的贴现票据能够及时流通转让，银行贴入票据后能再次转手，从而鼓励银行开展此项业务。就国内的外汇资金市场来看，目前国内还没有形成一个像人民币那样统一的资金市场，做福费廷业务的匹配资金必须通过国际市场来筹措，由于存在地理位置及时间上的差异，在交易时间、资金风险控制等技术方面都将可能存在一定的不便。因此，外汇资金市场需尽快建立并有待于进一步完善，以此增强票据的流动性，改善业务的流动风险。

6. 积极采用灵活的结构性贸易融资方式以分散风险

由于有些福费廷业务需要融资的金额大、期限长，因此银行在融资规模较大时可以与银行贷款相结合，既可以分散风险、加强同业合作，又能为大型成套设备筹集到巨额的资金，从而鼓励我国资本性货物的出口。根据出口项目的具体情况，分阶段灵活使用不同的融资方式，可采用出口卖方信贷与福费廷业务相结合，能较好地解决企业成套设备出口的融资需要，加大对出口商的支持力度。

第六节　结构性贸易融资

一、结构性贸易融资的含义及特点

（一）结构性贸易融资的含义

目前，国际上关于结构性贸易融资的含义没有统一界定，大多数学者、专家比较认可

的定义是：结构性贸易融资是创造性地运用传统的融资方式与非传统的融资方式，根据国际贸易项目的具体情况以及项目社会环境的具体情况要求，将多种融资方式进行最佳组合，使项目的融资得以实现，并使企业获得全程的信息和全程信用管理。

结构性贸易融资实际是一种金融工具的组合。目前，国际上常用的工具主要有出口信贷（包括买方信贷、卖方信贷）、银团贷款、银行保函、出口信用保险、福费廷、国际保理、远期外汇买卖业务、期货、期权业务、利率互换业务、货币互换业务、传统银行贷款、常规票据贴现等。

（二）结构性贸易融资的特点

1. 高度的综合性

融资过程中包括了证券化、风险管理、出口促进中的最新方法，并与传统的贸易信贷级结算手段相结合，对现有贸易融资、结算工具重构、组合。结构性贸易融资业务需要根据具体案例来专门定制、设计，为特定的贸易项目提供一个最佳解决方案。

2. 对自然资源及基础设施工业的大宗商品和资本商品的出口特别适用

大宗商品的融资额高，对涉及国家的进出口贸易也有较大影响，一些国家的政策性银行往往开展结构性贸易融资业务，以支持本国的进出口贸易业务。如美国进出口银行支持的结构性贸易融资项目包括光导纤维电缆、天然气、石油项目、电信制造业大型设备等。我国的一些大宗商品特别是船舶出口，也是通过中国进出口银行办理出口信贷，并由商业银行代理该业务的。但我国的金融工具不多，结构性贸易融资不发达，因此，一般仍仅限于传统的出口信贷业务。

3. 还贷主要不是靠债务人的信誉，而是靠项目融资本身的现金流量、未来的交易状况来保障其安全性。

这一点与项目融资有类似的地方。事实上，花旗银行是把项目融资与结构性融资归为一类进行业务统计的。同类型业务具有相似的风险特征，从项目融资的角度研究结构性贸易融资业务的风险是有益的。

二、结构性贸易融资的运作

由于结构性贸易融资并没有统一的操作规程，这里以一个具体的案例来说明结构性贸易融资的运作。

2021 年 5 月和 2021 年 2 月，我国 ABC 公司分别于国内三大大型造船厂作为共同卖方同马来西亚 DF 公司签订了 6 艘船舶的出口合同，合同的总价为 1.7 亿美元，6 条船预计交船的最早时间为 2022 年 10 月，最晚时间为 2023 年 2 月。这 6 条船的支付方式都是分 5 期 T/T 支付，即签约 5%，开工 5%，上船台 10%，下水 10%，交船 70%，其中第 2 期和第 3 期进度款（两个 10%）由马来西亚隐含开出付款保函。由于建造该批出口船舶前期的资金投入量很大，5%的定金和开工时 5%的付款不能满足生产资金的需求，因此出口商急需获得贸易融资的支持。假设采用出口信贷和传统的贸易融资方式才能满足上述项目的要求，比如：

1. 出口信贷

不管出口卖方信贷还是买方信贷，一般是对出口非延期付款提供融资。在出口项目下，出口商交付船舶时，他已收到全部货款，因此，不具备使用出口信贷的条件。

2. 福费廷融资

在本出口项目中，由于出口商的远期收款权是不确定的，能否到期获得每笔应收款项还取决于出口公司能否按时按质履行其在出口合同项下的义务。而一般来说，不确定的债权是无法被追索地出售的。此外，由于船舶还未交货，所以也没有不可撤销的汇票或本票作贴现。因此，在本项目中，也不具备福费廷融资的条件。

此时，采用结构性贸易融资安排：

首先海外项目甲公司作为借款人，从国外银团获得贷款，然后再作为贷款人身份转贷给国内出口商，它通过贴现的方式给国内出口商提供融资。公司在结构性贸易融资中的中介作用主要是通过一个协议来实现的。

1. 公司与国内出口商签订购买协议

在该协议中，公司以贴现形式给出口商提供资金，而出口商承诺将出口合同项下的最后一期进度款收款权转让给公司。

2. 公司与国外银团签署贷款协议

国外银团向公司提供贷款，公司将出口商转让给它的仓库合同项下的最后一期进度款的收款权作为还款保证抵押给国外银团。

3. 牵头银行组织国外银团

本项目所需融资金额比较大，因此一家银行很难承担，需组织多家银行共同提供融资。

4. 由国内银行安排提供借款担保

由于在本项目中银团所获得的最后一期款项的收款权是不确定的，因此，银团提供贷款的风险很大，一般要求国内银行提供还款担保。国内银行能否提供还款担保是银团是否提供贷款的一个必要条件。

在本项目的结构性贸易融资中中国进出口银行作为借款担保人，向贷款银团提供借款保函。中国进出口银行作为一个主要的或有债务的承担者，一方面要求出口商提供反担保，另一方面将出口商所造的船抵押和保险权益转让给中国进出口银行。

总的来看，通过组织国外银团贷款，一方面利用了境外资金支持我国船舶出口；另一方面通过多家银行参与贷款，分散了项目的风险，使融资方案得以实现。通过引进海外项目公司，公司作为借款人，再由其以贴现的方式支付给出口商，使其得到境外融资。由于中国进出口银行充当本结构性贸易融资安排中的借款担保人，使海外项目公司的对外借款的融资成本大大降低。

总之，结构性贸易融资是一种有利于参与各方的方法，特别是对外贸易中的进出口双方，它往往能形成双赢局面。

课程思政案例

中国人民银行：鼓励银行通过信用证、福费廷、贴现、保理等业务，满足企业人民币贸易融资需求

2023 年 1 月 11 日，商务部、中国人民银行联合印发《关于进一步支持外经贸企业扩大人民币跨境使用 促进贸易投资便利化的通知》（以下简称“通知”），从九个方面进一步便利跨境贸易投资人民币使用，更好地满足外经贸企业交易结算、投融资、风险管理等市场需求。

该通知特别提到，鼓励银行通过经常项下跨境人民币集中收付、跨境双向人民币资金池等业务，满足企业人民币资金集中处理、归集管理和余缺调剂需求；通过信用证、福费廷、押汇、贴现、保理、代付等业务，满足企业人民币贸易融资需求，并结合贸易特点进一步创新产品服务。主要内容摘录如下：

一、充分认识扩大人民币跨境使用的积极意义。党的二十大提出，坚持把发展经济的着力点放在实体经济上；提升贸易投资合作质量和水平；有序推进人民币国际化。要深入学习贯彻党的二十大和中央经济工作会议精神，充分认识跨境人民币业务服务实体经济、促进贸易投资便利化的积极作用，着力解决外经贸企业“急难愁盼”，为人民币跨境使用创造良好政策环境。

二、促进更高水平贸易投资便利化。便利货物贸易、服务贸易及各类贸易新业态跨境人民币结算，支持大宗商品人民币计价结算，支持境外投资者以人民币来华投资、境内再投资，便利对外承包工程企业人民币境外资金集中管理、确需支付款项汇出，支持我国与周边国家（地区）、RCEP 区域内贸易投资人民币结算等。

三、更好满足企业跨境投融资需求。各地商务主管部门要积极梳理反映企业人民币投融资需求，推动银企精准对接。鼓励银行境内外联动开展境外人民币贷款业务，按照商业原则降低人民币融资成本，支持对外投资、对外承包工程企业参与“一带一路”建设，鼓励对有实际需求且符合条件的境外项目和企业优先采用人民币贷款。鼓励银行通过经常项下跨境人民币集中收付、跨境双向人民币资金池等业务，满足企业人民币资金集中处理、归集管理和余缺调剂需求；通过信用证、福费廷、押汇、贴现、保理、代付等业务，满足企业人民币贸易融资需求，并结合贸易特点进一步创新产品服务。

四、因企施策增强企业获得感。有序开展更高水平贸易投资人民币结算便利化试点，鼓励银行将更多优质企业纳入便利化政策范畴，鼓励省级跨境人民币业务自律机制间共享优质企业名单。着力加大对中小微企业支持力度，便利其在跨境贸易投资中使用人民币结算，规避汇率风险、降低汇兑成本。支持供应链核心企业，带动境内外、上下游企业更多使用人民币，促进内外贸融合发展。推动国有企业带头，集团内部境内外企业往来积极使用人民币。

五、充分发挥对外开放平台作用。进一步丰富人民币使用场景，重点支持上海自贸试验区临港新片区、粤港澳大湾区、海南自由贸易港等地区立足定位，开展跨境人民币业

务创新。鼓励银行国家级经济技术开发区、边（跨）境经济合作区、国际性展会等提供跨境人民币结算“一体化”配套综合金融服务。扩大境外经贸合作区人民币使用，支持银行入驻设点，区内企业提供高效便捷跨境人民币服务，促进人民币在岸离岸良性互动、协调发展。

六、持续完善综合金融服务。鼓励银行根据外经贸企业实际需求，积极创新产品服务，提供交易撮合、支付结算、财务规划、风险管理等综合金融服务，提供更多人民币保值增值工具，培育境内外主体人民币使用习惯。加大对企业人民币跨境贸易投资的出口信用保险和海外投资险承保力度，支持企业投保或续保时以人民币作为收付币种。

七、发挥资金基金引导作用。各地商务主管部门要用好外经贸发展专项资金，在符合世贸组织规则前提下，撬动更多资源，为企业提供公共服务，支持跨境贸易投资更多使用人民币。支持服务贸易创新发展引导基金做好项目对接，符合条件的人民币贸易投资项目提供股权融资支持。

八、提升政策宣传培训实效。鼓励各地创新形式，开展多样化宣传和培训，通过实地走访、座谈交流、专家授课、编写案例、发倡议书、录短视频、推二维码等形式，进一步促进银企对接，扩大政策受益面。

九、凝聚跨境人民币工作合力。加强横向协作，各地商务主管部门和人民银行分支机构要密切沟通、强化协同，注重发挥行业协会、商会和自律机制作用。

资料来源：中国人民银行网站。

本章小结

1. 出口信贷是增强一国出口商品竞争力的重要贸易促进政策，主要包括出口买方信贷和出口卖方信贷。

2. 项目融资是以具体项目为依托，以项目产生的收益作为融资抵押的国际融资方式。

3. 国际保理是在使用赊销、寄售等非银行信用支付方式的国际贸易中出口方能够顺利回笼资金的重要融资方式。

4. 福费廷业务是追索权的票据包买业务，是国际银行经常使用的国际贸易融资方式之一。

5. 结构性贸易融资是随着国际大型工程承包及大型成套设备出口的繁荣而发展起来的一种国际贸易融资方式。

重要概念

出口信贷　买方信贷　卖方信贷　BOT　出口保理　福费廷　结构性贸易融资

思考与练习题

1. 简述出口卖方信贷的基本程序。

2. 简述项目融资的主要模式。
3. 简述国际保理的基本程序。

本章讨论题

试述出口保理业务面临的主要风险及相应的风险控制措施。

思考与练习题答案：

1. 略。
2. 略。
3. 略。

第八章

国际结算

学习目标

- 熟悉各种支付工具、支付方式及特点
- 理解票据、汇款、信用证等基本原理
- 掌握各种支付方式的基本流程
- 掌握各种支付方式的特点以及进出口贸易中支付方式的选择技巧
- 熟悉进出口贸易中支付条款的签订及应对各种支付纠纷及风险

本章导入

兴华小商品出口贸易公司在2023年广交会上接洽了俄罗斯ARIEA日用品进口贸易公司，初步达成了基本的交易意向：成交4个集装箱的家庭日用清洁用品，价值320万元人民币。但在具体交易条件洽谈时，俄罗斯进口商要求进行货到1个月后付款，在中俄边境满洲里口岸进行交货。而兴华小商品出口贸易公司以前没有相关俄罗斯出口的经验，对ARIEA公司的资信状况也不是很了解。同时，正值俄乌战争时期，而小商品出口的国际竞争又异常激烈。针对这笔交易，应该如何进行国际贸易货款的结算才能更好地应对这种交易环境至关重要。

试问：针对上述交易，讨论在国际贸易中可能存在的风险，探讨促进交易的有效货款结算的方法，并提供设计方案。

第一节　国际结算概述

伴随着国际交往日益加深以及经济全球化的深入发展，商品货款及劳务价款的索取与偿付、国际资金的单方面转移与调拨、国际银行间资金的转账与划拨等国际货币收付活动越来越频繁。国际结算已经成为重要的国际金融业务。

一、国际结算的含义及特点

（一）国际结算的含义

国际结算（international settlement）是指处于不同国家的当事人（包括个人、企业、其他法人组织或政府），由于商品买卖、服务供应、资金调拨、国际借贷等原因，通过银行办理的两国间货币收付业务。

国际结算是一项极其重要的跨国经济行为，是保障与促进国际各项活动与交往正常进行的必要手段。国际结算的主体是处于两个不同国家（地区）的当事人，位于国际结算的首尾两端，而银行是国际结算的枢纽。国际结算的目的是以有效的方式和手段来实现国际上以货币表现的债权债务的清偿。

（二）国际结算的特点

1. 国际结算需按照国际法规和国际惯例进行

国际结算涉及多边关系，因此公认的法规和惯例成为国际结算业务顺利开展的前提。在国际结算业务中常用的法规如《联合国国际货物销售合同公约》《日内瓦统一汇票本票法公约》和《日内瓦统一支票法公约》等；常用到的国际惯例如《托收统一规则》《跟单信用证统一惯例》《见索即付保函统一规则》和《2020年国际贸易术语解释通则》等。

2. 国际结算以可兑换货币为媒介

可自由兑换货币很多，但并不是所有的可自由兑换货币均可用于国际收支和国际结算。由于世界各国经济发展的不平衡性，最终用于国际支付和国际结算的货币总是集中在少数几种可兑换货币上，如美元、欧元、英镑等，它们是国际结算的主导货币。从2008年起，中国也开始了人民币跨境对外结算的试点，经过几十年的发展，已经取得了良好的成效。

3. 国际结算以银行为中介

商业银行是国际结算业务的链接纽带。国家间债权债务关系的清偿都是通过银行作为中介实现的。银行的介入大大提高了结算效率，降低了结算风险。但银行作为国际结算中介代理人的地位是根本的，商业银行提供服务、承担风险的根本目的是获得一定的利润。

4. 国际结算以国际贸易为基础

国际结算业务的主要服务对象是国际贸易中的进出口商，国际贸易的发展对国际结算也提出了新的要求。随着国际贸易环境和贸易方式的变化，国际结算也出现了一些新的形式和新业务，如国际保理、包买票据等，越来越多地应用到国际结算业务中，正在逐步取代传统结算方式。

5. 国际结算比国内结算复杂

国际结算是跨国界进行的，交易双方处在不同国家和地区，各国的政治制度、法律体系不同，文化背景有差异，这使得国际结算的有关方在沟通、资信了解、业务操作、外汇管制等许多方面增加了困难，致使国际结算业务操作较为复杂。

二、国际结算的种类与基本内容

（一）国际结算的种类

1. 按照产生债权债务原因划分

国际结算可按照产生债权债务原因的不同分为国际贸易结算和非贸易国际结算。

（1）国际贸易结算

国际贸易结算是基于国际商品贸易而形成的债权债务所进行的货币收付业务。国际贸易结算是国际结算的基础，在国际结算中具有主导地位，包括了所有商品贸易方式的结算，其结算范围有：有形商品的进出口贸易结算、记账贸易结算、资本性货物贸易以及综合类的商品贸易结算（如国际工程承包、补偿贸易、技术服务贸易等）。国际贸易结算是以有形贸易结算为主的。

（2）非贸易国际结算

非贸易国际结算是指由国际贸易以外的其他经济活动，以及政治、文化等交流活动而引起的货币收付业务。它主要包括无形贸易结算（主要是劳务的进出口交易和非贸易因素所形成的债权债务，如学费、旅费等）、金融交易类结算（即国际上各种金融资产买卖的结算）和国际资金单方面转移结算等。

近年来，随着国际信贷、外汇买卖等金融交易量的迅速增加，国际非贸易结算的笔数和金额均已大大超过了国际贸易结算。但是国际贸易结算在整个国际结算中仍然占据着重要地位。就国际结算实务而言，贸易结算较之非贸易结算要复杂得多，它几乎使用了所有国际结算的手段和方式。因此，国际贸易结算是本章学习的重点。

2. 按结算中使用的支付手段划分

按照结算中使用支付手段的不同，可以分为以下四种。

（1）现金结算

现金结算是最原始的国际结算方式。在早期的国际结算中，买方一手交钱，卖方一手交货，货款两清。随着国际贸易量的不断增加，这种结算的弊端越来越多，如运送货币的风险较大、成本过高、识别货币真伪有一定困难等。所以，在当今的国际贸易中，很少使用这种现金结算业务，它通常用于金额较小的非贸易结算中。需注意的是，国际结算中使用的结算货币必须是可自由兑换的货币。

（2）票据结算

国际贸易结算基本上是非现金结算，即使用以支付金钱为目的并且可以流通转让的债权凭证——票据作为主要的结算工具清偿债务。票据的使用极大地提高了国际结算的效率和安全程度。

（3）凭单付款结算

在国际货物贸易中，卖方只需在合同规定时间和地点完成装运，并向银行提供符合规定的一套单据，就算完成了交货义务，银行据此支付货款。这种方式对于“象征性交货”的货款结算提供了便利，亦有利于贸易双方利益的平衡，被广泛使用。

（4）电讯化结算

随着电子讯息时代的深入发展，国际结算亦进入电讯结算时代。即在国际结算过程中的各个环节，采用电子方法处理业务，如使用电子单据，以电子方式审核传递一切有关信息，结清债权债务关系。

（二）国际结算的基本内容

国际结算主要涉及的内容有：

1. 国际结算支付工具

国际结算支付工具主要指的是货币和票据。在实际业务中，以现金结算货款的情况较少，大多情况下采用票据进行结算。因此，票据行为规律、票据法律规范等问题是国际结算研究的第一对象。在国际贸易结算中主要使用的是汇票（bill of exchange）、本票（promissory note）和支票（check），除此之外还有旅行支票、信用卡等其他形式。票据的广泛应用使国际结算更加迅速、安全。

2. 国际结算方式

结算方式是按照一定条件、采取一定形式、使用相应的信用工具实现国际货币收付的方式。国际结算方式的产生、发展、应用以及创新是国际结算研究的第二对象。

（1）按照资金流向与结算工具传送方向是否一致，国际结算方式可分为顺汇和逆汇

顺汇，是指由债务人或付款人主动将款项交给银行，委托银行使用某种结算工具，支付一定金额给国外债权人或收款人的结算方法。汇款中的电汇、信汇均属此类。

逆汇，是指由债权人以出具票据的方式，委托银行向国外债务人收取一定金额的结算方式。托收、信用证业务均属此类。

（2）其他分类

按结算工具和使用方法划分，国际结算可分为汇款、托收、信用证、银行保函、国际保理等，这是最常用的分类方法，也是本章重点学习的内容。

按信用工具的性质划分，分为商业信用结算和银行信用结算，前者即由出口商和进口商相互提供信用，包括汇款和托收，后者即由银行提供信用来进行债权债务的清偿，包括信用证、银行保函等。

3. 国际结算中的单据

在国际贸易结算中，单据具有举足轻重的作用，常常是国际结算的必备条件之一。在很多结算方式中，出口商提交的单据合格与否，成为其能否收回货款的决定性因素。因此，单据的种类、制作要求等内容是国际结算学习的第三个对象。常见的单据包括运输单据、商业发票、保险单据等。随着现代化通信技术和贸易方式的发展，货物单据化的事实将有所改变，单据的使用程序将被进一步简化。

4. 国际结算中的融资

随着国际贸易竞争的加剧，国际贸易融资的重要性也日益凸显。在国际结算过程中适时实现国际贸易融资成为当下很多外贸企业迫切的需求。因此本章学习的第四个对象就是结合不同的国际结算方式，学习国际贸易结算融资的方式、特点和应用程序等内容。

这些内容相互融合，构成了完整的国际结算业务。

第二节　票据

一、票据的含义、基本特点与功能

（一）票据的含义

票据作为结清国际间债权债务的信用工具，它有广义和狭义之分。广义的票据指所有商业上作为权利凭证的各种单据（documents of title）和金融票据（financial documents），即用来表明某人对不在其实际控制下的资金或物资所有权的书面凭证，如股票、债券、仓单、提单、保险单、汇票、本票、支票等。而人们经常将股票、债券等称为有价证券，把发票、提单、保险单等称为单据或商品单据。人们通常所说的票据是指狭义的票据，狭义的票据是指由出票人签发、约定自己或命令他人在一定日期无条件支付确定金额的书面凭证，如约定由出票人自己付款的是本票，命令第三者付款的则是汇票或支票。

（二）票据的基本特点

票据是以收付金钱为目的的特定证券，无条件支付一定金额是票据定义的最核心内容。票据作为一个整体，具有以下七个基本特征。

1. 票据的无因性

票据一旦做成，票据权利即与其原因关系相分离，成为独立的票据债权债务关系，不再受先前原因关系存在与否的影响。

2. 票据的要式性

所谓要式性是票据的形式必须符合法律规定，票据上的必要记载项目必须齐全且符合规定。各国法律对票据必须具备的形式条件和内容都作了详细规定，各当事人必须严格遵守这些规定，不能随意更改。

3. 票据的流通转让性

票据流通转让不同于一般债权和书面凭证的转让，其流通转让具有如下特点：（1）票据转让不必通知债务人；（2）正当持票人的权利不受前手票据权利缺陷的影响。

4. 票据的设权性

票据发行的目的是设定一种新的权利与义务关系。票据上的权利与义务关系在票据做成之前并不存在，它是在票据做成的同时产生的。

5. 票据的可追索性

票据可追索性是指票据的付款人或承兑人如果对合格票据拒绝承兑或拒绝付款，正当持票人为维护其票据权利，有权通过法定程序向所有票据债务人起诉、追索，要求得到票据权利。

6. 票据的文义性

票据行为的内容完全以票据上的文字记载为准，而不能以票据以外存在民事关系为由来对抗票据权利的行使。

7. 票据的提示性

持票人行使票据权利时，必须向票据债务人出示票据，否则，持票人的票据权利不可能实现。

（三）票据的功能

1. 汇兑功能

汇兑功能是票据的原始功能，其作用是解决资金支付的空间间隔问题。由于商业发展中资金携带不便，可以将现金转化为票据，再在目的地转化成现金或票款。

2. 支付功能

支付功能是票据的基本功能。在经济生活中，现金支付费时费力、成本高、效率低。而以票据为手段进行支付，只需办理银行转账即可，方便、准确、迅速、安全。

3. 流通功能

票据的使用可以进行流通转让。在票据到期时，只需通过最后持票人同付款人进行清算，就可以使此前发生的所有各次交易同时结清。

4. 信用和融资功能

信用功能是票据的核心功能，被称为“票据的生命”。票据的使用明确了债权债务，保障性增强，清偿时间确定，转让手续简便，还可通过贴现提前转化为现金。

二、汇票

（一）汇票的含义

汇票是国际结算中使用最广泛的一种票据。汇票是由一人向另一人签发的要求即期、定期或在可以确定的将来时间向指定人或根据其指令向来人无条件支付一定金额的书面命令。汇票的样式如图 8-1 所示。

BILL OF EXCHANGE

At ________________ sight of this FIRST BILL of exchange (SECOND being unpaid) pay to ____________ or order the sum of

Drawn under ______________________________

L/C No____________ dated ________________

To: ______________________________

(signature)

图 8-1　汇票式样

（二）汇票的内容

汇票的内容是指汇票上记载的项目。根据其性质及重要性不同，可以分为以下三种：

1. 绝对必要记载项目

绝对必要记载项目是汇票必须记载的内容，根据我国《票据法》规定，汇票应包括“汇票”字样、无条件付款命令、确定的金额、付款人名称、收款人名称、出票日期、出票人签章等内容。

2. 相对必要记载项目

除以上必须记载的内容外，还有付款日期、出票地点、付款地点三个“相对必要记载项目”。

3. 任意记载项目

当事人还可以根据需要记载一些其他内容，称为“任意记载项目”，它是由出票人等根据需要记载的限制或免除责任的内容。这些项目一旦被接受即产生约束力，如担当付款人、预备付款人、免做拒绝证书等。

（三）汇票的当事人

汇票的基本当事人有三个，即出票人、收款人和付款人。

1. 出票人。指签发并交付汇票的当事人。
2. 付款人。指接受无条件支付命令的当事人，即受票人。
3. 收款人。指收取票款的当事人。

汇票进入流通领域后，还包括下列有关当事人：

1. 背书人。指在票据背面做签章，将票据权利通过背书转让给他人的人。
2. 被背书人。指接受票据背书转让的受让人。
3. 保证人。指对汇票的出票人、承兑人、背书人或者参加承兑人的票据行为作保证的人。
4. 参加承兑人。当票据提示被拒绝承兑时，在票据上签章、表示参加承兑汇票的人。
5. 持票人。指现在正持有汇票的人。持票人可能是汇票的收款人，也可能是汇票流通过程中的被背书人或者来人。

（四）汇票的票据行为

1. 出票

出票包括两个动作：开票并签字、交付。交付是物权的自愿转移，是票据生效不可缺少的行为。汇票可以开立单张，也可开立多份。出票完成后，出票人就成为汇票的主债务人，承担担保承兑和付款的责任。出票是基本的票据行为，是设立票据权利的行为。

2. 背书

背书是指持票人在票据背面签名，并交付给受让人的行为。背书的基本目的是转让票据及票据权利。背书的完成包括两个动作：一是在票据背面记载有关事项并签名；二是交付。背书转让只应用于指示性抬头的票据。

3. 承兑

承兑是指远期汇票的付款人在汇票上签名，同意按出票人指示到期付款的行为。承兑行为的完成包括两项内容：首先是完成记载及行为人签名。其次是完成交付。我国《票据》法规定，付款人承兑汇票，不得附有条件。但其他国家没有严格规定，取决于持票人的态度。

4. 提示

提示是指持票人向付款人出示票据、要求其履行票据义务的行为。提示是持票人要求票据权利的行为。提示分为承兑提示和付款提示。承兑提示是持票人在票据到期前向付款人出示票据，要求其承兑或承诺到期付款的行为。付款提示是指持票人在即期或远期票据到期日向付款人出示票据要求其付款的行为。

5. 付款

付款是指在即期票据或到期的远期票据的持票人向付款人出示票据时付款人支付票款的行为。付款是票据流通过程的终结，是票据债权债务的最后清偿。

6. 拒付

拒付又叫退票，指付款人在持票人按票据法规定作提示时，拒绝承兑和拒绝付款的行为。

7. 追索

追索是持票人在票据被拒付时，对背书人、出票人及其他债务人行使请求偿还的行为。它是持票人在特殊情况下要求票据权利的一种手段和方式。

（五）汇票的种类

1. 根据出票人身份划分，汇票可分为银行汇票和商业汇票

银行汇票是一家银行向另一家银行签发的书面支付命令，其出票人和付款人都是银行。商业汇票是由公司、企业或个人签发的汇票，其付款人可以是公司、企业、个人或银行。

2. 根据汇票承兑人身份划分，汇票可分为银行承兑汇票和商业承兑汇票

银行承兑汇票是指由公司、企业或个人开立的以银行为付款人并经付款银行承兑的远期汇票；商业承兑汇票是以公司、企业或个人为付款人，并以公司、企业或个人进行承兑的远期汇票。

3. 按付款时间划分可分为即期汇票和远期汇票

即期汇票是注明付款人在见票或持票人提示时，立即付款的汇票；远期汇票是载明在一定期间或特定日期付款的汇票。

4. 按是否附有商业单据，汇票可分为光票和跟单汇票

光票指无须附带任何单据即可收付款项的汇票。跟单汇票是指附带有关单据的汇票。

拓展阅读

汇票的贴现

贴现（discount）是指在远期汇票已承兑而尚未到期前，由银行或贴现公司按照汇票金额在扣除一定的利息后，将余款提前垫付给持票人的一种资金融通行为。对于银行来说，

贴现实际上是作了一笔贷款业务，只是预先扣除了利息。由于一般商业票据有贸易背景，且有货物作担保，比较安全。因此，一般银行也就不再收其他抵押品。贴入的票据，在资金较紧时可以容易地贴出，这使银行在资金运用上有较大的灵活性。

在国际贸易结算中，信用证项下远期汇票由出口地的银行进行议付，托收项下远期汇票由出口地的银行进行押汇，其实质都是贴现。这两种贴现法均属于国际结算的融资业务，其目的是帮助出口商解决或克服资金短缺的问题，促进国际贸易的发展。

贴现息的计算，英镑按 1 年 365 天计算，美元、欧元按 1 年 360 天计算。例如，出口人持有远期汇票 20 万美元，将于 54 天后到期，向银行要求提前兑现，银行按贴现率 6.5% 扣除贴现息后付款，试计算汇票净值。贴现息：$200\ 000 \times 6.5\% \times 54/360 = 1\ 950$（美元），汇票净值：$200\ 000 - 1\ 950 = 198\ 050$（美元）。

三、本票与支票

（一）本票的含义与内容

1. 本票的含义

根据《英国票据法》的定义，本票是一人向另一人签发的，约定即期或定期或在可以确定的将来时间向指定人或根据其指示向来人无条件支付一定金额的书面付款承诺。

2. 本票的内容

根据我国《票据法》规定，本票中绝对必要记载内容有：（1）“本票”字样；（2）无条件支付承诺；（3）确定的金额；（4）收款人名称；（5）出票日期和出票人签章。以上条款缺一不可，否则本票无效。

（二）本票的种类

1. 根据出票人划分为商业本票和银行本票两种。由公司、企业或个人签发的本票是商业本票；由银行签发的本票是银行本票。我国仅限银行本票流通使用。

2. 根据付款期限划分为即期本票和远期本票。银行本票一般是即期本票。远期本票多以融资为目的，即期本票多以支付为目的。

3. 特殊本票，包括银行券、国库券等。

（三）支票的含义与内容

1. 支票的含义

《英国票据法》中的定义为：支票是以银行为付款人的即期汇票，是银行存款户向该银行签发的授权其对某人或其指定人或来人无条件即期支付一定金额的书面命令。支票具有如下特点：（1）支票出票人应具备一定条件，必须是银行存款户，与银行事先签有服务协议，使用银行统一印制的支票；（2）支票都是即期的；（3）支票的付款人为银行；（4）支票的出票人是主债务人，必须事先在银行有足够的存款。

2. 支票的内容

支票中必要记载内容为：（1）表明“支票”字样；（2）无条件支付的委托；（3）确定的金额；（4）付款人名称；（5）出票日期和出票人签章。

（四）支票的种类

1. 根据收款人抬头不同，可分为记名支票和无记名支票

记名支票指注明收款人姓名的支票；无记名支票指没有记明收款人的支票。

2. 根据支票对付款有无特殊限制，在国外可分为普通支票与划线支票

普通支票是指无两条平行线的支票或对付款无特殊限制或保障的一般支票。普通支票可以提现也可以转账。划线支票是指由出票人或持票人在普通支票上划有两条平行线的支票。划线支票的持票人只能委托银行收款，不能提现。

3. 根据支票对付款有无特殊限制，在国内分为现金支票与转账支票

现金支票是专门制作的用于支取现金的一种支票。由存款人签发用于到银行为本单位提取现金，也可以签发给其他单位和个人用来办理结算或者委托银行代为支付现金给收款人。转账支票是出票人签发的，委托办理支票存款业务的银行在见票时无条件支付确定的金额给收款人或持票人的票据；在银行开立存款账户的单位和个人客户，用于同城交易的各种款项，均可签发转账支票，委托开户银行办理付款手续。转账支票只能用于转账。

拓展阅读

中国人民银行《支付结算办法》关于支票的修订

（2024 年 2 月 2 日修订）

一、支票是出票人签发的，委托办理支票存款业务的银行在见票时无条件支付确定的金额给收款人或者持票人的票据。

二、支票上印有“现金”字样的为现金支票，现金支票只能用于支取现金。

支票上印有“转账”字样的为转账支票，转账支票只能用于转账。

支票上未印有“现金”或“转账”字样的为普通支票，普通支票可以用于支取现金，也可以用于转账。在普通支票左上角划两条平行线的，为划线支票，划线支票只能用于转账，不得支取现金。

三、单位和个人在同一票据交换区域的各种款项结算，均可以使用支票。

四、支票的出票人，为在经中国人民银行当地分支行批准办理支票业务的银行机构开立可以使用支票的存款账户的单位和个人。

五、签发支票必须记载下列事项：

（一）表明“支票”的字样；

（二）无条件支付的委托；

（三）确定的金额；

（四）付款人名称；

（五）出票日期；

（六）出票人签章。

欠缺记载上列事项之一的，支票无效。

支票的付款人为支票上记载的出票人开户银行。

六、支票的金额、收款人名称，可以由出票人授权补记。未补记前不得背书转让和提示付款。

七、签发支票应使用碳素墨水或墨汁填写，中国人民银行另有规定的除外。

八、签发现金支票和用于支取现金的普通支票，必须符合国家现金管理的规定。

九、支票的出票人签发支票的金额不得超过付款时在付款人处实有的存款金额。禁止签发空头支票。

十、支票的出票人预留银行签章是银行审核支票付款的依据。银行也可以与出票人约定使用支付密码，作为银行审核支付支票金额的条件。

十一、出票人不得签发与其预留银行签章不符的支票；使用支付密码的，出票人不得签发支付密码错误的支票。

十二、支票的提示付款期限自出票日起 10 日，但中国人民银行另有规定的除外。超过提示付款期限提示付款的，持票人开户银行不予受理，付款人不予付款。

十三、持票人可以委托开户银行收款或直接向付款人提示付款。用于支取现金的支票仅限于收款人向付款人提示付款。

持票人委托开户银行收款的支票，银行应通过票据交换系统收妥后入账。

持票人委托开户银行收款时，应作委托收款背书，在支票背面背书人签章栏签章、记载“委托收款”字样、背书日期，在被背书人栏记载开户银行名称，并将支票和填制的进账单送交开户银行。持票人持用于转账的支票向付款人提示付款时，应在支票背面背书人签章栏签章，并将支票和填制的进账单交送出票人开户银行。收款人持用于支取现金的支票向付款人提示付款时，应在支票背面“收款人签章”处签章，持票人为个人的，还需交验本人身份证件，并在支票背面注明证件名称、号码及发证机关。

十四、出票人在付款人处的存款足以支付支票金额时，付款人应当在见票当日足额付款。

十五、存款人领购支票，必须填写“票据和结算凭证领用单”并签章，签章应与预留银行的签章相符。存款账户结清时，必须将全部剩余空白支票交回银行注销。

四、票据风险与防范

票据风险是由多种原因引起的：

1. 票据的伪造和变造；
2. 持票人享有的票据所有权有缺陷。

票据风险的防范措施主要有：

1. 出口方应认真选择客户，对不熟悉的新客户一定要加强资信调查；
2. 要了解票据本身的特性和票据签发机构的可靠性；
3. 对客户提交的票据应委托银行检验其真实性。

第三节　国际结算方式——汇款和托收

一、汇款

（一）汇款方式的含义与基本当事人

汇款是持款人将款项交付给银行，委托银行将该款项调拨到国外，通过该银行的联行或代理行将款项付给收款人的一种结算方式。

汇款的基本当事人有汇款人、汇出行、汇入行或解付行、收款人或受益人。

1. 汇款人即主动将款项交付给银行，委托银行办理汇出款项业务的人。在国际贸易中，汇款人通常为进口商。汇款人要认真填写汇款申请书，明确各委托事项，交款付费。

2. 汇出行即接受汇款人的委托，为汇款人办理汇出款项业务的银行。汇出行要审核汇款申请书，严格按照汇款申请书办理汇出汇款。

3. 汇入行或解付行，即应国外联行或代理行的委托，将收到的款项解付给收款人的银行。在国际贸易中通常是出口方所在地银行。汇入行要审核汇出行付款委托的真实性，严格按照汇出行的付款委托办理业务。

4. 收款人即收到款项的人。在国际贸易中，收款人通常为出口商。收款人要检查所到款项是否足额，是否应为自己所收，如有疑问及时与汇款人联系解决。

（二）汇款方式的种类及业务程序

汇款方式按照汇出行与汇入行的联系方式可以分为电汇、信汇和票汇三种。

1. 电汇

电汇（T/T）即汇款行应汇款人的要求，使用加押电报、电传、SWIFT 等电信方式委托汇入行将一定款项解付给收款人的汇款方式。这种方式因为速度快、安全性高被广泛使用。缺点则是银行费用较其他两种方式高。电汇的业务程序如下：

（1）汇款人填制汇款申请书，申请办理电汇业务，交款付费；

（2）汇出行接受汇款申请书并签章，将汇款回执交回汇款人；

（3）汇出行以电信方式将付款委托发给汇入行，同时调拨该笔款项给汇入行；

（4）汇入行核对电文密押无误，通知收款人款项到达或直接将款项打入收款人账户；

（5）款项不直接入账的收款人在收款收据上签章并交付银行；

（6）汇入行解付款项给收款人；

（7）汇入行发送扣款通知。

电汇的业务流程如图 8–2 所示。

电汇的结算速度最快，通常两三天款项即可到账。现在银行大多通过 SWIFT 发送支付报文，安全可靠，但相应费用较高。

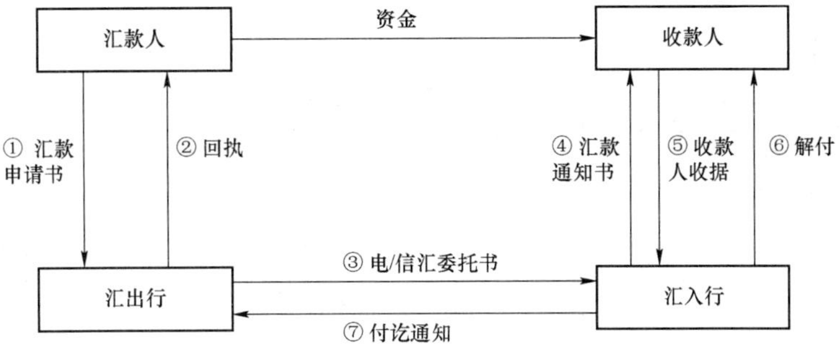

图 8-2 电/信汇业务程序图

2. 信汇

信汇（M/T）即汇款行应汇款人的要求，使用信函方式将信汇委托书或付款委托书发给汇入行，委托汇入行将一定款项解付给收款人的汇款方式。信汇的业务程序与电汇基本一致，区别仅在于发送解付指示的方式不是电信，而是信函邮寄。信汇的优点是费用低，缺点是速度慢，资金在途时间长，安全性较差。

3. 票汇

票汇（D/D）是汇出行应汇款人的请求，开出银行即期汇票交给汇款人，由汇款人自带或邮寄给收款人，由收款人持汇票自行向付款行提示请求付款的汇款方式。这种方式因为费用低、可以背书流通等优点被个人客户广泛采用。

票汇的业务程序为：

（1）汇款人填制汇款申请书，申请办理票汇业务，交款付费；

（2）汇出行开出银行即期汇票交回汇款人；

（3）汇款人自带或邮寄汇票给收款人；

（4）收款人向汇票上的付款行提示；

（5）汇入行核对汇票印鉴无误，解付款项给收款人；

（6）汇入行发送扣款通知亦即借记通知给汇出行。

票汇的业务流程如图 8-3 所示。

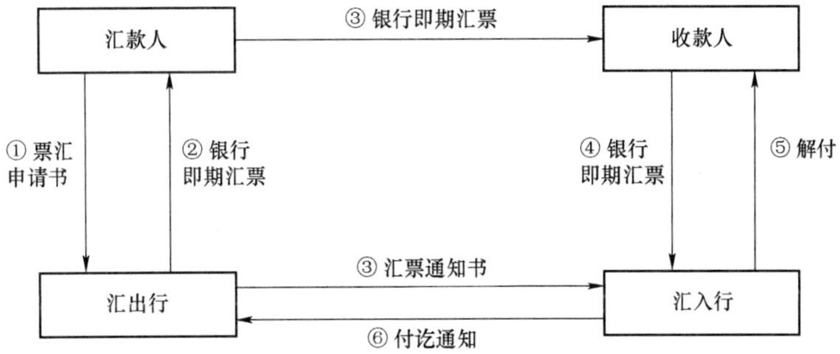

图 8-3 票汇业务程序图

二、托收

（一）托收方式的含义

托收是国际结算的基本方式之一。它是指债权人（一般为出口商）为了取得因商品、劳务或其他交易引起的应收款项，开立汇票或其他金融单据，单独或连同商业单据一起交给本地银行，委托该银行通过其在国外的分行或代理行向债务人（一般为进口商）收取相应款项的方式。

（二）托收方式有关当事人及责任

托收业务中的当事人主要由委托人、托收行、代收行和付款人四个方面组成。有些情况下还会出现提示行、需要时代理人等当事人，他们的主要责任如下：

1. 委托人

委托人通常是债权人（出口商），是指由其开立汇票或其他金融单据，委托托收行办理款项托收的人。主要承担两方面的责任：一方面是履行与进口商签订的贸易合同的责任，按照合同的规定保质保量按时装运货物，提供与合同相符的单据；另一方面履行与托收银行签订委托代理合同的责任，填写《出口托收委托申请书》，向托收行作出明确的托收指示、提交相关的单据、交纳应承担的托收费用等。

2. 托收行

托收行是指接受委托人的委托，转托其国外分行或代理行向债务人收取款项的银行。其主要职责是执行委托人的指示，对委托申请书和单据进行审查并缮制托收委托书，在收回款项后及时解付给委托人。

3. 代收行

代收行是指接受托收行的委托，代其向付款人收取款项的银行。代收行应审查、核对并保管好收到的单据，及时向托收行汇报代收情况，向债务人收取款项并划拨给托收行。

4. 付款人

付款人通常是债务人（进口商），是根据代收行的指示和要求向代收行付款的人。其基本责任是在审查并接受单据后履行付款义务。

5. 需要时代理人

需要时代理人是指经委托人指定于发生拒付时在付款地代为办理货物存放、保险、转售、运回等事宜的人。

（三）托收方式的种类

1. 按照是否附有商业单据，托收可分为跟单托收和光票托收

跟单托收是指委托人将金融单据连同商业单据或不带金融单据的商业单据交给托收行，委托其代为向付款人收取货款的一种托收方式。光票托收是指委托人将不附带任何商业单据的金融单据交给托收行，委托其向付款人收取款项的一种托收方式。

2. 按照不同的交单条件，跟单托收又可分为付款交单和承兑交单

付款交单（D/P）是指代收行只有在付款人付清货款后才将商业单据交给付款人的托

收方式。按照不同的付款期限，付款交单又分为即期付款交单和远期付款交单。即期付款交单是指委托人开具即期汇票，委托托收行通过代收行向付款人提示汇票和单据，付款人在审核单据无误后，当即付款。远期付款交单是指委托人开具远期汇票，委托托收行通过代收行向付款人提示汇票和商业单据，付款人在审核单据无误后在汇票上履行承兑手续，并于汇票到期日付款赎单。在付款人承兑后，汇票到期日以前，由代收行保管汇票和商业单据。承兑交单是指代收行在付款人在远期汇票上履行承兑手续后即将商业单据交给付款人的托收方式。

（四）托收方式的业务流程

国际托收的业务流程如图 8－4 所示：

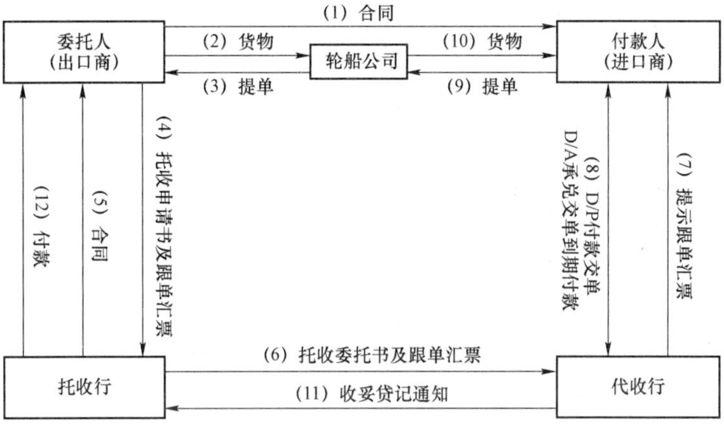

图 8－4　托收的流程

根据交单方式不同，又分为付款交单和承兑交单，付款交单可以继续细分为即期付款交单和远期付款交单。

1. 即期付款交单

即期付款交单的业务流程如下：

（1）进出口双方签订买卖合同，并在合同中规定采用即期付款交单的结算方式；

（2）出口商按照合同规定，保质保量按期发运货物，缮制商业发票等商业单据，并取得提单和保险单、检验证书等单据；

（3）出口商发货并取得货运单据后，开立即期汇票，并填写银行托收申请书，连同商业单据一并交与托收行，委托其代为收款；

（4）托收行按照委托人的要求和指示，审核单据的种类和份数，缮制托收委托书，附随金融单据和商业单据一起寄交国外的代收行；

（5）代收行收到托收委托书、金融单据和商业单据后，立即向付款人提示付款；

（6）付款人在审核单据无误后，向代收行付款，代收行在收到款项后将相关单据交给付款人，付款人凭单据向承运人提货；

（7）代收行将收妥的款项扣除有关手续费后入托收行的账户，并通知托收行；

（8）托收行收到代收行的收款通知后，立即将货款扣除手续费后划入委托人的账户。

2. 远期付款交单

（1）进出口双方签订买卖合同，并在合同中规定采用远期付款交单的结算方式；

（2）出口商按照合同规定，保质保量按期发运货物，缮制商业发票等商业单据，并取得提单和保险单、检验证书等单据；

（3）出口商发货并取得货运单据后，开立远期汇票，并填写银行托收申请书，连同商业单据一并交与托收行，委托其代为收款；

（4）托收行按照委托人的要求和指示，审核单据的种类和份数，缮制托收委托书，附随金融单据和商业单据一起寄交国外的代收行；

（5）代收行收到托收委托书、金融单据和商业单据后，立即向付款人提示承兑；

（6）付款人在审核单据无误后，履行承兑手续；

（7）代收行将在汇票到期日以前保管汇票和商业单据，于汇票到期日向付款人再次提示汇票，要求付款；

（8）付款人履行付款手续，代收行在收到款项后将相关单据交给付款人，付款人凭单据向承运人提货；

（9）代收行将收妥的款项扣除有关手续费后入托收行的账户，并通知托收行；

（10）托收行收到代收行的收款通知后，将货款扣除手续费后划入委托人的账户。

3. 承兑交单

（1）进出口双方签订买卖合同，并在合同中规定采用承兑交单的结算方式；

（2）出口商按照合同规定，保质保量按期发运货物，缮制商业发票等商业单据，并取得提单和保险单、检验证书等单据；

（3）出口商发货并取得货运单据后，开立远期汇票，并填写银行托收申请书，连同商业单据一并交与托收行，委托其代为收款；

（4）托收行按照委托人的要求和指示，审核单据的种类和份数，缮制托收委托书，附随金融单据和商业单据一起寄交国外的代收行；

（5）代收行收到托收委托书、金融单据和商业单据后，立即向付款人提示承兑；

（6）付款人在审核单据无误后，履行承兑手续，代收行将商业单据交给付款人；

（7）代收行将在汇票到期日以前保管汇票，于汇票到期日向付款人再次提示汇票，要求付款；

（8）付款人履行付款手续；

（9）代收行将收妥的款项扣除有关手续费后入托收行的账户，并通知托收行；

（10）托收行收到代收行的收款通知后，将货款扣除手续费后划入委托人的账户。

（五）托收方式特点

托收方式有如下三个特点。

1. 托收方式以商业信用为基础，托收过程中委托人能否按期收回货款，完全取决于付款人的信用，银行不承担任何责任；

2. 与汇款方式相比较，托收方式相对安全，跟单托收中委托人可以通过控制物权单据的方式来控制货权，一般不会遭受钱货两空的损失；

3. 托收方式的业务流程较信用证方式操作简便，所需时间短，费用也较低；
4. 托收方式中，委托人的资金负担较重，风险及资金的负担较不平衡。

第四节　国际结算方式——银行信用证

一、信用证

（一）信用证的含义

信用证（Letter of Credit，L/C），指开证行根据开证申请人的请求和指示，向受益人开具的载有一定金额并在一定期限内凭规定的单据承诺付款的书面文件。信用证是银行作出的有条件的付款承诺，属于银行信用，出口方凭提交符合信用证要求的单据收汇，因此是逆汇。信用证是一种有条件的银行付款承诺。根据国际商会第 600 号出版物《跟单信用证统一惯例》中的定义：信用证指一项不可撤销的安排，无论其名称或描述如何，该项安排构成开证行对相符交单予以承付的确定承诺。

（二）信用证的特点和作用

1. 信用证的特点

首先，信用证是一种银行信用，开证行承担第一性的付款责任。其次，信用证是一种自主性的文件，不依附于贸易合约而存在。最后，信用证是一种纯粹的单据业务。银行只根据表面上符合信用证条款的单据付款。

2. 信用证的作用

对出口商而言，信用证可以保证其凭与信用证条款相符的单据取得货款；信用证可保证其按时收汇，出口商可以凭信用证获得融资。对进口商而言，信用证能够大大降低收货风险，也可以获得信用证项下的融资。对银行而言，信用证业务可以以较小的风险带来较高的收益。

（三）信用证的内容

根据国际商会相关的惯例，标准的跟单信用证应包含以下内容：

1. 信用证的形式和性质，如不可撤销承诺；
2. 信用证的号码；
3. 当事人的名称和地址；
4. 信用证金额与币种；
5. 到期日与地点；
6. 信用证支付方式；
7. 关于商品的描述；
8. 关于运输的规定；
9. 关于单据的要求；

10. 其他事项。

（四）信用证的当事人

信用证业务最基本的当事人有开证申请人、开证行、受益人，在实际业务中往往还有通知行、议付行、保兑行等。

1. 开证申请人

开证申请人是指根据进出口合约向其所在地的一家银行提交开证申请，申请开立信用证的当事人通常为进口商。开证申请人要根据合约申请开立信用证，并进行开证担保，及时付款赎单。同时，开证申请人有权审核单据，有权得到与合约规定相符的货物。

2. 开证行

开证行是指根据开证申请人的委托开立信用证的银行，通常是进口商所在地的银行。开证行要根据开证申请人的指示开立信用证，并承担第一性的付款责任，付款时必须以"单证一致、单单一致""表面相符"为原则严格审核单据。

3. 通知行

通知行是受开证行委托将信用证内容通知给受益人的银行。通知行要验明信用证的表面真实性，及时澄清疑点，按时通知给受益人。

4. 受益人

受益人是信用证利益的享受者或信用证权利的使用者，是开证行保证付款的对象，通常就是出口商。受益人要按合约发货，按照信用证的要求缮制单据，凭合格单据向开证行收取货款。

除以上主要当事人以外，信用证业务中还有众多指定银行的参与，如议付行、保兑行、付款行、偿付行等。

（五）跟单信用证的业务程序

一笔信用证业务从开始到结束大致上有以下环节（如图 8－5 所示）：

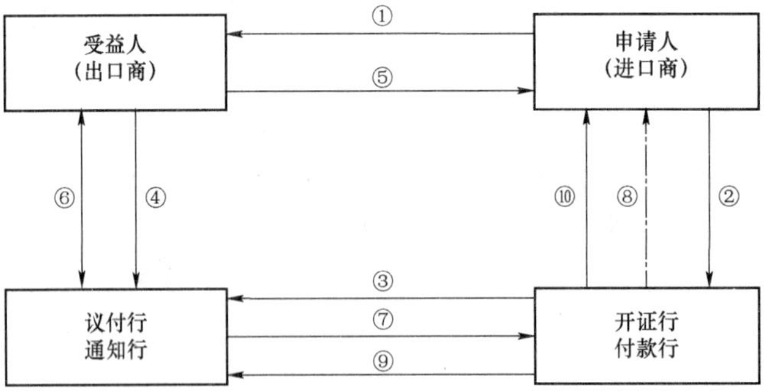

图 8－5　信用证流程

① 出口双方签订销售合同，确定以跟单信用证的支付方式结算。在申请开证以前，申请人与受益人对于如何开证，至少要在以下七个方面达成一致意见：A 信用证是否需要转让、是否需要保兑；B 信用证结算方式是即期付款、延期付款、承兑还是议付；C 信用证的货币是什么，金额是多少；D 信用证的有效期是何日期；E 最迟装运日期和交单期限

是何日期；F 是否允许分批装运或支款，是否禁止转运；G 海运贸易条件 FOB、CFR、CIF 规定卖方必须在买卖约定期限内交货，申请人的开证最迟时间必须在装期第 1 天及以前；

② 进口方填制开证申请书，向开证行递交合同副本及其他进口证明文件（如进口许可证、进口配额证明、有关部门的审核文件等），并交纳押金和手续费，要求开证银行开出以出口商为受益人的信用证；

③ 开证行审查约进口商的资信、付款能力，验看进口许可文件，依据开证申请书开出信用证，并将信用证寄交代理行（通知行）通知信用证给出口方；

④ 通知行核对印鉴无误后，按自己的通知书格式照录全文，通知受益人。如信用证以受益人为收件人，寄给出口地银行后，银行核对印鉴无误后，将原证交给受益人，这时银行成为转递行（transmitting bank）；

⑤ 出口方审核信用证与合同相符后，开始备货、交货、备单；在信用证规定的交单截止日前，连同信用证一并送交保兑行、开证行或信用证指定的银行以获得付款；

⑥ 如果为可议付的信用证，出口方备齐各项货运单据，开具汇票，在信用证有效期内一并送交议付行（信用证指定的银行）请求议付（本环节应特别注意交单期限与单据质量）；议付行在最多 5 个银行工作日内审核完毕，确定表面符合信用证的条款和条件，就应按照授权办理议付即期/远期汇票。按汇票金额扣除利息和手续费，将货款垫付给出口商；

⑦ 议付行将汇票和单据寄交开证行索偿；在寄单索汇面函上面说明单据份数、索偿金额、费用，以及指示开证行或偿付行如何付款；

⑧ 开证行或付款行，在最多 5 个银行工作日内审单完毕，确定单证相符后，就向指定银行偿付，并通知进口商款赎单；

⑨ 开证行或付款行向议付行付款；

⑩ 进口商审单无误后，付清货款，开证行收款后，将单据交给进口商，进口商凭以到船公司提货。

（六）信用证的种类

根据不同的分类标准，信用证可以分为很多不同的类型。

1. 根据信用证是否附有商业单据，分为光票信用证和跟单信用证

光票信用证指仅凭汇票而不随附商业单据付款的信用证；跟单信用证是指凭规定的商业单据付款的信用证。

2. 根据是否有另一家银行加以保兑，信用证可以分为保兑信用证和不保兑信用证

保兑信用证是指由开证行以外的另一家银行应开证行请求和授权而以其自身信誉加具了付款承诺的不可撤销信用证。

3. 根据不同的支用方式分为即期付款信用证、延期付款信用证、承兑信用证和议付信用证

即期付款信用证是指开证行凭受益人提交的单证相符的单据立即付款的信用证。延期付款信用证是指指定银行或开证行在收到合格单据后，约定按信用证规定在一个确定或可确定将来时间承担付款责任的信用证。承兑信用证是指开证行在收到符合信用证条款的单据及远期汇票后予以承兑，凭汇票到期时再行付款的信用证。如果开证行在信用证里邀请

一家银行以非付款行的身份买入受益人提示汇票和单据，这种信用证即为议付信用证。

另外，还有一些特殊的信用证分类，如可转让信用证、背对背信用证、对开信用证、循环信用证和预支信用证等。

拓展阅读

信用证典型案例

2022年4月，上海A公司与新加坡B公司洽谈一笔70万美元的出口散货。双方基本达成协议后，B公司提出，为减少银行费用，要求在收到A公司正本提单传真件5日内，电汇30%贷款，其余70%货款以信用证结算。双方合同中约定，只有在T/T支付30%贷款后，B公司才能获得信用证下的提单等凭证；同时，在信用证中加列类似条款：Please release this set of documents to the applicant only upon the whole invoice Value has already been paid (including 30% of invoice value. i.e,USD210 000 has been prepaid to the beneficiary according to the Contract No.XXXX by T/T)。

此后，B公司根据合同向新加坡某银行申请开立受益人为A公司的不可撤销信用证，有效期为2022年5月26日至8月21日，A公司开出汇票，受款人香港C银行，付款人为开证行，议付行为中国银行。

2022年5月30日，A公司就上述信用证向C银行申请打包贷款20万美元。其间，根据B公司申请，开证行2次向C银行发出电传，修改部分信用证条款，其中第2次内容为："收到申请人指示后，应将装运日程和船舶名称以修改方式通知受益人，上述修正副本应随单据一并发出。"

2022年7月5日，C银行收到一份以B公司名义发来的电传（以下称第3份通知），告知A公司船名和装运日期。C银行将该电传转交给A公司。A公司按照第5份通知的内容，于8月15日装货发运，从船公司处取得了相应的提单。A公司将提单传真至B公司后，表收到T/T 30%的付款。

考虑到信用证到期，8月21日，A公司持有关单据向C银行议付。C行将信用证项下金额，扣除手续费、邮费、修改通知费、提前付款利息及所欠打包贷款本息后，将议付款划入A公司账户。之后，在C银行将信用证单据寄往开证行要求偿付，开证行致函C银行，称其和B公司都从未发过第5份船名和船期修改通知，因此单证存在不符点，拒绝偿付。C银行遂向A公司索偿，A公司则辩称信用证项下的美元已结算，单证不符是由C银行造成的，其应承担遭到开证行拒付的责任。

在本案中，由于第3份通知未经开证行加押，开证行拒付的合法性是显而易见的。但是，应由A公司还是C银行承担拒付的损失呢？信用证条款中关于T/T付款的特别约定能保障A公司得到全额付款吗？

C银行议付后能否以开证行拒付为由，向A公司要求偿付呢？一种意见认为，A银行是议付行，UCP600在其"定义"中指出，议付指定银行在相符交单下，在其应获偿付的银行工作日当天或之前向受益人预付或者同意预付款项，从而购买汇票（其付款人为指定银行以外的其他银行）及/或单据的行为。议付不同于承付和保兑，它只是"预付"

或者“同意预付”款项，并不承担第一位的付款责任，当出现开证行拒付时，有权向受益人追偿。

【案例分析】

本案中，如损失由C银行承担，与信用证惯例中对银行审单的“合理、公平、善意”原则不符，若此理由成立，则加重了银行在金融中介业务中的责任，也加重了其承担商品交易的风险。C银行收到的第3份通知虽未经开证行加押确认，但事实上A公司发货的船舶及船期和该电传内容一致，这表明A公司接受了信用证的修改。从C银行作为议付行的角度看，接受上述船舶及船期的通知，执行修改内容，并无不当。

C银行在本案中同时兼有议付行和通知行两个角色。从议付行的角度看，它不承担第一性的付款责任，只是代垫货款。无论是其自身审单不慎被拒付，或是开证行恶意拒付，作为议付行都有权向受益人追偿。但是，C银行同时又是通知行。根据UCP600，通知行通知信用证或修改的行为，表示其已确信信用证或修改的表面真实性，而且其通知准确地反映了其收到的信用证或修改的条款。而本案中，C银行对收到的B公司的第3份修改信用证的通知并没有向开证行以密押方式确认，不能说其尽到了确保“信用证或修改的表面真实性”的义务。并且，UCP600明确地规定了通知行为确保真实性而应采取的步骤：如通知行不能确信信用证修改的表面真实性，则应毫不延误地通知发出指示的银行；至少在通知受益人的同时，应当告知受益人或其不能确信信用证修改的表面真实性。显然，C银行作为通知行，没有尽到确保信用证修改真实性的义务，而A公司正是按照通知行通知内容行事的，因此，开证行拒付的过错在C银行，应由其自行承担责任。

本案中，交易双方采用了信用证加T/T的组合结算方式。从双方的约定看，显然，A公司考虑了其中蕴藏的风险：如果B公司收到A公司提单传真件后一直不付30%货款，而信用证就要到期，若A公司不去议付，70%货款也拿不到。所以，A公司要求在合同与信用证中都特别约定：只有在B公司T/T支付30%货款后，银行才能放单。然而，这种约定能真正保障A公司回收全部货款吗？有人认为，信用证构成了开证申请人、开证行、受益人等当事人之间的一个或一组合同，信用证的具体条款是高于UCP600规定，对各方当事人都是有约束力的。该约定是不能保障A公司得到全额付款，因为：1. 它与信用证“单据业务”的基本特性不符。UCP600明确规定：银行处理的是单据，而不是单据可能涉及的货物、服务或履约行为（第4条），如果信用证含有一项条件，但未规定用以表明该条件得到满足的单据，“银行将视为未作规定并不予理会”（第14条）。本案例中，对B公司先行支付30%货款这一事项，没有规定相应的单据，开证行很难判断开证申请人是否已T/T付款。2. 它与信用证独立于基础合同的性质不符。UCP600规定：“就其性质而言，信用证与可能作为其开立基础的销售合同或其他合同是相互独立的交易，即使信用证中含有对此类合同的任何援引，银行也与该合同无关，且不受其约束。”卒案中信用证下先行T/T付款的放单限制性条件实际上是从对基本销售合同的变相援引，不恰当地将银行拖入基本合同关系中。3. 如承认此类条款的约束力，将严重影响信用证业务流程。该项约定需要开证行判断开证申请人是否T/T支付部分货款，除非申请人经由开证行T/T付款，否则开证行很难知悉和举证。同时，信用证关系中保兑行、议付行、付款行、偿付行等更难以掌握申请人是否履行了这一额外的约定，如果他们也要遵守该约定，他们根据受益人提供的合格单据放款后，从开证行（最终从申请人）处得到偿付的风险就加大了；如果要等待申请人证明已经T/T付款，才根据受益人交的台格单据放款，极易造成时间上的拖延，既不符合受益人的利益（交单后仍得不到放款），也不符合信用证一般流程（银行审单合格后仍不能放款）。

因此，如果认为对开证行放单的限制性约定高于UCP的规定，会从根本上动摇信用证存在的基础和功能。

二、银行保函与备用信用证

（一）银行保函概述

1. 银行保函的含义

银行保函（Letter of Guarantee，L/G）是指银行或其他金融机构应交易（贸易项下、合约关系、经济关系）一方当事人的要求，向交易另一方开出的、为保证该当事人交易项下的责任或义务的履行而作出的在一定期限内承担一定金额支付责任或经济赔偿责任的书面付款保证承诺。

银行保函有以下两个特点：

（1）保函依据商务合同开出，但又不依附于商务合同，具有独立法律效力。当受益人在保函项下合理索赔时，担保行就必须承担付款责任，而不论委托人是否同意付款，也不管合同履行的实际事实，即保函是独立的承诺并且基本上是单证化的交易业务。

（2）保函以银行信用作为保证，易于为合同双方接受。对于受益人而言，可以得到来自担保行的保证。

2. 银行保函的当事人

（1）委托人（principal）或申请人（applicant）。指向担保行申请开立保函的一方，一般为债务人，可以是进口商、投标人或承租人等。委托人的责任包括：① 在担保行按照保函规定向受益人付款后，委托人必须立即偿还担保行垫付之款；② 负担保函项下一切费用及利息；③ 担保人如果认为需要时，应预支部分或全部押金。

（2）受益人（beneficiary）。指接受保函并有权按保函规定出具索款通知或连同其他单据向担保行索取款项的一方，一般为债权人，如出口商、贷款银行等。受益人按照保函规定，提交相符的索款声明，或连同有关单据，有权向担保行索偿，并取得付款。

（3）担保行（guarantor bank）。指接受申请人的申请，向受益人开立保函的银行。担保行的责任、权利包括：① 一经接受开立保函申请书，就有责任按照申请书开出保函；② 一经开出保函就有责任按照保函承诺条件对受益人付款；③ 如果委托人不能立即偿还担保行已付之款，则担保行有权处置押金、抵押品、担保品；如果处置后仍不足抵偿，则担保行有权向委托人追索不足部分。

（二）银行保函的种类

1. 按保函的结构划分，可以分为直接保函和间接保函

直接保函是指根据申请人委托，担保银行直接向受益人开出保函，由担保银行递交给受益人或交申请人递交给受益人。间接保函是相对于直接保函而言，也称转开保函、四方保函。主要的特征是委托人应受益人的要求，接受受益人所认可的银行作为担保人并由委

托人通过反担保人向担保人出具反担保函。唯一的缺点就是承担了开立保函费用的同时还要承担在外开立信用证的风险。

2. 按功能和作用划分，可以分为融资类保函、投标保函、履约保函、付款保函、维修质量保函、还款保函等。融资类保函是指为保函申请人融资行为承担担保责任的保函，出具保函的目的是资金融通。主要包括借款保函、有价证券保付保函、融资租赁保函、延期付款保函、以现汇方式偿还的补偿贸易保函、授信额度保函等。投标保函是指在招标投标中招标人为保证投标人不得撤销投标文件、中标后不得无正当理由不与招标人订立合同等，要求投标人在提交投标文件时一并提交的一般由银行出具的书面担保。进口履约保函是指担保人应申请人（进口人）的申请开给受益人（出口人）的保证承诺。此类保函规定，如出口人按期交货后，进口人未按合同规定付款，则由担保人负责偿还。这种履约保函对出口人来说是一种简便、及时和确定的保障。出口履约保函是指担保人应申请人（出口人）的申请开给受益人（进口人）的保证承诺。保函规定，如出口人未能按合同规定交货，担保人负责赔偿进口人的损失。这种履约保函对进口人有一定的保障。还款保函又称预付款保函或定金保函，是指担保人应合同一方当事人的申请，向合同另一方当事人开立的保函。保函规定，如申请人不履行他与受益人订立合同的义务，不将受益人预付或支付的款项退还或还款给受益人，担保人向受益人退还或支付款项。

（三）备用信用证

备用信用证或称担保信用证是美国银行开发的一种金融工具，最早产生于 19 世纪中叶。由于世界各国银行一般均可开立保函，而当时美国法律明令禁止其国内商业银行开立保函，只允许担保公司承做担保业务。因此美国银行于第二次世界大战后开始广泛开立实际上属于保函性质的支付承诺——备用信用证。

备用信用证在实践中的广泛运用引起了法律界对其定义和性质的讨论，但是各国很少在立法中对备用信用证下定义，只有 1977 年美国联邦储备银行管理委员会对备用信用证下了一个定义，即：“任何信用证或类似的协议，不论其如何命名或怎样描述，只要开证行对受益人承担如下义务即为备用信用证：（1）偿还开证申请人的借款或预收款；（2）支付由开证申请人承担的任何债务；（3）赔偿开证申请人在履行合同中的违约所造成的任何损失。”

其实，这种定义也只能说是描述性的，它仅仅描述了备用信用证的使用范围，并没有明确揭示其本质特征。所以大都认为，备用信用证是指开证行根据开证申请人的请求对受益人开立的承诺承担某项义务的凭证。备用信用证的本质是银行对受益人承担偿付的直接允诺，即开证行保证在开证申请人不履行其应履行的义务时，受益人只要凭备用信用证的规定向开证行开具汇票（或不开汇票），并提交开证申请人未履行义务的声明或证明文件，即可获得开证行的偿付。如果到时开证申请人履约无误，则备用信用证就成为“备而不用”的结算方式，故称为“备用信用证”。

三、国际保理业务

（一）国际保理概述

国际保理又称国际保付代理、承购出口应收账款业务等，它是商业银行或其附属机构通过收购消费品出口债权而向出口商提供的一项综合性金融业务，其核心内容是以收购出口债权的方式向出口商提供出口融资和风险担保，其特色在于将一揽子服务综合起来由一个窗口提供，并可根据客户需求提供灵活的服务项目组合。

国际保理业务的主要服务内容包括：坏账/风险担保、贸易融资、核定进口商信用额度、销售分户账管理、债款催收等。

（二）国际保理业务种类

根据涉及的当事人及其权利和义务的不同对保理业务进行分类，可将国际保理分为以下五种类型：

1. 双保理机制

双保理模式在双保理模式下，由出口商与出口国所在地的保理商签署协议，另外出口保理商与进口保理商双方也签署协议，相互委托代理业务，并由出口保理商根据出口商的需要提供融资服务。

2. 单保理机制

单保理模式下的出口地银行不是出口保理商，它与出口商之间没有订立保理合同，所以不是保理业务的当事人，而是“中间媒介”。

3. 直接进口保理机制

进口保理是指进口保理商根据出口保理商的申请，在出口商以赊销方式向进口商销售货物或提供服务后，接受出口商转让的应收账款，为进口商提供信用担保及其他账务管理服务的业务。

4. 直接出口保理机制

出口保理（export factoring）通常是指出口商以延期付款的方式出售商品，在货物装运后立即将发票、汇票、提单等有关单据卖断给保理商（银行），收进全部或一部分货款，从而取得资金融通的业务。

5. 背对背保理机制

背对背保理是指一项进出口交易中包含两个保理协议：一个是国际保理协议，另一个是国内保理协议。

四、包买票据业务

（一）包买票据的含义及主要当事人

包买票据指出口地的商业银行或作为银行附属机构的专门包买商对出口商持有并经银行担保的债权凭证进行无追索权购买（贴现）的业务活动。包买票据是一种独具特色的金融服务业务和重要的中长期贸易融资方式，它主要适用于资本货物的出口。在一笔包买票据业务中主要涉及出口商、进口商、包买商和担保行四方当事人。

（二）包买票据的特点和办理程序

1. 包买票据的特点

包买票据主要提供中长期贸易融资。债权凭证的购买无追索权，融资金额一般较大。

债权凭证须经担保，按规定的时间间隔出具债权凭证。主要以美元、欧元以及英镑作为计价货币。业务项下的商品交易主要是资本性商品交易。绝大多数包买票据业务的债务以各种汇票或本票形式出现。

2. 包买票据的办理程序

（1）出口商询价；

（2）包买商报价；

（3）签订包买合同；

（4）签订贸易合同；

（5）出口商发货、寄单和出具汇票；

（6）进口商申请银行担保；

（7）进口商借单提货；

（8）包买商购进债权凭证；

（9）到期票据的清算。

第五节　非贸易结算

一、非贸易结算的范围

非贸易结算主要包括无形贸易结算、金融交易类结算、国际资金单方面转移结算等。根据我国多年业务惯例，非贸易结算分为以下具体收支项目：1. 海外私人汇款；2. 铁路运输收支；3. 海运收支；4. 航空运输收支；5. 邮电服务收支；6. 保险服务收支；7. 银行业务收支；8. 图书、影片、邮票收支；9. 外轮代理与服务收支；10. 外币兑换收支；11. 兑换国内居民外汇；12. 旅游业收支；13. 私人用汇支出；14. 其他外汇收支。

二、信用卡

信用卡是发卡银行或机构对持卡人签发的，证明持卡人信誉良好，可在指定的商店、旅馆等服务性机构购物、消费或到指定代付银行取现的凭证。信用卡拓宽和发展了银行业务，为银行争取存款并获取利润，方便持卡人取款并促进了消费，促进了商业或服务公司扩大业务。信用卡具有支付和信贷两种功能，持卡人可以凭信用卡购买商品和享受服务，并且一旦透支，所透支的款项可以由银行预先垫付，因此银行与信用卡持卡者之间又具有借贷款关系。

三、其他非贸易结算

（一）外币兑换

银行办理外币现钞的兑入和兑出的业务称为外币兑换业务。我国现行外汇管理条例规定，任何中外机构和个人均不得持外币在我国境内流通使用和买卖，也不能私自携带或邮寄出境，外币必须在银行或金融机构办理兑换。

（二）旅行支票

外币旅行支票是指境内商业银行代售的、由境外银行或专门金融机构印制、以发行机构作为最终付款人、以可以自由兑换货币作为计价结算货币、有固定面额的票据。旅行支票可像钞票一样零星使用，使用方便；旅行支票一般不规定流通期限，可长期使用；另外携带旅行支票比携带现金安全，一旦丢失可及时挂失，还可以防止假冒，因此深受旅行者欢迎。

（三）侨汇

侨汇即华侨汇款的简称，指侨胞、外籍华人和港澳同胞汇入国内的款项。侨汇既是侨眷的经济来源，也是我国一项重要的外汇收入，在经济建设及地方工商以及公益事业建设中都发挥着重要作用。侨汇是我国非贸易外汇的主要来源之一。

本 章 小 结

在国际结算中，只有少数采用货币结算，绝大部分都采用金融票据作为结算工具，其中以汇票的使用最为普遍。

国际货款的结算方式主要包括汇付、托收和信用证付款；其中，汇付和托收属于商业信用，信用证付款属于银行信用。在结算货款时，这几种结算方式除单独使用外，也可相互结合使用。

在进行国际结算时，应充分考虑结算的安全、汇率变动的风险、对资金周转的影响、利息和费用的负担等因素，并结合自身的经营意图，在权衡利弊的基础上，选择合理、有利、切实可行的国际结算方式或组合。

思考与练习题

一、单项选择

1. 2022 年，B 国用人民币向中国支付工程承包款 100 万美元，由此引起的国际结算是（　　）。

A. 国内结算　　B. 无形贸易结算　　C. 货物贸易结算　　D. 非贸易结算

2. 延期信用证是基于（　　）进行的国际结算。

A. 国家信用　　B. 商业信用　　C. 公司信用　　D. 银行信用

3. 国际结算中相关法律法规是约束当事人行为的重要法律工具。根据票据法的规定，汇票一旦生效，就与其产生的基础合约相脱离而独立存在，其使用不受基础合约的影响，这叫做票据的（　　）。

A. 无因性　　B. 流通性　　C. 提示性　　D. 要式性

4. 托收结算的信用基础是出口商与进口商之间的商业信用，办理中使用的是（　　）汇票。

A. 银行即期汇票　B. 银行承兑汇票　C. 商业汇票　D. 银行远期汇票

5. 在信用证业务中，汇票的付款人可以是（　　）。

A. 出口商　B. 开证银行　C. 进口商　D. 通知银行

6. 在信用证业务中，（　　）在付款时不需要审核单据。

A. 保兑行　B. 开证行　C. 议付行　D. 偿付行

7. 在（　　）下，担保人承担的付款责任不以合同条款的实际执行情况来判定是否对受益人的索赔给予支付。

A. 从属性保函　B. 独立性保函　C. 透支保函　D. 预付性保函

8. 根据 UCP600 的规定，一份信用证如果未注明是否可以撤销，则是（　　）。

A. 可以撤销的　B. 不可撤销的　C. 由开证行决定　D. 由申请人决定

9. 以下哪种信用证被称为“信用证的形式，银行保函的性质”？（　　）

A. 软条款信用证　B. 红条款信用证　C. 备用信用证　D. 不保兑信用证

10. 进口商对出口商在装运前的融资是（　　）。

A. 红条款信用证　B. 出口押汇　C. 打包放款　D. 流动资金贷款

二、简答论述

1. 票据的特点、功能有哪些？并根据票据法分析这些特点和功能的实践意义？

2. 简述信用证的业务流程？请绘图说明。

3. 近来，由于全球经济不景气的影响，陕西某纺织品出口外贸企业，主要出口市场为南美各国。近几个月来，公司运营资金出现周转困难，同时南美市场也出现了需求疲软、市场竞争加剧的形势。假定你是该公司业务员，恰好接洽了南美市场的一个客户，对方对这笔业务的结算要求是货到付款。而你对该客户的资信状况并不是很了解，成交的风险也没有确定的预期。

针对这种情况，请你为该公司业务员就这笔出口交易选择设计一套最佳的出口结算路径。请详细说明 1. 你选择的结算方式（或结算方式组合）；2. 选择的依据；3. 具体运作流程；4. 需要特别注意的问题。

本章讨论题

2020 年 6 月至 8 月间，国外甲银行（以下简称寄单行）向我国乙银行某分行（以下简称代收行）寄来了 4 套进口代收的单据，注明适用《URC522》，总金额为 10 000 美元，条件为“见票 90 天承兑交单”（D/A At 90 Days Sight）。

汇票的出票人为出口商，发票等其他单据的抬头为进口商，但托收面函及汇票上的付款人却做成代收行。

收到单据后，代收行并未重视汇票付款人的问题，而是向进口商原样提示了单据。

进口商在该商业汇票正面用中文写明“同意承兑，到期付款”，并加盖该公司的公章和法人代表印章。代收行即用SWIFT通知寄单行："Documents are accepted to mature on... on which payment will be effected."（单据已承兑，将于××××年××月××日付款）。

在单据陆续到期付款之前，进口商称根据买卖双方新的付款协议，付款期限将延长60天，请代收行洽寄单行提出延期付款。

代收行立即致电寄单行："The drawee requests to extend the bill to mature on..., Please approach the drawer for approval. Upon receipt of your return message of agreement, we'll give you a formal message of acceptance."（付款人请求将上述票据延期到××××年××月××日付款，请洽客户同意后，我方将给予正式的承兑电文。）。

寄单行回电答复为："...Payment can be extended to... against your good bank undertake to effect payment on the mew maturing date."（凭你行在新到期日的付款承诺，付款可以延期到××××年××月××日）。

代收行遂致电寄单行，确认了新的付款到期日："Docs are extended to mature on..., payment will be effected on the new maturing date."（单据已延期到××××年××月××日，付款将在新的到期日执行。）。

及至新的到期日，进口商又一次提出延期付款，寄单行断然拒绝，要求立即付款。

2021年1月，进口商称上述4笔单据项下的货物一直未能到达，经买卖双方协商，同意将单据全部退回，其余问题待双方协商解决。

代收行立即致电寄单行，说明应进口商的请求已退回单据，并宣布关闭业务卷宗。

2021年2月24日，寄单行又将4套单据退回代收行，称该行已凭代收行的承兑向出口商做了贴现，要求代收行按照承诺立即付款。

该纠纷已述至各自总行，但一直未解决。

1. 请根据《托收统一规则》对该案例进行责任分析；

2. 从该案例中得到什么启示？

思考与练习题答案

一、单项选择题

1	2	3	4	5	6	7	8	9	10
B	D	A	C	B	D	B	B	C	A

二、简答论述

1. 答题要点：设权性、流通转让性、要式性、无因性、可追索性、文义性、提示性；汇兑功能、支付功能、流通功能、信用和融资功能。

2. 答题要点：① 进出口双方签订销售合同，确定以跟单信用证的支付方式结算；② 进口方填制开证申请书，向开证行递交合同副本及其他进口证明文件，并缴纳押金和手续费，要求开证银行开出以出口商为受益人的信用证；③ 开证行审查进口商的资信、付款能力，验看进口许可文件，依据开证申请书开出信用证，并将信用证寄交代理行（通知行）通知信用证给出口方；④ 通知行核对印鉴无误后按自己的通知书格式照录全文，通知受益人；

⑤ 出口方审核信用证与合同相符后，开始备货、交货、备单，在信用证规定的交单截止日前，连同信用证一并送交保兑行、开证行或信用证指定的银行以获得付款；⑥ 出口方备齐各项货运单据，开具汇票，在信用证有效期内一并送交银行；⑦ 银行将汇票和单据寄交开证行；⑧ 开证行或付款行审单完毕，确定单证相符后，承兑汇票；⑨ 汇票到期后付款；⑩ 进口商审单无误后，付清货款获得单据提货。

（绘图略）。

3. 结算方式（或结算方式组合）的选择是一个开放式问题，但要体现减少流动资金的目的，降低风险的目的的方法。选择的依据，主要介绍学生所选的结算方式能满足资金和风险的限制条件，要求学生熟悉掌握各种结算方式的优缺点。具体运作流程，要求学生熟练掌握所选结算方式的运作流程。

讨论题

案例分析：（1）根据《托收统一规则》第 4 条明确规定，“与托收有关的银行，对由于任何通知、信件或单据在寄送途中发生延误和（或）失落所造成的一切后果，或对电报、电传、电子传送系统在传送中发生延误、残缺和其他错误，或对专门性术语在翻译上和解释上的错误，概不承担义务或责任。”由此可以断定托收行已经善意地履行了义务。那么代收行呢？《托收统一规则》第 1 条即提出“银行应以善意和合理的谨慎行事”。签收的单据找不到了，又无《托收统一规则》第 5 条所规定的不可抗力来解脱责任，代收行明显没有尽到谨慎义务，应该承担单据丢失的责任。

（2）启示

a. 要有风险意识，切不可放松麻痹。由于国际商场竞争激烈，出口商多重成交轻风险，往往忽视资信调查，甚至担心一旦客户知道调查其资信，会影响今后合作，这是不可取的。

b. 慎重选择银行。要尽可能选择那些历史较悠久、熟知国际惯例，同时又信誉卓著的国际大银行作为代收行，这样才能有效地避免银行操作失误、信誉欠佳造成的风险。

c. 精心设计交单时间和航程时间的间隔。要事先打听清楚 D/P AT SIGHT 在一些国家的特殊规定和习惯，做到知己知彼。有经验的业务员多根据航程长短来安排交单时间，一般是船到目的地前一周左右保证单据邮寄到代收行。

d. 规范填写 D/P 托收申请书。业务人员应尽可能清楚完整地填写托收申请书的所有委托事项，不要似是而非。

国际金融管理篇

第九章

国际储备

学习目标

- 掌握国际储备的概念和特征
- 熟悉国际储备的构成和作用
- 理解国际储备管理的原则和内容
- 了解我国国际储备管理的状况

本章导入

国际储备发挥的作用

哥伦比亚和墨西哥在 1975 年—1984 年不同的经历生动说明了国际储备的作用。在这十年中，这两个国家都有一段非常有利的外部环境。1977 年—1979 年，世界市场上咖啡价格上涨使哥伦比亚的外汇收入增加。此外，哥伦比亚还是一个毒品走私历史最久的国家，毒品价格上涨使哥伦比亚受益匪浅。1977 年—1981 年，石油价格第二次大幅度提价，使墨西哥由于出口石油赚取了大量外汇。

面对当时的国际收支的有利形势，哥伦比亚和墨西哥两国政府采取了截然相反的政策。哥伦比亚政府决定保持经济稳定增长，把增加的外汇收入储存起来。1980 年，该国的外汇储备为 48.31 亿美元，该年的进口额为 47.39 亿美元，外汇储备已经超过了 12 个月的进口额，而 1975 年该国的外汇储备仅为 4.75 亿美元。在 5 年内，哥伦比亚的外汇储备增加了近 10 倍。墨西哥 1980 年平均外汇储备为 29.60 亿美元，进口平均为 183.39 亿美元，外汇储备仅为进口的 1/6 左右。1975 年，该国的外汇储备为 13.83 亿美元。墨西哥几年花光了所有增加的外汇收入，外汇储备从来没有超过 2 个月的进口额。墨西哥政府借助出口增长有恃无恐地大量举债增加消费，其速度之快超过了其收入的增长。

两种相反的政策产生了不同的结果。哥伦比亚政府由于积累了外汇储备，在 20 世纪 80 年代前 5 年，在美元升值、国际利率提高、外债负担加重的情况下，能从容地应对外债冲机，避免了重新安排债务，没有发生外债危机，维持了经济的稳定增长。而墨西哥面对大好的经济形势不知谨慎，耗费了全部外汇收入，没有保留足够的国际储备，在美元涨价、利息率提高、石油价格下跌时，无法应付外部冲击，在 1982 年不得不宣布无力对外按期偿还利息和本金，要求对外债重新安排，在国内实行紧缩政策，使墨西哥经济陷入了衰退。

第一节　国际储备概述

在 2009 年美国金融危机后，由于美元受挫以致大幅度贬值，我国国际储备中美元储备又占到了最大的比例，因此我国国际储备受到了极大的贬值挑战。那么，国际储备应当以何种形式、何种比例来持有才能达到合理水平呢？

一、国际储备的概念和特点

国际储备（international reserve）是指一国货币当局持有的、能用来弥补国际收支逆差、维持本国货币的汇率及作为对外偿债保证的资产，又称官方储备或自有储备。由此可见，国际储备既是一种支付手段，也是对外支付的准备金，还是一种干预资产。

（一）国际性

国际储备资产能在外汇市场上或在政府间清算国际收支差额时被普遍接受，否则就无法弥补对其他国的国际收支逆差。经济大国的货币比较容易成为国际储备资产，而许多国家的货币虽然早已实现自由兑换，但是由于经济实力较小，在国际贸易和投资活动中很少被使用，也就很难被普遍接受。

（二）官方性

国际储备资产是一国货币管理当局直接掌握并可自主支配使用的官资产。其他机构、组织和个人所持有的资产一般不属于国际储备资产。

（三）流动性

国际储备资产必须具有充分的流动性，即转变为现金的能力，能在其各种资产形式之间自由兑换，以便能随时用于弥补国际收支逆差或用于干预外汇市场。

国际性、官方性和流动性是国际储备资产具有的最基本的三个特点。通常所讲的国际储备是狭义的国际储备，即自有储备。广义的国际储备指的是国际清偿力，包括一国为本国国际收支赤字融资的现实能力（即国际储备）和一国为本国国际收支融资的潜在能力（即一国对外借款的能力），它等于自有储备和借入资金之和。

即　　国际清偿力＝现有储备（国际储备）＋借入储备

也就是说，国际储备只是一国具有的现实对外清偿能力，而国际清偿力是该国具有的现实对外清偿力和潜在对外清偿力的总和。国际储备反映了一国短期的对外支付能力，而国际清偿力反映了一国的国际经济地位、金融资信和长期的对外支付能力。

二、国际储备的构成、来源与作用

随着各国经济的发展，国际储备资产的构成也在不断地发展。第二次世界大战之前，黄金和外汇构成各国的储备资产。战后，国际货币基金组织先后为会员国提供了两类资产，即储备头寸和特别提款权，用以补充会员国的国际储备。

（一）国际储备的构成

根据国际货币基金组织对国际储备构成的规定，一国（或地区）的国际储备应包括四种类型：黄金储备、外汇储备、在国际货币基金组织的储备头寸和特别提款权。

1. 黄金储备

黄金储备（gold reserves）是指一国中央银行和政府机构所持有的货币性黄金。黄金分为货币性黄金和非货币性黄金。非货币性黄金即使是货币当局持有的，也不包括在内。

黄金作为储备资产的优势在于：第一，黄金是最可靠的保值手段，其本身具有内在价值，购买力相当稳定。在出现通货膨胀时，金价同步上涨，而在通货紧缩时，黄金的价值仍然比较稳定。因此，历史上每逢政治和金融局势动荡，就会出现抢购黄金的浪潮。第二，黄金储备完全属于国家主权范围，一国拥有的黄金可以自主控制，不受其他国家的干预，而纸币受发行国或金融机构的信用和偿付能力的影响，导致债权国往往处于被动地位，不如黄金可靠。

但黄金储备也有其内在缺陷，第一，黄金储备无直接的盈利性，反而会产生高昂的保管费用。第二，虽然黄金是最可靠的保值手段，但由于国际市场上的黄金价格受多种因素影响而经常发生波动，因此价格风险较大。如果购买黄金的时机不当或者增持黄金后金价出现大幅下跌，投资额可能会遭受巨大损失。第三，黄金不具有直接的支付能力。尽管黄金仍是各国储备资产的一种重要形式，但在当今世界各国的国际支付中，黄金支起最后保证的作用，而非现实的国际支付手段。当需要动用黄金储备时，通常的做法是将黄金储备在国际黄金市场上出售，用以换取外汇，然后用外汇进行国际贸易和非贸易的支付。也就是说，外汇才是实际运用的国际支付工具，因此，黄金储备的作用最终仍要通过外汇来实现。

在国际金本位制度下，黄金是最理想的国际流通手段，是最重要的国际储备资产，执行着世界货币的职能，是国际支付和结算的最后手段。在第二次世界大战后，随着以美元为中心的国际货币制度的建立，美元、英镑和西方的自由货币相继成为各国储备的主要对象，从而导致黄金在各国储备资产中所占的比重不断下降。

20 世纪 70 年代中期，布雷顿森林体系解体，美元与黄金脱钩，国际货币基金组织实行黄金非货币化政策，黄金的地位进一步被削弱。从此，黄金在各国国际储备中已降为二线储备的地位，即各国货币当局在动用国际储备时，并不能直接以黄金实物对外支付，而只能在黄金市场上出售黄金，兑换成自由货币。

表 9－1　　2022 年 12 月黄金储备排名前 10 位的国家、地区或组织

排名	国家、地区或组织	黄金储备（吨）	在官方储备中的占比（%）
1	美国	8 133.47	77.5
2	德国	3 355.14	74.5
3	意大利	2 451.14	69.5

续表

排名	国家、地区或组织	黄金储备（吨）	在官方储备中的占比（%）
4	法国	2 436.50	64.5
5	俄罗斯	2 298.53	22.0
6	中国	1 948.31	3.3
7	瑞士	1 040.00	5.4
8	日本	855.97	3.1
9	印度	768.80	6.5
10	荷兰	612.45	67.4

资料来源：国际货币基金组织网站。

2. 外汇储备

外汇储备（foreign exchange reserve）是一国货币当局持有的可兑换货币和用以表示的支付手段和流动性资产，其主要形式为国外银行的存款（包括能索取这些存款的外币票据和凭证）和外国政府债券。具体是指：货币当局（包括中央银行、货币机构外汇平准基金和财政部）以银行存款、国库券、长短期政府债券等形式保有的、在出现国际收支逆差时可以使用的债权，包括外币存款、外币有价证券，如政府公债、国库券、公司债券、股票等，以及外币支付凭证（如票据、银行存款凭证、邮政储蓄凭证等）。

一国货币要能够成为国际储备货币，必须具备以下两个条件：

（1）这种货币在国际货币体系中占有重要地位，能自由兑换成其他货币（或黄金）或偿付国际债务，并为世界各国所普遍接受。

（2）这种能作为外汇的货币，其价值必须比较稳定，这样，人们才对其购买力有信心。

第二次世界大战后到20世纪60年代末期、70年代初期，由于美元是唯一能够在一定条件下兑换为黄金的货币，美元是各国外汇储备中最主要的储备货币。从20世纪60年代开始，由于频繁发生美元危机，其储备货币地位逐渐下降。20世纪70年代，布雷顿森林体系崩溃后，在国际经济、政治多元化的背景下，国际储备货币出现了多样化的局面。

储备货币多元化有以下三个原因：

（1）西方国家政治、经济力量的对比变化。美国经济地位的相对下降严重影响了美元内在价值的稳定性，削弱了美元作为支付货币、计价货币和借贷货币的地位，也影响了美元的国际储备货币的地位。

（2）浮动汇率制度下，主要货币的汇率波动频繁，需要通过资产组合的方式来分散储备资产的风险，国际储备货币多元化的趋势越来越清晰。

（3）国际外汇市场和资本市场的迅速发展，使各主要货币之间的兑换及在国际间流动更加迅速和便利，减少了储备货币单一化的各种风险和成本。

目前，有149个国家和地区自愿向国际货币基金组织报告官方外汇储备货币构成。国际货币基金组织将成员国持有的美元、欧元、英镑、日元、瑞士法郎、澳元、加元和人民币八种货币的外汇储备总量单独列出。国际货币基金组织自2016年10月开始，在官方外汇储备货币构成季度调查中单独列出人民币资产，以反映全球人民币外汇储备的持有情况。表 9－2 列出了国际货币基金组织成员外汇储备的币种构成变化趋势。

表 9－2 2015 年—2019 年国际货币基金组织成员外汇储备的比重构成

货币	2015 年	2016 年	2017 年	2018 年	2019 年
美元	67.75%	65.36%	62.73%	61.74%	60.89%
欧元	19.14%	19.14%	20.17%	20.67%	20.54%
人民币	—	1.07%	1.23%	1.89%	1.96%
日元	3.75%	3.96%	4.90%	5.20%	5.70%
英镑	4.72%	4.34%	4.54%	4.42%	4.62%
澳元	1.77%	1.69%	1.80%	1.62%	1.69%
加元	1.78%	1.94%	2.03%	1.84%	1.88%
瑞士法郎	0.27%	0.17%	0.18%	0.14%	0.15%
其他	2.83%	2.34%	2.43%	2.47%	2.56%

资料来源：国际货币基金组织网站。

根据表 9－2 可以看出，人民币在国际货币基金组织成员外汇储备构成中的占比呈现上升趋势，这也是人民币国际化进程的重要阶段性成果。

作为储备资产，与黄金储备相比，外汇储备的优势是很明显的：第一，无论外汇储备是以银行存款还是其他投资性金融资产的形式存在，均可获得一定的利息收益，第二，外汇储备便于政府随时动用，能够及时保证国际收支调节和满足外汇市场干预的需要。但是，以外汇储备作为储备资产也有弊端，主要表现为：一是可能存在因汇率波动导致的外汇资产贬值损失，二是受储备货币发行国的影响较大，如储备货币发行国采取冻结其敌对国家存放在其国内的资产。但总体看来，外汇储备的优点远超其缺点，因而外汇储备已成为当今世界各国储备资产中最主要的形式。

一国外汇储备主要来源于两个渠道：一是国际收支顺差，二是中央银行干预外汇市场所取得的外汇。

3. 在国际货币基金组织的储备头寸

储备头寸（reserve position in the IMF）又称普通提款权，是指国际货币基金组织的会员国按其规定可以动用的存放在国际货币基金组织普通资金账户的一部分资金份额。会员国在国际货币组织的储备头寸包括下面三个部分：

（1）向国际货币基金组织认缴份额中 25%的黄金或可兑换货币部分。这部分以前使用黄金缴纳，现在必须用可兑换货币缴纳。按照国际货币基金组织的规定，会员国可自由提用这部分资金，无需特殊批准，因此，它可以作为会员国的国际储备资产。

（2）国际货币基金组织为满足会员国借款需要而使用的本国货币。按照国际货币基金组织的规定，该会员国向国际货币基金组织缴纳份额的 75%以本币缴纳，国际货币基金组织向其他会员国提供某种货币的贷款，会产生该货币发行国对国际货币基金组织的债权，该会员国可以无条件提取并用于支付国际收支逆差。

（3）国际货币基金组织向该国借款的净额，也构成该会员国对国际货币基金组织的债权。本国货币为国际货币基金组织使用并用于国际支付，所以可以作为本国国际储备的一部分。

普通提款权在国际货币基金组织会员国国际储备资产中所占的比重较小，约占会员国国际储备资产总额的3%左右。

4. 特别提款权

特别提款权（Special Drawing Right，SDR）是相对于普通提款权而言的，是国际货币基金组织为弥补会员国国际储备的不足，在1969年9月创立并分配给成员的一种账面资产形式。

与其他储备资产相比，特别提款权有以下三个特点：

（1）它是国际货币基金组织人为创造的账面资产，是一种凭信用发行的资产，其本身不具有内在价值。

（2）它只能在国际货币基金组织及会员国政府之间发挥作用，可同黄金、外汇一起作为国际储备，并可用于会员国向其他会员国换取可兑换货币、支付国际收支差额、偿还国际货币基金组织的贷款，但任何私人企业不得持有和运用，不能直接用于贸易或非贸易支付。

（3）它是国际货币基金组织按份额无偿分配给会员国的。它不像黄金储备和外汇储备那样是通过贸易和非贸易往来取得的，也不像普通提款权那样以所缴纳的份额为基础。

创立之初，特别提款权与美元等值，1单位的特别提款权的含金量与1美元的含金量等同（是0.888 671克黄金），即1单位的特别提款权等于1美元，但特别提款权不能兑换黄金。实行浮动汇率制以后，国际货币基金组织决定自1974年1月1日起改用一揽子16种货币给特别提款权定值。但由于操作困难，1980年9月18日起改为以美元、德国马克、日元、法国法郎和英镑定值，这5种货币在特别提款权中的比重，每5年进行一次调整。1991年1月起，5种货币在特别提款权中定值的比重分别为：美元40%、德国马克21%、日元17%、英镑11%、法国法郎11%。1999年1月1日欧元诞生后，国际货币基金组织对特别提款权的定值币种和比重作出了相应的调整。在2001年2月，5种货币在特别提款权中的比重调整为4种：美元45%，欧元29%、日元15%、英镑11%。

小阅读

特别提款权是国际货币基金组织根据成员认缴的份额分配的，可用于偿还国际货币基金组织债务、弥补成员政府之间国际收支逆差的一种账面资产。目前其价值由美元、欧元、人民币、日元和英镑组成的一篮子储备货币决定。

作为国际货币基金组织的每一个成员国，虽然可持有的国际储备形式完全相同，但由于各国经济实力差距较大，且国际货币基金组织体制还有很多不完善的地方，各国拥有的国际储备资产的差距较大，发达国家所缴纳的份额比发展中国家大很多，因此分配的特别提款权也较多。

国际货币基金组织规定，每 5 年为一个向其成员分配特别提款权的周期。截至 2023 年 1 月 31 日，在国际货币基金组织中持有特别提款权最多的 10 个国家（地区）及其所获得的分配数额如表 9－3 所示。

表 9－3　国际货币基金组织中持有特别提款权最多的 10 个国家（地区）

国家（地区）	累计分配数（百万 SDR）	持有数（百万 SDR）	持有数占累计分配数的差额（%）	持有数与累计分配数的差额（百万 SDR）
美国	114 861.90	121 128.30	105.5	6 266.40
日本	41 825.00	44 547.80	106.5	2 722.80
德国	37 587.00	39 765.90	103.1	1 178.80
中国	36 206.20	38 540.80	106.4	2 334.60
英国	29 452.00	30 664.90	104.1	1 212.90
法国	29 452.00	28 431.70	96.5	－1 020.20
意大利	21 020.00	21 242.30	101.1	222.3
俄罗斯	18 039.40	17 322.50	96.0	－716.9
加拿大	16 554.00	17 188.30	103.8	634.3
沙特阿拉伯	16 260.00	15 483.40	95.2	－776.6

资料来源：IMF Financial Statements for the Quarters ended, January 31, 2023.

（二）国际储备的来源

一国国际储备的来源主要有以下五个途径：

1. 国际收支顺差

国际收支盈余是一国国际储备最主要和最直接的来源。国际收支盈余主要来自经常项目和资本项目的顺差。经常项目盈余表明一国在对外贸易中处于优势地位，持续巨额的顺差可以增加一国的国际储备。同时，资本项目下资本流入增加同样也可以带来国际储备的增加。

2. 中央银行在国内收购黄金

中央银行用本币在国内市场收购黄金，可以增加该国的国际储备总量；如果用原有的外汇储备从国际市场上收购黄金，只改变该国国际储备的构成，并不会增大其国际储备总量。

3. 中央银行购入外汇

当本币面临升值压力时，中央银行则会在外汇市场抛售本币，购进外汇，以稳定汇率，而购进的可兑换货币便增加了外汇储备。

4. 一国政府或中央银行对外借款净额

一国政府或中央银行运用其自身的信誉及经济实力在国际金融市场上融资或从其他

国家政府取得贷款等均可补充其外汇储备。

5. 在国际货币基金组织的储备头寸和特别提款权

在国际货币基金组织的储备头寸和分配到的特别提款权的是国际货币基金组织会员国国际储备的另一种来源。但是由于其数量有限，各国又无法主动增加其持有额，所以不是国际储备的主要来源。

（三）国际储备的作用

国际储备促进了国际贸易和国际投资活动的发展，是体现一国经济实力的重要标志之一。国际储备的重要作用有以下四点：

1. 调节国际收支失衡，维持对外支付能力

一国国际收支发生临时性或偶然性失衡时，政府可直接动用国际储备支付，而不必调整经济政策或管制手段，以免导致经济运行动荡。当一国国际收支发生长期的根本性不平衡时，动用国际储备调节可起到一定的缓冲作用，为政府争取时间逐渐调整其经济政策，以减少因采取紧急措施而付出沉重代价。

但是，一国国际储备是有限的，其调节能力也有限，因此，动用国际储备只是一种辅助措施。

2. 干预外汇市场，调节本国货币汇率

当本国货币汇率在外汇市场上发生变动或波动，政府可以动用国际储备干预外汇市场来缓和汇率的波动。当本国货币面临贬值压力时，政府可以在外汇市场上抛出外汇储备；当本国货币面临升值压力时，政府可以在外汇市场上买进外汇储备。

但是，由于国际储备数量有限，所以只能对汇率产生短期的影响，并不能改变汇率的长期变动趋势。所以，国际储备的这一作用也是有限的。

3. 作为向外举债和偿还外债的保证

一国国际储备的数量是反映一国对外金融实力和偿债能力的重要标志。充裕的国际储备可以加强一国国际资信，可使筹资者争取较有利的条件筹集资金，有利于外资流入、向国际金融机构和国际银团申请贷款、对外发债以及及时安排债务的偿还。

4. 体现国际竞争优势

国际储备是一国清偿能力的保证，持有较充裕的国际储备，意味着有能力引导汇率变动，由此获得国际竞争的优势。

第二节　国际储备的管理

国际储备管理是指一国政府及货币当局根据一定时期内本国经济发展和国际收支状况，计划、调整、控制和运作本国国际储备的规模、结构及储备资产，以实现其规模适度化、结构最优化、使用高效化的整个过程。

一、国际储备管理的基本原则和目标

（一）国际储备管理的基本原则

各国货币当局在进行外汇结构管理时应贯彻安全性、流动性和盈利性三项原则。

1. 安全性

安全性即储备资产持有国必须充分利用国际金融市场的各种工具和业务，确保储备资产价值稳定、有效可靠，而不能频繁波动，以致蒙受损失并影响对外支付。

2. 流动性

流动性即储备资产应有足够规模，随时兑现以满足对外支付需要。国际储备是一种支付准备金，必须保持充足的流动性，就是要有足够规模的储备资产能随时满足对外支付需要，如支付进口商品、服务的价款，偿还到期外债本息，境内外资企业合法利润的汇出，本国企业对外直接投资等对外汇资金的需求。

3. 盈利性

盈利性即要求管理当局能充分利用国际金融市场的工具和业务，合理地运作储备资产，以求不断增值。一般情况下，一国可预见的对外支付规模总是有限度的，当该国的国际储备规模较大，超过即时对外支付所需的外汇规模要求时，为了有较好的收益，则只需将部分储备资产以流动性较强的形式保存（如在外国大商业银行的存款等），其余则应以流动性稍差但收益率较高的形式体现（如外国国库券等）。

在现实运作中，以上三原则之间存在一定的矛盾。流动性越高的储备形式，其盈利性往往越低；安全性越强，则流动性相对可能较差，因此，需要根据各方面情况协调统筹安排。

（二）国际储备管理的目标

1. 要将安全性置于首位

首先要充分了解储备货币国和国际金融中心所在国的外汇管制情况、发达国家各大商业银行的资信、各储备货币的相对稳定性，以及各类金融资产的安全性等，然后再确定将外汇资金放在哪些国家、哪些银行以及投资于哪几类金融资产等，一定要避免“将所有鸡蛋放在同一篮子里”的情况。在确保国际储备安全的前提下，再考虑流动性和盈利性。

2. 要保持足够的流动性，维持储备资产价值，争取较好的收益

流动性与盈利性之间互为负相关关系。因此，在贯彻这两个原则时必须全面权衡。由于持有储备的主要目的是弥补国际收支逆差和干预外汇市场，因此，流动性是主要的。在此基础上，努力使储备资产在总体上保持价值稳定，并通过合理、有效的投资组合策略，使储备资产增值。

二、国际储备管理的内容

国际储备管理包括量和质两方面。前者又称为国际储备规模管理，指确定与调整其规模；后者又称为国际储备的结构管理，指对国际储备运营管理，主要是确定和调整储备资产的结构。

（一）国际储备的规模管理

1. 规模管理的含义

国际储备规模，即国际储备水平，是指一国在一个时点上持有的国际储备与某些经济指标的对比关系。国际储备规模管理是指对国际储备规模的确定和调整，以保持足够的、适量的国际储备水平。一国对其国际储备总量的管理，从根本上说就是使国际储备的供应保持在最适度国际储备量的水平上。

2. 国际储备的供给管理

从根本上说，一国对国际储备资产供应的管理就是要使国际储备资产的供应保持在最适量的国际储备量上。一国国际储备供应的变化主要取决于以下四个方面：

（1）国际收支顺差

国际收支顺差包括经常项目顺差、资本项目顺差。其中，经常项目顺差是一国增加其外汇储备最稳定和最可靠的来源。当然，资本项目顺差也是一国增加外汇储备的一个来源，甚至在某一时间还可能是最主要的来源，但资本特别是短期资本的强流动性使资本项目顺差相当不稳定。

（2）中央银行针对本币升值的干预

当一国的本币升值时，为稳定本币汇率，该国货币当局会在外汇市场上抛售本国货币，购入外国货币，这部分增加的外汇就列入了外汇储备。反之，当本币贬值时，由于货币当局的干预，会导致外汇储备减少。

（3）中央银行收购黄金

若一国货币当局在黄金市场上买入黄金，则会增加黄金储备的数量，从而增加国际储备总量。

（4）一国政府或中央银行在国外借款的净额

当需要补充外汇储备时，一国货币当局可以直接从国际金融市场或国际金融机构借款来补充外汇储备。

3. 适度规模的国际储备需要考虑的因素

国际储备需求量是指一国在一定时期和一定条件下，为满足弥补国际收支逆差、对外支付及干预外汇市场的需要而愿意持有的国际储备。影响国际储备规模的因素主要有以下八个：

（1）进口规模

由于国际储备最基本的作用是弥补国际收支逆差，一国进口规模大，占用的外汇资金多，发生国际收支逆差的可能性及数额往往也大，因而需要持有较多的国际储备。

（2）国际收支流量大小及其稳定程度

一般来说，若一国国际收支中自主性交易项目持续顺差，则对国际储备需求较小，反之，则对国际储备需求较大，相应地必须保持较高的国际储备。

（3）外汇管制的松紧程度

若一国实行严格的外汇管制或贸易管制，能有效地控制进口和外汇资金的流动，则对外汇储备的需求相对较低。

（4）一国货币的地位

如果一国货币是储备货币，它就可以通过增加本国货币的对外负债来弥补储备货币的不足，而不需要持有较多的国际储备。美国的国际储备相对于其经济规模和进出规模并不充裕，而且常常出现巨额贸易逆差，却从来没有出现支付困难的一个重要原因就在于美元是最主要的储备货币。

（5）外债规模与期限结构

一国外债规模越大，短期外债越多，其还本付息的压力就越大，为维持国际清偿能力，一国需要的国际储备就越多；反之，一国需要的国际储备就越少。

（6）融资能力的强弱

若一国拥有较高的国际资信等级，能迅速方便地获得外国政府和国际金融机构贷款，或者该国在国际金融市场上筹资能力很强，则该国可持有较少的国际储备资产；反之，则应该保持较多的国际储备。

（7）汇率制度的选择

实行浮动汇率制的国家，汇率政策和干预外汇市场的意愿在一定程度上影响该国的国际储备，尤其是外汇储备的需求量。一般情况下，实行钉住汇率制度的国家，比实行浮动汇率制度的国家需要较多的外汇储备。

（8）一国对外开放程度

若一国实行自由贸易政策，且其国际收支总额相当于国民生产总值的比重较大，则其外汇收支较多，对储备资产的需求也较大；反之，经济体封闭的国家对国际储备的需求则较小。

4. 确定适度外汇储备规模的方法

自 20 世纪 60 年代以来，西方学者对外汇储备规模进行了深入研究，形成了一些具有代表性的确定适度外汇储备规模的方法，主要包括卡伯提出的描述法、特里芬等提出的比例分析法、海勒和阿格沃尔提出的成本收益法、货币主义者提出的货币需求决定法以及弗伦克尔等提出的外汇储备需求函数法等。下面重点介绍易于操作的确定适度外汇储备规模的比例分析法。

比例分析法主要是根据外汇储备与某些经济变量的比例关系来确定适度的外汇储备规模。常用的比例包括以下四种：

（1）外汇储备/进口额（R/M）比率

该比率是由美国经济学家特里芬教授于 1947 年在《黄金与美元危机》一书中提出的。特里芬认为，一国的外汇储备应与它的贸易进口额保持一定的比例关系。具体说来，一国应把满足进口需求作为衡量适度外汇储备规模的标准，适宜的比例为 25%～30%。

从时间来看，外汇储备应能支持至少 3 个月的进口需求。它是衡量适度外汇储备规模的最常用的经济指标。国际货币基金组织一直将它作为测算外汇储备水平的一个重要指标，其经济含义是单独依靠外汇储备能够支持一国进口的年数。我国经济进入高质量发展新时期后，我国外汇储备规模过大、增长速度过快的现状得到缓解，2022 年外汇储备与进口额的比率为 120%，处于相对稳定状态。

外汇储备/进口额比率分析法在一定程度上揭示了国际储备与进口之间的相互关系，具有一定的参考价值。该方法简单易行，具有很强的操作性，可以较方便地对适度外汇储备规模进行估算。但是，这种方法只是一个经验法则，缺乏理论依据，而且具有诸多缺点。比如它反映的只是进口支出而不是对外总支出，也没有考虑出口额对国际储备供给的影响，因此它不是全面的、严谨的估算方法。

（2）外汇储备/外债余额（R/D）比率

外汇储备/外债余额比率分析法是20世纪80年代中期兴起的一种理论观点。该比率反映了一国支付外债的能力，是一国增加国际清偿力和国际信誉的重要保证。根据国际惯例，这一比例应该保持在30%～50%。该比率低于30%说明一国存在对外清偿能力不足的风险，并向外传递该国可能出现债务危机的信号。该比率高于50%则说明一国外汇储备充足，而且其外汇储备具有进行投资和进口的空间。

1994年以后，我国的R/D比率始终保持在50%以上，并在2009年达到最高值560%。在2009年以后，R/D比率随着美国次贷危机的影响而逐渐下降，2020年降到150%以下，这表明近年来我国外汇储备的增长速度有所减缓。

（3）外汇储备/短期外债（R/SD）比率

该指标用于衡量一国迅速处理对外债务的能力，是保证国际清偿力的标志，它反映了一国的快速偿债能力。该指标的国际警戒线是100%，如果低于这一标准，就会影响投资者的信息，引发资本外逃，甚至引发金融危机。当外汇储备超过短期外债的5倍时，该国将会因大量的资源闲置而蒙受经济损失。

自1990年以来，我国的外汇储备与短期外债的比率呈现先上升、后逐渐下降的特点，该比率一直大于100%，远高于国际警戒线，特别是2000年竟高达12.66。自2001年开始，该比率有所下降，这是因为短期外债统计口径的变化导致短期外债有所增加。我国外汇储备的规模相对于短期外债来说，增长速度过快，而且规模过大。

（4）外汇储备/广义货币（R/M_2）比例。该指标由约翰逊等提出，他们认为国际收支是一种货币现象，国际收支逆差相当于国内货币供给过多，国际收支顺差相当于国内货币需求过多。国际收支的差额意味着官方储备的增减等于本国货币需求减本国货币供给。因此，外汇储备与货币供应量应保持一个合适的比例。但该指标并没有给出一个合理的界限，各国应当结合各自的国情进行具体分析，一般以25%为适度。

1994至2001年，我国的R/M_2比率基本保持在一个稳定的水平。自2002年以后，比率迅速提高，2014年后进入新常态，比率开始下降，由外汇储备产生的外汇占款在M_2中的比率开始下降，因而外汇储备对我国国内货币投放的冲击作用开始减缓。

综上所述，根据以上四项指标可知，自2014年后，我国的外汇储备规模回到了平稳区间，此前外汇储备的快速增长势头开始减缓。

拓展阅读

影响一个国家国际储备规模需求的因素很多，事实上并不能有一个适用于所有国家的通行标准。例如，过去一段时间内有一些人认为应当以一个国家的国际储备相当于该国三个月的进口额为国际储备的最佳规模。

实践证明，这个被一些奉为金科玉律的“国际通行标准”是靠不住的。理论上讲，在固定汇率制下，各国官方有责任维持汇率稳定，故需要较多的储备。实行浮动汇率制以来，由于国际大环境动荡，各国对外的依存度明显提高，由此引发的国际支付需求也大大增加。因此，考查一个国家的国际储备规模时，只能实事求是，全面考虑一个国家的各方面情况，特别是国际储备对国民经济的多方面作用，辩证地、科学地加以研究。

（二）国际储备的结构管理

国际储备的结构管理就是合理安排各种储备资产的构成，主要解决的问题就是在储备总额一定的情况下，如何实现储备资产结构上的最优化。

1. 国际储备结构管理的内容

国际储备的结构管理，又称为营运管理，是指一国如何安排和运作其储备资产以优化结构，并发挥最大的效能。

有人认为，要使黄金储备、外汇储备、在国际货币基金组织的储备头寸和特别提款权四种形式的国际储备资产的持有量之间保持适当的比例关系。这种说法其实并不合理，在国际货币基金组织的储备头寸和特别提款权的特点是其数量取决于一国向国际货币基金组织缴纳份额的多寡，受国际货币基金组织控制，其数量相对固定，变化很小。特别提款权这种储备资产也不宜大规模分配，否则，势必造成全球灾难性通货膨胀。受自然界黄金储存量的限制，人类可能的黄金保有量增长速度远远跟不上国际支付的发展速度。除外汇储备之外的其他三种储备资产不可能随世界经济的发展和国际贸易的规模同步增长，那么就不应该要求作为国际储备的四个组成部分保持某种相对固定的比例。

黄金由于内在价值相对稳定而具有较高的安全性，但缺乏流动性和盈利性。尤其在布雷顿森林体系崩溃后，黄金不能直接用于国际支付，兑现能力较弱，且缺乏盈利能力，并消耗相当的保管费用。这使得作为储备资产的黄金储备只能保持适度规模。从 20 世纪 70、80 年代起，国际货币基金组织等国际金融机构以及发达国家多次大规模地出售原储存的黄金，近 30 多年来黄金储备总量及其在世界各国国际储备总量中的比重持续下降。

外汇储备资产使用方便、灵活，可直接用于国际支付、币种转换和投资，故具有较强的流动性和运作得当的盈利性。但在浮动汇率制下，各储备货币汇率和利率不断波动，判断失误、运作不当，也可能蒙受巨大损失。因此，对其管理成为国际储备管理中最重要的内容。外汇储备的管理主要包括对外汇储备资产的币种选择及其比例确定两方面的内容。

一国在选择储备货币的币种时，应主要考虑以下因素：一是对外贸易和其他金融性支付所使用的币种；二是外币的币种；三是国际货币体系中各主要储备货币的地位；四是各种储备货币的汇率走势；五是储备货币汇率与利率的比较、汇率与收益率的比较以及有关国家的货币政策；六是经济发展目标和经济政策的要求等。

使储备货币结构合理化，在币种选择时应注意以下四点：

（1）择“硬”弃“软”

应尽可能增持有升值趋势的“硬”货币，减持有贬值趋势的“软”货币。一般来说，汇率的短期变动趋势易受投机因素和随机因素的影响而难以预测，但汇率变动的长期趋势是相对稳定的，一国对中长期汇率的变动趋势有可能作出准确的预测。在这种情况下，选择“硬”货币作为储备货币可以避免汇率风险。但在“软”“硬”货币的选择过程中，还必须考虑利息因素。根据利率平价理论，趋“硬”的货币往往是利率较低，趋“软”的货币往往利率较高，这增加了选择的难度。因此，一国应先权衡利息和风险的得失，然后再确定持有何种货币及比例。

（2）与对外支付需求相符合

国际储备的主要作用在于弥补国际收支逆差和作为干预资产稳定本国货币汇率，是国际支付的准备金。因此一国选择何种货币作为国际储备资产，首先要考虑本国对外贸易和债务往来的地区经常使用的清算货币种类，以避免在需要动用储备时发生兑换风险，节约交易成本，提高储备资产使用效率。

（3）满足干预外汇市场的需求

国际储备还有一个重要的作用就是用来干预外汇市场，以稳定市场汇率。为此，在确定储备资产货币种类时，应尽可能地与干预外汇市场所需要的货币保持一致。

（4）在充分考虑安全性和流动性的前提下，适当增加盈利性较高的货币

不同储备货币资产的名义收益率和实际收益率不同，而且不同的投资方式和投资工具的收益和风险也不同。储备资产货币种类管理上要适当地搭配币种和投资方式，使外汇储备尽可能以高收益的货币形式持有。

2. 国际储备资产流动性的管理

国际储备资产流动性管理是要确定在一种储备货币中如何安排各类资产形式，诸如存款、短期国债、中长期国债的各自比重，权衡安全性、流动性与盈利性三者之间的关系。

一般来说，由于存在利率的期限结构，一般期限越长的资产风险越大，相应的收益率越高，但是变现能力也越差。流动性与盈利性一般呈负相关关系。流动性高的资产，盈利性往往越低；而盈利性越高的资产，其流动性往往越差。从国际储备自身的性质，各国货币当局在安排储备资产时更加注重资产的安全性。按照资产流动性的高低，国际储备资产一般可以分为三级：

（1）一级储备资产

一级储备资产主要用于一国经常性或临时性对外支付，包括在国外银行的活期存款、外币商业票据和外国短期政府债券。这是流动性最强但收益率最低的资产。绝大多数国家禁止对活期存款账户支付利息，有些国家（例如美国）对于非居民的美元存款还要收取利息。但是，它可以随时用来支付，因此，流动性最强。一般每个国家政府都会持有一定比例的一级储备资产，用来应付短期的流动性债务的清偿。

（2）二级储备资产

二级储备资产是在必要时弥补一级储备资产不足以应付对外支付需要的储备资产，主要指中期债券和商业银行发行的定期存单。它们一般都有非常发达的二级市场，随时可以变现，比较安全可靠，盈利性高于一级储备资产，但流动性低于一级储备。在政府的储备资产中所占比重最大。

（3）三级储备资产

三级储备资产主要是期限较长的政府债券或信用等级较高的企业债券。三级储备资产主要用于长期的稳定性支付，是一种收益率最高但流动性最差的政府债券，如若提前动用，

将会蒙受较大损失。

在国际储备资产流动性结构安排上，总体来说，对于平衡国际收支和干预性资产的储备，由于要随时动用，因此应当首先拥有足够的一级储备来满足交易性需求。满足这种需求后，货币当局就可以将剩余的储备在二级储备资产和三级储备资产之间进行组合投资，以期在保持一定的流动性条件下获取尽可能多的预期收益。

课程思政案例

人民币国际化各项指标总体向好

经过十几年的发展，随着中国经济的成长以及开放水平的提升，人民币的跨境支付、投融资、储备和计价等国际货币的功能全面增强，表明人民币的国际地位稳步提升。

中国人民银行于2022年9月23日发布的《2022年人民币国际化报告》显示，自2021年以来，中国人民银行全面贯彻新发展理念，坚持改革开放和互利共赢，以市场驱动、企业自主选择为基础，稳慎推进人民币国际化，为实现经济平稳运行提供有力支撑，人民币国际化各项指标总体向好。人民币支付货币功能逐步提升，投融资货币功能进一步深化，储备货币功能不断上升，计价货币功能逐步增强。

第一，跨境使用增长。2019年，全年银行代客人民币跨境收付金额合计19.67万亿元，同比增长24.1%；2021年，银行代客人民币跨境收付金额合计为36.6万亿元，同比增长29.0%，收入金额创历史新高。

第二，全球第四位支付货币。环球银行金融电信协会（SWIFT）发布的数据显示，2020年6月，在基于金额统计的全球支付货币排名中，人民币升至第五位，占比为1.76%；2021年12月提高至2.7%，超过日元成为全球第四支付货币，2022年1月进一步提升至3.2%，创历史新高。

第三，全球第五大储币货币。国际货币基金组织（IMF）发布的官方外汇储备货币构成（COFER）数据显示，2022年第一季度，人民币在全球外汇储备中的占比达2.88%，较2016年人民币刚加入特别提款权货币篮子时上升1.8%，在主要储备货币中排名第五。据不完全统计，截至2022年末，全球有80多个央行或货币当局将人民币纳入外汇储备。

第四，人民币在特别提款权SDR中的权重排名第三。2022年5月，国际货币基金组织执董会完成了5年一次的特别提款权（SDR）定值审查，这是2016年人民币成为SDR篮子货币以来的首次审查。执董会一致决定维持现有的SDR篮子货币构成不变，即仍由美元、欧元、人民币、日元、英镑构成，并将人民币权重由10.92%上调至12.28%，将美元权重由41.73%上调至43.38%，同时将欧元、日元、英镑权重分别由30.93%、8.33%和8.09%下调至29.31%、7.59%、7.44%，人民币权重仍保持第三位，反映出对人民币可自由使用程度提高的认可。新的SDR货币篮子在2022年8月1日正式生效，并于2027年开展下一次SDR定值审查。

资料来源：作者整理。

本 章 小 结

1. 国际储备是指一国货币当局能用来应对国际收支逆差、维持本国货币的汇率及干预外汇市场的资产。

2. 国际清偿力是指与国际储备有关的另一概念是国际清偿力，它与国际储备之间有相互联系和相互区别的关系。

3. 国际储备由黄金储备、外汇储备、在国际货币基金组织的储备头寸和特别提款权四种形式构成。

4. 国际储备管理的原则是流动性、安全性、盈利性。

5. 国际储备管理包括国际储备的规模管理和国际储备的结构管理。通过这两方面的管理要解决两个问题：一是如何确定和保持国际储备的适度规模；二是在储备总额既定的情况下，如何实现储备资产结构上的最优化。

重 要 概 念

国际储备　黄金储备　外汇储备　特别提款权　普通提款权　国际清偿能力　国际储备管理

思考与练习题

1. 国际储备与国际清偿力的区别是什么？
2. 国际储备由哪几部分构成？它的主要来源有哪些？其作用有哪些？
3. 国际储备管理的原则是什么？
4. 影响一国适度国际储备规模的因素有哪些？
5. 如何对一国的国际储备资产进行管理？

本章讨论题

外汇储备作为一国经济金融实力的标志，是弥补该国国际收支逆差、抵御金融风险、稳定该国汇率以及维持该国国际信誉的物质基础。对于发展中国家来说，往往要持有高于常规水平的外汇储备。但是，外汇储备并非多多益善。你认为我国的外汇储备适度吗？过多的外汇储备暗藏哪些风险？

思考与练习题答案：

1. 略。
2. 略。
3. 略。
4. 略。

第十章

外汇管理

学习目标

- 掌握外汇管理的概念和目的
- 掌握外汇管理的方式和内容
- 了解我国外汇管理体制及框架

本章导入

2019 年 2 月 28 日，榆林市公安局机场分局向外汇局榆林中支通报移交了一起个人涉嫌非法买卖外汇案件线索。经查，2019 年 1 月，内蒙古包头无业人员田某在中国银行包头分行购汇 19 万泰铢现钞（约合 8.5 万元人民币），并于 2019 年 2 月 2 次在榆林机场向赴泰国旅游的 10 余名乘客累计兑换了 37 200 泰铢现钞，并从中非法获利人民币约 422 元。根据《中华人民共和国外汇管理条例》第四十五条“私自买卖外汇、变相买卖外汇、倒卖外汇或者非法介绍买卖外汇数额较大的，由外汇管理机关给予警告、没收违法所得、处违法金额 30%以下的罚款；构成犯罪的，依法追究刑事责任。”相关规定，榆林中支在充分调查取证的基础上，对田某给予了警告并处罚款 823.74 元，没收其买卖外汇违法所得 422 元的行政处罚。

第一节　外汇管理概述

一、外汇管理的概念

外汇管理，又称外汇管制，是指一国政府授权金融管理当局或授权专设机关或其他国家机关，根据国家法律法规，制定具体规章制度，并对外汇的收支、买卖、借贷、转移以及国际间结算、外汇汇率和外汇市场等实行的管制措施。

二、外汇管理的产生和发展

外汇管理的产生与发展反映着世界经济的波动与起伏。外汇管理始于第一次世界大战，主要资本主义国家为支持军需，大量发行纸币，导致通货膨胀严重和国际收支逆差。在这种情况下，各国开始实行严格的外汇管制。第一次世界大战结束，各国政治经济逐步稳定后才逐步放宽管制。

第二轮严格的外汇管制出现在1929年—1933年经济大萧条时期，陷入危机的各国纷纷恢复外汇管制。德国、日本等债务国开始全面集中和分配外汇；而美国、英国等债权国则利用汇率手段，对外倾销商品，争夺销售市场，牟取暴利，从而进一步恶化了国际经济状况。

第三轮严格的外汇管制源于第二次世界大战，此次外汇管制规模更大，涉及面更广。1940年，仅远离战火的美国、中立国瑞士等11个国家没有实行严厉的外汇管制。第二次世界大战后，随着各国经济不同程度的复苏，外汇管制才逐渐放松。

在现阶段，不论发达国家或发展中国家，外汇管理总趋势都以放松为主，但都不会完全放弃外汇管理。受经济、金融危机冲击的国家为了稳定大局，则可能恢复已被放松或取消的某些外汇管理措施。各国的外汇管理体制与世界经济形势保持着高度的关联性。出于保护本国经济的目的，国际经济形势越是动荡，各国越倾向于采取管制措施，且管制措施越严格。

三、外汇管理的目的

外汇资源短缺曾长期是制约我国经济发展的瓶颈之一。与之相适应，外汇管理的主要目标即是保障国家对这种稀缺资源的计划和支配，在管理理念和制度安排上奉行“宽进严出”原则。告别外汇短缺时代后，我国外汇管理进入了一个新的历史时期，主要目标转变为通过对外汇资金流入和流出的均衡管理，促进国际收支平衡、维护国家金融安全和服务经济发展。

（一）促进国际收支平衡

国际收支平衡也称外部平衡，其基本含义是国际收入等于国际支出。如国际支出大于收入，即为逆差；收入大于支出，即为顺差。一国的国际收支状况不论是从一个时期来看还是从某一时刻来看，总是处于不平衡状态，不平衡是经常的、绝对的，平衡则是偶然的、相对的。

国际收支持续不平衡会对一国经济会产生不利影响。持续的、大规模的逆差会导致外汇储备大量流失，本币汇率下跌，国际资本大量外逃，引发货币危机。持续逆差还会导致获取外汇的能力减弱，影响经济发展所需生产资料的进口，抑制国民经济增长，影响充分就业。持续的、大规模的顺差给货币供给量带来压力，管理不善可能为通货膨胀和资产泡沫制造温床。较大顺差是汇率升值预期的重要原因之一，套利资金可能大量流入，使国际收支顺差进一步扩大。大进往往孕育着大出，将来形势稍有波动，可能出现资金的集中流出。顺差也意味着没有充分合理地利用经济资源，大量资金没有用于国内投资和消费，而用于出口部门，不利于产业结构优化和动态调整。

外汇管理是调节国际收支平衡的重要措施。面对国际收支较大规模的不平衡，外汇管理可以通过严格审核国际收支交易真实性来防范虚假外汇资金流出流入，可以通过调整外债、证券投资等资本项目收结汇、购付汇等政策，以及建立健全跨境资金流动监测监管体系，防控异常资金流入和流出，促进国际收支平衡。应当说明的是，国际收支平衡状况是国民经济，特别是对外经济整体运行的结果，要保持国际收支相对平衡，优化经济结构是根本。

（二）维护金融安全

开放程度越高，一国维护金融安全的责任和压力就越大。跨境资本异常流动是一国金融安全的重大隐患。外汇管理可以通过如下方式，防范跨境资金异常流动，维护金融安全。

其一，外汇管理如同“筛子”。通过各种制度安排，筛出那些没有真实交易背景以及尚未放开的资本项目外汇资金异常流入流出。1999 年初，我国正式实施了进口报关单联网核查制度，要求所有进口项下对外付汇均必须有真实交易背景，基本堵住了货到付款项下假报关单进口骗汇的漏洞。近些年，外汇管理部门还加大了资本流入管理，如 2008 年实施了出口收结汇联网核查等制度，防控出口多收汇，发挥了外汇管理筛出异常资金流入的功能。

其二，外汇管理如同“防火墙”。外汇管理可在境内和境外资本之间筑起流出入和汇兑转换的“防火墙”，有助于为国内经济结构调整及各项改革顺利推进创造条件。国际经验也表明，小型新兴市场经济国家频频发生的金融危机，在不同程度上都与本国资本项目的无序开放有关。防范和化解全球化风险，需适应经济发展阶段和金融监管水平，发挥外汇管理隔离风险的“防火墙”作用。

其三，外汇管理如同“蓄水池”。外汇管理可以根据国内外经济金融情况，收紧或放宽对境内机构和居民保留或自由支配外汇的比例或额度，间接调控外汇资源在国家和民间的持有比例。例如，当面临资本外逃或大规模资本流出时，外汇管理可以要求境内机构和个人及时调回境外外汇，抑制资本外流，做大国家外汇储备资金池，威慑或防卫投机性资本攻击。

（三）服务经济发展

服务经济发展始终是外汇管理的出发点和归宿。外汇管理部门适应对外经济发展的需要，不断改进进出口核销手段，在满足监管需求的前提下，最大可能地便利企业经营，支持企业提升国际竞争力。不断简化利用外资和对外投资外汇管理手续，推动国内企业充分地利用两种资源、两个市场，提高生产要素的配置效率。例如，自 2008 年 9 月国际金融危机集中爆发以来，外汇管理部门落实国家支持经济增长的总体部署，多次放宽贸易信贷比例，改进出口收结汇联网核查手段，企业收付汇和结售汇的便利性得到显著改善。

四、外汇管理的对象和范围

（一）外汇管理的对象

1. 对人的管理

这包括自然人和法人，居民和非居民。通常对居民管制较严，对非居民管制较宽。根据居民属性不同，在管理上也有所区别。例如，经审批在我国境内设立的外商投资企业是我国居民，但是我国政府对其实行意愿结汇制，而非强制结汇制，并且曾长期要求这些企业外汇自求平衡。这些都不同于对境内中资企业的管理。

2. 对物的管理

这包括对外国货币（包括纸币、铸币）、外币支付凭证（包括票据、银行存款凭证、邮政储蓄凭证等）、外币有价证券（包括政府债券、国库券、公司债券、股票、息票等）、特别提款权及欧元启动前的欧洲货币单位，以及其他在外汇收支中所使用的各种支付手段和外汇资产。多数国家把黄金、白银等贵金属也列入管理对象之内。

在实施中，结合对人与对物的管理，面对不同行业，需要根据国家产业政策，对不同的进出口商品采取不同的政策待遇，以及实行复汇率制等。

（二）外汇管理的地理范围和区别对待

通常情况下，一个国家的法律效力范围只能是本国境内。但外汇管理则不同，它往往根据本国情况，对外有所延伸。例如，经外国政府批准的我国海外投资企业是东道国的居民、我国的非居民，而且在我国大陆境外。但是，我国的外汇管理法规就要求这些企业向我国外汇管理机构定期报告其外汇收支情况等。

根据国家外交和外贸政策，针对不同国家、地区，实行不同的资本和商品输出入的管制办法，体现了外汇管理的国别政策。

对本国不同地区的外汇管理可能不同。例如，对特别行政区、经济特区、出口加工区等的管理通常较为宽松；对需要特别关照的地区，也可有所体现，如在我国实行外汇额度留成阶段，为了支持西藏等少数民族集居地区，允许这些地区外汇收入全额留成。

五、外汇管理的机构

各国对外汇管理机构安排不一，大致有以下四种安排：由中央银行行使外汇管制权利，如荷兰、瑞典、澳大利亚、泰国等；由政府的某一职能部门（通常是财政部）行使外汇管理权利，如法国等；由政府的几个职能部门和中央银行在适当分工的基础上共同管理，如日本由大藏省、通产省和日本银行共同行使外汇管理职能等；由政府设立专门机构负责这方面工作，如意大利的外汇管制署等。这些机构都以政府名义执行有关法律法令，制定相应规章制度，监督检查外汇收支等活动，处罚违规者，并适时酌情采取必要措施控制外汇收支，以维护本国经济和金融稳定。

六、外汇管理的方式

（一）直接外汇管制

这是指国家运用行政手段和强制性措施，直接管制外汇交易、汇率、外汇资金的来源和运用。其主要方式有以下三种：

1. 行政管制

其典型是政府全面垄断外汇交易，强制居民申报并出售所拥有的外汇资产，管制进出口贸易，限制资本和贵金属输出入，限制本币与外汇的自由兑换，以及决定是否给予境内金融机构、企业外汇经营权和境内外资金融机构能否经营本币业务、经营范围等。

2. 数量管制

主要是限制经常项目外汇输出和资本输出。其方式有以下四种：

（1）外汇配额制，即对进口不同的商品给不同的用汇额度。

（2）外汇限额制，即对外汇支出规定限额。

（3）外汇留成制，即规定外汇收入者可留存和支配其收入外汇的一定比例。

（4）外汇许可制，即规定进口商须申请获得许可，方能购买外汇。

3. 汇率管制

汇率管制即由外汇管理机构以行政方式直接规定和控制汇率水平。一些国家在其经济发展的某些阶段还采取复汇率制。

（二）间接外汇管制

这是指外汇管理机构通过入市买卖外汇和控制国际收支各项目，间接影响外汇供求关系及价格的管理方法。具体方法有：设立和运用外汇平准基金，调节本、外币供求，以调节或平衡汇率；运用进口许可证、进口押汇制，即要求进口商凭进口许可证或按货款的一定比例向指定银行无息预存一定量资金，方可购汇和办理进口，以提高进口成本，限制进口；提高信用证开证保证金或规定取得进口买方信贷，以限制进口和减少外汇支出；实行出口信贷或退税、财政补贴等方式，鼓励出口，增加外汇收入。

七、外汇管理的作用

（一）积极作用

1. 可以对商品和服务奖出限入，以改善国际收支，保护本国经济发展。

2. 可以防止外汇投机活动和资本国际流动对国内金融、经济的冲击，增加本国外汇储备，稳定本币汇率。

3. 有利于维护本国企业的竞争优势地位，保护民族企业发展。

4. 可以缓冲国际市场价格波动对国内市场的影响，稳定国内物价水平。

5. 可迫使他国改变其贸易和关税政策，以争夺国际市场和贸易主动权。

因此，各国都根据本国国情，采用不同程度和形式保留外汇管制。

（二）消极作用

1. 加剧市场动荡与混乱，阻碍国际贸易的正常顺利发展，因为外汇管理使进出口手续繁杂，增加附加成本，延长结算时间，损害进出口商利益。

2. 容易加剧逃汇、套汇、走私和外汇黑市等不法行为。

3. 不利于国际多边结算，阻碍金融市场发展和资本的国际流动。

4. 不利于资源的国际合理配置，阻碍国际市场机制发挥作用。

5. 不利于各国经济依存和分工使用关系的发展。

因此，国际货币基金组织要求各成员国取消外汇管制。

八、外汇管理的基本内容及措施

（一）商品贸易外汇管理

1. 进口外汇支出管理及措施

除了维持国内生产、生活和经济发展的必需品之外，实行外汇管理的国家限制其他商品进口，以减少外汇支出。限制的措施主要是行政手段直接限制进口规模。例如：实行进口许可证制；进口配额制；限制发放国内进口贷款；命令禁止进口某些非生活必需品；设法提高进口成本，如实行进口预交存款制、征收外汇购买税或实行复汇率制、提高信用证开证押金比率等。

2. 出口外汇管理及措施

实行外汇管理的国家对除重要文物、战略性物资、国内紧缺物资，以及国际市场需求有限且本国出口的市场份额较大等商品外，对扩大出口采取鼓励措施，以增加外汇收入，并要求出口商将所得外汇及时如数调回本国，办理结汇。主要措施有：复汇率制；外汇留存制；外汇转移证制；出口补贴或出口退税；外汇倾销；以优惠利率贴现出口商汇票；提供出口保险等。

（二）服务贸易与单方面转移的外汇管理

收入方面的基本要求是：及时、如数调回境内，并到国家指定银行结汇。为此订有一定的优惠政策，主要有：允许有服务贸易外汇收入者在国内开立外币存款账户，自由支取或按规定携带出境；允许有这项外汇收入者按规定比例自行留存部分，其余到外汇指定银行结汇；实行复汇率结汇；允许上述外汇留存者将其留存外汇按市场汇率出让；在物资供应短缺的国家，对办理上述结汇者依结汇金额提供相应的物资供应票证，等等。

支出方面，除了如同商品进口用汇管理中的规定外，还有规定购汇的时间间隔及对外支付时间、征收外汇兑换税及附加费和实行复汇率制等。

（三）对资本输入、输出的外汇管理

鉴于资本输入、输出往往金额巨大，将影响有关国家国际收支以至经济发展，故须有所管理。一般来说，发达国家的管理较发展中国家宽松些。

发达国家限制资本输入、输出的主要措施有：规定本国银行吸收国外存款须按较高比率缴纳存款准备金；规定商业银行在吸收国外存款时不向存款户支付利息，反而要收取一定比例手续费；限制商业银行向居民出售远期外汇；限制本国居民借用外债；限制非居民购买本国有价证券；对非居民购买本国不动产实行审批；严格审批外来直接投资，等等。

发展中国家虽需引进外资发展本国经济，但若管理不当，则可能陷入债务危机或金融危机。因此，也有必要加强管理资本输入、输出。主要措施有：制定较严格的利用外资计划，规定和限制资金外流；实行严格的审批制度；规定国内企业允许外资股份最高比例；规定外国投资资本和利润汇出的限制条件，如外汇自求平衡，一定期限内允许汇出的最高限额等；严格控制借用外债规模、结构及投向，等等。

（四）对现钞和贵金属出入境的管理

许多国家都明确禁止本币现钞大量出入境，但有些国家只规定允许携带入境最高限额和出入境携带者须如实登记申报。一般不限制外币现钞携带入境，但要求如实申报登记；对外币现钞携带或邮寄出境，则要求提交有关文件证明其来源合法或入境时所携入，或规定允许携出的金额上限。

对贵金属入境，大多数国家都不限制数量，但要求如实报关；有的国家则要求照章征税或申办许可证；对贵金属出境则有数量限制和申报要求。

（五）对本币可兑换性的管理

通常将一个国家的货币与外汇的可兑换性，按照国际货币基金组织的国际收支平衡表的项目，分成经常项目下和资本与金融项目（一般简称“资本项目”）下的可兑换。鉴于后者对经济的影响要比经常项目长远，该项目下货币可兑换要晚于经常项目下的货币可兑换，要求条件也更高。国际货币基金组织不要求各国实行资本项目下货币可兑换。国际货币基金组织在其《协定》第八条，鼓励各成员国实行货币经常项目下可兑换。接受这一条款要求的国家为“第八条款国”。

第二次世界大战后初期，仅美国等少数国家实行，日本和一些西欧国家 20 世纪 50 年代后期才陆续实行，20 世纪 70 年代初布雷顿森林体系崩溃时，仅 42 个国家作出这样安排。到 20 世纪末，已有约 90 个国家成为“第八条款国”。货币从经常项目下可兑换到资本项目下可兑换，发达国家往往经历了 10 余年的时间。墨西哥、泰国等国先后爆发金融危机的教训之一是，在条件尚不具备时，过早宣布本国货币经常项目或资本项目下可兑换，会危及金融、经济的稳定发展。即使允许本币可自由兑换，也不等于取消相应外汇管制。各国仍维持着对金融机构资本流动的管制。例如，限制下列事项：银行对非居民的净头寸和总负债、银行外币净头寸、银行将外汇调回本国和将外币换成本币、居民购买外汇证券和非居民购买国内证券和对外投资、加强利率管制和税收调节，等等。

第二节　我国外汇管理体制沿革及现行外汇管理框架

一、我国外汇管理的历史沿革

外汇市场是我国金融市场的重要组成部分，也是我国改革开放和对外交往的窗口，联系国际国内两个市场、两种资源。我国外汇管理体制建立于计划经济时期。改革开放前，我国实行严格的外汇集中计划管理，国家对外贸和外汇实行统一经营，外汇收支实行指令性计划管理。所有外汇收入必须售给国家，用汇实行计划分配；对外基本不举借外债，不接受外国来华投资；人民币汇率仅作为核算工具。1978 年，改革开放拉开了外汇管理体制改革的序幕，外汇管理体制改革始终围绕党中央、国务院的战略部署，沿着社会主义市场经济体制的方向持续推进，按照使市场在资源配置中起决定性作用和更好发挥政府作用的要求，逐步建立起了适应中国特色社会主义市场经济要求的外汇管理体制。1978 年以来，外汇管理体制改革大致经历四个发展阶段。

第一阶段（1978 年—1993 年），外汇管理体制改革起步。这一阶段以增强企业外汇自主权、实行汇率双轨制为特征。1978 年，党的十一届三中全会正式宣布我国开始改革开放，1979 年，为配合外贸体制改革和鼓励企业出口创汇，我国开始实行外汇留成制度，在外汇由国家集中管理、统一平衡的基础上，按照一定比例给予出口企业购买外汇的额度，允许企业通过外汇调剂市场转让多余的外汇，由此逐步形成了官方汇率和外汇调剂市场汇率并存的双重汇率制度。这一阶段，外汇管理体制处于由计划体制开始向市场调节的转变过程，计划配置外汇资源仍居于主导地位，但市场机制萌生并不断发育，对于促进吸引外资、鼓励出口创汇、支持国内经济建设发挥了积极作用。

第二阶段（1994 年—2000 年），社会主义市场经济条件下的外汇管理体制框架初步确定。1994 年初，国家对外汇管理体制进行了重大改革，取消外汇留成制度，实行银行结售汇制度，实行以市场供求为基础的、单一的、有管理的浮动汇率制度，建立统一规范的外汇市场。此后，进一步改进外汇管理体制，于 1996 年取消了所有经常性国际支付和转移的限制，实现人民币经常项目可兑换。1997 年，亚洲金融危机爆发，给中国经济发展与金融稳定造成严重冲击。为防止危机进一步蔓延，我国作出人民币不贬值的承诺，并重点加强对逃汇骗汇等违法违规资本流动的管理和打击，成功抵御了亚洲金融危机的冲击。总体来看，这一阶段，我国初步确立适合国情、与社会主义市场经济体制相适应的外汇管理制度框架，市场配置外汇资源的决定性地位初步奠定。

第三阶段（2001 年—2012 年），以市场调节为主的外汇管理体制进一步完善。2001 年底加入世界贸易组织以来，我国加速融入全球经济，国际收支在较长一段时间内呈现持续大额顺差，外汇管理提出国际收支平衡的管理目标和“均衡管理”的监管理念，包括人民币资本项目可兑换等重大改革探索有序推进。2002 年，建立合格境外机构投资者制度（QFII），跨境证券投资开放取得重大进展。于 2003 年成立中央汇金公司，向国有商业银行注资，外汇储备探索多元化运用。以 2005 年 7 月人民币汇率形成机制改革为起点，不断理顺外汇市场供求关系，实施了取消经常项目外汇账户限额管理、对个人实行 5 万美元便利化结售汇额度管理、启动合格境内机构投资者制度（QDII）和人民币合格境外机构投资者制度（RQFII）等一系列改革举措。2008 年，结合前期外汇管理体制改革取得的丰硕成果，修订《中华人民共和国外汇管理条例》，外汇管理法制化建设迈入新阶段。2009 年，提出外汇管理理念和方式的“五个转变”，全面推进简政放权。2012 年，实施货物贸易外汇管理制度改革，取消货物贸易外汇收支逐笔核销制度，贸易便利化程度大幅提升。

第四阶段（2013 年至今），统筹平衡贸易投资自由化便利化和防范跨境资本流动风险，在维护外汇市场稳定尤其是成功应对 2015 年底至 2017 年初外汇市场高强度冲击的同时，外汇领域改革开放取得历史性成就。2013 年，改革服务贸易外汇管理制度，全面取消服务贸易事前审批，所有业务直接到银行办理。扩大金融市场双向开放，先后推出“沪港通”（2014 年）、内地与香港基金互认（2015 年）、“深港通”（2016 年）、“债券通”（2017 年）等跨境证券投资新机制。陆续设立丝路基金、中拉产能合作基金、中非产能合作基金，积极为“一带一路”搭建资金平台。2015 年，将资本金意愿结汇政策推广至全国，大幅简化外商直接投资外汇管理，实现外商直接投资基本可兑换。2016 年—2017 年，完善全口径跨境融资宏观审慎管理，推动银行间债券市场双向开放，建立健全开放有竞争力的境内外汇市场。2018 年，进一步增加 QDII 额度，取消了 QFII 资金汇出比例限制和 QFII、RQFII 锁定期要求，扩大合格境内有限合伙人（QDLP）和合格境内投资企业（QDIE）试点。2015 年底至 2017 年初，我国外汇市场经历了两次高强度冲击，外汇管理部门在党中央、国务院坚强领导下，综合施策、标本兼治，建立健全跨境资本流动宏观审慎管理，不断改善外汇市场微观监管，我国日益开放的外汇管理体制经受住了跨境资本流出冲击的考验，有效维护了国家经济金融安全。

未来，外汇管理部门将高举习近平新时代中国特色社会主义思想伟大旗帜，坚定不移贯彻党的二十大各项战略部署，牢固树立“四个意识”，坚定“四个自信”，坚决维护习近平总书记在党中央和全党的核心地位，坚决维护党中央权威和集中统一领导，坚决贯彻全面从严治党要求，以政治建设为统领推进外汇管理各项工作，按照“五位一体”总体布局和“四个全面”战略布局要求，坚持稳中求进工作总基调，贯彻新发展理念，落实高质量发展要求，以供给侧结构性改革为主线，在党中央、国务院坚强领导下，在人民银行指导下，围绕服务实体经济、防控金融风险、深化金融改革三大任务，更好地统筹贸易投资便利化和防范跨境资本流动风险关系，推动金融市场双向开放，服务国家对外开放新格局，不断完善跨境资本流动“宏观审慎+微观监管”两位一体管理框架，有效维护外汇市场稳定和国家经济金融安全。

二、我国现行的外汇管理

（一）我国外汇管理的基本方针

我国外汇管理的基本方针是集中管理、分散经营。

所谓集中管理，是指所有外汇政策及法规由国家统一制定，人民币汇率由中国人民银行对外公布，举借外债由国家统一编制计划；所谓分散经营，是指国际结算、外汇贷款、外汇买卖等外汇业务由国家授权的各外汇制定银行办理。

（二）我国外汇管理的主管机构

我国外汇管理的主管机构是国家外汇管理局，其主要职能包括三方面：依据国家外汇管理政策、法律法规，负责制定相应的制度和实施细则；监督、管理经营外汇业务的指定金融机构，规范其经营行为；具体管理内容体现在管理外汇流动、外债及外汇储备方面。

知识链接

国家外汇管理局的基本职能

（1）研究提出外汇管理体制改革和防范国际收支风险、促进国际收支平衡的政策建议；研究逐步推进人民币资本项目可兑换、培育和发展外汇市场的政策措施，向中国人民银行提供制订人民币汇率政策的建议和依据。

（2）参与起草外汇管理有关法律法规和部门规章草案，发布与履行职责有关的规范性文件。

（3）负责国际收支、对外债权债务的统计和监测，按规定发布相关信息，承担跨境资金流动监测的有关工作。

（4）负责全国外汇市场的监督管理工作；承担结售汇业务监督管理的责任；培育和发展外汇市场。

（5）负责依法监督检查经常项目外汇收支的真实性、合法性；负责依法实施资本项目外汇管理，并根据人民币资本项目可兑换进程不断完善管理工作；规范境内外外汇账户管理。

（6）负责依法实施外汇监督检查，对违反外汇管理的行为进行处罚。

（7）承担国家外汇储备、黄金储备和其他外汇资产经营管理的责任。

（8）拟订外汇管理信息化发展规划和标准、规范并组织实施，依法与相关管理部门实施监管信息共享。

（9）参与有关国际金融活动。

（10）承办国务院及中国人民银行交办的其他事宜。

（三）我国现行外汇管理框架

根据《中华人民共和国外汇管理条例》和《国务院办公厅关于印发国家外汇管理局主要职责内设机构和人员编制规定的通知》，外汇管理部门负责监督检查经常项目外汇收支的真实性、合法性；实施资本项目外汇管理，研究逐步推进人民币资本项目可兑换；负责国际收支、对外债权债务统计和监测；培育发展外汇市场，承担结售汇业务监管，提供制订人民币汇率政策的建议和依据；实施外汇监督检查，对违法行为进行处罚；承担国家外汇储备、黄金储备和其他外汇资产经营管理的责任等。在上述框架下，已建立了一个涵盖居民、非居民、自然人和法人等各类主体的侧重于功能监管的外汇管理制度体系。

1. 经常项目外汇管理

经常项目外汇管理的主要内容包括：进口付汇核销管理；出口收汇核销管理；服务贸易外汇管理；个人外汇管理；保险业务外汇管理；经常项目外汇账户管理等。

我国已于 1996 年实现人民币经常项目可兑换。因此，只要购付汇是真实用于货物贸易、服务贸易等经常项目之用途，国家均不作限制，皆予以满足。由于目前我国仍实行资本项目部分管制，为确保资本项目管制的有效性，防止无贸易背景或违法资金等非法流出入，经常项目外汇管理的核心目标和原则即为真实性审核。实现手段主要是通过核对资金流与物流对应情况、规范银行审核外汇收支单证、构建外汇流动非现场监测监管体系等。

货物贸易外汇收支在经常项目中占主导地位，在管理上包括对出口少收汇（逃汇、截留外汇）、进口多付汇（套汇、骗汇）、出口多收汇（投机资金流入）和进口少付汇（投机资金流入）等四个方面的监管。其中前两个方面，即对出口少收汇和进口多付汇的监管，是在 20 世纪 90 年代外汇稀缺背景下，通过建立完善出口收汇核销制度和进口付汇核销制度来实现。为防止国际收支逆转，目前仍予保留，但在技术手段上不断提升。后两个方面，即对进口少付汇和出口多收汇的监管，是进入 21 世纪后随着国家外汇储备规模不断扩大，通过建立延期付款登记管理等贸易信贷登记管理制度、出口收结汇联网核查制度等来实现。

服务贸易与货物贸易在管理手段上大有不同，由于其没有所谓的货物流信息可供核对，因此通过在法规中明确银行审核外汇收支所涉单证，通过与税务、商务等上游主管部门合作，在审单内容和信息交换上形成监管合力等，进行真实性审核。外汇管理部门也借助电子系统进行事后监测，发现可疑情况则重点监督检查。个人结汇和购汇实行年度总额管理。目前为每人每年等值 5 万美元。额度内的，凭身份证件在银行直接办理；超过额度，持规定材料在银行办理。经常项目外汇账户可在银行自由开立，首次开立只需向外汇管理部门办理基本信息登记；账户内可自由保留外汇。

2. 资本项目外汇管理

资本项目外汇管理指对跨境资本交易（包括转移支付）和汇兑活动的限制。外汇管理的主要内容包括：直接投资管理；信贷业务管理；证券投资管理；个人财产对外转移管理等。

由于我国没有完全放开资本项目管制，而是在有效防范风险之前提下，有选择、分步骤放宽对跨境资本交易活动的限制，逐步实现资本项目可兑换，这是世界各国特别是新兴市场经济国家的基本经验。与经常项目管理不同的是，资本项目外汇管理主要是通过外汇管理部门进行事前审批和事后备案。在管理原则上不完全是真实性审核，一些风险较大、管制较多的项目，如证券投资等，即使确实是真实投资证券市场，也可能不被允许。资本项目外汇管理坚持均衡管理、稳步开放、便利化、国民待遇原则。

直接投资外汇管理重点是统计监测外商直接投资跨境资本流动，并根据外汇形势的特点，实施相应的汇兑管理。具体是通过相关管理信息系统，利用外汇登记、撤资核准等手段实现统计目的；通过资本金账户、外汇年检等管理手段，落实外商投资登记管理等要求。外债管理一方面是进行统计监测，另一方面是进行规模管理。借款人应办理外债登记，外汇管理部门每季度对外公布我国外债统计数据。国家制定利用外资，包括对外借款总体规模，各类借款主体须在规定的借款指标内对外举借外债。对外担保可能转化为实际负债，对外提供须经外汇管理部门事前批准，提供后应办理登记及履约核准等手续。证券投资方面，境外机构和个人可通过我国政府批准的合格境外机构投资者（QFII）在规定的额度内投资我国证券市场；我国机构和个人也可通过合格境内机构投资者（QDII）在规定的额度内投资海外资本市场。

拓展阅读

我国资本项目外汇管理的历史沿革

改革开放以前，我国既无外债，也不允许外商来华直接投资，对资本项目实行严格管制。在新中国成立后的近 30 年中，资本项目交易基本处于空白阶段。但自 1978 年以来，中国开始启动了渐进的、审慎的资本账户开放进程。

1978 年开始，根据改革与发展的需要，我国着重在吸引和利用外资方面放松管制，事实上启动了人民币资本项目可兑换进程。这一阶段的资本项目管理具有三大特点：一是在管理领域上，以直接投资为主，其次为外债，证券投资被严格限制；二是在管理思路上，以鼓励流入、限制流出为导向。从开放的实践看，在直接投资、债权债务等各个特定的业务种类上，流入方向的业务都是最先开放的；三是在管理实践中，曾经历放开—管制—再放开的反复过程。1996 年，我国宣布实现经常项目可兑换，开始着重资本项目的开放，而 1997 年亚洲金融危机爆发后，中国政府加强了资本管制，尤其是对资本流出的管制，如禁止购汇提前还贷等，直至危机结束后才逐步取消。

2001 年以来，顺应加入世界贸易组织和融入经济全球化的挑战，根据经济发展和改革开放的客观需要，资本项目开放的步伐逐步加快，并逐步深入。与上一阶段相比，2001 年以来资本项目管理的特点体现在以下两个方面：

一是开放重点有所变化。在直接投资领域，管理已经相对成熟，实现了基本开放；在证券投资领域，正在经历从无到有的重要时期。尤其在国际资本流动规模迅速扩大时期，如何通过参与国际金融市场来分享国际资本市场发展的成果，如何在有效利用国际金融市场的同时防范和化解金融风险，成为监管者无法回避的问题。针对这一局势，2002 年，我国推出了合格境外机构投资者制度，允许境外投资者投资于我国资本市场；随后，又相继推出了放宽银行、证券、保险等金融机构以自有资本或代客从事境外证券投资的政策。

二是从宽进严出向均衡管理转变。2002 年以来，我国开始出现经常、资本项目持续大额双顺差，外汇储备迅速增长。这既体现我国综合国力的增强，也部分反映我国资金利用的低效率。摆在监管者面前的不再是千方百计吸引外资，而是如何利用国内国际两个市场、实现资源的合理配置。在这一形势下，资本项目管理开始转向鼓励资金有序流出和防止投机性资金流入、促进国际收支基本平衡。例如，在直接投资领域，改革境外投资外汇管理，支持国内企业“走出去”；在外债领域，统一中外资银行外债管理，严格外资企业外债结汇；在证券投资领域，允许境外证券投资；在资本转移领域，允许个人资本转移，等等。

3. 金融机构外汇业务管理

我国对金融机构外汇业务的监管由外汇管理、银行业监督管理等部门分别负责。《中国人民银行法》《商业银行法》《外汇管理条例》等规定指出人民银行履行银行结售汇业务的市场准入管理职责，具体由外汇管理部门负责。商业银行其他外汇业务，如外汇与外汇间的买卖等由银行业监督管理部门负责。外汇管理部门还负责保险经营机构、证券公司、财务公司等非银行金融机构外汇业务资格审批。非银行金融机构外汇业务的范围包括外汇保险、发行或代理发行外币有价证券、买卖或代理买卖外币有价证券、即期结售汇业务等。

此外，对金融机构监管的另一类重要内容是为客户办理外汇收支业务的合规性考核制度。金融机构在外汇监管框架中的特殊地位是否能够切实履行职责直接关系外汇管理政策的执行效果。外汇管理部门通过设定考核指标、考核方法等加强对金融机构办理外汇业务的监管，同时对其违法行为进行检查和处罚。

4. 国际收支统计与监测

国家对跨境交易资金流动进行统计，实行国际收支统计申报制度。境内企业或个人向境外汇款或者从境外收款，都有义务依法向外汇管理部门申报。由企业或个人直接向外汇管理部门申报收付汇信息的，称为直接申报；由企业或个人委托银行代申报的，称为间接申报。目前企业和个人的申报基本上由银行代申报完成。直接申报的主体主要是金融机构，主要包括金融机构对境外资产负债及损益申报、境内银行非居民人民币账户数据统计、中资金融机构外汇资产负债数据的统计制度等内容。此外，对于较难通过交易主体申报采集的数据，我国还建立了国际收支统计专项调查制度，如贸易信贷、运输、保险项下调查制度等。

根据国际收支统计情况，我国定期编制国际收支平衡表（Balance of Payments，BOP)。同时，把历年来统计结果等进行汇总，编成中国国际投资头寸表（International Investment Position，IIP)。BOP 是流量统计，是对特定时期内国际收支交易的统计；IIP 是存量统计，是对特定时点一经济体对外金融资产负债情况的统计。目前，我国每半年对外公布国际收支平衡表，每年对外公布国际投资头寸表。

5. 外汇储备管理

外汇储备管理是我国外汇管理部门的重要职责。《中国人民银行法》第四条规定，中国人民银行履行持有、管理、经营国家外汇储备、黄金储备的职责。《外汇管理条例》第十条进一步规定，国务院外汇管理部门依法持有、管理、经营国家外汇储备，遵循安全、流动、增值的原则。

2001 年起，为适应储备规模快速增长和进一步规范化、专业化经营的需要，外汇储备建立了以投资基准为核心的管理模式。投资基准确定了货币、资产、期限和产品分布的结构和比例，是投资管理过程中衡量某项资产或投资组合构成和收益的重要参照指标。按照既定的投资基准进行操作，可以有效进行投资决策和管理投资风险，还有利于客观评估经营业绩。在按照投资基准经营的同时，允许经营人员对基准进行适度偏离，可以发挥经营人员的主观能动性，积极捕捉市场机会，在既定风险之下创造超出基准的收益。这一模式既借鉴了国际经验，也具有自身特色。

6. 人民币汇率和外汇市场管理

1994 年外汇体制改革后，我国形成了外汇零售市场与外汇批发市场。外汇零售市场是指银行与企业、个人等客户之间进行柜台式外汇买卖所形成的市场，这是一个分布广泛的分散的市场。银行在与客户之间进行外汇买卖中会产生买卖差额，形成外汇头寸的盈缺。由于外汇市场上汇率千变万化，银行保留外汇头寸敞口存在很大的汇率风险，因此，银行要对多余头寸进行抛出，对短缺头寸进行补进，于是形成了银行间外汇市场，即中国外汇交易中心组织运营的电子化交易平台。在外汇零售市场，银行经营此类业务须事先经外汇管理部门批准，取得结售汇业务市场准入资格；须遵照结售汇综合头寸限额管理规定，对超限额的结售汇头寸及时通过银行间外汇市场进行平盘；须按照汇价管理有关规定制定并公布挂牌汇价，为客户办理结售汇业务；须建立独立的结售汇会计科目，履行结售汇统计、结售汇综合头寸统计、大额交易备案以及其他相关统计义务。《外汇管理条例》规定，外汇批发市场交易的币种、形式等由外汇管理部门规定。

外汇市场的改革推动了人民币汇率形成机制的完善。1994 年 1 月 1 日，人民币官方汇率与外汇调剂价格正式并轨，我国开始实行以市场供求为基础的、有管理的浮动汇率制度。2005 年 7 月 21 日，我国开始实行以市场供求为基础、参考一篮子货币进行调节、有管理的浮动汇率制度；人民银行授权中国外汇交易中心于每个工作日上午 9 时 15 分对外公布当日人民币对美元、欧元、日元、港币和英镑汇率中间价，作为当日银行间即期外汇市场以及银行柜台交易汇率的中间价；每日银行间外汇市场美元对人民币的交易价可在中国外汇交易中心公布的美元中间价上下 0.5%的幅度内浮动，欧元、日元、港币和英镑对人民币的交易价在当日交易中间价上下 3%的幅度内浮动。

7. 外汇管理检查与处罚

依据《外汇管理条例》的规定，外汇查处的违规行为主要包括逃汇、非法套汇、资金非法流入或非法结汇、违反外汇管理规定、非法经营外汇业务、非法买卖外汇、金融机构违反收付汇、结售汇、外汇市场管理等规定；境内外机构、个人违反国际收支统计申报、报送报表、提交单证、外汇登记等规定。对这些违规行为处罚的幅度、程序等依照《行政处罚法》《外汇管理条例》等进行。如作出处罚决定之前应制作行政处罚告知书，告知当事人所认定的违法事实、法律依据、处罚内容及依法享有的权利等。外汇管理机关还建立了办案程序、案件集体审议等内控制度，以确保依法行使检查职权，保护当事人合法权益。

《外汇管理条例》第六章专门规定了外汇管理机关在实施监督检查时可以采取的手段和措施，包括可以对金融机构进行现场检查、进入涉嫌违法行为发生场所调查取证、询问有关机构和个人、查阅和复制有关交易单证等资料、查阅和复制有关财务会计资料及相关文件、封存可能被转移或藏匿的文件和资料、查询账户、申请人民法院冻结或者查封涉案财产或重要证据。监督检查人员不得少于 2 人，并应当出示证件。少于 2 人或者未出示证件的，有关单位和个人有权拒绝。

当前及未来一段时期，我国各项改革正处于关键时期。外汇管理法治要以科学发展观为指导，重点保障推进以下几个方面的建设：继续完善经常项目可兑换管理，不断提高贸易便利化水平；有序可控地拓宽资本流出入渠道，充分满足企业和个人的投资需求，逐步实现人民币资本项目可兑换；积极培育和发展外汇市场，夯实人民币汇率形成的市场基础，进一步完善有管理的浮动汇率制度；完善跨境资金流动的监测管理，注重防范风险，维护国家经济金融安全；坚持依法行政，进一步整顿和规范外汇市场秩序。

三、我国外汇管理体制改革的深化

（一）加强外汇管理法治建设，修订和完善现有外汇管理法规

在加入世界贸易组织以来，我国外汇管理要进一步加强其法律体系的完善与建设，要努力使外汇管理法规做到精简、透明、稳定、权威。1994 年—2004 年，国家外汇管理局仅就贸易外汇管理颁布的法规就多达 144 项，这也从一个侧面体现了中国目前的外汇管理体制还处于不断完善当中。

（二）构建综合协调的外汇管理体系

外汇管理应由部分分割转向综合协调管理，应综合运用如下四类手段：

1. 行业管理和税收手段

依靠行业主管部门规范交易行为和交易凭证，审核汇兑真实性。利用税收杠杆调节来维护外汇资金正常、有序流动。

2. 立项审批手段

通过国家有关部门立项审批，综合考虑项目对内/外资的利用、创汇与不创汇项目、近

期与中长期项目，提高利用外资项目的创汇和偿还能力，促进我国国际收支长期动态平衡，将开放市场带来的隐患和压力转化为有关部门项目审批条件，以减少对我国涉外经济的冲击。

3. 货币与汇率政策

通过货币和汇率政策，调节国内银根松紧和需求，改变国内外价格比和商品、服务竞争力，调节贸易收支和资本流动。

4. 资本管制手段

对资本项目交易及汇兑实施管制，既不受国际货币基金组织限制，也不完全受世界贸易组织制约。

（三）增强外汇管理快速反应和预警能力

建立国家外汇管理信息系统，通过对外汇信息从采集、传输、加工到分析处理等各个环节的全面现代化，实现统计、操作、管理三位一体，以及对国际收支申报、真实性和合规性审核、外汇账户监控三位一体。

建立国际收支预警系统，通过选择科学的预警指标体系，建立预警模型，实时监测我国国际收支状况，对影响国际收支平衡或可能出现外汇管理漏洞的现象及时发出警报。要建立定量分析和定性分析相结合、数学模型和专家判断相结合、电脑运行与人脑决断相结合的分析机制，进一步发挥国际收支在宏观经济决策中的服务作用。

（四）增加人民币汇率机制的灵活性

为了防范可能出现的对外经济失衡，以确保顺利施行加入世界贸易组织所必需的贸易改革，引入一个更加灵活的汇率机制势在必行。因此，中国人民银行将根据一些关键的短期或长期经济指标（如实际有效汇率、月度贸易余额、季度国际收支的变化、国际储备、外汇市场的发展情况等）的变化频繁调整银行间外汇市场的基准汇率。与之相配套，应进一步培育和发展外汇市场，使之真正成为人民币汇率市场化的基础。

（五）研究和推进人民币资本项目可兑换

资本项目可兑换是一个国家经济发展到一定阶段与世界经济、贸易进一步融合时必然面临的问题，是全方位参与世界竞争的必然要求。实现人民币完全可兑换是我国外汇管理体制改革的长远目标。

资本项目下货币可兑换条件是：外汇储备充裕；宏观经济状况稳定；经济发展水平相当（经济规模和竞争力）；深化国内金融体系；塑造微观经济主体；金融监管高效、稳健；汇率制度和汇率水平合适；消除外汇短缺；国际收支结构可维持；货币自由兑换顺序适当。

我国推进这项改革的总体思路是：从实际出发，借鉴国际经验，以放松资本项目交易限制、引入和培育资本市场工具为主线，在风险可控的前提下，依照循序渐进、统筹规划、先易后难、留有余地的原则，分阶段、有选择地逐步推进资本项目开放措施。其顺序是：先放松流入，后放松流出；先放开长期资本流动，后放开短期资本流动；先放开对金融机构的管制，后放开对非金融机构和居民个人的管制；先放开有真实背景的交易，后放开无真实背景的交易。根据这个顺序，人民币资本项目可兑换正积极有序地推进。按国际货币基金组织划分的43个资本交易项目，至2004年6月，我国已有近一半已基本不受限制或只有少数的限制，有四成多交易项目还受到较多限制，严格管制的项目仅有一成多。

拓展阅读

2023年10月30日至31日，中央金融工作会议在北京举行。会议强调，金融是国民经济的血脉，是国家核心竞争力的重要组成部分，要加快建设金融强国，全面加强金融监管，完善金融体制，优化金融服务，防范化解风险，坚定不移走中国特色金融发展之路，推动我国金融高质量发展，为以中国式现代化全面推进强国建设、民族复兴伟业提供有力支撑。

会议指出，高质量发展是全面建设社会主义现代化国家的首要任务，金融要为经济社会发展提供高质量服务。要着力营造良好的货币金融环境，切实加强对重大战略、重点领域和薄弱环节的优质金融服务。始终保持货币政策的稳健性，更加注重做好跨周期和逆周期调节，充实货币政策工具箱。优化资金供给结构，把更多金融资源用于促进科技创新、先进制造、绿色发展和中小微企业，大力支持实施创新驱动发展战略、区域协调发展战略，确保国家粮食和能源安全等。盘活被低效占用的金融资源，提高资金使用效率。做好科技金融、绿色金融、普惠金融、养老金融、数字金融五篇大文章。要着力打造现代金融机构和市场体系，疏通资金进入实体经济的渠道。优化融资结构，更好发挥资本市场枢纽功能，推动股票发行注册制走深走实，发展多元化股权融资，大力提高上市公司质量，培育一流投资银行和投资机构。促进债券市场高质量发展。完善机构定位，支持国有大型金融机构做优做强，当好服务实体经济的主力军和维护金融稳定的压舱石，严格中小金融机构准入标准和监管要求，立足当地开展特色化经营，强化政策性金融机构职能定位，发挥保险业的经济减震器和社会稳定器功能。强化市场规则，打造规则统一、监管协同的金融市场，促进长期资本形成。健全法人治理，完善中国特色现代金融企业制度，完善国有金融资本管理，拓宽银行资本金补充渠道，做好产融风险隔离。要着力推进金融高水平开放，确保国家金融和经济安全。坚持“引进来”和“走出去”并重，稳步扩大金融领域制度型开放，提升跨境投融资便利化，吸引更多外资金融机构和长期资本来华展业兴业。增强上海国际金融中心的竞争力和影响力，巩固提升香港国际金融中心地位。

会议强调，要全面加强金融监管，有效防范化解金融风险。切实提高金融监管有效性，依法将所有金融活动全部纳入监管，全面强化机构监管、行为监管、功能监管、穿透式监管、持续监管，消除监管空白和盲区，严格执法、敢于亮剑，严厉打击非法金融活动。及时处置中小金融机构风险。建立防范化解地方债务风险长效机制，建立同高质量发展相适应的政府债务管理机制，优化中央和地方政府债务结构。促进金融与房地产良性循环，健全房地产企业主体监管制度和资金监管，完善房地产金融宏观审慎管理，一视同仁满足不同所有制房地产企业合理融资需求，因城施策用好政策工具箱，更好支持刚性和改善性住房需求，加快保障性住房等“三大工程”建设，构建房地产发展新模式。维护金融市场稳健运行，规范金融市场发行和交易行为，合理引导预期，防范风险跨区域、跨市场、跨境传递共振。加强外汇市场管理，保持人民币汇率在合理均衡水平上的基本稳定。防范化解金融风险，要把握好权和责的关系，健全权责一致、激励约束相容的风险处置责任机制；把握好快和稳的关系，在稳定大局的前提下把握时度效，扎实稳妥化解风险，坚决惩治违法犯罪和腐败行为，严防道德风险；对风险早识别、早预警、早暴露、早处置，健全具有硬约束的金融风险早期纠正机制。

第三节　对违反外汇管理规定的处罚

一、违反外汇管理的行为

我国《刑法》、全国人大常委会《关于惩治骗购外汇逃汇和非法买卖外汇犯罪的决定》和《外汇管理条例》等法律法规将违反外汇管理行为归纳为套汇、骗汇、逃汇和扰乱金融等。

（一）套汇

套汇指我国境内单位、企业或个人违反国家外汇管理规定，通过他人采取各种方式用人民币或物资非法换取外汇或外汇权益，攫取国家应收外汇的行为。其主要表现是：违反国家规定，以人民币支付或者实物偿付应当以外汇支付的进口货款或者其他类似支出的；以人民币为他人支付在境内的费用，由对方付给外汇的；未经外汇管理机关批准，境外投资者以人民币或者境内所购物资在境内进行投资，等等。

（二）骗汇

骗汇即骗购外汇，指以非法手段向外汇指定银行骗购外汇。其主要表现是：使用伪造、变造的，或者重复使用海关签发的报关单、进口证明、外汇管理局核准文件等凭证或单据，或以其他方式骗购外汇。明知骗购外汇而提供人民币资金的，以共犯论处。

（三）逃汇

逃汇指在我国境内的单位、企业或个人违反国家外汇管理规定，将应该售给国家的外汇私自转移、转让、存放国外，以及将外汇资产私自携带、托带或邮寄出境。其主要表现是：违反国家规定，擅自将外汇存放在境外，不按照国家规定，将外汇卖给外汇指定银行；违反国家规定，将外汇汇出或携带出境；未经外汇管理局批准，擅自将外币存款凭证、外币有价证券携带或者邮寄出境，以及其他逃汇行为。

（四）扰乱金融

扰乱金融指境内单位或个人未经国家或主管部门批准，违反国家法令规定，经营金融业务或从事货币交易行为。其主要表现是：未经外汇管理局批准经营外汇业务，或超越批准经营范围擅自扩大外汇业务；未经国务院或国务院授权机关批准，境内机构在国内外发行具有外汇价值的有价证券，接受外国或我国港、澳、台地区的银行、企业贷款；除经外汇管理局批准之外，境内机构以外汇计价结算；私自买卖、变相买卖外汇，或者超过规定的价格买卖外汇；境内机构外汇借贷、转让、质押或以外币流通使用。

（五）其他违反外汇管理的行为

其他违反外汇管理的行为包括：违反外债管理的规定、出口收汇和进口付汇核销规定、外汇账户管理规定、结售汇和付汇规定、境外投资管理办法、银行与非银行外汇业务管理规定、外商投资企业外汇管理规定，未经中国证监会和外汇管理局批准，擅自经营和从事外汇期货和外汇按金交易，以及违反我国对外资金融机构管理规定等行为。

二、对违反外汇管理法规行为的处罚

（一）对套汇的处罚

有违反规定以外汇收付应当以人民币收付的款项，或者以虚假、无效的交易单证等向经营结汇、售汇业务的金融机构骗购外汇等非法套汇行为的，由外汇管理机关责令对非法套汇资金予以回兑，处非法套汇金额30%以下的罚款；情节严重的，处非法套汇金额30%以上等值以下的罚款；构成犯罪的，依法追究刑事责任。

（二）对骗汇的处罚

处骗购外汇数额5%以上30%以下的罚款，依数额和情节不同，处5年以下有期徒刑或拘役，以至处10年以上有期徒刑或无期徒刑，及没收财产。

（三）对逃汇的处罚

有违反规定将境内外汇转移境外，或者以欺骗手段将境内资本转移境外等逃汇行为的，由外汇管理机关责令限期调回外汇，处逃汇金额30%以下的罚款；情节严重的，处逃汇金额30%以上等值以下的罚款；构成犯罪的，依法追究刑事责任。

（四）对其他违反外汇管理规定行为的处罚

在国家规定的交易场所外非法买卖外汇，扰乱金融秩序，情节严重的，处5年以下有期徒刑或拘役，并处或单处违法所得1倍以上5倍以下罚款；情节特别严重的，除处上述罚款或没收财产外，并处5年以上有期徒刑。

对于违反规定经营外汇业务的，视违规情节，由外汇管理机关没收违法所得，对未获准经营者予以取缔，对有经营资格而违规经营者，责令改正，通报批评，撤销外汇账户，并处一定罚款，情节严重或逾期不改者，可责令整顿或者吊销经营许可证。

对违反进出口核销管理规定者，由外汇管理机关给予警告，通报批评，没收违法所得，并处5万元以上30万元以下罚款；构成犯罪的，依法追究刑事责任。

经营外汇业务的金融机构，对大额购汇、频繁购汇、存取大额外币现钞等异常性情况不及时报告，或未按照规定办理国际收支申报的，给予警告，并处5万元以上30万元以下罚款；对该金融机构直接负责的高级管理人员、其他直接负责的主管人员和责任人员给予记过直至开除的纪律处分；情节严重的，对该金融机构直接负责的高级管理人员给予撤职直至开除的纪律处分；构成签订、履行合同失职被骗罪或者其他罪的，依法追究刑事责任。

课程思政案例

亚洲金融危机中的中国作为

1997 年初，索罗斯“量子基金会”和罗伯逊“老虎基金会”联手向泰国银行借贷泰铢，然后向泰国外汇市场抛泰铢购美元，泰国金融市场发生震荡，泰国动用外汇储备稳定泰铢汇率。5 月，索罗斯集巨资继续炒作泰铢，点燃了亚洲金融危机爆发的导火索，并随后席卷东南亚与东北亚，其呈现的烈度和规模极具爆炸性。

在亚洲金融危机惊涛拍岸的当口，中国向世界发声，表明立场：自古以来中国和东盟各国人民创造了灿烂的文明，为人类进步作出了重要贡献，近代以来在建设自己国家的过程中都取得了令人称道的成就；中国不采取竞争性汇率贬值措施，不以邻为壑；中国将用外汇支援有关国家稳定外汇市场，与各国共渡难关。在亚洲金融危机期间，中国始终从保持经济持续增长和维护国际经济发展大局出发，认识到采取的政策措施不但关系着中国自身的发展，也关系到亚洲和世界的繁荣与稳定。

伴随坚定“中国声音”的是迅速的“中国行动”。中国顶住压力，人民币对美元汇率不但没有下降，稳定在了 8.28 左右，而且还出现了稳中略升的走势。从 1997 年 10 月至 1998 年 8 月，国际炒家先后数次阻击港币，并同时冲击汇市、股市和期指市场，威胁到香港的联系汇率制度。中央政府坚定支持香港渡过难关，不惜一切代价维护香港的繁荣稳定，成为最终战胜危机的坚强后盾。标准普尔全球评级亚太首席经济学家保罗·格伦瓦尔说：“人人都担心亚洲危机升级，但中国保持汇率稳定的做法成为地区的巨大稳定之源。”马来西亚总理巴达维曾表示，中国承诺人民币不贬值，对东盟成员国克服金融危机产生的不利影响给予了很大帮助，“对此，东盟永远不会忘记。”美国时任总统克林顿高度赞扬中国在缓解亚洲金融危机中一直发挥着非常积极的作用，尤其是在巨大的压力下仍坚持人民币不贬值的政策。英国时任首相布莱尔和法国时任总统希拉克都认为中国是稳定和负责任行为的支柱。

本章小结

外汇管理又称外汇管制，是指一个国家对外汇买卖、外汇资金流动以及外汇和外汇有价物等进出国境直接加以限制，以控制外汇的供求，维持本国货币汇率稳定，减缓国际收支危机所采取的政策措施。外汇管理的目的包括：协调对外贸易，改善国际收支；稳定汇率，保持国内物价稳定。外汇管理的主体是指外汇管理的执行者，也即外汇管理机构。外汇管理的客体就是指外汇管理的对象，一般包括人、物、地区三个方面。

外汇管理的方式有直接外汇管理和间接外汇管理。外汇管理对经济会产生积极和消极的影响。1996 年 12 月，我国实现了人民币经常项目可兑换，对资本项目外汇进行严格管理，初步建立了适应社会主义市场经济的外汇管理体制。

重 要 概 念

外汇管理　外汇管理体制　直接外汇管理　间接外汇管理　银行结汇制　银行售汇制

思考与练习题

1. 实行外汇管理的目的有哪些？
2. 外汇管理有哪些类型？
3. 外汇管理的对象有哪些？
4. 如何认识外汇管理的两面性？
5. 我国推进人民币在资本项目下可兑换的顺序是怎样安排的？

本章讨论题

2024 年 3 月 4 日，某商业银行一客户办理一笔境外汇款业务，金额为 1 698 欧元，资金用途为出口模具佣金支出，企业提供了发票、协议和汇款信息。该行在审核单据时，发现该公司提供的发票、协议与汇款信息不符，汇款信息的收款人为印度的一家公司，而发票和协议上的公司国别为英国，该行经办人员立即与公司会计人员联系，该公司会计人员要求我行按照汇款信息先为其办理，后提供发票。该行经办人员婉拒了企业的要求并耐心向其解释原因。请结合外汇管理知识及相关规定对本案例进行分析。

思考与练习题答案：

1. 略。
2. 略。
3. 略。
4. 略。
5. 略。

第十一章

外债管理

学习目标

- 明确外债的定义
- 了解外债的分类及我国对外债的划分
- 熟悉外债管理的主要内容

本章导入

美国外债管理大事记

美国总统奥巴马于 2011 年 8 月 2 日签署了国会两院先后通过的提高美国债务上限和削减赤字法案。至此，持续数月的美国债务上限和政府违约风险的讨论暂告一段落。以下是美国政府有关提高债务上限的大事记。

2011 年 1 月 6 日，美国财政部致信国会表示，美国债务规模将达到法定上限，如不能尽快调高这一限制，美国政府将出现债务违约。

2011 年 4 月 13 日，美国总统奥巴马提议成立一个由副总统拜登领导的专门委员会，就削减赤字和提高债务上限进行谈判。这个委员会在 5 月初举行首次会议。但两党在是否增税、是否接受短期解决方案等焦点问题上争论激烈，难以达成共识。

2011 年 5 月 16 日，美国债务达到法定上限 14.29 万亿美元。当月，财政部开始采取非常规措施管理财政，以使政府债务在最后期限 2011 年 8 月 2 日到来前不至“断供”。

2011 年 6 月 27 日，奥巴马与国会参议院领导人就提高债务上限举行会谈。此后，奥巴马就债务上限问题多次会见国会两党领导人，但成果有限。

2011 年 7 月 25 日，国会两党分别提出各自提高债务上限的方案。由于共和党方案主张实行“两步走”，即分两次提高借债额度，这意味着奥巴马政府在 2012 年大选前将再次面临谈判。相比之下，民主党一步到位的方案更符合白宫利益。

2011 年 7 月 29 日，美国众议院就共和党方案进行投票表决。虽然方案以微弱优势通过，但在当天交付参议院表决时遭到否决。

2011 年 7 月 30 日，由共和党控制的众议院投票否决了民主党方案。

2011 年 7 月 31 日，经过艰苦谈判，两党终于在提高债务上限方面取得共识。根据协议，美国债务上限将至少被提高 2.1 万亿美元，并且政府在未来 10 年内将削减赤字 2 万亿美元以上。协议同时满足了两党的核心要求，即换届选举不受债务上限问题困扰且不向美国民众额外征税。

2011 年 8 月 1 日，美国众议院通过提高美国债务上限和削减赤字的法案。

2011 年 8 月 2 日，参议院也通过了这一法案。此后，法案交由总统奥巴马签署。

试问：奥巴马为什么高度重视债务管理？

第一节　外债管理概述

一、外债的定义

外债（foreign debt）是对外债务或国际债务的简称。

（一）国际上的定义

外债总额是指在任何一个时点上，一国居民对非居民的已经拨付，但尚未偿还的契约性负债余额叫做外债总额。这种负债需偿还本金，还要支付利息，或只还本不付息，或只付息不还本。对国际外债定义的解释如下：

（1）外债的当事双方具有境内外的债权债务关系。

（2）具有契约性偿还义务的债务才构成外债。

（3）已使用而尚未清偿的债务是指外债余额，对已签订借款协议但尚未提款使用的金额和使用完毕已还本付息的金额，不能算作外债。

（二）我国对外债的定义

国家外债是指国家在国外举借的债，包括在国际市场上发行的国债和向外国政府、国际组织及其他非政府性组织的借款等。国家外债可经双方约定，以债权国、债务国或第三国货币筹集并还本付息。

我国向外举债，主要有三个途径：

一是根据与国外政府间的协议取得的政府贷款；

二是国际金融组织的贷款；

三是在国外发行债券。

外债，包括国际金融组织贷款、外国政府贷款、外国银行和金融机构贷款、买方信贷、外国企业贷款、发行外币债券、国际金融租赁、延期付款、补偿贸易中直接以现汇偿还的债务、其他形式的对外债务。指中国境内的机关、团体、企业、事业单位、金融机构或者其他机构，对中国境外的国际金融组织、外国政府、金融机构、企业或者其他机构用外国货币承担的具有契约性偿还义务的全部债务。

对我国外债定义的解释如下：

（1）借款形式为货币。换句话说，以实物形式构成的债务不算外债。

（2）由于目前人民币在国际上不能自由兑换，所以规定了外债的币种是外币而非本币。

（3）外汇担保只有在实际履行偿还义务时才构成外债，否则应视为或有债务，不包括在外债统计监测范围内。

二、外债的种类及我国对外债的分类

（一）外债的种类

1. 按债务期限划分

外债期限结构有两种分类方法：一是按照签约期限来进行划分，即合同期限在一年以上的外债为中长期外债，合同期限在一年或一年以下的外债则为短期外债；二是按照剩余期限进行划分，也就是在签约期限划分的基础上，将未来一年内到期的中长期外债纳入到短期外债中。

2. 按债务形式划分

外债可分为国际商业贷款、国际金融租赁、外币债券、政府和国际金融组织贷款、贸易融资、对外私人借款。

3. 按债务人或其使用情况划分

外债可以分为政府机构借款、企业单位借款、金融机构借款、其他机构借款等。

4. 按债权人或贷款来源情况划分

外债可分为国际金融组织贷款、外国银行和金融机构贷款、外国政府贷款、外国企业或个人贷款。

5. 按贷款条件优惠情况划分

外债可分为软贷款和硬贷款。

6. 按贷款利率的优惠情况划分

外债可分为无息、低息和市场利率贷款。

7. 按贷款利率的确定方式划分

外债可分为固定利率贷款和浮动利率贷款。

（二）我国对外债的分类

1. 按外债来源划分

外债可分为国际金融组织贷款、外国政府贷款和国际商业贷款。

2. 按债务人不同划分

外债可分为国务院部委借入的主权债务、中资金融机构债务、境内外资金融机构债务、外商投资企业债务、租赁公司及其他单位债务、国内企业债务、中资金融机构吸收的离岸存款、贸易信贷等。

3. 按债务期限划分

外债可分为短期债务和中长期债务。我国现行统计短期外债的口径则不论借款时如何规定期限，离岸存款及需在一年内偿还的外债都列入短期外债范畴，该口径宽于国际上对短期外债的统计口径。

三、外债的衡量指标

外债管理需要设置一些指标来衡量外债的规模与偿债能力。这些指标可分为总量指标和相对指标两类。

（一）反映一国对外债务总规模与总水平的总量指标

1. 债务余额

债务余额是一国某一时点累计的未偿还的对外债务总额。债务余额是一个存量指标，它包括到期债务与未到期债务。未到期债务，特别是长期债务，一般不形成当期偿债压力。

当年末债务余额=上年末债务余额+当年新增债务本金－当年已偿还债务本金

2. 应偿还债务本息

作为外债管理的重点，指当年已到期应偿还贷款本金和利息之和。这一部分债务规模过于庞大容易引发债务危机，是外债管理的重点。

3. 当年新增外债

这一指标反映一国当年增加的债务及该国的国际信誉与举债能力。债务余额庞大，接近或超过其偿还能力时，应严格控制当年新增债务，特别是新增短期债务。

（二）反映债务余额和到期偿债本息与该国某些经济活动数值比值的相对指标

1. 负债率

外债负债率是指年末外债余额与当年国内生产总值的比率。它是衡量一个国家或政府财政状况的重要指标，可以帮助判断一国可承受外债负债的能力及金融风险情况。尽管一些国家外债余额绝对值很大，但与经济活动总量（国民生产总值或国内生产总值）相比可能相对较小，可认为这些国家的债务负担并不重，反之亦然。国际上一般以20%为负债率上限。其公式表示为：

负债率＝（年末外债余额÷当年国内生产总值）×100%

2. 债务率

债务率是外债余额与出口收入的比率。决定债务率变动的因素只有两个，一是外债余额，二是出口规模。国际上以100%为债务率上限，超过这个上限，就意味着该国债务负担过重，不应再扩大外债的规模。用公式表示如下：

债务率＝（年末外债余额÷当年商品与劳务出口收入）×100%

3. 偿债率

偿债率是指一国当年外债还本付息额相当于当年商品和劳务出口收入的比率。它是分析、衡量外债规模和一个国家偿债能力大小的重要指标。偿债率越低，债务国偿债能力越强；反之，说明该国外债负担过重。国际上把20%的偿债率作为警戒线。用公式表示如下：

偿债率＝（当年应偿债务本金＋当年应付债务利息）÷当年商品与劳务出口收入×100%

在上述指标体系中，偿债率是核心指标。各项指标只是经验数据，分别反映某一方面情况而有其局限性，不能用以全面预测将来。因此，要有效地管理和防范外债风险，必须随时密切关注有关各方的动向。

第二节　外债管理的内容

外债登记，即国家对外债借入、使用、偿还情况实行登记管理的制度。实施外债登记和管理的部门是国家外汇管理局及其分支局。

一、外债管理的原则

（1）尽量降低借债成本和借债风险，使外债在本国经济发展中发挥最大的经济效益。

（2）保证外债的规模和形式尽量满足或符合本国经济发展的需要。

（3）保证本国的偿债能力和外债流入的延续性。

二、外债管理的内容

（一）外债规模管理

1. 外债规模管理是指确定一国的中长期和年度合理负债水平。

2. 外债规模主要受三个因素的影响：

（1）经济建设对外债的需求量；

（2）国际资本市场的可供量；

（3）国家承担外债的能力。

（二）外债投向和效益管理

1. 外债投向原则

（1）外债投向各产业的边际效益率相等；

（2）外债使用边际效益等于边际成本；

（3）外债投向必须符合国家的产业政策和产品政策。

2. 外债投向的具体内容

（1）短期借款只能用于流动资金和临时周转，不能用于长期投资，防止债务短期化；

（2）商业贷款主要投向创汇能力强、回收期短的项目；

（3）政府贷款和国际金融组织的贷款主要投向国家重点项目和基础产业以及优化国民经济结构的行业。

3. 外债结构的管理

外债结构的管理是在确定的总规模范围内，通过对国际资本市场的预测、分析，结合国内建设对资金需求的特点，对构成总量的各个债务要素，即利率、期限、币种和融资形式等进行最优组合，以降低成本、减少风险，保证偿债能力，使外债发挥最大效益。

（1）期限结构

① 避免借入大量年限相同的外债，防止还债过于集中；

② 按照国际惯例，使短期外债占外债总额的比例控制在 25%以下；

③ 避免短期外债的增长，长时间超过中长期外债的增长，防止债务短期化。

（2）利率结构管理

① 在不受政治和使用限制的条件下，尽可能争取政府贷款或国际金融组织贷款，以享受优惠利率；同时降低非优惠利率即国际商业性贷款的比例；

② 中长期债务尽可能使用固定利率，便于成本核算和还债安排以及减少风险。

（3）币种结构管理

① 从国家整体债务上讲，外债币种要与出口收汇、外汇储备相一致，避免偿债过程中的汇率风险；

② 软、硬货币搭配，防止外债使用过程中的汇率风险；

③ 在一个具体项目上，要使借、用、收、还四个环节币种相一致，避免汇率风险，保证按时偿还。

4. 外债风险管理

（1）采用掉期、期权、远期和即期外汇买卖等金融工具，作好利率、汇率的风险调整，使债务合理化。

（2）建立偿债风险基金。在每年出口收入中提取适当的比例，这个比例是根据每年逾期本息占应还本息的比例，以保证呆账部分和偿付困难部分的还本付息。

第三节　外债的成本效益分析

一、外债的经济收益

（一）扩大国内投资，促进经济发展

只要所借外债成本适当、资金都用于有效的投资项目，那么就可以达到借用外债弥补国内资金不足、促进经济发展的目的。

（二）引进先进技术和设备，提高国内生产、技术水平

根据本国生产需要和消化能力，借用外债引进并吸收先进技术和设备，提高本国生产技术水平和劳动生产率，提高产品品质，增加市场供应，丰富本国人民物质和文化生活。

（三）增加国内就业，改善人民生活

合理借用外债可以增加国内生产投入，建立新企业，开辟新行业，或有效改造原有企业，吸收大批待业人员，经培训之后，提高本国就业率和劳动力素质，增加从业人员收入，改善人民的生活。

（四）加速产业改造，增强出口能力

科学合理利用国外资金，加强相关生产领域或行业建设，引进国内紧缺物资和关键设备，调整产业结构，扩大出口能力，提高产品竞争力，改善国际收支状况，改善出口商品结构，促进国民经济健康发展。

（五）有利于引进外资银行或金融机构

合理借用外债可改善一个国家作为潜在金融市场的形象。债务国保持良好的信誉将增多外国银行在债务国设立分支机构的机会，对债务国的好处是：增加外国银行对债务国的了解，从而改善借贷信誉标准；帮助开发本地银行未利用的国际资本市场；有助于吸引跨国公司直接投资；加强债务国和债权国的金融合作，促进当地金融机构和金融市场发展，增强债务国经营和管理国际资本的能力，促进经济发展。

二、借用外债的成本

（一）偿还债务的本金与利息

通常，短期债务一次性偿还本息，中长期债务分期还本付息。未能如约偿还外债本息，维护国际债信，债务国要放弃一定数量本可用于消费和投资的购买力。偿债资金可通过扩大出口、减少进口或续借外债获得。若没有足够的偿债准备，债务国很容易出现清偿困难甚至危机，而损害其国际信誉，削弱投资者信心，使债务国难以继续争取优惠条件的外国贷款，以致被迫调整、压缩国内经济发展计划，甚至造成经济发展停滞、倒退。

（二）附加条件的外债

这是指附加其他条件的外国政府或国际金融组织的贷款，这些附加条件可视为还本付息之外的附加成本。例如，债务国在得到一笔政府贷款后，要用其中部分购买债权国的物品，而这些物品未必是债务国急需进口的；又如一些债权国或国际金融组织机构贷款，还以债务国实行经济政策“改革”为条件，干预债务国经济活动。

（三）外资供应的不确定性

外资供应并非总是稳定的。国际经济和金融动荡的许多复杂因素会影响债务国的资本流入，如债权国的严重经济衰退、通货膨胀和预算赤字，其政府、商业银行可能会减少或削减对债务国的贷款，甚至还会停止提供新的贷款。外资供应的不确定性往往是造成债务国清偿困难的一个重要原因。

（四）对外债的依赖性

若外债使用不当，不能创汇或收汇不足以偿还外债本息，债务国将被迫举新债还旧债，从而产生对外债的依赖性。对外债的依赖性越大，债务国抵抗国际金融市场和经济环境变化冲击的能力就越弱。在不同时期和不同的经济环境中，不同的债务国外债收益和代价也不同。如何权衡利弊，在很大程度上取决于债务国经济发展及使用外债管理政策。好的经济政策、完善的使用管理外债政策可使债务国在债务问题上趋利避害，达到预期目的。

三、外债的成本效益管理

外债效益管理是能否实现和保持外债资金良性循环的关键。衡量一国借用外债成功与否，只需考察其外债的使用效益。只有有效地运用外债资金，使之“投入”能“产出”较高的经济效益和社会效益，才能达到利用外资的目的，并保证债务的偿还。

按不同的划分标准，外债效益既可分为项目效益和社会效益，也可分为外汇效益和人民币效益。项目效益是指经济效益产生并受益于某个具体项目或微观经济单位（即企业）。当项目效益的受益体扩大到社会时，则体现为社会效益。项目效益和社会效益具有相互联系和相互影响的关系，但二者有时并非一致。有的外债项目效益较可观，但社会效益不一定理想；反之，有的项目社会效益良好，但项目效益不佳，这就需要处理好二者的关系。

外汇效益指外债项目直接产生外汇利润。人民币效益指外债项目直接产生以人民币为货币形态的经济效益。我国利用外资首先强调产生外汇效益，有较高的外汇效益，才能保证较强的偿债和融资能力，才有可能实现外债的良性循环。

外债项目效益评估和考核指标一般有以下三种：

1. 投资利润率

指外债项目产生的总利润额占其外汇投资的比率，表示每投资一百货币单位所取得的平均利润额。投资利润率越高，说明项目的经济效益越好。

2. 投资创汇率

指外债项目的出口创汇额占其外汇投资额的比率。投资创汇率越高，表明项目的外汇效益越好。

3. 创汇偿还率

指外债项目的还本付息额占项目外汇收入总额的比率。在一般情况下，创汇偿还率越低，表明该项目的自身偿债能力越强。

加强外债效益管理，第一，要加强外债投向管理，合理安排投向出口创汇型项目和基本建设项目的外汇资金比例。

根据一些新兴工业国家和地区的成功经验，为了促进外向型经济的发展，增加外汇收入，保证外债偿还，需要把一部分借入的外汇投向出口创汇项目或企业。同时，为增强经济发展的后劲和综合国力，也要优先安排国家重点基础设施建设和有利于提高全民科学、教育、文化和卫生水平项目所需的外汇资金，避免将资金大量投向国内高档消费领域，如进口高级汽车和化妆品等。总之，利用外资既要注重经济效益，也要注重社会效益。要保证外债的投向有利于优化国民经济的产业结构。

第二，要加强对项目的可行性研究，通过科学的分析、比较，选择最佳投资方案。要严格考察如下方面：

1. 该项目是否符合国民经济发展的需要，有利于促进经济发展目标的实现，具有较好的社会效益。

2. 该项目所需要的人民币配套资金、原材料、配套设备及其他物资供应的落实措施，基础设施，对技术工艺的要求，产品的市场潜力以及项目的投资利润率和创汇率，项目的偿还能力和投资回收期等是否符合要求。

在加强事前审批的同时，更要加强外债使用过程中的监督与指导，使可行性研究落到实处，为项目实现预期经济效益打下良好基础。

举借外债可以解决发展中国家的资金短缺障碍，但也必须按债务期限将创造的国民收入的一部分作为使用外债的成本支付给国外债权所有者，因此，外债的增长必须考虑本国的偿还能力，注重对本国经济增长、出口能力和贸易条件变化的综合判断和预期分析，使外债的增长与国民生产总值的增长保持合理的比例。同时，要考虑国际收支、财政收支和对外债的吸收消化能力。当然，在衡量外债的适度规模方面，不仅要对总量、增长率及各种外债的衡量指标进行分析，更重要的是加强对外债成本和收益的研究，如果较高的成本获得了较低的收益，则最少的外债数量也是不适度的。合理搭配外债的期限结构、利率结构和来源结构，使偿还负担不至于过度集中，并尽可能降低外债成本。外债的使用应根据不同的情况选择不同的模式，既可以通过融资—负债—创汇—还债的模式，提高出口创汇能力，进而增强偿还能力，也可以通过融资—负债—增长—还债的模式，破除经济发展中的“瓶颈”，逐步实现产业升级，促进经济的增长和发展。总之，举借外债的立足点应是发展本国经济，培植本国财源。

拓展阅读

适度利用外债与防范外债风险并重

改革开放后的相当长一段时期内，我国金融开放侧重于以外商直接投资为基本形式利用外资，弥补国内储蓄不足。随着改革开放的不断深入，利用外资的内涵发生较大变化，从外商直接投资过渡到以外商股权投资和吸收外债资金的多渠道的发展新阶段。世界银行的数据显示，新中国成立后直到 1981 年，我国才有少量外债，当年外债余额为 57.98 亿美元。进入新千年之际的 2000 年，我国外债余额达到 1457.3 亿美元。在近 20 年时间里，外债保持较高的增长率，但外债余额整体水平较低。2008 年全球金融危机后，我国外债规模开始进入新一轮的较快增长期。国家外汇管理局的数据显示，2022 年末，我国全口径（含本外币）外债余额为 24 528 亿美元（不包括中国香港、中国澳门和中国台湾地区对外负债），较 2021 年下降 10.7%。在开放型经济体系中，外债风险是重要的金融风险之一。历史上一些国家发生债务危机与对外过度举债有极大的关系，如 1997 年—1998 年亚洲金融危机与东南亚国家银行和企业通过套息交易大量举借外债密切相关。过去的危机带来的警示是：若对外债使用不当、过度举借外债，当宏观经济形势逆转时，就有可能出现系统性的外债风险和本币汇率危机。因此，当防范化解金融风险成为“稳中求进”的必要条件时，防范外债风险对于统筹发展和安全具有重要意义。

第四节 我国的外债管理

一、借用外债的必要性

借用外债是利用外资的一个重要内容。在经济开放的条件下，一国的总投资应该等于国内对外资的积累和利用。当国内积累不能满足其投资需求时，有必要借助外国资金，外债可以促进国内经济增长或弥补财政赤字。借用国外的资金为我国的社会主义建设服务，是我国经济建设的客观要求，有其必然性。

（一）商品经济是社会经济发展不可逾越的阶段

大力发展商品经济是我国经济现代化的必要条件。但是，要发展商品经济，就需要实行对外经济开放，参加国际竞争和国际交换，发展对外经济关系。我国目前社会生产力水平较低，人均资源相对贫乏，建设资金不足，面对这种现实，我们要善于利用国际资源（包括借用外债），以便在短时间赶上资本主义经过几百年发展所达到的生产力水平，为社会主义奠定强大的物质基础。

（二）符合我国经济建设政策

在不断提高经济效益的前提下，力争使国民生产总值增加，是我国经济建设的总目标。但为了实现这一战略目标，需要巨额的资金支持。一方面，我们应该立足于自力更生，艰苦奋斗，靠发展生产积累资金。但另一方面，利用外资，借用外债，也是一个重要渠道。

（三）有助于提升我国经济发展能力

一方面，外债不仅可以弥补本国投资不足的缺陷，还可以通过引入技术、设备等手段来推进经济发展。因此，很多国家经常会通过借入外债来满足发展需求。例如，20 世纪 80 年代，泰国、印度尼西亚、菲律宾等国家曾大量吸收外资，并且在该时期获得了持续快速的增长。同时，这些国家通过这样的方式从发达国家获得技术和管理方式，有利于国家长期的经济发展。我国利用外资、借用外债有其必然性，但对外债实行严格的管控是非常重要的。

二、外债管理的目标

外债管理有两个目标，一是宏观管理目标，即外债的规模和投向控制，二是微观管理目标，即外债的使用效益。

外债的规模和投向控制是指国家通过政策运用，适度控制外债规模，合理安排外债的行业、地区、期限和币种结构，保证足够的清偿能力。一般来讲，国家根据某个时期国内经济发展和国际收支平衡需要，确定一段时期内利用外债的规模及增减速度。合理的外债规模受外债需求的影响，与国内经济发展速度、投资规模、国际收支平衡状况等有关。

外债资金的使用效益直接关系到使用外债的项目的偿还能力，要考虑项目的经济效益和创汇能力。另外，国内相关生产要素的配套能力、原材料采购和市场营销能力、外汇风险防范措施等也直接影响外债使用项目的偿还能力。目前，对外债使用效益的管理主要体现在有关项目的事前审批中。

三、外债管理的组织机构

我国的外债管理分属多个部门，国家发展和改革委员会（以下简称“发改委”）负责编制利用国外贷款的计划，汇总提出包括国际金融机构贷款、政府贷款、商业贷款和债券发行、项目融资等中长期及年度利用外资计划，并会同商务部、财政部、人民银行等部门制订国家中长期和年度利用国外贷款的总规模，报国务院批准。

国家外汇管理局负责核定短期外债余额指标；核准外债的签约和提款登记、开户以及还本付息相关结售汇；外债统计监测和对外担保审批。此外，财政部负责主权债务的对外签约和债务资金的使用管理。

四、外债管理的方式

外债管理方式或手段主要包括数量管理和汇兑管理两方面内容。

数量管理主要用于控制对外借款规模，汇兑管理主要包括登记、开立账户、结汇、购付汇等内容。在数量管理方面，外商投资企业的短期外债余额与中长期外债发生额之和不得超过投资总额与注册资本的差额。除外商投资企业以外的其他境内机构（包括中、外资金融机构和中资企业等）借用中长期外债需向发改委申请发生额指标，借用短期外债需向外汇局申请余额指标。

在汇兑管理方面，外商投资企业的外债和国际金融组织或外国政府贷款可以结汇，其他外债（包括金融机构的外债和中资企业直接对外商业性借款）均不能结汇。

五、我国外债管理的政策改革

为深化外汇管理体制改革，简化行政审批程序，强化外债统计监测，2013 年 5 月，国家外汇管理局发布了《国家外汇管理局关于发布〈外债登记管理办法〉的通知》(汇发[2013] 19 号，以下简称《通知》)。《通知》对现行外债登记管理流程进行优化，简化了外债登记管理环节，取消了部分外债管理审批事项，除外债签约登记外，外债账户开立、资金结汇和还本付息等均由外汇指定银行直接审核办理。外债管理改革的主要有如下内容：

1. 保留外债签约登记

外商投资企业凭外债合同等材料到所在地外汇局申请办理外债签约登记手续。外汇局在“资本项目外汇管理业务信息系统”（以下简称“系统”）中记录外债合同金额、币种、期限、利率等内容，为企业出具《外债签约情况表》和《业务登记凭证》。

2. 取消外债专用账户开立核准手续，放宽账户个数和地域限制

外汇指定银行凭外汇局出具的《外债签约情况表》和《业务登记凭证》直接受理企业申请，为省内企业办理外债开户手续，并通过“系统”向外汇局备案。

3. 取消资金类外债提款登记手续

外汇指定银行通过“系统”查看该笔外债的登记信息，在外债登记信息的尚可流入额度内，直接受理企业申请，为企业办理资金入账手续，并通过“系统”向外汇局反馈。

4. 取消外债资金的结汇核准

外汇指定银行遵循实需原则，进行尽职审查后，直接受理企业申请，为企业办理外债资金的结汇手续，并通过“系统”向外汇局反馈。

5. 取消外债还本付息购付汇核准

外汇指定银行通过“系统”查看该笔外债的登记信息，在尚可还本额度内，直接受理

企业申请，为企业办理外债还本付息购付汇核准手续，并通过“系统”向外汇局反馈。

6. 适度开放了中资企业“外保内贷”业务限制

中资企业向银行申请贷款，如需要由境外企业或个人提供担保时，可向所在地外汇局申请中资企业“外保内贷”额度指标。银行可在额度之内直接为企业办理“外保内贷”业务，并通过“系统”向外汇局反馈。此举扩大了中资企业融资的担保范围，可有效缓解中资企业融资难的问题。

拓展阅读

我国外债管理框架的确立与完善

新中国成立后的较长一段时期内，我国处于“既无内债，也无外债”的状态。随着改革开放的到来，利用外资成为重要国策，外债随之增长，就需要建立以提高外债使用效率、防范外债风险为核心的外债管理体系。从改革开放之初的1978年至世纪之交的2000年，我国在实践中基本采取了“统一计划、分工负责、窗口对外、登记管理”的外债管理模式，旨在控制外债规模和风险，提高外债使用效率。不过，在较长时期内，并无明确的外债管理成文规范性制度。2003年《外债管理暂行办法》的出台，标志着我国外债管理的正式制度框架业已成形。2004年发布的《境内外资银行外债管理办法》统一了中外资银行的外债政策待遇。2008年爆发的国际金融危机及随后的欧债危机导致发达经济体采取超级宽松和超低利率的货币政策，并迫使各国加强逆周期调节，宏观审慎管理成为全球金融监管的新趋势。我国在全球较早建立起宏观审慎管理的制度框架。2013年，党的十八届三中全会提出“建立健全宏观审慎管理框架下的外债和资本流动管理体系”，标志着基于宏观审慎的外债管理体系呼之欲出。国家外汇管理局自2014年开始开展以比例自律为核心的外债管理改革试点。在总结国内宏观审慎管理探索的经验后，2016年1月，中国人民银行试点本外币全口径跨境融资宏观审慎管理，5月正式在全国范围内实施，并于次年进一步优化和完善。2023年，发改委建立的新外债管理框架有利于提升外债管理规范化、制度化、透明化和便利化水平，为市场主体提供更加稳定、可预期的制度环境。

课程思政案例

我国外债规模保持基本稳定，外债风险总体可控

2023年3月31日，国家外汇管理局发布的数据显示：截至2022年末，我国全口径（含本外币）外债余额为24 528亿美元，较2021年末减少2 938亿美元，降幅为10.7%。

（1）我国外债规模保持基本稳定。自2022年以来，受美联储加息、全球通货膨胀高位运行以及新冠疫情等多重因素影响，我国外债规模有所下降。其中，汇率折算因素造成外债余额下降1 046亿美元，对外债余额下降贡献度为3%。随着我国疫情防控较快平稳转段，经济运行企稳回升，2022年第四季度外债降幅较2022年第二、三季度大幅收窄。

（2）我国外债风险总体可控。2022 年末，我国外债负债率为 13.6%，债务率为 66%，偿债率为 10.5%，短期外债与外汇储备的比例为 42.8%。上述指标均在国际公认的安全线（分别为 20%、100%、20%和 100%）以内，这表明我国外债风险总体可控。

2021 年的外债数据也表明我国的外债风险总体可控。2021 年底，我国全口径外债余额为 27 466 亿美元，外债负债率为 15.5%，债务率为 77.3%，偿债率为 5.9%，短期外债与外汇储备的比例为 44.5%,上述指标均在国际公认的安全线分别为 20%、100%、20%、100%）以内，远低于发达经济体和新兴市场经济体的整体水平。

本章小结

1. 外债管理是指一国政府通过法规、政策和技术措施实行外债结构优化的管理行为。它是在确定的总规模范围内，结合一国建设对资金需求的特点，对构成总量的各个债务要素，即利率、期限、币种和融资形式等进行最优组合，减少风险，保证偿债能力。

2. 根据国际货币基金和世界银行的定义，外债是指在任何特定时间内，一国居民对非居民承担的具有契约性偿还责任的债务，包括本金的偿还和利息的支付。外债管理主要包括外债总量管理、外债结构管理和外债营运管理三个方面内容。

3. 我国外债管理有两个目标，一是宏观管理目标，即外债的规模和投向控制，二是微观管理目标，即外债的使用效益。

重要概念

外债　外债管理　外债规模管理　外债结构管理　负债率　偿债率　债务率

思考与练习题

一、名词解释

外债　外债管理　负债率　偿债率　债务率

二、思考题

1. 外债的定义是如何表述的？其要点是什么？
2. 衡量一国外债规模是否适当的指标有哪些？
3. 外债结构管理包括哪些方面？
4. 为什么要严格控制短期外债在外债余额中的比重？我国管理短期外债办法是什么？
5. 我国外债管理的基本内容有哪些？

本章讨论题

A 公司是一家内资企业，拥有对外贸易经营权。A 公司在 2007 年 10 月 16 日和 2007 年 12 月 27 日与中大实业澳门离岸商业服务有限公司签订了两份合同，进口圣东尼电子提花针织专用机总计 70 台，货款价值总计 3 088 146 欧元。合同约定：预付货款 884 400 欧元，剩余货款 2 203 746 欧元以电汇方式延期分次付款。两份合同项下的货物分别于 2007 年 12 月 11 日、12 月 18 日报关进口，2008 年 7 月 2 日该企业按合同约定第 2 次付款时，仍未按规定办理延期付汇外债登记。A 公司违反了哪些规定？如何处罚？

思考与练习题答案：

一、略。

二、略。

第十二章

国际货币制度

学习目标

- 了解国际货币制度的含义与内容
- 了解国际货币制度的演变历史
- 熟悉目前国际货币制度的状况
- 预测国际货币制度的改革方向
- 了解区域货币一体化及欧元区的影响

本章导入

在 2001 年的上海 APEC 会议期间，诺贝尔经济学奖得主、被誉为“欧元之父”的罗伯特·蒙代尔（Roberta Mundell）发表了自己对未来世界货币格局变化的看法。他预言：“未来十年，世界将出现三大货币区，即欧元区、美元区和亚洲货币区（亚元区）。在全球性货币缺少的情况下，亚洲或者亚太地区建立一个统一货币是大势所趋。”他的这一论断为亚元区的建立带来了生机勃勃的希望。然而，应该看到的是，尽管东南亚各国都有建立亚元区的良好愿望，但建立一个货币共同体是非常复杂和艰难的，迄今为止，仍然没有建立成功，那么，未来亚元区的设想能否成为现实？

第一节　国际货币制度概述

一、国际货币制度的概念与内容

（一）国际货币制度的概念

国际货币制度又称国际货币体系（international monetary system），是各国为适应国际贸易和国际支付的需要，各国政府对货币在国际范围内发挥世界货币职能所确定的各国共同遵守的原则、采取的措施和建立的组织机构。笼统地说，它是支配各国金融关系的协议、规则、程序、措施的总称。它既包括具有法律约束力的关于货币国际关系的规章和制度性安排，又包括具有传统约束力的各国已在实践中共同遵守的某些规则和程序。

19 世纪中叶，各国陆续开始实行金本位制，这是各国自行选择的结果。第二次世界大战结束后，对国际事务所采取的“放任”态度已经逐渐导致了弊端，各国也都认识到应当有一个经过各国协商并达成一致协议的规定，以成文形式约定处理国际货币事务的基本原则。1944 年 7 月 1 日至 7 月 22 日，布雷顿森林体系应运而生。布雷顿森林体系的建立是国际货币制度发展演变过程中的一个重要转折。20 世纪 70 年代初，石油危机、美国的国际收支危机、美元危机等一系列动荡发生，这说明布雷顿森林体系内部存在不可调和的矛盾，美国单方面中止了美元和黄金挂钩关系，以美元贬值来维持国际汇率稳定为目标的布雷顿森林体系受到了重大冲击，许多国家的货币汇率纷纷浮动起来。这时候，国际社会进行了一些探讨，并达成了一些妥协性协议，如允许汇率在一定范围内浮动，强调对国际货币事务的多边协商，并积极推进国际协调等。以这些协议为基础形成了一个过渡性的国际货币制度——牙买加体系。但是 20 世纪 80 年代的国际债务危机和 20 世纪 90 年代的几次金融危机都对牙买加体系提出重大挑战，因此，对于如何改进牙买加体系，各国都提出了不尽相同的方案，当前这项改革还在继续进行中。

（二）国际货币制度的内容

国际货币制度主要包括以下三方面的内容：

1. 汇率制度的安排

汇率制度的安排是国际货币制度的核心，它是指一国货币与其他货币之间的汇率如何决定和维持，能否自由兑换，是采用固定还是采用浮动汇率制度。

汇率的高低体现了货币购买力的大小，也会影响资源在不同国家之间的分配。因此，各国在安排汇率时都以本国利益为重，趋利避害。当然，这样的安排往往会影响到其他国家的利益，从而对整个世界的经济秩序也会造成不良影响。所以，为了维护共同的利益，各国需要就本国货币汇率问题协商一致，达成共识，形成一种各国愿意共同遵守的汇率体系。

2. 国际储备资产的确定

国际货币体系要明确使用什么资产作为储备货币以及这些资产的构成如何，以此满足国际支付需求，平衡国际收支。第一次世界大战之前，各国的主要储备资产是黄金。第一次世界大战结束后，黄金和外汇在各国的储备资产中发挥了重要作用。第二次世界大战以后，美元与黄金挂钩，美元和黄金成了主要的国际储备资产。目前，国际储备资产的形式有外汇、黄金、普通提款权和特别提款权等形式。

3. 国际收支的调节机制

国际收支平衡是各国经济全面发展追求的目标。在世界经济趋于一体化的今天，一国出现国际收支失衡，需要根据国际协定，通过国际性金融机构或各国政府间的相互协调以平衡国际收支。国际收支调节机制包括：一是国际收支的调节方式，即各国政府应采取什么方式弥补国际收支缺口，各国之间又如何协调；二是为了更好地执行国际货币制度而必须建立的调节和约束机构。

可见，国际货币制度是由汇率制度、国际储备安排、国际收支调节机制等内容组成。

二、国际货币制度的作用

国际货币制度的产生与发展，至今已有100多年的历史。它的形成对世界经济的发展和各国的汇率制度起着重要的影响和制约作用，具体来说，国际货币制度有三大作用：

第一，确定国际清算和支付手段的来源、形式及数量，为世界经济的发展提供必要的国际货币，并规定国际货币与各国货币之间相互兑换的准则。也就是说，国际货币制度应致力于提供足够的国际清偿力，使国际清偿力保持与世界经济和贸易发展相当的增长速度。

第二，确定国际收支的调节机制，确保世界经济的稳定和发展。国际收支调节机制涉及三个方面：一是汇率机制；二是对逆差国的资金融通机制，即一国在发生国际收支逆差时能在什么样的条件下从何处获得资金及资金的数量和币种；三是对储备货币发行国规定某种限制，防止国际货币发行国为达到某种目的而持续性地保持国际收支逆差和输出货币。

第三，确立国际金融事务的协调机制或建立有关的协调和监督机制。在早期，有关的国际金融事务大多通过双边协商解决。随着第二次世界大战后各国经济联系的加强，参与国际金融事务的国家日益增多，形式日益复杂，双边磋商已不能解决所有的问题。因此，有必要建立多边的、带有一定权威性的国际金融事务的协调机制，制定各国共同遵守的基本行为准则。国际货币制度可以在很大程度上降低国际金融事务的协调成本，使金融问题得以快速有效地解决。

三、国际货币制度的演进

从历史进程看，最早出现的是国际金本位制，形成于1880年，于1914年解体，共历时35年。第一次世界大战爆发使金本位制度崩溃，国际货币体系陷于混乱。1925年以后，主要工业国开始重建金本位制度，但这时建立的是金汇兑本位制。1929年—1933年的经济大危机又使金汇兑本位制垮台，国际货币体系再次陷入混乱直至第二次世界大战结束。第二次世界大战后的1945年—1973年间，实行的是黄金—美元本位的可调整的固定汇率制度，通常称为“布雷顿森林体系”。1973年，布雷顿森林体系正式解体，西方国家进入有管理的浮动汇率制度时期，之后的国际货币制度被称作“牙买加体系”。

第二节　国际金本位制

国际金本位制是历史上出现最早的国际货币制度。所谓金本位制，是指以黄金作为国际储备资产或国际本位货币的制度。英国是世界上最早实行金本位制的国家。英国于1816年制订了《金本位制度法案》，在1819年取消了对金币熔化的限制和黄金出口的限制，并实行了银行券与黄金的自由兑换。随后，各国纷纷效仿。欧洲大陆和美国也相继于19世纪后期开始实行了金本位制。

一、国际金本位制的形式及内容

金本位制按其货币与黄金联系的程度，划分为金币本位制、金块本位制和金汇兑本位制。这三种金本位制度，除了具有上述金本位制共有的特点外，都还具有自身的特点。

（一）金币本位制

金币本位制是国际金本位制的典型形式，它的主要内容如下：

1. 黄金充当了国际货币，并作为主要的国际储备资产。用黄金来规定货币所代表的价值，每一种货币都有法定的含金量，各国货币按其含金量确定一定的比价。

2. 金币可以自由铸造，任何人都可以按法定的含金量，自由地将金块交给国家造币厂铸造成金币，或者将自己拥有的金币向造币厂换回相同数量的金块。

3. 金块是无限法偿的货币，享有无限制支付手段的权利。

4. 各国货币储备都是黄金，国际间结算也用黄金，黄金可以自由输出或输入。

（二）金块本位制

金块本位制又称“生金本位制”，是指纸币有限兑换黄金的货币制度。这种制度下，货币的发行已经没有 100% 的黄金准备，只有达到一定数额的纸币才能兑换黄金，本位货币价值虽仍与一定量黄金保持等价关系，但黄金的可兑换性受到削弱。

金块本位制度的主要内容如下：

1. 国家规定以一定重量和成色的黄金铸币作为本位币。

2. 国家不再铸造金币，也不允许公民自由铸造金币。国内不流通金币，只有银行券流通，银行券必须按含金量计算，达到规定数量才能兑换黄金。

3. 只发行银行券，代表一定数量和成色的黄金，银行券具有无限法偿能力，银行券只能有限兑换金块。

英国于 1925 年 5 月率先实行此制度。英国虽规定了英镑的含金量，但规定每次兑换的起点额度为纯金 400 盎司（约合 1 700 英镑）。随后，法国步其后尘，也实行了金块本位制。

实行金块本位制可以节省黄金的数量，大大节约了货币流通的费用。但是，要维持金块本位制，必须以国际收支平衡或有大量的黄金以供对外支付使用为条件，反之，若国际收支逆差或黄金外流严重，则金块本位制必定难以维持。

（三）金汇兑本位制

金汇兑本位制又称“虚金本位制”，其主要内容如下：

1. 国家规定以一定重量和成色的黄金铸币作为本位币。

2. 国家不再铸造金币，也不允许公民自由铸造金币。国内不流通金币。

3. 国家只发行银行券，银行券具有无限法偿能力，银行券在国内不能兑换金币或金块，只能兑换外汇，然后用外汇在外国兑换成黄金。

4. 本币与某一实行金币（块）本位制国家的主币保持固定比价，并在该国存放外汇或黄金作为外汇基金。

最早实行金汇兑本位制的国家是荷兰殖民地爪哇（1887 年），印度于 1893 年实行，后来菲律宾、马来西亚、泰国、墨西哥、巴拿马等国也相继采用。第一次世界大战后，德国、意大利等战败国为整顿币制，把从别国借来的贷款作为外汇基金，把本国货币与英镑、美元等挂钩，保持固定比价，从而也实行了金汇兑本位制。

实行金汇兑本位制，可以进一步节约黄金使用的数量。但是，本国货币与外国货币保持固定比价，使本国货币的币值常常受到联系国货币币值波动的影响，往往使本国的财政金融政策和对外贸易受到联系国的控制。

二、国际金本位制的特点

国际金本位制是一种以一定质量和成色的黄金作为本位货币的货币制度，货币制度的基础是黄金，可以说，国际金本位制是一种各国货币根据黄金来确定比价的固定汇率制度。具体来说，国际金本位制有以下特点：

（一）黄金充当国际货币

金本位制度下，黄金作为各国的储备货币，并成为最终的清偿手段，充分发挥世界货币的职能。各国在国际结算当中也都使用黄金，而且金币可以自由铸造或熔化，银行券可自由兑换成黄金，黄金可以自由输出入，各国一般不对黄金的流出和流入加以限制。

（二）汇率比较稳定，可以自动调节

金本位制下，各国货币都规定了一定的含金量，各国货币按照含金量的多少来确定比价。两国货币的含金量之比称为铸币平价。由于黄金可以自由输出入，所以汇率始终维持在黄金输送点之间。铸币平价加上两国之间运送黄金的费用即为黄金输出点，这是汇率波动的上限；铸币平价减去两国之间运送黄金的费用即为黄金输入点，这是汇率波动的下限。如果一旦汇率波动超过黄金输送点，人们就会发现运送黄金更为便宜，所以汇率变动的范围就在黄金输送点之间，较为稳定。

（三）国际收支稳定，可以自动调节

金本位制下，各国的国际收支可以自动调节。这一规律被称为“价格—铸币流动机制”。当一国国际收支不平衡时，会引起汇率的变动，进而引起黄金的输出入，而黄金的流动又会使该国银行准备金发生变动，而银行准备金的变动将引起国内货币数量的变化，从而影响国内物价的变动，进而又会导致进出口变动，最终会调节国际收支的不平衡。

（四）物价稳定，可以自动调节

金本位制下，物价上涨提高黄金生产成本，导致黄金生产和供应减少，而减少流通中的货币数量，导致物价会自动下降，反之同理。因此，通过黄金的生产与供应，物价会趋于稳定，并可以自动调节。

三、国际金本位制的弊端

国际金本位制是一种比较稳定的货币制度，促进了世界经济的发展，但随着世界经济规模的不断扩大，它的弊端也逐渐显现出来。

（一）国际清算和支付完全依赖于黄金的输出入

金本位制度下，黄金作为国际货币，其增长的速度远远落后于世界贸易增长的速度，因此造成了严重的清偿手段的不足，制约了各国经济的发展速度。同时，由于西方工业国家之间经济发展的不平衡，使世界大部分的黄金越来越集中在经济实力较强的国家手中。这不但影响了黄金的结算职能，也削弱了国际金本位制的基础，造成了西方工业国货币信用和国际金融领域的危机。所以，黄金的供求矛盾和分配不均衡是金本位制崩溃的根本原因。

（二）金本位制的自动调节机制是有限的

金本位制下，各国均以汇率稳定和国际收支平衡作为政府宏观管理的首要目标。但是，在实际运行中，各国不可能忽视本国的经济发展对货币的需求而追求充足的黄金储备，也不可能对经济放任自由。从客观上来说，一国经济状况错综复杂，内外经济政策相互牵制，各国更倾向于利用利率、国际信贷及公开市场业务等手段来调节国际收支，而不是国际间黄金的频繁流动。这样就导致金本位制的自动调节机制受到了限制。

四、国际金本位制的崩溃

第一次世界大战爆发前的几年里，国际金本位制便出现了崩溃的苗头，银行券的发行日益增多，黄金的兑换越来越困难。各参战国都对黄金输出实行了严格的管制，在世界范围内积极收集和争夺黄金，并把国内已有的黄金集中于中央银行。这样，到 1913 年年末，英国、美国、法国、德国、俄国 5 个国家的黄金存量约达到世界黄金存量的 2/3，直到 1914 年第一次世界大战爆发后，各国相继停止了黄金兑换并禁止黄金出口，国际金本位制陷入瓦解。各国金本位制崩溃的时间见表 12－1 所示。

表 12－1　两次世界大战期间主要国家的金本位制（数字是年月）

	开始	停止
欧洲：		
英国	1925/4	1931/9
德国	1924/8	1931/7
意大利	1927/12	1934/5
比利时	1926/10	1935/3
法国	1928/6	1936/9
荷兰	1925/4	1936/9
瑞士	1928/8	1936/9
葡萄牙	1931/7	1931/12
希腊	1925/8	1932/4
瑞典	1924/4	1931/9

续表

	开始	停止
丹麦	1927/1	1931/9
挪威	1928/5	1931/9
芬兰	1926/1	1931/10
北美：		
美国	1919/6	1933/4
加拿大	1926/7	1931/10
拉丁美洲：		
阿根廷	1925/6	1929/12
智利	1926/1	1932/4
亚太地区：		
澳大利亚	1925/4	1929/12
日本	1930/1	1931/12

资料来源：上川孝夫，腾田诚一，向寿一．国际金融论［M］．日本：有斐阁出版社，1999.

第一次世界大战结束以后，各国纷纷开始恢复金本位制，但是恢复起来的金本位制已经和原来的金本位制大不相同，而是一种金汇兑本位制度。国内不再使用金币，纸币不能自由兑换成黄金，至此，维持金本位制的基础已经遭到破坏。当1929年—1933年世界经济大危机到来时，各国勉强恢复的国际金汇兑本位制彻底瓦解了。从此，资本主义世界分裂成为相互对立的货币集团，如英镑集团、美元集团、法国法郎集团，后来演变为货币区。国际金本位制崩溃之后，国际金融领域一片混乱，各国货币竞相贬值以达到扩大出口、抑制进口的目的。各种贸易保护措施和外汇管制措施非常盛行，严重阻碍了国际贸易的发展。

第三节　布雷顿森林体系

第二次世界大战结束前夕，西方同盟国就开始着手筹建新的国际货币体系，以加速战后各国经济恢复和发展，解决国家间的经济合作问题。1944年7月，44个同盟国家的300多位代表出席在美国新罕布什尔州的布雷顿森林城召开的国际金融会议，商讨重建国际货币体系。在这次会议上产生了以美元为中心的国际货币体系，因此被称为布雷顿森林体系。

一、布雷顿森林体系的建立

第二次世界大战使资本主义国家之间的实力对比发生了巨大的变化。美国的工业制成品占世界制成品的一半，对外贸易占世界贸易总额的1/3以上，国外投资急剧增长，黄金储备从1938年的145.1亿美元增加到1945年的200.8亿美元，约占资本主义世界黄金储备的 59%，美国已成为资本主义世界最大的债权国和经济实力最雄厚的国家，这为建立美元的霸权地位创造了必要的条件。事实上，早在 20 世纪 40 年代初，美国就积极策划取代英国而建立一个以美元为支柱的国际货币体系，改变 20 世纪 30 年代资本主义世界货币金融关系的混乱局面。而英国在战争期间受到了巨大的创伤，经济遭到严重破坏。1945 年，英国工业生产缩减，民用消费品生产水平只达到 1939 年的一半，出口额还不到战前水平的 1/3，国外资产损失达 40 亿美元以上，对外债务高达 120 亿美元，黄金储备降至 100 万美元。尽管如此，英镑区和英国特惠国的地位仍然存在，国际贸易的 40%左右仍用英镑结算，英镑仍然是一种主要的国际储备货币，伦敦依旧是国际金融的一个重要中心。因此，英国还想保持住它在国际货币领域的地位。英美两国政府都从自身利益出发，提出了新的国际货币秩序，并于 1943 年 4 月 7 日分别发表了各自的方案，即美国的“怀特计划”和英国的“凯恩斯计划”。

（一）怀特计划

“怀特计划”是美国财政部大臣怀特提出的国际货币体系方案。这个计划的主要内容包括四个方面：

1. 采取存款原则，建立一个国际货币稳定基金，总额为 50 亿美元，由各会员国用黄金、本国货币和政府债券缴纳，认缴份额取决于各国的黄金外汇、国民收入和国际收支差额的变化等因素，各国缴纳的多少决定其拥有的投票权。

2. 基金组织发行一种国际货币，叫“尤尼他”，作为计算单位，“尤尼他”可以兑换黄金，也可以在会员国之间相互转移。

3. 各国要规定本国货币与“尤尼他”之间的法定平价。平价确定后，未经基金组织同意，不得任意改动。

4. 基金组织的任务主要是稳定汇率，并帮助会员国解决国际收支不平衡，维持国际货币秩序。会员国为了应付临时性的国际收支逆差，可用本国货币向基金组织申请购买所需的外币，但是数量最多不得超过其向基金组织认缴的份额。

（二）凯恩斯计划

“凯恩斯计划”是由英国的财政部顾问、经济学家凯恩斯（R. Keynes）制定的。他从英国的立场出发，提出了这个方案，主要内容包括五个方面：

1. 设立一个世界性中央银行，取名为“国际清算联盟”。

2. “国际清算联盟”发行一种货币，叫“班柯”，作为各国的基本清算单位。“班柯”等同于黄金，各国可以黄金换取“班柯”，但不得以“班柯”换取黄金。

3. 会员国的货币直接用“班柯”联系，并允许会员国调整汇率。

4. “国际清算联盟”采用透支原则，各国在“国际清算联盟”中所承担的份额，以战前三年进出口贸易的平均额计算，会员国并不需要缴纳黄金或现款，而只是在上述清算机构中开设往来账户；通过“班柯”存款账户的转账来清算各国官方的债权债务。当一国国际收支发生顺差时，就将盈余存入账户；发生逆差时，则按规定的份额申请透支或提存，各国透支总额为 300 亿美元。实际上，这是将两国之间的支付扩大为国际多边清算，如清算后，一国的借贷余额超过份额的一定比例时，无论顺差国或逆差国均需对国际收支的不平衡采取措施，进行调节。

5. “国际清算联盟”总部设在伦敦和纽约两地，理事会会议在英美两国轮流举行，以便英国能与美国分享国际金融领域的领导权。这一方案反对以黄金作为主要储备，还强调顺差国和逆差国共同担负调节的责任。这对国际收支经常发生逆差的英国是十分有利的。

英美两国计划存在一些共同之处：都重视解决经常项目的不平衡问题；都着重工业发达国家的资金需求问题，但忽视发展中国家的资金需求问题；都探求汇率的稳定性，防止汇率的竞争性贬值。

但是，两国的方案在一些重大问题上是针锋相对的。美国首先考虑的是要在国际货币金融领域处于统治地位；其次是避免美国对外负担过重。由于第二次世界大战之后，各参战国均面临战后重建问题，需要庞大的资金，而美国无法满足，所以坚持存款原则，货币体系要以黄金为基础，“稳定基金”只有 50 亿美元，以免产生无法控制的膨胀性影响。英国则考虑到本国黄金缺乏，国际收支将有较大逆差，因而强调透支原则，反对以黄金作为主要储备资产，“国际清算联盟”要能提供较大的清偿能力。另外，“怀特计划”建议由“稳定基金”确定各国汇率，而反对“国际清算联盟”所设想的弹性汇率。不难看出，这两个计划反映了美英两国经济地位的变化和两国争夺世界金融霸权的斗争。

1943 年 9 月至 1944 年 4 月，美英两国政府在有关国际货币计划的双边谈判中展开了激烈的争论。由于美国在政治上和经济上的实力大大超过英国，英国被迫放弃“国际清算联盟”计划而接受美国的方案，美国也对英国作出一些让步，最后双方达成协议。随后，经过 30 多个国家的共同商讨，于 1944 年发表了《专家关于建立国际货币基金的联合声明》。同年 7 月，在美国新罕布什尔州的布雷顿森林召开了由 44 个国家参加的“联合和联盟国家国际货币金融会议”，通过了以“怀特计划”为基础的《国际货币基金协定》和《国际复兴开发银行协定》，总称为《布雷顿森林协定》。该协定的通过，标志着战后以美元为中心的国际货币体系——布雷顿森林体系的诞生。

二、布雷顿森林体系的内容

布雷顿森林体系的内容有以下五点。

（一）建立了一个永久性的国际金融机构——国际货币基金组织（IMF）

国际货币基金组织是第二次世界大战后国际货币制度的核心，该组织监督成员国货币的汇率；与成员国就国际货币领域的有关事项进行协商；为成员国管理基金，对国际收支逆差国融通资金等。

（二）规定以美元作为最主要的国际储备货币，实行美元—黄金本位制

美元与黄金直接挂钩，各国政府或中央银行随时可用美元向美国按官价（每盎司黄金等于 35 美元）兑换黄金；其他国家的货币与美元挂钩，规定与美元的比价—货币平价，各国货币根据货币平价兑换成美元后才能兑换成黄金，从而间接与黄金挂钩，即实行双挂钩制度，从而确立了美元的中心地位。储备货币和国际清偿力的主要来源是美元，美元既是美国本国货币，又是国际关键货币，因此，布雷顿森林体系下的国际货币制度是以美元—黄金为基础的货币制度。

（三）实行可调整的固定汇率制度

国际货币基金组织规定各成员国货币与美元的固定比价不得随意波动，如果发生波动，范围不得超过平价的±1%。超过时，除美国外，各成员国中央银行有义务维持本国货币同美元汇率的稳定。但是在出现国际收支的根本性不平衡时，经国际货币基金组织批准才允许进行汇率调整，同时各国政府有义务通过干预外汇市场来稳定其货币对美元汇率。汇率平价的任何变动都要经过基金组织批准。这种制度称为可调整的盯住汇率制。

（四）协助国际收支逆差的成员国解决国际收支困难

《国际货币基金协定》规定国际货币基金组织要向国际收支逆差成员国提供短期资金融通，以弥补其国际收支逆差。成员国在需要贷款时，可用本国货币向国际货币基金组织按规定程序购买一定数额的外汇，在规定期限内，再用以黄金或外汇购回本币的方式偿还借用的外汇资金。

（五）《国际货币基金协定》规定了“稀缺货币条款”

当一国国际收支持续盈余，并且该国货币在国际货币基金组织的库存下降到份额的75%以下时，国际货币基金组织可将该国货币宣布为“稀缺货币”。国际货币基金组织可按逆差国的需要实行限额分配，其他国家有权对“稀缺货币”采取临时性兑换限制，或限制进口该国的商品和劳务。

在以上基本内容中，最关键的部分是“两个挂钩”和固定汇率制，这是布雷顿森林体系的两大支柱。因此，布雷顿森林体系下的国际货币制度实质上是以“黄金—美元”为基础的国际金汇兑本位制，国际货币基金组织是保证这一体系正常运转的机构。它的建立标志着国际协商和国际合作在国际金融领域的进一步发展。

三、布雷顿森林体系的特点

布雷顿森林体系下，美元可以兑换黄金，因此有人把它称作以美元为中心的金汇兑本位制。但它与第一次世界大战后的国际金汇兑本位制不同，其特点如下。

（一）美元成了最主要的国际储备货币

在这一体系下，美元等同于黄金，并被广泛地用作国际间的计价单位、支付手段和储备手段。美元的供应可以弥补国际储备的不足。这在一定程度上解决了国际清偿能力不足的问题，刺激了世界市场需求和世界经济增长。

（二）实行盯住美元的可调整固定汇率制度

美元作为关键货币，其他各成员国根据本币与美元的金平价之比来确定成员国货币对美元的汇率，进而决定各成员国货币彼此之间的平价关系，是一种盯住美元的固定汇率制度；又因为汇率可以在±1%范围内变动，所以也是可以调整的。

（三）更多方法可以调节国际收支失衡

国际金本位制度下，调节国际收支的机制是“价格—铸币流动机制”，在布雷顿森林体系下，国际收支失衡的调节方法有两种：一是由国际货币基金组织提供信贷资金来调节短期的收支失衡；二是通过调整汇率来调节长期的收支失衡。但事实上，在布雷顿森林体系运行 20 多年的时间里，国际收支失衡问题始终没有得到真正的解决。

（四）国际性金融机构发挥着积极作用

作为国际性金融机构，国际货币基金组织在促进国际货币合作、建立多边支付体系、监督各成员国汇率变动、调节国际收支失衡、对会员国提供贷款、监督成员国财政货币政策等方面发挥着重要的作用。它的建立对于稳定第二次世界大战前相对混乱的国际货币秩序起到了明显的积极作用。

四、布雷顿森林体系的弊端

布雷顿森林体系是国际货币领域合作的产物，它稳定了战后国际金融的局势，对当时国际经济的发展起到了积极的作用。然而，这个体系最终的解体是因为它本身也存在着重大的缺陷。

（一）美元的特殊地位使得美国的货币政策影响了其他各国的经济

由于美元成了最主要的储备资产，美国就可以利用美元直接对外投资，购买外国资产，或利用美元弥补国际收支逆差；同时，各国货币又都与美元挂钩，对美元存在着一种依赖关系，美国货币当局的政策变动会影响到整个世界金融领域，从而导致整个货币体系的不稳定。

（二）以单一美元作为主要储备资产，给国际储备管理带来了难以克服的困难

美元既是一国货币，又是世界货币。作为一国的货币，美元的发行必定受制于美国的货币政策和黄金储备，作为世界货币，美元的供应又必须适应世界经济和国际贸易增长的需要。为满足国际贸易和国际经济发展的要求，美元供应必须扩大，这样容易导致美国国际收支出现逆差，但这样必然影响到美元的信用，引起美元危机。如果美国国际收支平衡，则美元币值稳定，但是各国国际储备供应受到影响，导致国际清偿能力的不足，美元陷入了一种“两难”的困境，国际经济界称为“特里芬难题”（Triffin Dilemma），它是美国耶鲁大学教授罗伯特·特里芬（Robert Triffin）于 20 世纪 50 年代首先提出的。“特里芬难题”指出了布雷顿森林体系的内在不稳定性及危机发生的必然性，也正是因为这一严重缺陷，所以它崩溃的命运是不可避免的。

（三）国际收支调节机制的效率不高

在布雷顿森林体系下，虽然汇率是可以调整的，但是，由于固定汇率的多边性而增加了调整平价的困难，而且汇率只允许在平价上下的 1%范围内波动，使汇率体系过于刚性，这样，各国不能利用汇率的变动来达到调节国际收支平衡的目的，而只能消极地实行外汇管制，或放弃稳定国内经济的政策目标。一旦发生逆差，往往不得不采用牺牲国内经济目标的财政政策来进行调节。

随着世界经济的发展，美国在西方世界中的经济地位逐渐下降，美国的国际收支状况从第二次世界大战后初期的盈余转变成了赤字，其黄金不断外流，世界各国持有的美元也

不断增加，人们对美元按固定比价兑换黄金的承诺开始产生怀疑，导致 1960 年—1973 年爆发了四次美元危机。由于美元不断贬值，并且美国逐步终止了美元与黄金的兑换，布雷顿森林体系最终于 1973 年 2 月崩溃。

拓展阅读

四次美元危机与布雷顿森林体系的崩溃

第一次大规模的美元危机是 1960 年爆发的。在危机爆发前，西方国家出现了相对的美元过剩，有些国家用自己手中的美元向美国政府兑换黄金，美国的黄金储备开始外流。1960 年，美国对外短期债务（衡量美元外流的重要指标）首次超过了黄金储备额。人们纷纷抛售美元，抢购美国的黄金和其他硬通货，结果造成金价上涨和美元汇率的下跌，这种现象就称为“美元危机”（Dollar Crisis）。

为了维持外汇市场和金价的稳定，保持美元的可兑换性和固定汇率制，美国要求其他西方国家在国际货币基金组织的框架内与之合作，稳定国际金融市场。1962 年，美国分别与若干主要工业国家签订了“黄金总库”（Gold Pool），在国际货币基金组织的框架内建立了“借款总安排”（General Arrangement to Borrow）和“互惠信贷协议”（Swap Agreement）。

“黄金总库”是美国、英国、联邦德国、法国、意大利、荷兰、比利时和瑞士 8 国中央银行于 1961 年 10 月达成的共同出资以维持金价稳定和布雷顿森林体系正常运转的一项协议。该协议规定，8 国共同出资相当于 2.7 亿美元的黄金以建立黄金总库，其中美国出 50%，联邦德国出 11%，英、法、意各出 9.3%，瑞、荷、比各出 3.7%，黄金由英国中央银行英格兰银行代为管理，当金价上涨时，就在伦敦市场抛出黄金；当金价下跌时，就买进黄金，以此来调节市场的黄金供求，稳定金价。由于国际市场黄金吞吐量巨大，2.7 亿美元的黄金实在是杯水车薪，无济于事。因此，“黄金总库”实际上在 1968 年美国实行“黄金双价制”（Two-tier Gold Price System）后就解体了。

“借款总安排”是国际货币基金组织与 10 个工业国家（美国、英国、法国、加拿大、联邦德国、日本、意大利、荷兰、比利时和瑞典）于 1961 年 11 月签订，并于 1962 年 10 月生效的借款协议。当时签订该项借款协议主要是为向美国以外的 9 国借入资金以支持美元，缓和美元危机，维持国际货币体系的正常运转。因此，当时向“借款总安排”借用款项的主要是美国。当时的资金总额为 60 亿美元，后经几次扩大，总额已达 180 亿美元。

“互惠信贷协议”又称“货币互换协议”（Reciprocal Agreement），是美国于 1962 年 3 月与其他 14 个国家签订的，彼此间在规定期限和规定的金额幅度内利用对方货币来干预外汇市场、稳定汇率的一种协议。该协定签订时总额为 117.3 亿美元，1973 年 7 月总额扩大为 197.8 亿美元。

除了上述措施以外，美国政府在 20 世纪 60 年代还一直运用政治压力劝说外国政府不要持有美元要求美国政府兑换黄金。在 1967 年曾与联邦德国政府达成协议，联邦德国承诺不将其持有的美元向美国兑换黄金。但有些西方国家政府，如法国丝毫不买账，带头冲击美元的霸主地位。

第二次美元危机是 1968 年爆发的。20 世纪 60 年代中期，随着美国侵越战争的扩大，美国财政赤字恶化，国内通货膨胀加剧，美元对内不断贬值，美元同黄金的固定比价又一次受到严重质疑。到 1968 年 3 月，美国黄金储备已降至大约 120 亿美元，只够偿付其对外短期负债的 1/3。结果，伦敦、巴黎和苏黎世黄金市场爆发了空前规模的抛售美元、抢购黄金的浪潮。巴黎市场的金价一度涨至 44 美元 1 盎司。于是美国政府被迫要求英国自 3 月 15 日起暂时关闭伦敦黄金市场，宣布停止在伦敦黄金市场按 35 美元兑 1 盎司黄金的官价出售黄金，同时还宣布解散“黄金总库”，实行“黄金双价制”。“黄金双价制”是指两种黄金市场实行两种不同价格的制度。在官方黄金市场上，仍然实行 35 美元兑换 1 盎司黄金的比价；在私人黄金市场上，金价由市场供求关系决定。从此，自由市场的黄金价格便与黄金官价完全背离，在国际金融市场上出现了“黄金双价制”。“黄金双价制”说明美国已经无力继续维持黄金市场的官价，布雷顿森林体系开始从根本上动摇。

第三次美元危机是 1971 年爆发的。1969 年—1970 年，美国爆发了周期性经济危机，生产下降，失业增加。1971 年，美国出现了前所未有的贸易收支逆差，黄金储备已不及对外短期负债的 1/5，美元开始出现了贬值的势头。1971 年 5 月，在西欧主要金融市场上又一次掀起了抛售美元、抢购黄金和硬通货的浪潮。各国中央银行采取了大规模的干预措施，但都无法阻止资本流动的狂潮，美元外流的情况在 1971 年夏达到了顶点。面对猛烈的危机，尼克松政府不得不于 1971 年 8 月 15 日宣布实行“新经济政策”：对内采取冻结物价和工资，并削减政府开支；对外停止履行外国中央银行按黄金官价以美元向美国政府兑换黄金的义务，并对进口商品征收 10%的附加税，以限制进口，改善美国的国际收支和美元的地位。“新经济政策”的推行意味着美元与黄金脱钩，这样，布雷顿森林体系的两大支柱之一——美元可兑换黄金倒塌了，它标志着布雷顿森林体系开始走向崩溃。

第四次美元危机爆发于 1973 年 3 月，导致布雷顿森林体系的彻底崩溃。长期的越南战争极大地消耗了美国的经济实力，再加上西欧又出现了抛售美元、抢购黄金和联邦德国马克的风潮。伦敦黄金价格一度涨到每盎司 96 美元，联邦德国和日本的外汇市场被迫关闭达 17 天之久。西方国家经过磋商，最后达成协议：西方国家的货币实行浮动汇率制；联邦德国在马克升值 3% 的条件下，与法国等西欧国家实行对美元的“联合浮动”；英国、意大利、爱尔兰单独浮动，暂不参加共同浮动。此外，其他主要西方国家的货币也都实行了对美元的浮动汇率制。至此，布雷顿森林体系的另一支柱，即各国货币盯住美元、与美元建立的可调整固定汇率制度彻底解体，布雷顿森林体系完全崩溃。“史密森协议”虽然勉强维持了布雷顿森林体系下的固定汇率，但未能阻止美元危机的继续爆发。1973 年 2 月，国际金融市场上又一次掀起了抛售美元、抢购联邦德国马克、日元、瑞士法郎，抢购黄金的浪潮。仅 2 月 9 日一天，法兰克福外汇市场上就抛售了近 20 亿美元，国际外汇市场不得不暂时关闭。在这种情况下，美国政府于 2 月 12 日又一次宣布美元贬值 10%，黄金官价也相应由每盎司黄金 38 美元提高到 42.22 美元。

五、布雷顿森林体系崩溃的原因

虽然布雷顿森林体系对战后世界经济的发展产生了积极的影响，但事实上，该体系存在着无法调和的矛盾。布雷顿森林体系崩溃的原因有以下几点。

1. 美元的特殊地位。由于美元成了最主要的储备资产，美国就可以利用美元直接对外投资，购买外国资产，或利用美元弥补国际收支逆差。美国货币当局的政策变动会影响到整个世界金融领域，从而导致整个货币体系的不稳定。

2. 以单一美元作为主要储备资产，给国际储备管理带来了难以克服的困难。美元的特殊地位使美元陷入了一种“两难”的困境：要么美国国际收支顺差、美元币值稳定，这样就无法保证美元的供应；要么美国国际收支逆差扩大，美元供应增加，但这会动摇美元的信用地位，出现美元危机，这是一个不可调和的矛盾。

3. 黄金的有限性和国际经济增长的无限需求之间的矛盾。由于矿藏、开采、冶炼技术的限制，黄金供给的增加相当有限并且缓慢，远远落后于世界经济的增长，供给和需求之间出现严重的不平衡。这一矛盾贯穿于布雷顿森林体系的全部过程。

4. 汇率机制缺乏弹性。在布雷顿森林体系下，虽然汇率是可以调整的，但是，由于固定汇率的多边性而增加了调整平价的困难，而且汇率只允许在平价上下的1%范围内波动，使汇率体系过于刚性，这样，各国不能利用汇率的变动来达到调节国际收支平衡的目的，而只能消极地实行外汇管制，或放弃稳定国内经济的政策目标，这两者都是不可取的。可见，缺乏弹性的汇率机制不利于各国经济的稳定发展。因此各国为了自身的利益，有突破布雷顿森林体系下的固定汇率制的内在动因。

美元与黄金挂钩、各国货币与美元挂钩是布雷顿森立体系赖以生存的两大支柱。自20世纪50年代始，上述各种矛盾不断动摇着布雷顿森林体系的基础，终于在20世纪70年代陷入崩溃的境地。

第四节　牙买加体系及国际货币体系的改革方向

布雷顿森林体系崩溃后，国际货币金融领域动荡混乱，国际间为建立一个新的国际货币体系进行了长期的讨论与协商，探索建立一种新的国际金融体系，并提出了许多改革主张。1976年1月8日，国际货币基金组织的临时委员会在牙买加首都金斯敦召开会议，重点讨论了扩大和分配份额问题，并最终就许多国际货币制度的问题达成共识，即《牙买加协定》。1978年4月1日，经过修改的国际货币基金协定正式生效。国际上将《牙买加协定》后的国际货币制度称为“牙买加体系”。

一、牙买加体系的内容

牙买加体系继承了布雷顿森林体系下的货币基金组织，但又摒弃了布雷顿森林体系以美元为中心的双挂钩制度，对形成目前的国际货币制度有着重要作用。其主要内容有以下几点：

（一）承认浮动汇率制的合法性

浮动汇率和固定汇率并存，成员国可以自由选择汇率制度，但成员国在汇率政策制定方面要接受国际货币基金组织的指导和监督，以防止各国采用损人利己的货币贬值政策。国际货币基金组织对成员国的汇率进行监督，使汇率水平能够反映各国长期经济状况，不允许成员国操纵汇率来组织国际收支的调节或获取不公平的竞争利益。国际货币基金组织还有权要求会员国解释它们的汇率政策，实行适当的国内经济政策，来促进汇率体系的稳定。

（二）黄金非货币化

黄金与货币彻底脱钩，它不再是平价的基础。废除黄金条款，取消黄金官价，用特别提款权逐步代替黄金作为国际货币体系的主要储备资金；取消成员国之间以及成员国与基金组织之间以黄金清算债权债务的义务；各成员国中央银行可按市价从事黄金交易，国际货币基金组织不在黄金市场上干预金价。国际货币基金组织持有的黄金应逐步加以处理：其中 1/6（2 500 盎司）按市价出售，超过其官价（每盎司 42.22 美元）部分作为援助发展中国家资金；另外 1/6 由原缴纳成员国按官价买回；剩余的黄金（约 1 亿盎司）须经总投票权 85%的多数通过，决定向市场出售或由各成员国买回。

（三）特别提款权作为主要的国际储备资产

特别提款权是国际货币基金组织为了解决国际储备不足而产生的一种解决方案，实质上是用来补充储备资产的一种国际流通手段。协议规定各成员国之间可以自由进行特别提款权交易，而不必征得国际货币基金组织的同意。国际货币基金组织与成员国之间的交易以特别提款权代替黄金。各成员国可以通过特别提款权账户用特别提款权来进行借贷、偿还国际货币基金组织的贷款等。国际货币基金组织要加强国际清偿能力的监督。

（四）增加国际货币基金组织的份额

各成员国向国际货币基金组织缴纳的份额，由原来的 292 亿美元特别提款权增加到 390 亿美元特别提款权，增加了 33.6%。各成员国所缴纳份额的比重也有所改变，主要是石油输出国组织的比重由 5%增加到 10%。除德国、日本外，西方主要工业国的份额均有所降低。重新修订份额的一个重要结果是减少了发达国家投票权的比重。

（五）扩大对发展中国家的资金融通

协议规定用出售黄金所得的收益建立“信托基金”，向最贫穷的发展中国家以优惠条件提供贷款，帮助它们解决国际收支方面的困难。同时，国际基金组织扩大信用贷款的总额，由占成员国份额的 100%提高到 145%，并增加“出口波动补偿贷款”的比重，由占份额 50%增加到 75%。

二、牙买加体系的特点

牙买加体系实际上是以美元为中心的多元化国际储备和浮动汇率体系，其主要特点如下：

（一）多元化的国际储备体系

自布雷顿森林体系解体后，国际储备资产的形式出现了多样化的局面。虽然美元在各国储备资产中的份额已减少，但仍是最重要的国际储备货币。

一方面，某种储备货币国际需求的变化往往对国内经济产生着重要影响。对美国而言，它的国内经济活动占优势；而日本、德国等则是以国际经济活动为主导，这样，国际资本流动对美国市场的影响远小于它对日本、德国等国家。因此，尽管马克、日元、特别提款权和欧洲货币单位或欧元的地位有所上升，但它们却难以与美元抗衡。

另一方面，美元作为国际间最主要的计价单位、交易媒介、储藏手段的地位仍然是不可替代的。国际贸易中，很多产品是以美元计价的，约 2/3 的进出口贸易以美元结算；在统计世界各国的 GDP 人均收入、进出口额、外汇储备等指标时，通常折合成美元；在国际金融市场上，绝大多数外汇批发业务是以美元交易的；各国中央银行外汇储备的很大部分也是美元。

（二）多样化的汇率体系

《牙买加协定》同意固定汇率制和浮动汇率制并存，允许各国自由安排其货币汇率。这样，以浮动汇率制为主的多种形式的汇率体制便形成和发展起来了。到目前为止，各个主要发达国家都实行了浮动汇率制。其中，美国、日本、加拿大、瑞士、澳大利亚、新西兰等国家采取独立浮动，欧元区国家采取联合浮动，大多数发展中国家则采取管理浮动或盯住浮动汇率制。许多国家都在不断调整其汇率政策，以适应本国及世界经济发展的需求。

浮动汇率制的优点不仅在于它可以比较灵敏、准确地反映出不断变化的国际经济状况，而且还可以调节外汇市场的供求关系，从而促进国际贸易和世界经济的发展。当然，各国在选取汇率制度时，有成功的，也有失败的。例如，墨西哥政府在 1994 年宣布比索自由浮动而导致了墨西哥的金融危机。可见，牙买加体系下的汇率制度比布雷顿森林体系下的汇率制度更加灵活也更加复杂。

（三）国际收支调节机制多样化

在牙买加体系下，主要通过汇率机制、利率机制、国际货币基金组织的干预和贷款以及动用国际储备资产等方式来综合调节国际收支不平衡，因而一定程度上缓和了布雷顿森林体系调节机制失灵的问题。牙买加体系引进了国际金融市场、商业银行信贷和国际合作与政策协调，使国际收支的调节更迅速、更有效。同时，各国拥有了更多自主制定本国经济政策的权利，所以还可以通过国内的经济政策消除国际收支的失衡问题。

（四）外汇管制进一步放宽

牙买加体系下，各发达国家都较大程度地放松了外汇管制，实施金融的自由化，许多发展中国家在贸易和金融自由化方面也取得了显著进展，全球经济、金融正朝着一体化的方向发展。

（五）区域性货币体系发展良好

区域性货币体系是指一定地理区域范围内的有关国家在货币金融领域中实行协调与合作，最终组合成货币体系的统一体。它具有三个基本特征：一是统一货币，即发行单一的共同货币，在成员国之间使用不受限制；二是统一汇率，即成员国通过实行对内固定、对外联合浮动的汇率制度，最终逐步实现一个统一的汇率；三是统一货币管理机构和货币政策，即建立一个中央货币机构，并由这个机构保存各成员国的国际储备、发行共同货币、决定货币联盟的政策等。当然，只有区域货币体系发展到高级阶段才能具有这三个基本特征。

区域货币体系的形成既反映了各地区内部共同的利益和合作要求，也反映出各地区之间利益的差异；既反映了区域货币体系与国际货币体系间存在的矛盾与冲突，也体现了各国希望汇率稳定、国际货币体系良好运行的愿望和要求。因此，它是国际货币体系改革的重要内容和组成部分，也是当前国际及区域经济一体化的必然结果。

三、牙买加体系的缺陷

牙买加体系是国际金融动荡的产物。自形成以来，它对国际经济的正常运转起到了一定的积极作用。然而，在复杂多变的国际经济关系面前，这个体系的缺陷日益暴露出来了。

（一）储备资产的不稳定性加大

牙买加体系下，国际储备资产出现了多元化趋势。除美元、黄金和特别提款权以外，各国还以其他一些自由货币作为官方储备资产，例如英镑、日元、瑞士法郎以及后来出现的欧元，等等。但由于储备货币多样化，且货币缺乏统一、稳定的标准，造成了货币体系内在的不稳定性。如果一种储备货币的发行国经济或金融状况出现重大变动，整个国际金融市场必然会产生动荡，各储备资产的价值和数量也随之变化。

（二）汇率体系极不稳定

牙买加体系下，尽管各国政府都采取各种措施干预外汇市场，汇率波动仍旧十分频繁，波动幅度也较大，整个汇率体系依旧呈现出极大的不稳定性。这不仅影响了国际贸易和资本流动，也使国际储备和外债管理变得相当复杂。20 世纪 90 年代以来发生的多起货币危机和金融危机都与此有关。

（三）国际收支调节机制仍不健全

牙买加体系虽然可以通过多种机制对国际收支进行调节，但实际上，各种调节机制自身都具有局限性，且相互之间很难协调，从而无法全面改善国际收支。自 1973 年以来，国际收支失衡的局面一直没有得到改善，而且日趋严重。一些逆差国，尤其是发展中国家只能依靠借外债来缓解，一旦经济发展不畅，极易发生债务危机。在这种情况下，逆差国往往不得不诉诸国际货币制度以外的力量，如实行各种贸易保护形式来强制平衡国际收支。这又加剧了国际贸易环境和国际金融环境的复杂性。

目前来说，牙买加体系与当前动荡、发展不平衡的外部经济环境还是相对适应的，短期内不会有大的改变。但从长期来看，由于它自身各方面的缺陷性，牙买加体系并不能维持很长时间。随着世界经济不断向前发展，它最终会被一种新的、更能适应各国金融发展需求的货币制度所代替。

四、国际货币体系的改革方向

就牙买加体系本身存在的诸多缺陷来说，国际货币体系仍然存在改革的必要。特别是近年来，牙买加体系的弊端日益显露出来，其不利影响正在加强，面对这一现状，国际社会应加紧合作，进一步改革国际货币制度，努力建立一个健全、公平、合理的新秩序。目前，有三个值得关注的方向。

（一）关于本位货币的选择

关于国际本位货币的选择各国分歧较大。法国主张恢复国际金本位制；英国和美国的一些经济学家主张改善以美元为中心的国际金汇兑本位制；另一部分美国的经济学家则提出美元本位制；还有的国家提出多种货币为基础或以特别提款权为基础。历史经验证明，传统的金本位制很难恢复，因为一旦各国恢复金本位制，黄金将会严重供不应求。以一国货币为中心货币也是不能持久的，中心货币国家经济一般都是由当时经济力量最强大的国家的货币充当，当中心货币国家经济实力削弱，不能保持中心货币的地位时，这个货币体系也就无法维持了。货币体系的变动与中心货币的兴衰相联系，这是金汇兑本位制和美元本位制最大的缺点。根据目前的情况，世界上也没有哪一个国家具有强大的经济力量，足以充当中心货币国的角色。复合货币和篮子货币的发展也是不稳定的。因此，从长远来看，还是要发展到统一的货币格局。这种货币既不可能是黄金，也不可能是某个超级大国的货币。从凯恩斯到特里芬等国际金融学家都提出过共同货币建议。欧洲货币同盟在建立欧洲统一中央银行、发行欧洲共同货币的目标上已迈出实质性的一步，至于在全世界范围内建立统一的中央银行发行共同货币的难度则很大。不过，共同货币的理想在将来可能会实现。

拓展阅读

数字货币和数字人民币

数字货币这个概念这些年越来越被人们熟知，一度成为金融热词。数字货币从哪儿来？是什么？会向什么方向发展？

数字货币的概念是从比特币来的。比特币最早是一个网传叫中本聪的人设计开发的。比特币天生具有数字化、互联网的特质，其发展也极具金融特点。比特币是最早的数字货币。数字货币和一国央行发行的法定货币或主权货币不一样，非主权货币其实不止一种，是个大家族，而且因为这些币在发行、支付、记账、结算、监管等方面的相似性上有不同范围的交叉。欧洲中央银行将非主权货币的大家族称为虚拟货币。比特币与法币可以自由兑换，可以购买商品或服务，并脱离银行体系，点对点支付甚至跨境支付，有公开透明的记账，可以作为财富被持有。按照传统的经济理论，应该被认为具有货币的属性，无论是货币还是准货币。

以比特币为代表的数字货币以后会如何发展？首先，比特币利用了区块链技术，交易费用降低和交易效率提高，这些基础设施方面的技术优势会被政府和权威机构看到，有可能会启发各国在新技术运用上的竞争，带来更加公平和高效的货币解决方案，改变金融面貌。其次，比特币的发行和运行机制可以复制，而运用场景有待开发。因此，私人发行的货币可能会存在竞争，尤其是携有大量用户流量、有运用场景的大型科技公司，会开发新的数字货币系统参与竞争，比如马斯的狗狗币几乎就是复制比特币。据统计，全球现在有接近 1 万种数字货币在参与竞争。再次，主权货币与私人发行的货币也会竞争，表现为主权数字货币的加快研发和运营推广、政府对数字货币的封杀，以及数字货币在百年不遇的世界变革中顽强突进。最后，货币不仅是经济现象，其发展也离不开社会变迁和政治博弈。数字货币的未来也不是从货币理论一个视角可以完全解释的。虽然数字货币已经触发了货币理论的发展，但争论一直未停止。比特币等私人发行的货币，因其门槛高、不稳定，无法偿、难普惠，无法最终取代主权货币。而数字主权货币如果进一步替代现金，会挤压主权货币的匿名使用场景，从而给私人数字货币以生存空间。各国央行应对挑战的智慧还将继续接受考验。

数字人民币由央行发行，中心化管理，双层运行。从技术上讲，数字人民币的发行、流通、记账、监管等与人民币并不完全一致，但最本质的是，数字人民币的在法律地位和经济价值上与人民币完全一样。央行把数字人民币定义为 M0，是零售型货币，目的是基于普惠愿望提高支付效率。对一个使用数字人民币钱包的人来说，他可以通过下载 App 或者通过硬件（芯片）获得加密数字人民币，小额使用匿名，大额使用可追溯，线上线下均可使用，支付即结算。我国央行在主权数字货币的理论研究和系统开发、试点推广上处于世界领先地位，且持充分开放的交流意愿和积极的合作态度，从研发支出就积极参与金融稳定理事会、国际清算银行、国际货币基金组织等国际组织的多边交流，探讨前沿问题，制定体系标准，并加入了国际清算银行创新中心牵头的多边央行数字货币桥，也在双边交流中积极与他国探索数字货币实践，推进数字货币在跨境支付等方面的发展。数字人民币在中国的推广运用会产生什么样的情景，将会由央行、央行指定的技术开发和运行机构、商户和数字货币使用者共同决定，很难想象会发展出怎样的一个数字新世界，但令人非常期待。

（二）关于汇率制度

由于各国经济增长率、通货膨胀率、利率、国际收支等方面存在很大差异，所以实行固定汇率制度缺乏基础。现行的汇率制度主要是一种管理浮动汇率制，但由于主要货币之间汇率波动剧烈等弊病，也不是最理想的汇率制度。从未来趋势看，使汇率保持相对稳定，尽量缩小汇率波动幅度，必须加强各国之间的相互协调和国际联合干预的能力，为汇率的稳定创造条件。关于汇率制度，欧洲货币体系的可调整的固定汇率经验已受到重视。西方经济学者提出了所谓“汇率指标区”的方案，即通过协商规定主要货币汇率的浮动幅度。如果市场汇率超过规定幅度，有关国家就要采取相应的政策措施，使市场汇率回到指标区内。这种方案在将来可能被采用，但就指标区幅度而言，如何调整指标区的水平，以及各国如何协调政策和联合干预来维持这个指标区，困难还是很大的，需要有关方面进行认真磋商。

（三）关于国际收支调节机制

第二次世界大战以后，一些逆差国往往保持长期的逆差，并且差额越积越大，它们只能靠增加外债来应付局面，有的甚至成了重债国。一些顺差国往往保持长期的顺差，在这种情况下，既没有国际金本位的那种自动调节机制，又缺乏布雷顿森林体系下的调节机制。今后的国际货币体系必须设法建立一个机构（或利用目前的国际货币基金组织）来提供一种调节机制，一方面要能使顺差国的盈余暂时调节逆差国的逆差，另一方面要促使逆差国减少逆差、顺差国减少顺差。除了适当调整汇率以外，还要提供充足的资金协助逆差国。在这方面，欧洲货币体系的一些经验是可以借鉴的。

（四）关于国际货币基金组织的作用和职能

就国际货币基金组织的作用和职能来看，仍需要进一步改革。国际货币基金自主资金实力太弱，无力充当最终贷款者，因此，仍需增加基金份额，扩大其资金实力；无论成员国的危机是否会立即影响该国的对外支付能力，国际货币基金组织都应该提供援助，以缓解危机对该成员国的冲击；增强国际货币基金组织的监测和信息发布功能，为投资者和市场主体提供准确的信息，也为成员国制定政策提供重要依据。

对现行的国际货币体系进行改革，涉及不同国家的经济政治利益，充满了矛盾和斗争，其中既有发达国家与发展中国家之间的矛盾，同时也有不同发达国家之间的矛盾。因此，要在国际货币制度改革问题上形成共识，并达成一致，还需要相当长的时间及各成员国作出更大的努力。

第五节　欧洲货币体系

一、欧洲货币体系的建立

欧洲货币体系于 1979 年 3 月 13 日正式成立，是“欧洲经济共同体”成员国在经济一体化不断发展的前提下经过多年的筹备和协商逐渐形成的。

（一）欧共体和《罗马条约》

第二次世界大战结束以后，西欧 6 国（法国、联邦德国、意大利、荷兰、比利时、卢森堡）为了摆脱美国的控制以壮大自己，开始逐步推进经济与政治一体化进程。1957 年 3 月，西欧 6 国于罗马签订了《欧洲共同体条约》（又称《罗马条约》），宣布了欧洲共同体的成立。该条约涉及货币合作的内容包括：

1. 欧共体在成员国国际收支面临困难或严重威胁时应予以帮助。

2. 欧共体对成员国之间的国际资本流动制定有关规则，以实现成员国之间资本最大限度地自由流动目标。

3. 欧共体应密切协调成员国的经济货币政策，特别强调维持不可改变的固定汇率、执行单一的货币和汇率政策，并提出逐步引入单一货币的目标。

4. 逐步取消成员国间货物、人员、服务与资本自由流动的障碍，建立经济与货币联盟。

5. 规定了欧洲中央银行体系和欧洲中央银行建立的程序和运作方式。

《罗马条约》较为全面地规定了欧共体货币一体化的内容，但是在欧共体成立的前 10 年中，实际进展不大。在这一阶段，欧共体的一体化重点在于建立关税同盟和实施共同农业政策。

（二）欧洲货币体系的建立

随着美元危机的不断爆发，欧共体各国深感建立自己的货币区具有十分重要的意义。于是，欧共体于 1969 年 12 月的海牙首脑会议上提出了欧共体经济与货币联盟计划。该计划在货币合作上的努力主要表现在四个方面：

1. 1973 年 4 月建立欧洲货币合作基金，集中成员国的部分国际储备资产，向国际收支逆差国提供资金融通。

2. 1974 年开始使用与一篮子货币挂钩的新的欧洲计算单位（与贬值前的美元等值），用于欧共体内各中央银行之间的清偿业务和汇率机制中的定值基准。

3. 实行以联合浮动汇率制为特征的汇率机制，成员国货币之间维持基本固定的盯住汇率制，这些货币对欧共体之间的货币实行联合浮动。

4. 成员国在货币政策和财政政策上进行协调，特别着重于解决通货膨胀、衰退和财政赤字等问题。

经过多年的运行，欧洲货币体系已经形成了雏形，给欧共体经济顺利发展创造了良好的金融环境。为了更好地发挥区域货币体系的优势，推动西欧国家的联合，欧共体九国（后来英国、爱尔兰和丹麦也加入）首脑于 1978 年 12 月在布鲁塞尔达成协议，于 1979 年正式建立欧洲货币体系。

二、欧洲货币体系的内容

欧洲货币体系主要是针对 1970 年以来欧共体内外经济与货币政策形势变化，特别是为了应付日益加剧的货币危机和严重的汇率浮动而提出的新的货币一体化措施。欧洲货币体系是个很复杂的机制，其主要内容如下：

（一）创设欧洲货币单位（European Currency Unit，ECU）

1979 年 3 月 13 日，欧共体国家共同用于内部计价结算的一种货币单位——欧洲货币单位被正式使用。欧洲货币单位实质上是一个货币篮子，由 9 个（后来为 12 个，增加了希腊、葡萄牙和西班牙）成员国货币组成，每一货币在欧洲货币单位中所占的比重，主要根据各成员国的国民生产总值及其在欧共体内贸易额所占的权重平均加权计算，权重一般 5 年调整一次。欧洲货币单位是一种没有现钞、没有中央银行而又具有多种货币功能的特殊货币，它是欧洲货币体系的核心。欧洲货币单位成为成员国的储备资产，也是成员国之间经济往来的记账单位，并作为确定各成员国货币之间的中心汇率和波动幅度的标准。欧洲货币单位自创立以后，使用范围逐步扩大，除欧共体各官方机构外，西欧各商业银行和金融市场也都办理了以欧洲货币单位计价结算的存款、放款、发行债券、国际贸易结算、旅行支票、信用卡等业务。

（二）实行联合浮动汇率制

欧洲货币体系是为了加强对内的固定汇率制，建立了汇率双重稳定机制。

1. 平价网体系，即规定各成员国货币之间的中心汇率（平价）和围绕该中心汇率波动的界限，原则上该界限不得超过中心汇率±2.25%（意大利里拉为±6%）。

2. 货币篮子体系，即规定各国货币与欧洲货币单位的中心汇率和围绕该中心汇率波动的界限，该界限比平价网界限小，而且在欧洲货币单位货币篮子中的比重越大的货币，规定的界限越小，对稳定货币篮子承担的责任就越大。此外，欧洲货币体系对货币篮还采用了早期预警系统，其作用就是要求各国货币当局在其货币对欧洲货币单位的中心汇率波动幅度达到最大允许界限的75%时，就应该采取措施进行干预。可见，货币篮体系实际上是平价网体系的早期警报系统。

这种双重稳定机制减少了双边汇率调整的频率，也保持了欧洲货币单位对其他货币汇率的稳定。同时，该机制在调整或干预汇率时，首先由汇率先偏离欧洲货币单位的国家承担，而这种国家的货币可能是硬货币，也可能是软货币，从而均摊了调节责任，纠正了以往总是给软货币国家造成调节压力的缺陷。

（三）创建欧洲货币基金

为了保证欧洲货币体系的运转，欧洲货币体系还设立了欧洲货币共同基金，各参与国缴纳各自黄金外汇储备的20%作为共同基金的资金来源，并以此作为发行欧洲货币单位的准备。由于各国储备的变动以及美元和黄金价格的变动，欧洲货币共同基金每隔一段时间便要重新确定其金额。欧洲货币共同基金的主要作用是加强外汇市场的干预能力，稳定汇率和向其成员国提供相应的贷款，度过暂时性的国际收支困难。

欧洲货币体系运行 20 多年来，虽然其汇率机制经历了多次动荡和调整，但它在稳定汇率、促进地区经济发展上仍然起到了重要的作用，同时也为后来进一步的货币合作提供了良好的运行基础和操作平台。

三、欧盟统一货币的进程

自 1979 年建立以来，欧洲货币体系不断扩大发展，其作用也越来越大。1989 年 4 月，欧共体委员会主席德洛尔向 12 国财政部长提交了“关于欧洲共同体经济与货币联盟”的报告。该报告认为，实现欧洲经济货币同盟必须具备三个条件：一是所有成员国的货币能够自由兑换。二是资本市场完全自由化，金融市场一体化。三是固定汇率制。这些条件满足后，才可以建立联合中央银行，发行统一货币，实行统一的货币政策。该报告还提出分三个阶段实现经济货币联盟。为此，1991 年 12 月 9 日至 10 日，欧共体 12 国首脑在荷兰的小镇马斯特里赫特就建立内部统一大市场后，进一步建立政治联盟和经济与货币联盟达成协议，史称《马斯特里赫特条约》（简称《马约》）。经过一年多的风风雨雨，《马约》最后终于通过了各个成员国的批准。

《马约》分政治联盟和经济与货币联盟两方面内容。货币联盟的最终目标是在欧盟建立一个负责制定和执行欧盟货币政策的中央银行，并发行统一的货币——欧元。为实现这一目标，《马约》要求分三步走：第一阶段，从 1990 年 7 月 1 日到 1993 年 12 月 31 日，主要任务是所有成员国货币加入欧洲货币体系的汇率机制，形成欧洲统一大市场，实现商品、人员和资本的自由流动，并建立相应的监督机制。第二阶段，从 1994 年 1 月 1 日到 1997 年，要求进一步实现各国宏观经济政策的协调，建立独立的不受政治干预的欧洲货币管理体系或欧洲中央银行体系（作为欧洲中央银行的前生），负责制定统一的货币政策，进一步缩小成员国之间的汇率波动幅度。第三阶段，从1997年至1999年1月1日之间开始，建立统一的欧洲货币和独立的中央银行。

《马约》还规定了欧盟进入第三阶段的条件或标准：

1. 通货膨胀不能高于上一年欧共体3个最低国家平均水平的1.5%。
2. 政府长期债券的利率不能高于欧共体3个通货膨胀最低国家平均水平的2%。
3. 上一年财政赤字占国内生产总值的比重必须小于3%。
4. 公共债务的累计额必须低于国内生产总值的60%。
5. 货币汇率必须维持在欧洲货币体系规定的幅度内，并且至少稳定2年时间。
6. 其中央银行的法则法规必须同《马约》规定的欧洲中央银行的法则法规相兼容。

1994年，《马约》规定的第二阶段如期启动。1995年12月，欧盟首脑会议将欧洲统一货币正式命名为欧元（Euro），并决定《马约》规定的第三阶段分三步进行，最迟于2002年元旦欧元纸币和硬币开始流通，各成员国货币经过半年过渡期后退出流通。1997年10月，欧盟15国外长正式签署了《阿姆斯特丹条约》（简称《阿约》），对《马约》进行修改和补充，为今后欧元的稳定提供有力的技术准备和法律保障。1998年3月，欧盟委员会宣布欧盟15国（包括瑞典、芬兰和奥地利）中已有14个国家达到进入第三阶段的标准，有11个国家自愿首批加入欧元区。这11个国家是德国、法国、意大利、荷兰、比利时、卢森堡、奥地利、爱尔兰、西班牙、葡萄牙和芬兰。同年5月，欧盟布鲁塞尔特别首脑会议正式批准11个成员国首批加入欧元。随后，希腊也得到批准，成为首批欧元区成员国。同年7月1日，欧洲中央银行正式成立，欧元区各国中央银行成为欧洲中央银行的分支机构。1999年1月1日，欧元如期启动，以1∶1的汇率取代欧洲货币单位；2002年1月1日，欧元纸币和硬币正式流通；2002年3月1日，各成员国货币退出历史舞台，欧元成为欧元区国家唯一法定货币在市场流通。欧元的启动标志着欧盟的发展进入到第三阶段，它是欧洲区域经济一体化的必然结果，也是国际货币体系发展进程中的一个重要的里程碑。

在欧盟不断扩大的背景下，欧洲货币体系必然会发挥更大的作用。

拓展阅读

欧元（Euro）是欧洲联盟中20个国家的通用货币。欧元区的20个成员国是德国、法国、意大利、荷兰、比利时、卢森堡、爱尔兰、西班牙、葡萄牙、奥地利、芬兰、立陶宛、拉脱维亚、爱沙尼亚、斯洛伐克、斯洛文尼亚、希腊、马耳他、塞浦路斯、克罗地亚。

1999年1月1日，在实行欧元的欧洲联盟国家中实行统一货币政策（Single Monetary Act），2002年7月，欧元成为欧元区的合法货币，欧元由欧洲中央银行（European Central Bank，ECB）和各欧元区国家的中央银行组成的欧洲中央银行系统（European System of Central Banks，ESCB）负责管理，另外欧元也是非欧盟中6个国家（地区）的货币，他们分别是：摩纳哥、圣马力诺、梵蒂冈、安道尔、黑山和科索沃地区，其中，前4个袖珍国根据与欧盟的协议使用欧元，而后2个国家（地区）则是单方面使用欧元。2023年1月1日开始，克罗地亚正式启用欧元并加入申根区，从而成为欧元集团第20个成员国。

四、欧元的诞生对国际货币体系的影响

欧元是一种全新的货币。它是区域性货币，是欧元区成员国唯一的法定货币，而不只是某一国家的货币，它具有货币的全部功能，是真正的货币，而不仅仅是账面上的或附属于某一种贵金属。它是世界历史上第一次由多个主权国家经过长期协商和努力后，由各自放弃本国长期使用的原有货币和让渡货币主权而实现的多国统一货币。这样一种前所未有的货币的产生必然对整个国际货币体系产生深刻的影响。

（一）对外汇储备体系的影响

国际经验表明，一种货币所赖以支持的经济体的相对规模和在世界贸易中所占的份额大小决定其能否成为国际货币。目前，美元在国际储备货币、计价、结算等方面仍居于中心地位。2001 年，美元占全球外汇储备的 57.1%，在国际贸易结算中占 53%，在全球外汇交易中占 40%以上，美元的这种领导地位与美国的经济实力实际上是不相吻合的。相比较欧盟的经济实力与美国相当：在世界黄金外汇储备中，美国占 4.1%，欧元 11 国占 20.6%；在世界贸易中，欧盟约占 20.9%，美国占 19.6%；美国存在巨额贸易逆差，而欧盟的贸易顺差达 1 000 亿美元。正是这种实力与地位的不符，体现了当今国际货币体系的脆弱和不完善，也是形成国际金融市场动荡的重要原因之一。因此，欧元将会在国际储备中扮演重要角色，挑战和削弱美元的地位。

但是，在全球外汇储备领域中，欧元启动后相当长的一段时间内还难以与美元相抗衡，更难以取代美元，这从欧元启动后四年里的起起落落可以得到印证。这是因为：

1. 对于欧元区国家来说，欧元是本币，而非外汇。1996 年底，全球外汇储备额 15 024 亿美元中，欧元创始国 11 国的外汇储备为 2 579.5 亿美元，其中大约半数是这些国家为保证彼此支付和维持欧洲货币体系运行的需要而相互持有的对方国家货币。这些货币在欧元启动后都转化为欧元，成为欧元区国家的本币，已不再是外汇，不能再计入外汇储备。这就势必使欧元在全球外汇储备中所占比重低于欧元区各国原本货币在全球外汇储备中所占比重之和。

2. 维持欧元币值稳定是欧洲中央银行的唯一政策目标，持有较充裕的外汇储备以备干预外汇市场是十分重要的手段，因此美元必然成为其首选的外汇储备货币。同时，欧元须防止蹈美元覆辙，陷入“特里芬难题”，否则既违背了欧洲中央银行的货币政策目标，也违背了欧元区各国为了启动欧元在维护其国际收支顺差方面所作的努力。

3. 欧元汇率走势影响着各国将欧元作为其主要储备货币的决策安排。在欧元区正式启动后的 2 年多时间里，尽管有欧元区各国经济实力支持欧元汇率看好，但欧元区有关国家在其政治、财税、劳工、社会福利等一系列重大社会政治经济问题上尚未统一，仍矛盾重重，使经济总体发展与美国相比仍有较大的差距。因此，欧元启动后的 4 年时间里汇率曾“跌跌不休”的经历，难免影响各国将欧元作为重要储备货币的决心。

从 2003 年起，欧元的汇率明显回升，可以预计各国将逐步提高欧元在其外汇储备中所占比重。从长远来看，鉴于欧元区国家在世界经济、贸易、金融领域中所占地位，除美

元外，尚无其他货币可以与欧元抗衡，欧元度过磨合期后，随着其汇率走稳直至上扬，在全球外汇储备中所占比重将反弹，并将逐步形成对美元地位的挑战。

拓展阅读

英国为什么要退出欧盟？

2016年6月23日，英国实行“脱欧”公投，公投结果将直接影响英国未来是否留在欧盟。最终的计票结果显示，英国民众同意脱离欧盟，即支持脱欧选民票数占总投票数的52%，支持留欧选民票数占总投票数的48%。2017年2月1日晚，英国议会下议院投票通过政府提交的“脱欧”法案，授权首相特蕾莎·梅启动“脱欧”程序。2017年3月16日，英国首女王丽莎白二世批准“脱欧”法案，授权英国首相特蕾莎·梅正式启动脱欧程序。

英国正式“脱欧”，最令外界关注的是英国的经济前景。对于英国脱离欧盟，欧盟国家也纷纷发表意见。德国外长希望英国能以积极的态度留在欧盟，而不是选择对其有利的方面，对欧盟通过的协议挑三拣四。欧洲需要继续加强一体化程度，而不是分裂。在英国脱离欧盟后，欧盟将由德、法、英三强变为德、法两强，这样的联盟从长期来看是不稳定、不持久的。而对英国来说，由此可能衍生的结果将大大减轻来自欧盟的压力，并有利于英国的长远利益。

政治和经济学家分析了英国“脱欧”带来的后果。一种公认的说法是，英国的“脱欧”行为重创了欧洲经济一体化进程，无论对于哪一方都有弊大于利的后果。失去了英国的欧盟犹如少了一条大腿，残缺不全可能触发多米诺骨牌效应，引发其他国家纷纷“脱欧”，因此欧盟有分崩离析的风险；对于英国，失去了欧盟统一的大市场，不利于英国自身的发展，会严重降低英国在世界上的话语权和影响力；而对于欧盟一方，欧洲理事会主席图斯克强调，欧盟成员国仍然欢迎英国作为成员国留下。

（二）对国际汇率体系的影响

从国际汇率体系角度来说，欧元的产生是固定汇率联盟的实现，它的成功必然会对其他货币联盟产生积极的示范效应，从而有可能推进国际货币汇率安排在分散化趋势下对固定汇率制的回归。

美国和欧盟为减少矛盾，维护双方的利益，可能在美元与欧元之间建立一种比较稳定的汇率制度，并协调其货币政策。而全球其他经济一体化的区域将在示范效应作用下，加强区域货币合作，甚至实行联合浮动汇率，以对付由于欧美实行双边固定汇率制而带来的世界性通货膨胀的威胁。因此，各国或各地区相互割裂、各自为政的管理浮动汇率制将向多国合作协调管理的联合浮动汇率制转变。在今后相当长的时期内，随着全球经济一体化趋势的加强和国际货币合作的逐步深化，各国会在汇率稳定和缩小汇率波动幅度方面加强合作，最终使国际汇率制演变为可灵活调整的固定汇率制。

总之，欧元将随着欧盟政治、经济地位的增强而发挥着越来越重要的作用。

课程思政案例

“一带一路”建设下的资金通

“一带一路”是“丝绸之路经济带”和“21世纪海上丝绸之路”的简称。2013年9月和10月，由中国国家主席习近平分别提出建设“新丝绸之路经济带”和“21世纪海上丝绸之路”的合作倡议。依靠中国与有关国家既有的双多边机制，借助既有的、行之有效的区域合作平台，“一带一路”旨在借用古代丝绸之路的历史符号，高举和平发展的旗帜，积极发展与沿线国家的经济合作伙伴关系，共同打造政治互信、经济融合、文化包容的利益共同体、命运共同体和责任共同体。

自“一带一路”倡议提出以来，要创新合作模式，加强五通，即政策沟通、设施联通、贸易沟通、资金融通和民心相通，然后以点带面，从线到片，逐渐形成区域大合作格局。9年来，资金融通作为“一带一路”建设的重要支撑，有效拓宽了“一带一路”共建国家的融资渠道，良好发挥了“金融血脉”的作用，高效完成了支持“一带一路”重大项目建设发展的基本使命。

第一，“一带一路”融资规模稳步攀升。9年来，中国对“一带一路”沿线国家非金融类直接投资累计超过1 400亿美元，2021年末，对“一带一路”沿线国家直接投资存量超过2 200亿美元。

第二，“一带一路”融资渠道通畅高效。形成了以各国国内金融机构为主导，亚洲基础设施投资银行、丝路基金为先锋，传统国际金融机构为重要补充的融资结构。截至2022年7月，亚洲投资开发银行累计批准项目181项，直接融资额357亿美元，其中有相当部分落地“一带一路”沿线国家。至2022年9月，丝路基金已累计签约以股权投资为主的各类项目六十个，承诺投资金额超过两百亿美元。

第三，“一带一路”金融合作领域广泛务实，当前，资金融通的落脚点主要集中在重大项目建设上，除直接的资金支持外，其他与资金融通相关的金融配套设施，如双边本币结算、货币互换、金融服务能力建设等事项也在稳步推进中。截至2022年，我国已与二十余“一带一路”沿线国家签署了本币互换协议，与十余个沿线国家建立了人民币清算机制，并与近四十个沿线国家的金融监管当局签署了合作文件，使金融服务沿线国家企业的能力持续提升。

资料来源：王文，徐天启. 可持续融资助力“一带一路”高质量发展［J］. 丝路瞭望，2022（11）。

本 章 小 结

1. 国际货币制度又称国际货币体系，是各国为适应国际贸易和国际支付的需要，各国政府对货币在国际范围内发挥世界货币职能所确定的各国共同遵守的原则、采取的措施和建立的组织机构。它主要包括以下内容：汇率制度的安排、国际储备资产的确定、国际收支的调节机制。

2. 国际货币体系的作用体现在四个方面：确定国际清算和支付手段的供应和管理原则、确定国际收支的调节机制、确立国际货币金融事务的协商机制、通过多边支付制度，加速世界经济一体化。

3. 国际货币体系经历了三个阶段，即国际金本位制、布雷顿森林体系、牙买加体系。

重要概念

国际货币体系　金本位制　布雷顿森林体系　特里芬难题　牙买加体系　欧洲货币体系

思考与练习题

1. 试述国际货币制度演变的过程。
2. 布雷顿森林体系的内容和特点有哪些？
3. 布雷顿森林体系崩溃的原因有哪些？
4. 牙买加体系的特征有哪些？

案例分析

在当今复杂的国际经济形势下，国际货币体系应当如何改进，才能减缓国际金融市场的动荡，营造一种相对稳定的国际经济新秩序？

思考与练习题答案：

1. 略。
2. 略。
3. 略。
4. 略。

第十三章

国际金融机构

学习目标

● 了解国际货币基金组织、世界银行集团、区域性金融机构的概念，国际金融组织产生的背景以及我国与国际货币基金组织和世界银行的关系

● 领会国际货币基金组织、世界银行集团的宗旨

● 掌握国际金融组织基本业务活动和贷款条件及从不同的国际金融组织融资的方法和途径

本章导入

2024 年 2 月 1 日，世界银行批准了一系列开创性工具，以助力发展中国家更好地应对危机，加强防范未来冲击的准备。这些新工具将进一步扩展最近公布的危机防范与应对工具箱，在危机已成为“新常态”的情况下加强各国的能力，推动具有影响力的发展，最终为在宜居星球上创造一个没有贫困的世界作出贡献。加强版危机工具箱根据从以往危机应对中吸取的经验教训填补了空白，大幅度扩展了各国可用的工具类型，确保在危机发生时提供全面的保护。最新的工具将为各国提供以下支持：

快速调配应急响应资金，这将通过灵活的资源重新分配来实现。这包括快速响应选项，使各国能够在危机发生时迅速调拨世行贷款项目中未使用的一部分资金用于满足应急需求。例如，在遭遇飓风时，政府将有能力对公路桥梁等长期基础设施项目中未支付的资金高效地进行重新调配，以确保灾民能够及时获得食物和住所。

大幅扩大预先安排的应急资金规模，以加强各国的财政能力和应对未来危机的准备。世行将增加灵活性，协助各国为防范未来危机投入更多的应急资源。世行还将在灾害发生时加快新增预算支持资金的支付程序，使各国能够及时获得资金来应对灾害影响和救助灾民，无须在发展优先重点与应急资金需求之间进行权衡取舍。各国将采取加强危机应对准备的改革及其他制度建设措施，进一步利用这些新工具，增强韧性，着眼长远。

扩大巨灾保险范围，为应对大规模灾害提供更大范围的保障。世行集团将以巨灾债券等现有工具为基础，为所有国家提供将巨灾债券、保险及其他风险管理产品纳入世行贷款

项目的选项。这样，政府就有资格在发生危机时从保险机制获得赔付，而不必增加债务融资。这一举措可以调动私人资本，将强度高而频率低的灾害风险转嫁给国际再保险和资本市场。世行集团还与捐款方合作，努力确保这些保险产品能够惠及低收入国家。

第一节　国际金融机构概述

一、国际金融机构的产生与发展

国际金融机构是多国共同建立的金融机构的总称，分为地区性和全球性国际金融机构。

为适应国际经济发展的需要，曾先后出现各种进行国际金融业务的政府间国际金融机构。第二次世界大战前，为处理德国战争赔款问题，曾在欧洲建立了国际清算银行，这是第一个国际金融机构，是地区性的国际金融机构。

第二次世界大战后建立了布雷顿森林国际货币体系，形成了以美元为中心的国际货币体系，并相继成立了国际货币基金组织、世界银行等全球性的国际金融机构，作为实施这一国际货币体系的组织机构。

1957 年到 70 年代，欧洲、亚洲、非洲、拉丁美洲、中东地区的国家为发展本地区经济的需要，通过互助合作方式，先后建立起区域性的国际金融机构，如泛美开发银行、亚洲开发银行、非洲开发银行等。

二、国际金融机构的类型

1. 国际金融组织按地区范围划分，可分为全球性金融组织和区域性金融组织。

全球性金融组织由遍布全球的会员国构成，以国际货币基金组织和世界银行集团为代表。

区域性国际金融组织主要由某一地区的会员国组成，又可分为以亚洲开发银行、非洲开发银行、泛美开发银行、欧洲开发银行等为代表的区域范围的国际金融组织和以欧洲中央银行、亚洲清算联盟、阿拉伯货币基金组织、西非开发银行、中非国家开发银行、加勒比开发银行等为代表的局部地区性的国际金融组织。

2. 国际金融机构按其职能来划分，主要可分为四种：

第一，主要从事国际间金融事务的协调和监督的国际金融机构，这类机构以促进成员国货币合作、汇率稳定和帮助成员国改善国际收支逆差为主要宗旨，如国际货币基金组织和阿拉伯货币基金组织等。

第二，主要从事各种国际信贷业务的国际金融机构，这类机构以促进成员国资源开发、项目投资和提供技术援助为主要宗旨，如世界银行集团和亚洲开发银行等。

第三，主要从事国际结算的清算活动的国际金融机构，其宗旨在于增进成员国中央银行之间的合作，实现多边自由国际结算，如国际清算银行、亚洲清算联盟等，欧洲中央银行也具有这样的功能。

第四，以提供贸易融资为基本业务的国际金融机构，其主要宗旨是促进成员国的贸易发展，如拉丁美洲出口银行、阿拉伯—拉美银行等。

三、国际金融机构的特点和作用

（一）国际金融机构的特点

作为国际性的金融机构，它们具有如下明显的特点：

1. 国际金融机构是一种超国家的经济组织。其“超国家”性主要表现在两个方面：首先，所有的国际金融机构都是各国政府通过有关的国际协议而设立的，尽管有的国际金融机构并不排斥私人银行参加；其次，在这些国际金融机构中，各国政府又都在不同程度上让渡了一些自身的权限或权力的力度和范围，以达到相互协调、服从同一目标的目的。

2. 国际金融机构的基本业务多以贷款这种最基本的金融工具为主，但却并不完全按照市场经济原则来进行。

3. 各国在国际金融机构中的地位并不是完全平等的。

（二）国际金融机构的基本作用

第一，制定并维护共同的国际货币制度，稳定汇率，保证国际货币体系的正常运转，促进国际贸易增长。

第二，为出现金融危机或债务危机的会员国提供短期资金，调节国际收支逆差，在一定程度上缓和国际收支危机。

第三，为发展中国家的经济发展和改革计划提供长期资金援助。

第二节 国际货币基金组织

一、国际货币基金组织概述

（一）国际货币基金组织的建立

国际货币基金组织（IMF）是全球性国际金融组织，它是联合国专营国际金融业务的专门机构。IMF 于 1944 年 7 月在联合国布雷顿森林会议上被构想而出。参加此次会议的 44 个国家寻求建立一个国际经济合作框架，避免再次出现导致 20 世纪 30 年代大萧条的竞争性货币贬值。它正式创立于 1945 年 12 月，1947 年 3 月 1 日开始工作，同年 11 月 15 日成为联合国的一个专门机构，与世界银行集团、世界贸易组织一起构成战后国际经济秩序的三大支柱。国际货币基金组织总部设在华盛顿。其成员国分为两类：凡参加 1944 年布雷顿森林会议，并于 1945 年 12 月 31 日前在《协定》上签字正式参加的国家为创始成员国，此后参加的国家为其他会员国。其两种成员国在法律上享受平等的权利和义务。

（二）国际货币基金组织的宗旨

《国际货币基金组织协定》第一条载明的国际货币基金组织的宗旨是：

1. 通过设立一个就国际货币问题进行磋商和合作的常设机构，促进国际货币合作。

2. 促进国际贸易平衡发展，并借此提高和保持高的就业率和收入水平，开发所有成员国的生产性资源，以此作为经济政策的主要目标。

3. 促进汇率的稳定，保持成员国之间有秩序的汇兑安排，避免竞争性货币贬值。

4. 协助建立成员国之间经济性交易的多边支付体系，取消阻碍国际贸易发展的外汇限制。

5. 在有充分保证的前提下，向成员国提供临时性资金融通，以增强其信心，使其有机会在不采取危害本国和国际经济的情况下，纠正国际收支失衡。

6. 根据上述宗旨，缩短成员国国际收支失衡的时间，减轻失衡的程度。

按上述宗旨，国际货币基金组织履行的主要职能是：就成员国的汇率政策、与经常项目有关的支付，以及货币的兑换性问题确立一项行为准则，并实施监督；向国际收支发生困难的成员国提供必要的资金融通，以使它们遵守上述行为准则；向成员国提供国际货币合作与协商的场所。

总的来说，国际货币基金组织对世界经济的发展和国际金融秩序的稳定起到了积极的作用。它帮助国际收支严重失衡的国家缓解经济困难，促进世界贸易的正常进行和顺利发展；它对汇率制度的规定和管理促进了世界金融秩序的相对稳定；它能随着世界经济状况的演变适时进行重大的金融改革，以维持国际货币体系的正常运转；它还通过提供资料、交流信息、培训人员、技术援助等形式促进国际金融研究和实践活动的广泛发展。

（三）国际货币基金组织的组织结构

国际货币基金组织的管理机构由理事会、执行董事会、总裁、副总裁和业务机构组成。

1. 理事会

理事会是国际货币基金组织的最高权力机构，它由会员国选派的理事和副理事各一人组成，担任理事一职的大都是各国财政部长或中央银行行长。理事会的主要任务是：接纳新会员，修改基金份额，分配特别提款权，决定会员国退出基金组织和其他有关国际货币体系等重大问题。除此之外的其他职责由理事会授权执行董事会实施。理事会通常每年举行一次会议，即 IMF 年会，必要时可以举行特别会议。当出席会议的理事投票权合计数占总投票权势 2/3 以上时，即达到法定人数。

2. 执行董事会

执行董事会是负责处理基金组织日常事务的机构，初期由 12 人组成，目前执行董事会由 22 名董事组成，其中 5 人是常任执行董事，由持有基金份额最多的英国、美国、德国、法国、日本担任，我国与沙特阿拉伯作为单独选区指派执行董事各 1 名，其余 15 名由其他成员国按地区划分为 15 个成员小组，通过选举产生。执行董事任期为 2 年，不得兼任理事。每名执行董事可指派 1 名副执行董事，在执行董事缺席时，可代行表决权。执行董事会根据业务的需要经常召开会议，当出席会议的执行董事投票数合计数不少于总投票数的 1/2 时，即达到法定人数。

3. 总裁

总裁是基金组织的最高行政首脑，是执行董事会主席，由执行董事会选举，负责管理基金组织的日常工作。在通常情况下无投票权，只有在执行董事会投票表决出现双方票数相等时，才可投决定票。总裁历来由欧洲人担任，传统上副总裁只设 1 人，由美国人担任。1994 年 6 月初，执董会批准了总裁提出的建议，将基金组织副总裁的数目由 1 名增加到 2 名，这是 1949 年以来基金高级管理部门结构的首次重大变动。

4. 业务机构

基金组织设有 16 个部门，负责经营管理日常业务。此外，国际货币基金组织还有 2 个永久性的海外机构，即欧洲办事处（设在巴黎）和日内瓦办事处，并在纽约联合国总部派驻一位特别代表。

二、国际货币基金组织的资金来源

IMF 的资金来自三个渠道：成员国的份额、信贷安排以及双边借款协议。

（一）成员国的份额

成员国的份额是 IMF 的主要资金来源。一个成员国的份额反映其经济规模和在世界经济中的相对地位。

（二）新借款安排

IMF 与一组成员国和机构之间的新借款安排（NAB）是份额资金的主要后备支持。2020 年 1 月，IMF 执董会同意将新借款安排的规模从扩大一倍至 3 650 亿 SDR（合 5 260 亿美元）。

（三）双边借款安排

成员国还通过双边借款安排（BBAs）提供资金。2020 年，IMF 执董会批准了新一轮双边借款安排。其中，截至 2021 年 2 月 5 日，规模约为 1 280 亿 SDR（合 1 830 亿美元）的协议已经生效。

三、我国与国际货币基金组织的关系

1945 年，国际货币基金组织和世界银行成立时，我国是创始会员国之一。当时的国民党政权代表中国占据这两个组织的席位。新中国成立后，我国政府曾多次致电国际货币基金组织，要求恢复我国的合法席位，但由于美国的阻挠，问题一直被搁置下来。1980 年，在我国政府再次致电国际货币基金组织和世界银行，要求恢复我合法席位以后，两组织的执行董事会遂于同年 4 月 17 日和 5 月 15 日先后通过了恢复我国代表权的决定。我国遂即委派在这两个组织中的中国理事、副理事和正副执行董事，从此正式参加国际货币基金组织和世界银行的工作。

目前，中国在 IMF 份额为 304.8 亿特别提款权（SDR），占总份额 6.40%，排名第三位，仅次于美国（17.43%）和日本（6.47%）。2016 年 10 月 1 日，人民币正式加入国际货币基金组织特别提款权（SDR）货币篮子，所占份额为 10.92%。2022 年 5 月，IMF 完成新一轮 SDR 定值审查，人民币权重上调至 12.28%，继续排在美元（43.38%）、欧元（29.31%）

之后，位列第三。长期以来，中国同 IMF 保持良好合作。IMF 通过年度磋商、高层访问、技术援助和培训等多种形式为中国宏观经济管理和结构性改革提出大量有价值的政策建议，并培养专业人才。中国也通过 IMF 对外宣传宏观经济政策和对国际经济金融体系的看法和改革建议，积极参与国际货币和金融规则制定以及 IMF 对有关成员国的贷款和援助。2018 年 4 月，中国人民银行与 IMF 合作成立中国—IMF 联合能力建设中心（CICDC），为中国及“一带一路”沿线国家开展能力培训。

第三节　世界银行集团

世界银行集团是世界银行、国际开发协会、国际金融公司、多边投资担保机构和国际投资争端解决中心的总称。前三者之间在业务上相互补充，在运营上互相独立；世界银行主要向发展中国家提供低于市场利率的中长期贷款；国际金融公司主要负责向发展中国家的私人企业提供贷款；而国际开发协会是向低收入的国家提供长期无息贷款。世界银行集团有 189 个成员国，员工来自 170 多个国家，在 130 多个地方设有办事处。世界银行集团是一个独特的全球性合作伙伴，所属五家机构共同致力于寻求在发展中国家减少贫困和建立共享繁荣的可持续之道。

一、世界银行

（一）世界银行的建立与宗旨

世界银行（World Bank，WB）也称为国际复兴开发银行（International Bank for Reconstruction and Development，IBRD），是 1944 年 7 月布雷顿森林会议后与国际货币基金组织同时产生的另一个国际金融组织。1945 年 12 月建立，1946 年 6 月开始营业。1947 年成为联合国的专门金融机构，其总部设在华盛顿，并在纽约、日内瓦、巴黎、东京等地设有办事处。世界银行集团由国际复兴开发银行、国际开发协会、国际金融公司、解决投资争端国际中心和多边投资担保机构组成。其目标最初是为西欧国家战后复兴提供资金支持。在 1948 年马歇尔计划内的欧洲的复兴资金落实以后，业务目标转变为帮助亚、非、拉发展中国家提高生产力，促进其社会进步和经济发展，改善和提高人民生活。世界银行与国际货币基金组织联系紧密，是相互配合的国际金融组织，每年这两个机构的理事会联合召开年会。目前有 183 个会员国。按该行协定，凡参加世界银行的国家，首先必须是国际货币基金组织的会员国，但国际货币基金组织的会员国不一定都参加世界银行。

世界银行的宗旨是：① 与其他国际机构合作，为生产性投资提供长期贷款，协助会员国的复兴与开发，并鼓励不发达国家开发生产与资源；② 促进私人对外投资；③ 促进国际贸易的长期平衡发展，维持国际收支平衡；④ 与国际其他方面的贷款相配合，提供贷款保证。

（二）世界银行的组织结构

世界银行设有理事会、执行董事会和行长。

1. 理事会

理事会由每个成员国任命的一名理事和副理事组成。该职位通常由该国财政部长、中央银行行长或级别相当的一名高级官员担任。理事和副理事任期 5 年，可以连任。如果一个国家同时是世行、国际金融公司（IFC）或国际开发协会（IDA）成员国，其任命的理事和副理事同时也担任 IFC 和 IDA 理事会的理事和副理事。除非另行说明，则他们也在国际投资争端解决中心（ICSID）行政理事会中担任本国的代表。多边投资担保机构（MIGA）的理事和副理事单独任命。

2. 执行董事会

执董会成员包括世界银行行长和 25 名执行董事。行长主持执董会会议，通常无表决权，但在赞成票和反对票持平的情况下有决定性的一票。未经执董会明确授权，执行董事不能单独行使任何权力，也不能单独作出承诺或代表世行。从 2010 年 11 月 1 日新任期开始，执行董事增加 1 名，总数达到 25 名。如遇执行董事缺席，副执行董事可全权代表执行董事行使职权。此外，高级顾问和顾问协助执行董事开展工作，他们可以顾问身份和副执行董事一起出席大部分执董会会议，但无表决权。

3. 行长

行长是世界银行的最高行政长官，由执行董事会选举产生，负责领导银行的日常工作以及任免银行的高级职员和工作人员。世界银行自成立以来，行长一直由美国人担任。世界银行除在华盛顿设有总部外，在许多成员国设有办事处、派出机构和常驻代表。在总部内按地区和专业设有 50 个局和相当于局的机构，分别由 18 名副行长领导。

（三）世界银行的资金来源

世界银行的资金主要来源于以下四个方面：

1. 成员国缴纳的股本金

世界银行成立时，协定规定银行法定资本为 100 亿美元，分为 10 万股，每股 10 万美元。由于美元币值不稳，多次贬值，1978 年，世界银行法定资本每股改按 10 万特别提款权计算。成员国缴纳的股金以他们在国际货币基金组织中分摊到的份额为准，其中的 20%在参加时缴纳，包括 2%的黄金或美元，18%的本国货币。2%这一部分股金，银行有权自由使用，其余的 18%用会员国本国货币支付的，银行征得该会员国同意才能将这部分股金用于贷款。会员国认购股份的另外 80%是待缴股本。从 1981 年起，各会员国实缴股金降为 7.5%（其中 0.75%用可自由兑换货币缴纳，其余的 6.75%用本币缴纳）。

世界银行会员国的投票权不是实行一国一票的原则，而是采取按股份额计算投票的原则。与基金组织一样，会员国均拥有基本投票权 250 票，另外每认购 10 万美元（后改为 10 万特别提款权）股金即增加 1 票。

2. 借款

世界银行实有资本有限，而且它不能像商业银行那样吸收存款，它主要通过在各国和国际金融市场发行债券筹措资金。这是世界银行资金的主要来源。在世行提供的贷款总额中，约有 70%依靠发行债券借入。发行债券的期限从 2 年—25 年不等，发行最多的是美元。

3. 债权转让

这是世界银行的又一资金来源。世界银行采取将其贷出款项的债权转让给私人投资者（主要是商业银行）的办法，提前收回一部分资金，以扩大银行贷款资金的周转能力。商业银行也借此利用世界银行的能力获得比较安全的投资渠道。

4. 业务净收益

主要来自利息收入和投资收益。从 1948 年以来每年世行都有节余，且业务净收入逐年递增，除一部分以赠款形式拨给国际开发协会以外，大部分留作贷款。

5. 世界银行的业务活动

世界银行的主要业务是发放贷款。

（1）贷款原则

① 只贷给会员国政府或由会员国政府、中央银行担保的机构。

② 只对无法以合理的条件从其他方面取得贷款的成员国发放贷款，不与其他贷款机构竞争。

③ 贷款必须用于世界银行审定批准的工程项目，即项目贷款；只有在特定情况下，才发放非项目贷款，用以解决进口物资、设备，支持生产发展和克服自然灾害发展经济的资金需要。

④ 贷款必须专款专用，并接受世界银行的监督。

⑤ 因为贷款的资金来源主要是国际金融市场上的借款，必须确保贷款能如期收回，所以，贷款只贷给有偿还能力的会员国。

（2）贷款的主要特点

① 贷款用途广。国际货币基金组织发放的借款只限于弥补会员国国际收支暂时不平衡和经常项目支付，而世界银行发放贷款包括工业、农业、能源、交通、运输、教育、旅游等各个领域。

② 贷款期限长，最多可达到 30 年，并有 5 年宽限期。

③ 贷款数额不受借款国认缴股份的限制，主要考虑是否有偿还能力。

④ 借款国要承担汇价变动风险。

⑤ 贷款手续严密，程序严格。世界银行贷款有 90% 以上是项目贷款，从申请借款、确定项目、方案论证、贷款谈判、审议批准、项目招标，直到签订贷款协议一般要一年半到两年时间。

⑥ 世行发放的贷款一律以美元入账，借款国可按其需要的货币支取款项。

（3）贷款的种类

世界银行的贷款分为项目贷款、部门贷款、结构调整贷款、联合贷款和第三窗口贷款等几种类型，其中项目贷款是世界银行贷款业务的主要组成部分。

项目贷款又称为特定投资贷款，用于资助成员国某个具体的发展项目。世界银行对农业和农村发展、教育、能源、工业、交通、城市发展等方面的大部分贷款都属于此类贷款。

世界银行的贷款由于贷款条件严格、贷款利率相对较高，又称为硬贷款。国际开发协会所发放的优惠贷款则被称为软贷款。

世界银行除了发放贷款以外，其业务活动还包括对非商业性的风险提供担保、为提高贷款的经济效益而提供技术援助和人员培训、进行社会经济调查等。

二、国际开发协会

国际开发协会（International Development Association，IDA）是专门向贫穷的发展中国家提供长期资金帮助的相对独立的国际性金融组织。它是世界银行的一个附属机构，建立于 1960 年 9 月，同年 11 月 3 日开业，总部设在华盛顿。其成员国分两类，一类是重工业发达国家和石油输出国，另一类是发展中国家。只有世界银行的会员国才有资格参加国际开发协会，但世界银行会员国不一定参加该协会，国际开发协会年会与世行同步举行。

（一）国际开发协会的宗旨

作为世界银行的一个附属机构，该协会宗旨为对低收入的国家提供条件优惠的长期贷款，以促进其经济的发展。贷款对象仅限于成员国政府，主要用于发展农业、交通运输、电子、教育等方面。贷款不收利息，只对已支付额每年收取 0.75%的手续费。1982 年 1 月起，对未支付部分每年征收 0.5%的承诺费。贷款的最后偿还期为 50 年，前 10 年可不还本，第二个 10 年内每年还本 1%，以后逐年还本 3%，并可用借款国货币偿还。

（二）国际开发协会的组织机构

1. 理事会

国际开发协会一切权力都归理事会。凡世界银行会员国又是协会会员国者，其指派的银行理事和副理事，依其职权，同时也是协会的理事和副理事。副理事除在理事缺席外，无投票权。世界银行理事会主席同时也是国际开发协会理事会主席。理事会每年召开年会一次，出席会议的法定人数应为过半数理事，并持有不少于 2/3 的总投票权。

理事会有权决定接纳新会员和决定接纳其入会的条件；批准追加认股和决定相关的规定和条件；暂时停止会员国资格；裁决因执行董事会对本协会条文所在地作解释而产生的异议；决定永远停止协会业务和分配其资产；决定协会净收益的分配。

理事会第一创始会员国享有 500 票的投票权，另按其首次认缴额每 5 000 美元增加一票。首次认股以外的股金所在地应享有的投票权，由理事会视情况决定，除另有特殊规定外，协会一切事务均采取简单多数原则通过。

2. 执行董事会

负责处理协会的日常业务。世界银行当选的执行董事，其所在地属国是协会会员同时，在国际开发协会中享有投票权。每一董事就有的投票权应作为一个单位投票。董事缺席时，由其指派的副董事会全权代行其全部职权。当董事出席时，副董事可参加会议，但无投票权。执行董事会议的法定人数应是过半数并行使至少 1/2 总投票权的董事。

（三）国际开发协会的资金来源

1. 会员国认缴的股金

会员国认缴股本数额，根据其在世界银行认购股份比例确定。按照经济发展状况会员国分为两类：第一类为工业发达国家和高收入国家，如美、日、德、英、法等发达国家和南非、科威特等高收入国家共 22 个。这些国家认缴的股本需以黄金或自由兑换货币缴纳。第二类是亚、非、拉发展中国家，这些国家认缴股本的 10% 需以黄金和自由兑换货币缴纳，其余 90%用本国货币缴纳，且这些货币在未征得货币所属国同意前，国际开发协会不得使用。

2. 会员国和其他资助国的补充资金和特别捐款

由于会员国认缴股金不能满足信贷需要，协会要求有能力的会员国，主要是第一类国家，在一定时期内提供一些资金，以保证协会的资金来源。

3. 世界银行的赠款

世界银行从其净收益中划出一部分款项作为对协会的赠款。

4. 协会本身业务经营的净收入

协会本身业务经营的净收入是指协会经营业务所获得的净收益。但这部分款项为数甚少。

5. 基金收入

国际开发协会于 1982 年 10 月设立了特别基金，1985 年 5 月又设立了一项非洲基金。这两项基金均由该会员国及世界银行及其他国家的捐款组成，用以解决特殊贷款的资金需要。

（四）国际开发协会的业务活动

国际开发协会的主要业务，是向低收入的发展中国家提供的长期优惠性贷款。按 1989 年新标准的规定，只有人均国民生产总值在 580 美元以下的成员国才能获得此种贷款。

由于国际开发协会提供的贷款优惠而宽松，故被称为软贷款，又叫开发信贷。贷款期限为 50 年，前 10 年为宽限期不必还本，从第二个 10 年起每年还本 1%，其余 30 年还本 3%。在整个贷款期限中免收利息，只对已拨付的部分每年收取 0.75%和手续费。因此，国际开发协会的信贷具有明显的援助性质。其贷款的对象主要有：农业和农村发展、能源、工业项目、教育、人口保健和营养、电信、旅游、运输等部门。接受贷款较多的国家是印度、孟加拉国、巴基斯坦等。

三、国际金融公司

国际金融公司（International Finance Corporation，IFC）是专门向经济不发达会员国的私人企业提供贷款和投资的国际性金融组织。国际金融公司成立于 1956 年 7 月 24 日，它也是世界银行的一个附属机构，其总部设在华盛顿。

（一）国际金融公司的宗旨

1956 年 7 月 25 日，国际金融公司首任总裁罗伯特·加纳在其就职演说的开场白中谈到，国际金融公司是首个将推动私营企业发展作为其主要目标的政府间组织。

国际金融公司的宗旨主要是：配合世界银行的业务活动，向成员国特别是其中的发展中国家的重点私人企业提供无须政府担保的贷款或投资，鼓励国际私人资本流向发展中国家，以推动这些国家的私人企业的成长，促进其经济发展。

（二）国际金融公司的组织机构

国际金融公司的组织机构和管理办法与世界银行相同，其最高权力机构是理事会；理事会下设执行董事会，负责处理日常事务，正副理事、正副执行董事也就是世界银行的正副理事和正副执行董事。

（三）国际金融公司的资金来源

1. 成员国认缴的股金

成员国认缴的股金是国际金融公司的重要资金来源。认缴额根据成员国在世界银行的认缴股金而定，而且认缴股金必须是黄金或美元。

2. 从世界银行及其他国家得到的贷款

国际金融公司除成员国认缴股金外，还可向世界银行申请贷款，必要时还可从其他国家获取贷款。

3. 公司收益

国际金融公司在新兴市场公司和金融机构的投资获得收益的同时还能创造就业、增强经济并带来税收。经济增长只有在保障环境和社会福祉、改善发展中国家人民生活质量的前提下才具有可持续性。在中国公用事业能效融资项目中，国际金融公司将向中国参加该项目的银行提供投资额最多为 5 000 万美元的风险分担机制，以便支持总贷款额为 1.15 亿美元的能源效率项目。中国公用事业能效融资项目将在促进能源效率、减少污染和温室气体排放及推动中国中小企业贷款方面产生巨大的发展影响。中国公用事业能效融资项目获得了全球环境基金 1 650 万美元及芬兰贸易工业部 300 万美元的赠款支持。

4. 转让投资股本

与世界银行相类似，公司通过转让投资股本取得周转资金。

（四）国际金融公司的业务内容

国际金融公司致力于促进发展中国家私营部门的可持续发展。尤其注重通过促进成员国生产企业和高效资本市场的成长来推动经济发展。

国际金融公司在新兴市场公司和金融机构的投资能够创造就业、增强经济并带来税收。

国际金融公司利用自有资源和在国际金融市场上筹集的资金为项目融资，同时它还向政府和企业提供技术援助和咨询。

国际金融公司是世界上为发展中国家提供股本金和贷款最多的多边金融机构。它提供长期的商业融资。

国际金融公司的资本金来自其 175 个成员国，并由这些国家的政府共同制订政策、审批投资。

国际金融公司与发起公司和融资伙伴共同承担风险，但不参与项目的管理。

在项目投资总额当中，国际金融公司只承担部分融资。国际金融公司每投资 1 美元，便能带来其他投资者和债权人 5 美元的投资。

国际金融公司的章程规定它按照商业原则运作，获取利润。自从成立之日起，公司每年都在盈利。

国际金融公司投资不需要政府担保。

由国际金融公司参与的项目通常能增强各方，如外国投资者、当地合作伙伴、其他债权人和政府机构的信心同时平衡各方的利益。

（五）我国与世界银行集团的关系

1. 我国与世界银行的关系

我国是世界银行的创始国之一，于 1980 年 5 月正式恢复了我国在世界银行的合法席位。因为国情决定了我国需要更多的中长期贷款资金，所以，我国与世界银行一直保持密切的业务往来。20 多年来，世界银行对我国社会经济发展给予了较大的支持，我国使用世界银行的贷款项目达 190 多个，覆盖了农业、能源、交通、工业、教育、卫生、环保等多个领域，而且绝大多数贷款都取得了良好的社会效益和经济效益。

我国负责世界银行贷款事宜的主管部门是财政部，具体经办业务的部门是中国投资银行。除贷款业务外，近几年来，世界银行每年都对我国的经济发展提供咨询报告。在 1987 年底，我国还与世界银行达成协议，共同开展对我国企业改革、财税、住宅、社会保险和农业方面的项目研究。

2008 年 5 月，汶川特大地震发生后，世界银行向我国提供了一系列紧急援助，包括 150 万美元技术援助赠款、7.1 亿美元灾后恢复重建紧急贷款并及时提供了灾后恢复重建政策建议。

2. 我国与国际开发协会的关系

1980 年，随着我国恢复了两大国际金融组织席位，世界银行执行董事会正式决定同时恢复我国在国际开发协会的代表权。我国派往世界银行的官员同时负责我国与开发协会的联系工作。

近年来，我国与开发协会的业务往来越来越多。开发协会对我国的贷款项目主要集中在交通、农业、城建和环境、能源、工业、教育和卫生等领域。

3. 我国与国际金融公司的关系

与加入国际开发协会一样，我国在恢复世界银行席位的同时也加入了国际金融公司。1985 年，国际金融公司开始在中国设立代表处，从 1993 年起，国际金融公司开始向四川的私营企业项目如乐山吉象木业、振静皮革等提供信贷支持。此后，国际金融公司在华的业务迅速增长，1995 年 9 月，乐山吉象人造林制品有限公司与由国际金融公司牵头的包括六大国际银行——Rabobank、FMO、ING、Bank of Austria、Korea Exchange Bank 和 Creditanstalt 组成的辛迪加财团签定了 3 000 万美元的融资贷款项目。向新希望公司参股的成都华融化工有限公司贷款 1 600 万美元。另外，国际金融公司还出资建立了四川中小企业投资基金，向四川和周边地区的有发展前景的私营中小企业提供信贷支持。到目前为止，国际金融公司已在中国开展了 38 个项目，投资额达 28.5 亿美元，对我国的经济建设起到了一定的作用。

第四节　区域性国际金融机构

一、国际清算银行

（一）国际清算银行的宗旨

国际清算银行（Bank for International Settlements，BIS）于 1930 年 5 月根据海牙国际协定，由英国、法国、意大利、德国、比利时、日本的中央银行以及美国的三大金融机构（摩根保证信托公司、纽约花旗银行、芝加哥花旗银行）共同组建，行址设在瑞士的巴塞尔。国际清算银行刚建立时只有 7 个成员国，现在已发展到 30 多个。我国于 1996 年加入该行。

国际清算银行成立的最初目的是处理第一次世界大战后德国战败赔款和债务问题，1945 年国际货币基金组织和世界银行成立后，曾通过决议撤销国际清算银行，但美国为了实现马歇尔计划，力主将该行作为欧洲国家之间和美国与欧洲国家之间进行国际结算的代理机构，国际清算银行才保留。所以现在国际清算银行的宗旨是：促进中央银行之间的合作，并向它们提供更多的国际金融业务的便利，在国际金融清算业务方面充当受托人或代理人。

（二）国际清算银行的组织机构

国际清算银行是以股份公司的形式建立的，主要决策和管理机构包括股东大会、董事会、管理委员会。

股东大会：最高权力机关，股东大会每年 6 月份在巴塞尔召开一次，只有各成员国中央银行的代表参加表决。选票按有关银行认购的股份比例分配，而不管在选举的当时掌握多少股票。每年的股东大会通过年度决算、资产负债表和损益计算书、利润分配办法和接纳新成员国等重大事项的决议。在决定个性银行章程、增加或减少银行资本、解散银行等事项时，应召开特别股东大会。除各成员国中央银行行长或代表作为有表决权的股东参加股东大会，所有与该行建立业务关系的中央银行代表均被邀请列席。

董事会：经营管理机构，由 13 名董事组成。比利时、德国、法国、英国、意大利和美国的中央银行行长是董事会的担任董事，这 6 个国家可以各自任命 1 名本国工商和金融界的代表作为董事，此外董事会可以 2/3 的多数通过选举出其他董事，但最多不超过 9 人。董事会设主席 1 名，副主席若干名，每月召开一次例会，审议银行日常业务工作，决议以简单多数票作出，票数相等时由主持会议的主席投决定票。董事会主席和银行行长由 1 人担任。董事会根据主席建议任命 1 名总经理和 1 名副总经理，就银行的业务经营向银行负责。

（三）国际清算银行的资金来源

1. 成员国认缴的股金

国际清算银行建立时，法定资本为 5 亿金法郎，于 1969 年增至 15 亿金法郎（gold

francs），以后几度增资。该行股份 80% 为各国中央银行持有，其余 20% 为私人持有。

2. 国际清算银行接受各中央银行的存款

目前全世界约有 80 多家中央银行将其大约 10% 的外汇储备和 3 000 多吨黄金储备存于该行。存款在该行的资金来源中占有很重要的地位。

3. 向成员国中央银行的借款

国际清算银行为补充资金的不足向各国的中央银行借款。

（四）国际清算银行的业务活动

国际清算银行主要是和各国中央银行往来，包括成员国和非成员国的中央银行，与各国中央银行进行国际金融合作。此外，还和一些国家的商业银行有往来关系。它的主要业务是：

1. 处理国际清算事务

第二次世界大战后，国际清算银行先后成为欧洲经济合作组织、欧洲支付同盟、欧洲煤钢联营、黄金总库、欧洲货币合作基金等国际机构的金融业务代理人，承担着大量的国际结算业务。

2. 办理或代理有关银行业务

第二次世界大战后，国际清算银行业务不断拓展，可从事的业务主要有：接受成员国中央银行的黄金或货币存款，买卖黄金和货币，买卖可供上市的证券，向成员国中央银行贷款或存款，也可与商业银行和国际机构进行类似业务，但不得向政府提供贷款或以其名义开设往来账户。世界上很多中央银行在国际清算银行存有黄金和硬通货，并获取相应的利息。

3. 定期举办中央银行行长会议

国际清算银行于每月的第一个周末在巴塞尔举行西方主要国家中央银行的行长会议，商讨有关国际金融问题，协调有关国家的金融政策，促进各国中央银行的合作。

二、亚洲开发银行

（一）亚洲开发银行的宗旨

亚洲开发银行（Asian Development Bank，ADB）简称亚开行或亚行，致力于实现一个繁荣、包容、有韧性和可持续的亚太地区，同时继续努力消除极端贫困。它通过提供贷款、技术援助、赠款和股权投资来协助其成员和合作伙伴，以促进社会和经济发展。自 1999 年以来，亚行特别强调扶贫为其首要战略目标。它不是联合国下属机构，但它是联合国亚洲及太平洋经济社会委员会（联合国亚太经社会）赞助建立的机构，同联合国及其区域和专门机构有密切的联系。

（二）亚洲开发银行的组织机构

亚洲开发银行设有理事会、董事会以及亚洲开发银行总部。

1. 理事会

亚行最高的决策机构是理事会，一般由各成员国财长或中央银行行长组成，每个成员在亚行有正、副理事各 1 名。亚行理事会每年召开一次会议，通称年会。理事会的主要职责是：接纳新会员；改变注册资本；选举董事或行长；修改章程。

2. 董事会

亚行 67 个成员分成 12 个选区，每个选区各派出一个董事和副董事。董事会由 12 个董事和 12 个副董事组成。67 个成员中，日本、美国和中国三大股东国是单独选区，各自派出自己的董事和副董事。其他成员组成 9 个多国选区，董事和副董事一职由选区内不同成同根据股份大小分别派出或轮流排出。

3. 行长

亚洲开发银行设行长（总裁）1 名，负责主持董事会，管理亚行的日常工作。行长是该行的合法代表，由理事会选举产生，任期 5 年，可连任。行长下设 3 名副行长（副总裁），分管东、西国别区、财务和行政。共有职工 1 996 名，其中专业人员 673 名。行长可以参加理事会，但无表决权。一般不参加投票，只有在表决中出现赞成与反对票数相等的情况，才可以投决定性一票。

4. 总部

总部是亚行的执行机构，负责亚行的业务经营。在总部内设有 24 个局和局级办公室。亚行除总部外，还在借款多的国家和地区设立常驻代表处。

（三）亚洲开发银行的资金来源

1. 普通资金

普通资金用于亚洲开发银行的硬贷款业务。这是亚洲开发银行进行业务活动最主要的资金来源。普遍资金来源于股本、借款、普通储备金、特别储备金、净收益和预交股本等。

普通资金是亚行开展业务活动的主要资金来源，它由股本、储备、净收益以及从国际资本市场的借款构成。

亚行建行时法定股本为 10 亿美元，后来经过多次增资，截止 1996 年底，亚行的核定股本增至 501.3 亿美元，其中 493.68 亿美元已被各成员认缴。认缴股本的 7.03%为实缴股本，92.97%为待缴股本。实缴股本可用于普通资金贷款的拨付，而待缴股本则作为亚行从国际资本市场筹集资金的后盾。日本和美国是亚行最大的出资国，其认缴股本额相等，均占亚行总股份的 16.054%。中国认缴额在亚行总股份中占 6.628%，居第三位。

2. 特别基金和开发基金

（1）技术援助特别基金。亚洲开发银行认为，除了向会员国或地区成员提供贷款或投资以外，还需要提高发展中国家会员或地区成员的人力资源素质和加强执行机构的建设。为此，亚洲开发银行于 1967 年成立了技术援助特别基金。该项基金的一个来源为增款；另一来源是根据亚洲开发银行理事会 1986 年 10 月 1 日会议决定，在为亚洲开发基金增资 36 亿美元时将其中的 2%拨给技术援助特别基金。

（2）开发基金。亚洲开发银行基金创建于 1974 年 6 月，基金主要是来自亚洲开发银行发达会员国或地区成员的捐赠，用于向亚太地区贫困国家或地发放优惠贷款。同时亚洲开发银行理事会还按有关规定从各会员国或地区成员缴纳的未核销实缴股本中拨出 10%作为基金的一部分。此外，亚洲开发银行还从其他渠道取得部分赠款。

（3）日本特别基金。1987 年，在日本大阪举行亚行第二十届年会期间，日本政府表示愿意出资建立一个特别基金，用于加速亚行发展中成员国的经济增长。亚行董事会于 1988 年 3 月 10 日作出决定，由亚行与日本政府正式签署设立日本特别基金协议。该项基金以赠款形式对成员的公营、私营部门进行技术援助，或者通过单独或联合的股本投资支持私营部门的开发项目，或者以单独或联合赠款的形式对亚行向公营部门开发项目贷款的技术援助部分给予资助。

（四）亚洲开发银行的业务活动

亚洲开发银行的业务活动有三个方面：贷款、股本投资、技术援助。

1. 贷款

亚行贷款是亚行最主要的业务，按贷款条件可分为硬贷款、软贷款或赠款三种形式。

硬贷款，即相对来讲贷款条件比较严格的贷款。其利率为浮动利率，按国际金融市场状况每半年调整一次，期限一般为 10 年—30 年，含 2 年—7 年的宽限期。硬贷款资金来自普通资金，特别是来自国际资本市场的借款。

软贷款也就是优惠贷款，只提供给人均国民收入低于 670 美元（1983 年的美元）且还款能力有限的会员国或地区成员，贷款期限为 40 年（10 年宽限期），没有利息，仅有 1% 的手续费。

赠款用于技术援助，资金来自技术援助特别基金和日本特别基金，其金额有限。

2. 股本投资

股本投资是对私营部门开展的一项业务，也不要政府担保。除亚行直接经营的股本投资外，还通过发展中成员的金融机构进行小额的股本投资。自 1983 年开展对私营部门的投资业务以来，亚行已对 12 个国家约 92 个企业进行了股本投资，总金额达 2.822 亿美元。此外，亚行还对 15 个区域性机构或基金进行了总额约 1.85 亿美元的投资。

3. 技术援助

技术援助可分为项目准备技术援助、项目执行援助、咨询技术援助和区域活动技术援助。技术援助项目由亚洲开发银行董事会批准，如果金融不超过 35 万美元，行长也有权批准，但须通报董事会。在 1967 年—1996 年期间，亚行批准的赠款技援项目 435 个，总金额达 12.937 亿美元，受益国家达 36 个。

三、非洲开发银行

（一）非洲开发银行的建立和宗旨

非洲开发银行（African Development Bank，AFDB）是在联合国“非洲经济委员会”支持下由非洲国家合办的互助性、区域性国际金融机构。1964 年 9 月正式成立，1966 年 7 月开始营业。宗旨为：向成员国的经济和社会发展提供资金，协助非洲大陆制定发展的总体战略，协调各国的发展计划，以便逐步实现“非洲经济一体化”。银行核定资本最初为 2.5 亿记账单位，1977 年底，认缴资本为 7 亿多记账单位，实缴资本为 2.2 亿多记账单位。1978 年，经董事会年会通过决议，允许区外国家认缴资本。

非洲开发银行的宗旨是：向非洲成员国提供投资和贷款或给予技术援助，充分利用本地区的人力和资源，以促进各国经济发展和社会进步，帮助非洲大陆制定经济和社会发展的总体规划，协调各国的发展计划，从而达到非洲经济一体化。

非洲开发银行集团（由非洲开发银行、非洲开发基金和尼日利亚信托基金组成，简称非行集团）是非洲最大的地区性政府间开发金融机构，其宗旨是促进非洲本地区成员的经济发展和社会进步。

（二）非洲开发银行的资金来源

1. 普通资金来源

① 核定资本认缴额，最初为2.5亿非洲开发银行记账单位，每记账单位价值0.888 671克纯金，核定资本分为2.5万股，每股1万记账单位；② 自行筹措资金；③ 用实收资本或筹措资金发放贷款所获的还款资金；④ 依据该行待缴资本发放贷款或提供担保所获的收入；⑤ 不构成该行特别资金来源的其他资金和收入。

2. 特别资金来源

① 捐赠的特别资金和受托管理资金；② 为特别资金筹措的专款；③ 从任意成员国筹借的该国货币贷款，用途是从贷款国购买商品与劳务，以完成另一成员国境内的工程项目；④ 用特别基金发放贷款或提供担保所获偿还资金；⑤ 用上述任何一项特别基金或资金从事营业活动获得的收入；⑥ 可用作特别基金的其他资金来源。

（三）非洲开发银行的业务

向成员国提供贷款（包括普通贷款和特别贷款），以发展公用事业、农业、工业项目以及交通运输项目。普通贷款业务包括用该行普通资本基金提供的贷款和担保贷款业务；特别贷款业务是用该行规定专门用途的“特别基金”开展的贷款业务。后一类贷款的条件非常优惠，不计利息，贷款期限最长可达50年，主要用于大型工程项目建设。此外，银行还为开发规划或项目建设的筹资和实施提供技术援助。

（四）非洲开发银行的机构

最高权力机构为理事会，由各成员国委派理事和副理事各1名组成。理事一般由各国财政部或经济部部长担任，理事会每年举行一次。理事会的执行机构为董事会，共9名成员，由理事会选举，任期3年。董事会每月举行一次会议。经常性业务工作由银行行长负责。行长由董事会选举，任期5年，在董事会指导下开展工作。另设副行长1名，协助行长工作。

此外，为满足该行贷款资金的需要，先后设立了以下合办机构：

1. 非洲开发基金，1972年在经济合作与发展组织援助下设立。由该行和22个非洲以外的工业发达国家出资。其宗旨与职能是协助非洲开发银行对非洲29个最贫穷的国家贷款，重点是农业、乡村开发、卫生、教育事业等。此项基金对非洲国家提供长达50年的无息贷款（包括10年宽限期），只收取少量手续费。其业务由非洲开发银行管理，其资金来源于各成员国认缴的股本。

2. 尼日利亚信托基金，成立于1976年，由该行和尼日利亚政府共同建立。主要目的是与其他基金合作，向成员国有关项目提供贷款。期限25年，包括最长为5年的宽限期。

3. 非洲投资与开发国际金融公司，1970 年 11 月设立，总公司设在瑞士日内瓦。目的是促进非洲企业生产力的发展。股东是国际金融公司以及美国和欧洲、亚洲各国约 100 家金融和工商业机构。法定资本 5 000 万美元，认缴资本 1 259 万美元。

4. 非洲再保险公司，1976 年 2 月建立，1977 年 1 月开始营业。其宗旨是加速发展非洲保险业。总公司设在拉各斯。法定资本 1 500 万美元，该行出资 10%。

四、美洲开发银行

美洲开发银行（Inter-American Development Bank，IADB）成立于 1959 年 12 月 30 日，是世界上成立最早和最大的区域性、多边开发银行。总行设在华盛顿。该行是美洲国家组织的专门机构，其他地区的国家也可加入，但非拉美国家不能利用该行资金，只可参加该行组织的项目投标。

美洲开发银行也叫泛美开发银行。其宗旨是“集中各成员国的力量，对拉丁美洲国家的经济、社会发展计划提供资金和技术援助”，并协助它们“单独地和集体地为加速经济发展和社会进步作出贡献”。

该组织有 20 个创始成员国（19 个拉美国家和美国）。截至 2006 年，该行由美国、巴西等 28 个美洲地区国家和日本、英国、德国、韩国等 19 个区域外成员组成。出版物为《年度报告》（英文），在美国出版；《拉美一体化》（月刊），西班牙语，在阿根廷出版。

中国于 1993 年向美洲开发银行正式提出了入行申请，并于 2004 年重申了这一申请。近年来，中国与拉美经贸关系发展迅速，很多拉美国家也希望中国尽早加入美洲开发银行。但由于美国和日本的阻挠，中国的申请多次遭阻挠。2008 年全球金融危机发生后，美洲开发银行迫切希望中国加入以共同应对金融危机，中国于 2009 年 1 月正式成为美洲开发银行第 48 个会员国，同时也是亚洲地区第四个参加该组织的国家。

课程思政案例

中国与国际性金融机构世界银行持续合作

财政部新闻办公室日前发布消息，美国华盛顿时间 2024 年 2 月 20 日，世界银行宣布任命张文才担任世界银行常务副行长兼首席行政官，负责机构战略、规划、预算、信息技术服务和制裁体系等。

世界银行成立于 1945 年，是全球最大的多边开发机构，其使命是在宜居星球上消除绝对贫困和促进共享繁荣，总部设在美国华盛顿。中国自 1980 年恢复在世界银行的合法席位以来，双方一直保持着良好合作关系。

中国是世界上最大的发展中国家，世行是全球最大的多边开发机构。过去 40 多年来，双方建立了紧密的发展伙伴关系，开展了富有成效的合作。中方支持世行通过改革，强化发展宗旨和机构能力，帮助发展中国家实现可持续发展，并有效应对全球性挑战。我们期待与世行继续深化合作，为全球减贫与发展事业作出积极贡献。

本 章 小 结

1. 国际货币基金组织是在国际合作的基础上，为协调国际间货币政策，加强货币合作而建立的政府间的国际金融机构。它既是一个联合国专营国际金融业务的专门机构，又是一个成员国政府间进行交往的渠道和论坛，具有浓厚的政治色彩。

2. 世界银行集团由国际复兴开发银行、国际开发协会、国际金融公司、解决投资争端国际中心和多边投资担保机构组成。

3. 亚洲开发银行简称亚行，是西方国家和亚洲及太平洋地区发展中国家联合创办的亚太地区政府间国际金融组织。亚洲开发银行的宗旨是促进亚洲及太平洋地区的经济发展和合作，特别是协助本地区发展中国家以共同的或个别的方式加速经济发展。

4. 特别提款权是一种储备资产和记账单位。特别提款权可用于政府间的结算，或向其他成员国换取外汇，弥补国际收支逆差，偿还向基金组织借的贷款和利息，但不能兑换黄金或直接用于贸易或非贸易支付。

重 要 概 念

份额　IMF　IBRD　多边投资担保机构　IDA　IFC　BIS　ADB

思考与练习题

1. 国际货币基金组织有哪些特点？
2. 简述世界银行的宗旨。

本章讨论题

2023 年 6 月 18 日，联合国秘书长安东尼奥 · 古特雷斯发表文章，批评国际货币基金组织和世界银行支持欠发达国家的力度不足，呼吁这两大全球性多边金融机构大刀阔斧改革。该文指出，在新冠疫情期间，被视为发达国家代表的 7 国集团从 IMF 获得总计相当于 2 800 亿美元的资金，而一些最不发达国家获得的资助总计只有约 80 亿美元。7 国集团总人口约 7.7 亿，而上述最不发达国家人口合计约 11 亿。上述对发达国家和欠发达国家支持力度的差异符合 IMF 现有规则，但“从道义上而言是错误的”。古特雷斯说：IMF 和世界银行“是时候”纠正长期以来的错误和“根植于现有国际金融架构中的偏见和不公”了。他呼吁 IMF 和世界银行进行彻底改革，包括增加发展中国家在这两家机构执行董事会中的代表比重、推进 IMF 份额改进、改善资金用途等。

你认为 IMF 和世界银行未来的改革方向是什么？

思考与练习题答案：

1. 略。
2. 略。